세계사 속의
중국 문화대혁명

바바 기미히코 지음 | 장원철 옮김

일러두기

1. 이 책은 국립국어원 외래어 표기법에 따라 외국 지명과 인명 및 상호명을 표기하였다.

2. 본문 주석 중 역자의 주석은 '미주'로 표시하였으며, 그 밖의 것은 저자의 주석이다.

3. 서적 제목은 겹낫표(『 』)로 표시하였다.
   예) 『마오쩌둥 어록』, 『인도네시아 혁명과 인도네시아공산당의 시급한 임무』

4. 이 책에 실린 사진 중 50쪽의 사진을 제외하고는 모두 저자가 찍은 것이다.

5. 이 책은 산돌과 Noto Sans 서체를 이용하여 제작되었다.

6. 1차 문헌은 아래와 같으며, 〔 〕 안의 약어로 표기하였다.
   『인민일보』 중국공산당 중앙위원회 〔인민일보〕
   『베이징주보』 베이징주보사 〔베이징주보〕
   『건국 이래의 마오쩌둥 문고建國以來毛澤東文稿』 전13권, 중공중앙문헌연구실 편, 중앙문헌출판사, 1987~1998년, 〔문고〕
   『마오쩌둥 문집』 전8권, 중공중앙문헌연구실 편, 인민출판사, 1993~1999년 〔문집〕
   『마오쩌둥 외교문선』 전1권, 중화인민공화국 외교부·중공중앙문헌연구실 편, 중앙문헌출판사·세계지식출판사, 1994년 〔외교문선〕
   『마오쩌둥 연보(1949~1976)』 전6권, 중공중앙문헌연구실 편, 중앙문헌출판사, 2013년 〔연보〕
   예를 들면 〔연보 5, 542/1965. 12. 11〕의 경우는 『마오쩌둥 연보』 제5권 542쪽에 해당하며, 그것은 1965년 12월 11일의 기사임을 나타낸다.
   (타이완) 중앙연구원 근대사연구소 당안관檔案館 〔중연〕
   (타이완) 국사관國史館 〔국사〕
   『인도네시아 통신』 재단법인 일본인도네시아 협회 〔통신〕

한국어판 서문
전후 일본인의 시야에 비친 문화대혁명

　일본에 있어 이웃 나라인 중국의 존재감은 매우 크다. 옛날 중국에 견수사遣隋使를 파견했던 7세기 초부터 거의 천년 동안, 일본은 중국을 사형師兄으로 삼아 수많은 유무형의 문화재와 생활 풍습을 수용하면서 한량없는 중화문명의 은혜를 입어왔다. 청일전쟁 이후 약 반세기 동안 불행한 시기에 있어 일본은 중국에 대해 침략국이라는 씻을 길 없는 오명을 쓰게 되었다. 제2차 대전 이후 중국은 국공 내전을 치렀고 일본은 GHQ(연합국 최고사령부)에 의한 점령·통치를 거치는 등 동서 냉전이 이어지면서 양국의 국교는 단절되었다. 그러나 전후戰後 시기 일본인에게 있어서는 중국에 대해 과거를 속죄하는 마음과 전통적으로 존재했던 친중국 감정, 그리고 근대 이후에 심해진 멸시감 등이 뒤섞여 남아 있었고, 동시에 공산주의에 대한 기대감과 경계심이 존재하는 등의, 복합적인 대중對中 감정을 마음속에 품은 채로 활발한 민간교류를 이어왔던 것이다.

특히 전후 시기 일본인의 이목을 끌었던 동시대 중국의 동향으로는 4가지 사건이 있었다. 1949년 중화인민공화국 수립, 1966년 문화대혁명 발발, 1972년 일중 국교 정상화, 그리고 1989년 톈안먼 사건이 그것이다. 이 4가지 사건이 당시 일본인에게 어느 정도로 중대한 관심사였는지는 곧 앞서 출간했던 2권의 졸저,『전후 일본인의 중국 형상─일본 패전으로부터 문화대혁명·일중 국교 회복까지』(2010년),『현대 일본인의 중국 형상─일중 국교 정상화로부터 톈안먼 사건·천황 방중까지』(2014년)(모두 신요샤[新曜社] 간행)에서 분석했던 바로, 일본에서 발행된 종합 잡지에 실린 관련 기사들의 분량이 이들 사건이 있었던 당해 연도에 급격히 늘어났다는 사실로부터도 손쉽게 미루어 짐작해 볼 수 있겠다.

제2차 대전에서 패했던 일본은 전쟁터였던 중국대륙에서 철수하였다. 이윽고 탄생한 '신중국'에 대해서는 중국공산당이 주도하는 토지개혁 및 국공내전의 승리에 대한 경의를 표하는 관심을 나타내었다. 1956년 중소대립 시기부터 일본에서 중국 담론을 선도하는 역할을 맡았던 주체는 일본의 민주혁명을 추진하려 했던 일본공산당을 핵심으로 한 혁신 세력이었다. 그들은 국제공산주의 통일전선의 발상에 입각해, 새로운 국가건설을 추진하는 혁명운동의 지도적 역할을 중국공산당에게 기대하였던 것이다.

문화대혁명은 일중 외교 관계에서 10년간의 공백기를 초래해 양국 사이의 인적 왕래나 무역 거래는 극히 저조하였다. 그런 까닭에 정치학과 국제관계론 분야에서 현재에 이르기까지 회고할 내용이 거의 없는 형편이다. 한편으로 일본의 당시 민간 논단에서는 문혁(문화대혁명)에 대한 치열한 논의가 이루어져 다양한 분야에서 수많은 인사들이 문혁의 추이에 대해 과잉일 정도로 반응하였다. 애초에 문예·학술비평 운동으로 학술계에 충격을 일으켰고 이어 홍위병이 등장하게 되자, 학생 운동이 고조되는 현상과 서로 맞물리면서 젊은 세대는 폭력까지도 서슴지 않는 과격한 조반운동의 양상을 보여주었다. 그리하여 불씨는 학술계로부터 운동권으로 요원의 불길처럼 번져나갔던 것이다.

마찬가지로 연쇄적인 현상은 서방측의 프랑스·미국·독일 등에서도 나타났는데, 특히 일본의 경우에는 그 양상이 극심한 편이었다. 그 이유는 이전까지 일본의 좌익운동을 조직해서 이끌어왔던 일본공산당이 1966년 3월에 중국공산당과 결별하는 사태로 말미암아 좌익운동 역시 신구의 두 파벌로 나뉘어져 상호 불신이 고조되었기 때문이다. 이러한 주장의 타당성을 이 책에서는 두 당이 결별하던 당시의 『마오쩌둥 연보』의 기록에 근거한 마오쩌둥의 동정 및 현장에 있었던 일본공산당 인사의 증언 등으로부터 입증해 보이고 있다.

1967년 이후 중국 각지에 혁명위원회가 수립되고 홍위병이 하방하였고, 일본에서도 도쿄 대학 야스다 강당(214쪽 참조)이 경찰에게 함락 당했던 69년 이후에 학생운동은 수그러들고 말았다. 그렇지만 마오쩌둥의 혁명사상과 린뱌오의 인민전쟁론은 세계혁명론의 이론적 근거가 되었고, 반미 투쟁·재일한국인 및 중국인의 인권 투쟁 그리고 일본경제의 아시아 경제침략 저지투쟁 등으로 불길은 점점 번져 나갔다.

그러는 사이에 논단과 학술계에서 문혁을 비판하는 주장으로서는 국내 요인을 중시하는 권력투쟁론과 국제정치의 세력균형론 내지 반공주의의 입장 등이 존재하였다. 문혁에 찬동·동조하는 논자들은 문혁을 새로운 인간을 만

드는 실험으로 간주하고, 종래의 소련형 의회주의가 아닌 새로운 사회주의로서의 가능성에 기대를 걸고 있었다.

이윽고 1971년 린뱌오 사건의 여파로 학술계에서 친중파가 사라지고, 이듬해 아사마 산장(429쪽 참조) 사건으로 운동권에서 폭력혁명을 지지하는 세력이 자취를 감추었다. 문혁의 결말과 실상을 직접 목격했던 많은 문혁 지지자들은 문혁을 둘러싼 과거의 언동에 대해서 침묵을 유지하고 있다. 일부의 문혁 지지자 가운데에는 자력갱생의 혁명 정신에 대한 평가를 견지하면서 자립경제론·내발적 발전론·제3세계론·코뮌론 등 문혁과 마오이즘의 새로운 발전적 전개를 꾀하는 이들도 있었다.

1969년 중소 국경에서의 무력 충돌을 거치고서 중국이 미국에 접근하자 일본 역시 거국적으로 일중 국교 정상화로 방향을 틀었고, 논단은 일중 국교 정상화를 둘러싼 활발한 논전을 전개하였다. 특히 침략에 대한 사죄를 강조하는 일중 우호파 인사들은 국교 정상화를 주장하는 캠페인을 전개하고, 국민 여론과 정책 형성에 대한 영향력을 행사하였다. 75년 저우언라이가 '4대 근대화'를 제창하였고, 저우언라이·마오쩌둥의 사망을 계기로 10년간에 걸쳤던 문혁은 막을 내렸고, 탈 마오쩌둥 시대로 접어들었다.

전후 일본에서의 중국 형상은 일본의 희망적 자화상이 투영되었던 거울상이라고도 할 수 있다. 당연한 결과로 중국 담론은 자기투기적인 언설이 되고 말았다. 그러나 문혁의 종식과 국교 정상화에 따른 직접 교류는 당시까지의 혁명사관으로부터 근대사관 쪽으로, 대 중국 인식의 패러다임을 전환시켰다. 중국 담론의 담당 층은 중국을 객체로 냉정하고도 몰가치적으로 분석하려는 중국 관찰자가 주류를 차지하게 되었다.

이윽고 중국 내부의 민주화 구상과 원망이 직접적으로 일본에 전해지기 시작하였다. 국교 회복과 동시에 단교가 이루어졌던 타이완으로부터는 이른바 '비정匪情(공산 중국) 연구'에 근거한 대일 여론 공작이 효력을 나타냈고, 중국 국내의 권력 투쟁과 민주화 운동을 전하는 홍콩 쪽의 정보가 일본의 논단에 미치는 영향력을 강화하게 되었다. 중국 관찰자들은 중난하이中南海(중국 공산당 본부)에서 벌어지는 보수파와 개혁파의 항쟁이라는 분석틀을 동향 분석의 주된 방법으로 삼았던 것이다.

이처럼 동시대 중국을 둘러싼 언설 공간 중에서, 논단의 좌우 세력 모두가 개혁파 지식인들의 개혁 구상과 학생들의 민주화 운동에 관심을 집중하였고, 중국인의 위기의식에 공감하는 한편 민주화 실현에 대한 기대가 한껏 고조되었다. 그러다가 1989년 인민해방군을 동원하여 학생 운동을 진압했던 톈안먼 사건의 결말로 일체의 희망은 절망으로 암전하고 말았다. 논단과 학술계는 덩샤오핑을 정점으로 한 중국공산당 지도부에 대해 비판을 집중시켰고, 중국 붕괴론과 중국 경제 파탄론이 대세를 이루었다. 이윽고 논조가 일변하게 되었다. 1992년 덩샤오핑의 남순강화南巡講話와 중국 경제의 V자 회복은 비관론을 다시금 낙관론으로 반전시켰기 때문이다. 현실 중국의 동향은 중난하이의 움직임만을 주시해왔던 중국 관찰자들의 의표를 찌르는 것이었다.

　개혁개방 정책의 진전과 함께 중국 사회의 표층으로부터 톈안먼 사건의 흔적은 지워지고 말았다. 1992년 말엽 일본 천황의 중국 방문을 통해 일중 양국 사이에는 글로벌 파트너로서의 자각이 생겨났고, 전략적 호혜 관계가 성립하게 되었다. 20세기에 접어들어서 중국의 WTO 가입, 일본과 중국의 경제력의 길항拮抗·역전을 거치며 중국이 대국화하고 나서부터는, 일중 관계는 새로운 국면에 접어들었고 현재에 이르고 있는 것이다.

이 책은 앞서 언급한 4가지 사건 가운데 문화대혁명에 초점을 맞추어, 『전후 일본인의 중국 형상』의 제4·5장에서 시도해보았던 일중 관계의 시점에서가 아니라, 당시까지의 문혁 연구에서는 완전히 누락되어 있던, 국제적 관점에서 문혁의 배경과 현실에 접근해보고자 했던 시도이다. 학생 운동의 열풍이 휘몰아쳤던 1968년으로부터 반세기를 맞이하는 2018년, 이른바 1968문제에 대한 논의가 다시금 재연될 것을 예상하여, 열기가 식기 전에 써보리라 생각하고서 마무리 지었던 것이다. 1968문제에 앞서서 2015년에는 1965년에 일어났던 인도네시아의 9·30사건의 50주년 되는 해로서 사건을 재검증하는 연구회의 발족에 참여하였고, 자카르타에서 개최된 관련 국제 심포지엄에도 출석하였다. 2016년에는 문화대혁명 발발 50주년이 되는 해여서 관련 주제로 발행되었던 잡지 특집의 편집에도 관여하였다. 9·30사건과 문혁이라는 2가지 사건과 연관되는 연구와 이벤트에 참가한 일이 디딤돌이 되었고, 그 후의 1968년을 2가지 사건의 세계적 파급으로 포착하려는 저자 나름의 모티프에 힘입어서 이 책이 탄생했던 것이다. 1968년 문제를 서방측의 동시다발적인 학생 운동쯤으로 치부하고 싶지는 않았고, 9·30사건과 문혁을 한 나라 또는 동아시아 지역의 일시적인 혁명 운동으로 자리매김해두고 싶지는 않았다. 신서라는 간편한 형식을 선택한 것은 1968문제에 관심이 있는 체험 세대와 현대사 연구자들에게 이 책이 널리 읽혀져서, 인도네시아와 중국에서 동시대에 일어났던 사건을 강 건너 불 보듯 냉담하게 받아들이지 않았으면 하는 바람에서였다. 솔직히 말하자면 중국 연구를 한 나라의 지역 연구의 틀 안에 얽매어 두고 싶지는 않았다. 그것은 문혁을 자국에 일어난 재난의 역사로만 받아들이는 중국의 연구자와, 중국 문제의 특수한 사례쯤으로 접근하려는 일본의 중국 전문가들에 대한, 구체적인 반증을 제시하는 반론을 펼칠 생각이었던 것이다.

그것도 단순히 문혁의 국제적 영향이라는 결과론뿐만이 아니라, 문혁이 왜 발생했는가, 국제 정세로부터 문혁의 요인론에 가까이 접근해보고자 했던 것이다. 특히 요인론·결과론 모두에 있어 인도네시아라는 장소에 주목하였다. 이제껏 베트남 요인에 주목했던 주젠룽朱建榮『마오쩌둥의 베트남 전쟁』(2001년, 도쿄대학출판회)과 같은 선행 연구는 있었지만, 인도네시아에 주목했던 경우는 이 책이 처음이라 하겠다. 인도네시아 연구자와의 공동 연구, 서 깔리만딴에서의 현지 조사, 자카르타 국제회의에서의 보고, 마스다 아토增田与·스기야마 이치헤杉山市平 등 베이징과 자카르타를 넘나들며 활약했던 인물들의 소장 자료 등이 저자의 그러한 입론의 근거가 되었다.

책이 간행된 뒤로 신문·잡지 미디어에서 수많은 서평들이 실렸다. 문혁의 발생 요인으로서 인도네시아 9·30쿠데타 실패라는 항목을 설정했던 입론에 대해서는, 유효성을 둘러싼 찬반양론이 제기되었고, 아직 정설화 단계에는 이르지 못하고 있다. 다만 저자의 의도는 인도네시아를 유일무이한 문혁의 국제적 요인으로 한정 짓고자 하는 것은 아니다. 9·30에 의해 중국은 반자본주의·반제국주의·반소련에 동조하는 국제적인 우당友黨·우호국을 한꺼번에 잃었고, 국제적 고립의 사면초가에 빠지고 마는 현실에 직면하였다. 그런 와중에 문혁은 자력갱생이라는 건국·건설의 교조적 이념을 관철하면서 채택할 수 있던 몇 안 되는 선택지 가운데 하나를 마오쩌둥이 결의한 데서 비롯되었다는 점이다. 아울러 문혁이 세계혁명으로서 영향권을 확대해가는 가운데 세계사의 조류 또한 냉전 종식에 앞서 동서 대립에서 남북 대립 쪽으로 정세가 불가역적으로 변화해가는 흐름을 보였다는 것이다. 게다가 혁명 운동의 주체는 이전의 좌익운동에서 정치권력의 헤게모니를 둘러싼 권력투쟁으로부터, 인간의 실존을 내건 삶의 정치로서의 '정체성 정치identity politics' 쪽으로, 투쟁의 목표가 불가역적으로 바뀌었다고 하는 사실이다.

이 책이 간행된 지 1년 반쯤 지나 한국어판이 나오게 되었다. 저자에게는 망외의 기쁨이라 하겠다. 한국은 가까운 이웃나라이고, 88년 서울올림픽이 열리기 이전부터 혼자여행을 포함해서 수시로 왕래를 하였다. 그때마다 눈부신 경제 발전, 그리고 길거리와 풍속의 변화를 접하고서 경탄해 마지않았다. 그러는 사이 대학의 친구들과 출판업계의 지인들도 늘어나서, 능숙하지는 못하지만 한국어를 통한 의사소통도 시도할 수 있게끔 되었다.

2019년 6월 서울 국제 도서전 관련으로 방한했을 적에 친구인 고려대학교 이형식李炯植 교수의 초청으로 대학 부설의 아세아문제연구소와 현대일본센터가 공동 주최한, 아세아문제연구소 창립 60주년 기념 학술 세미나에서 이 책의 내용을 바탕으로 발표를 할 기회가 주어졌다. 오랜 친구인 송완범宋浣範 교수도 참석해주었고, 사학과의 박상수朴尙洙 교수에게서는 마침 전공이 현대중국사였던 터라 귀중한 논평을 들을 수 있었다. 이 책의 한국어 번역자인 장원철 교수와는 아직 일면식도 없는 사이지만 역시 같은 고려대 출신이라는 사실에서 새삼 학통의 인연이 깊음을 느낀다고 하겠다.

한국에서는 이 책이 과연 어떤 식으로 읽혀질 것인가? 지금까지 출간되었던 문혁 관련 책들은 권력 투쟁의 관점에서 쓰여지든가, 피해자와 가해자로 나뉜 인민의 관점에서 쓰여지든가에 관계없이 거의 대부분 중국 국내 정세에 국한된 기술로 이루어져 있다. 그에 반하여 이 책은 앞서 언급했듯이 국제적 관점에서 쓰여졌다는 이유로 다소간 한국 독자들의 관심을 끌지 않을까 한다. 그렇지만 문혁 당시 한국은 박정희에 의한 개발독재주의 하에서 엄중한 반공 체제를 펼쳤던 까닭에 문혁의 직접적 영향을 받을 여지는 적었을 것으로 보인다. 오히려 중요한 역사적 과제는 북한에 대한 문혁의 영향과 북한·중국 양국 관계의 변화일 것이다. 동시대의 자료가 공개되어 있지 않은 관계로 확실한 사정은 알 수가 없거니와, 이 책에서도 다룰 수가 없었다. 선즈화沈志華 교수(화둥[華東] 사범대학 역사학부 교수·동 대학 냉전 국제사 연구센터 주임·동 대학 주변국가 연구원 원장)의 조사 및 그 저작 『최후의 '천조天朝'』(이와나미서점, 2016년, 하권 제7장)에 따르면 중소 대립이 한창 벌어지던 시기에 양국 관계는 최악의 상태에 빠졌고, 중국의 조선족과 북한의 화교들은 상당한 박해를 받았던 것으로 보인다. 아울러 북한은 문혁 당시에 마오쩌둥에게 쓰였던 표현들을 모방해서 이후 김일성의 개인숭배와 신격화를 꾀했다고 하는 것이다. 한국에서의 북한 분야 연구에서 이와 관련하여 이제까지 어떤 연구 성과를 거두었는지를 이번 기회를 통해 알 수 있었으면 하는 바람이다.

2020년 9월부터 저자는 베이징 대학에서 외국인 전문가로 강의를 맡게 되었다. 한편으로 중국의 학계와도 여러 테마로 벌어지는 학술 교류 등에도 참가하고 있다. 그러나 아쉽게도 문혁의 문제는 지금의 중국에서는 공적인 교육·학술·출판의 영역에서 자유로이 토론할 수 있는 언설 공간이 주어지지 않고 있다. 단지 개별 연구자에게 나의 관심사와 연구의 개요를 설명하면 지대한 관심을 보이며 그제서야 곁을 내주는 정도이다. 중국에서 문혁은 아직도 역사의 반열에는 오르지 못하고 있다. 치유되지 않은 상흔과도 같은 문제인 것이다. 그런 즈음에 일본이라는 배후의 시선에서 행해지는 발언은 자국의 '수치스런' 역사가 주변 지역의 역사에 심대한 영향을 끼쳤던 국제적 관심사이며, 문혁은 단순한 '집안의 수치'가 아니라, 특히 주변 국가들에게는 지금까지도 절실한 역사적 사건이었다는 점을 그들에게 상기시켜주는 것이다. 그와 같은 생각을 공유하는 일이야말로 나와 같은 외국인 연구자가 해야 할 역할이며, 중국인 연구자에게 관련 연구 논문을 제시하면서 시작되는 대화야말로 국제적인 학술 교류의 진정한 즐거움임을 실감케 되는 것이다.

이 책의 한국어판 번역·간행은 작년까지만 해도 동업자였던 오랜 친구 이동섭 AK커뮤니케이션즈 사장의 배려에 따른 것이며, 헤이본샤와의 저작권 교섭을 행했던 이윤미

씨와 편집을 맡아주었던 이민규 씨에게도 많은 신세를 진 것에 대해 심심한 감사의 뜻을 전하는 바이다.

2020년 2월

코로나19 바이러스가 진정되기를 기다리며

요코하마에서

저자 바바 기미히코

부기

이 책의 집필 의도와 동기에 대해서는 간행 직후에 요미우리 신문과 가졌던 인터뷰에서 상세히 언급한 바 있으므로, 당시 게재된 기사의 해당되는 부분을 여기에 인용해두고자 한다.

마오쩌둥이 1966년에 제기하였고, '홍위병' 젊은이들이 대중 운동을 일으켰고, '반혁명'으로 지목되었던 이들이 규탄 당했던 문혁. 중국 사회를 약 10년 동안 대혼란에 빠뜨리고 수많은 희생자가 생겼다. 중국에서는 문혁은 커다란 오류였다고 결론지었지만, 마오쩌둥의 공적을 부정하지 않았기 때문에 일종의 타부가 되었다. 저자 바바 씨는 '외국인의 눈으로 부감적으로 분석할 수 있다'고 생각했다.

관련 논문을 읽고, 마오쩌둥의 동정을 기록했던 『마오쩌둥 연보』의 분석, 관계자들에 대한 사정 청취 등을 거듭하면서 집필에 임하였다. 특히 주목했던 바는 인도네시아의 '9·30사건'(1965년)과 문학과의 관련성, 인도네시아 공산당 계열의 국군 장교들이 쿠데타를 기도했다가 실패한 것으로 알려져 있는 9·30사건의 배후에는 중국 공산당의 지시와 교사가 있었고, 그 실패를 보았던 마오쩌둥이 대중 동원에 의한 혁명 노선으로 방향을 바꾸었던 것이 문혁이었다고 이 책은 설명하고 있다. 더욱이 그 이후에 인도네시아 국내에서 일어났던 무장 봉기와의 연동성에 대해서도 검증하고 있다.

또한 미국의 공민권 운동과 프랑스의 '5월 혁명' 등, 1968년에 세계 각지에서 일어났던 젊은이들의 정치 운동도 문혁이 그 진원지가 되었다는 견해를 제시하였다. 저자 바바 씨는 구체제에 대한 이의 제기가 동시다발적으로 일어났다는, 지금까지의 견해를 인정하면서도 문혁이 동서 양 진영에 들이대었던, 피억압 민족의 해방, 제3세계의 연대와 같은 메시지를 중시하였다. '세계의 대립축이 사회주의와 자본주의라는〈동서〉대립에서 부의 편재와 격차라는〈남북〉문제로 바뀌는 계기가 되었다'고 주장한다.

게다가 각국의 사람들에게는 엘리트주의 등의 문제에 대하여 홍위병들이 과감히 들고일어났던 것처럼 보였다는 사실도 지적하는 한편『마오쩌둥 어록』이 전 세계에서 읽히는 등 '세계혁명'으로서의 영향력에 대해서도 언급하였다.

그러나 수습되고 난 이후에는 '파괴와 혼란만을 초래했을 뿐'이라고 전면 부정되었던 문혁. 저자 바바 씨도 문혁을 부정하는 입장이지만 '검증이 따르지 않는 전면 부정은 역사의 공백을 만든다'고 염려하고 있다. 왜냐하면 문혁의 배경으로 작용했던 빈곤과 불평등, 사람들의 폐색감閉塞感은 해소되기는커녕 도리어 확대·고착화되고 있기 때문이다. 세상에 불만의 용암이 쌓이게 되면 어떠한 형태로든 파국적인 사태가 일어날 가능성도 있다고 보는 것이다. '인간은 연약하고 하나의 사상에 주박呪縛 당하면 살인을 저지를 수도 있거니와, 집단적 폭력도 행사하게 된다. 그것이 대량학살로 격화되었던 역사적 사례도 허다하다. 사상이 지니는 파괴력과 위험성을 알아야 할 필요가 있다.'

「문화대혁명의 '국제성' 고찰
  ― 공민권 운동, 5월 혁명의 진원지의 하나」

『요미우리 신문』2018년 10월 15일

(고바야시 유키小林佑基 기자 취재·작성)

목차

문혁은 파괴적인 참극이었다.
지금도 그 상처는 치유되지 않았다
복안(複眼)과 조감(鳥瞰)의 시선으로,
문혁의 진실과
배회하는 혁명의 망령의 정체에
다가가고자 한다

서장
문화대혁명 50년째의 망령

문화대혁명의 '망령'이란?

2017년 '프롤레타리아 문화대혁명文化大革命'[1]이 발발했던 현장 무대라고 할 중국에서는, 과거 반세기 이전에 일어났던 이 역사적 사건을 회고하거나 기념하는 행사는 일체 없었다. 중국 국내의 모든 동정은 제2기 시진핑習近平 정권[2]을 확고히 다지기 위한, 2017년 가을로 예정되어 있는 제19회 공산당대회[3]에 초점이 맞춰져 있었다.

본래 문화대혁명에 대해서, 본국인 중국에서는 연구를 공개하거나, 공식 장소에서 이에 대해 언급하는 행위 등은 일체 금지되어 있다. 1976년 9월 9일 문혁을 주도했던 마오쩌둥毛澤東이 사망하고, 그 직후에 문혁을 선도했던 이른바 4인방四人幇[4]이 체포되어 재판에 회부되었다. 이리하여 문화대혁명은 그 사태가 발동된 지 10년째 되던 해에 막을 내렸다. 마오쩌둥을 계승한 화궈펑華國鋒[5]이 실각하고 난 뒤, 1981년 실질적인 당 지도자로 부상하였던 덩샤오핑鄧小平의 주도하에, 당 중앙위원회에서 '건국 이래 당의 몇 가지 역사적 문제에 관한 결의'[6]가 채택되기에 이르렀다. 이 결의에서 문혁은 마오쩌둥이 발동한 '극좌極左 노선의 중대한 오류'이며, '당·국가·인민은 건국 이래 가장 엄중한 좌절과 손실을 입었다'고 규정하고 있다. 1988년에는 중국공산당 중앙위원회[7]가 문혁 연구 결과물의 공개 및 출판, 문혁을 소재로 한 문예작품의 제작을 엄하게 제한한다는 내용의 통지를 모든 기관에 하달하기에 이르렀다.〔가가미加々美 12〕루쉰魯迅과 저우쭤런周作人[8] 연구로 잘 알려진 첸리췬錢理群 베이징 대학 교수는 이러한 행위는 '기억의 망각', '망각의 강요'라고 지적하면서, '망각을 거부하라'고 소리 높여 호소하고 있다.〔첸錢〕

공적 장소에서 문화대혁명에 대해 언급하는 것을 금지시키는 일은 문혁에 대한 재평가의 싹을 잘라버림으로써 재난이 다시 일어날 수 있는 소지를 막을 수 있으리라는 기지라고도 할 수 있다. 문혁 당사자들의 망각과 문혁을 전혀 알지 못하는 신세대 인구가 증가함에 따라 문혁의 재앙이 다시금 재현되는 사태는 회피할 수 있는지도 모르겠다.

그렇지만 막대한 희생을 치렀고, 가해자와 피해자가 지금도 서로 이웃해 살고 있는 사회에서 희생에 대한 진상 규명의 길이 막혀 있고, 가해자의 사죄와 피해자에 대한 보상이 전혀 이루어지지 않는다면 집단으로서의 기억은 결코 형성되지 않을 것이다. 그것은 상처를 치유할 수 있는 기회를 놓쳐 버린 채로 내버려 두는 것이기도 하다. 사라지지 않은 문혁의 과거가, 치유되지 않은 채 쌓이고 쌓여서 이윽고 원한으로 변해서, 언제 또 다시 '망령'처럼 우리 주변에 나타나게 될지도 모를 일이다.

실제로 문혁에 대한 집단 망각이 한창 강요되던 시기에 문혁이 다시 재연되는 것이 아닌가 하는 움직임이 최근 중국에서 일어나고 있다.

중국의 4대 직할시直轄市[9] 가운데 한 곳인 충칭重慶 시에서 2012년 댜오위다오釣魚島[10]를 일본이 국유화하려는 시도에 집단적으로 항의하면서, 마오쩌둥의 초상화를 들고서 '마오 주석 만세'의 구호를 외치는 등의 데모 행렬이 확산되어갔다. 충칭 시에서는 시의 서기를 맡고 있던 보시라이薄熙來[11]가 혁명가紅歌[12]를 합창하는 '창홍가唱紅歌' 운동, 부패 관료와 암흑가 등의 범죄 집단을 타도하자는 '타흑반부打黑反腐'[13] 운동 등을 통해서 민중을 동원하는 한편으로 충칭 시의 견실한 경제 성장을 주도해갔다. 그러나 그러한 일련의 데모가 있은 직후에 시진핑 정권에 의해 보시라이는 부정 축재 혐의로 적발·체포되는 동시에 모든 공직에서 해임되었다. 시진핑 정권은 정권 발족 초기부터

'호랑이는 물론 파리도 때려잡자'[14]고 외치면서 반부패 운동을 적극적으로 전개하였고, 지도 간부의 부패 행위에도 가차 없이 메스를 대기 시작해서, 앞의 보시라이를 포함한 수많은 권력자들이 권좌에서 쫓겨나고 말았다. 그러나 그러한 행위의 목적은 결국 자기 스스로를 '권력 핵심'이라고 일컫는 것과 같은, 권력 집중에 있는 것이라 하겠다. 보시라이든 시진핑이든 공격할 표적으로 삼은 적을 백일하에 공표해 창피를 주고, 민중 동원과 개인숭배 등을 통해서 기존 권력과 체제를 타도하고자 하는 수법과 목적 등은 일찍이 벌어졌던 문화대혁명 시대의 그것을 그대로 빼닮았다고 하겠다.

이렇게 보면 문화대혁명의 망령은 아직 사라지지 않고서 우리 주변을 서성거리고 있는 것이 아닌가 하는 느낌마저 드는 것이다.

그렇다면 문혁의 망령이란 도대체 무엇일까?

망령이란 실체가 없는 것이므로 이를 정의하는 일은 어렵다고 하겠다. 그러나 현상으로서 지적하는 것은 가능한 일이다.

첫째로 사라졌는가 싶으면 다시 나타난다. 문혁을 공식

적으로 전면 부정하고, 사회가 부인했다고 하지만, 유사한 사회 현상이 발생한다.

둘째로 마치 유령과 같이 시작하는 머리와 끝나는 꼬리가 분명치 않다. 도대체 문혁은 언제 시작해서 언제 끝났던 것일까? 마오쩌둥의 개인적 의사에 의해 권력을 장악하기 위해서 시작한 것이라면, 정적 류사오치劉少奇[15]를 국가주석의 권좌에서 끌어내렸던 시점[16]에서 문혁은 종식되어야 했음에도 불구하고 오히려 전국·전사회로 확산되어 수습이 되지 않았다. 그렇다면 문혁은 언제 종료되었던 것일까? 1971년의 이른바 '린뱌오林彪[17] 반란 사건'이 일어나는 시점에서인가? 1976년 제1차 톈안먼天安門 사건의 시점에서인가?[18] 아니면 마오쩌둥이 사망한 시점인가?[19] 4인방이 체포되는 시점인가?[20] 아니면 1981년에 이른바 '역사결의'가 채택되었던 시점에서인가? 아무래도 사건의 전체적인 개요 또한 애매모호하다 하겠다. 더더군다나 문혁 사태는 중국 국내뿐만이 아니라 세계 각지에 충격을 주었고, 동시에 확대·변형되어 세계 곳곳에 갖가지 사회운동과 사상을 파생시키기에 이르렀다.

셋째로 사회 집단에 빙의하여 제어 불능의 상태에 빠뜨

린다. 그리고 혼란과 무질서와 파괴를 초래한다.

비근한 예로 일본의 경우를 살펴보자.

문혁이 일어났을 때 중국에서는 '영혼에 와닿는 혁명'[21], '조반유리造反有理'[22], '온갖 잡귀신(우귀사신[牛鬼蛇神])을 쓸어 버려라'[23], '사구四舊를 타파하고, 사신四新을 수립하라'[24] 등 등의 온갖 구호가 열렬하게 제창되었다. 그것이 같은 시기의 일본에 들어와서, '조반유리', '자기부정', '제국 대학 해체'와 같은 표어로 바뀌어서, 대학 분쟁의 와중에 캠퍼스의 입간판을 장식하였다. 혁명에 대한 일종의 광조狂躁 상태가 젊은이들 사이에 만연해 있었고, 주요 대학에서 부득이 캠퍼스를 폐쇄할 수밖에 없었으며, 그로 인해 강의와 입시가 중단되고 말았다. 그런데 1969년 1월 도쿄대 야스다安田 강당의 공방이 경시청 기동대의 투입에 의해 진압되자, 그동안 씌었던 귀신이 떨어져 나가듯이 대학의 캠퍼스는 평온을 회복하였다.

더욱더 역사를 거슬러 올라가 보자.

100년 전 쯤의 시기에 쓰여진 루쉰의 대표작 『아Q정전』[25]에 나오는 한 대목이다.

혁명당이 아Q가 살고 있는 웨이좡未莊 마을로 진격해오

자, 아Q는 홀연 자신이 마치 혁명당원이나 된 것처럼 기뻐서 어쩔 줄 모르며 '반란이다! 반란이다!'라고 큰 소리로 외쳤다. 그러자 그때까지 자신을 얼뜨기 취급해왔던 사람들의 겁에 질려 휘둥그레진 눈들을 보자, 웨이좡 사람들이 자신의 포로라도 된 듯한 기분이 들어서, 한층 더 신이 난 나머지 '좋아, …갖고 싶은 건 모두가 내 거라네. 맘에 드는 년은 모두 내 거라네. …쇠 채찍을 움켜쥐고 네 놈을 후려치리라'고 고함을 질러 댔다. 아Q가 그때까지 가슴속을 억눌렀던 침울함을 떨쳐버리고서 한껏 도취감에 고양되었던 것도 한순간, 이윽고 웨이좡을 엄습했던 혁명의 헛소동이 가라앉자 현성 관청으로 끌려가 덧없이 형장의 이슬로 사라지고 말았다.

혁명의 광신이 빙의하였던, 짧은 순간의 도취 상태에서 깨어나자 유토피아의 꿈은 대번에 사라지고, 디스토피아의 현실로 되돌아 와 있었다. 사회는 대파멸의 참극이 초래할 트라우마에 시달리게 되는 것이다.

일본에서 문혁 연구의 선구자라 할 고쿠분 료세国分良成 방위대학교 총장은 이렇게 진단하고 있다.

"문혁을 담론의 범위 안에서 살펴보면 관리체제·관료제의 타파, 엘리트 교육 비판의 측면을 지니므로, 그것들을 액면 그대로 받아들여 이상화하는 지식인이나 청년층이 출현하는 것도 불가사의한 일은 아니었다. 동시에 그것은 미국에 있어서 베트남 반전 운동과 흑인 민권 운동 등의 흐름과도 상호 공명을 불러 일으켰던 점 또한 사실이다. 요컨대 동시대사적으로 보자면 문혁은 1960년대 후반에서 70년대 전반에 걸쳐서 세계적으로 일어났던, 일종의 반체제 유포리아euphoria[26]의 기폭제 역할을 했다고 생각할 수도 있겠다."[고쿠분国分 238]

그렇다면 현실에 일어났던 문혁은 어떠한 것이었을까?

이 책에서는 문혁 이후에 분명히 밝혀진 사실을 근거로 해서 진실의 행방을 좇거나 후세에 내려진 평가를 그대로 따라서 단죄·평가하는 일은 하지 않으려 한다. 단지 동시대를 살았던 당사자의 시선으로 문화대혁명이 어떻게 발생·전개되어가는가의 실태를 추적해보려는 것이다. 물론 저자는 좁은 의미에서 문혁의 당사자도 아니며 또한 체험자라고도 할 수 없다. 게다가 문혁 세대도 아닌 데다가 외국인의 신분인 것이다. 그렇다 하더라도 문혁의 영향을 현저히 받았던 일본에서 태어나고 자랐던 것이다.

문혁은 중국이라는 특수한 공간, 특수한 역사적 조건하에서 일어났던 일회성의 사건이었을까? 아니면 일정 조건하에서는 어떤 나라, 어떤 사회에서도 일어날 가능성이 있는, 참으로 망령처럼 연쇄적으로 반복하여 일어날 수 있는 사태인가?

문혁을 외부로부터 마치 새의 눈처럼 부감·관찰함으로써 문혁이라는 현상을 다시 한 번 조명하고자 하는 것이다.

아시아에서 바라본 '1968'

지금까지 문혁 관련 서적들은 증언록·회고록·체험기에서부터 연구서 및 계몽적인 문혁의 역사서에 이르기까지 사태의 발생 요인에 관해서나, 발생 후 전개에 대해서도 중국 내부에서 완결된 특수한 사건으로서 다루어 쓰여져 있는 경우가 여전히 압도적이라 하겠다. 그 결과 문화대혁명은 일반적으로 중국 현대사에 있어서 특수한 '10년의 재난'으로 받아들여져 왔다. 그와 같은 일국사一國史에 입각한 문학관에 대해서, 이 책은 문학의 국제적 요인과 월경성越境性[27]을 보다 중시하는 또 하나의 시각을 제시하고, 그러한 시각을 통해 문학의 또 다른 진실에 접근하고자 한다.

이 책은 또한 반세기 전인 1968년에 일어났던 젊은이들의 반란, 이른바 '68운동' 또는 '68혁명'[28]에 대해서, 왜 그러한 혁명적인 운동이 특히 젊은이들 사이에서, 더욱이 전 세계에서 동시다발적인 형태로 발생했는가 하는 물음에 저자 나름의 하나의 해답을 제시하는 것을 목표로 삼고 있다. 이러한 '1968' 문제는 근년에 이르러 갑자기 학계에서 전문 영역을 초월한 관심의 대상으로 열기가 고조되고 있는 형편이다. 관견의 범위 내에서 언급하자면 약간 시대를 거슬러 올라가 오카모토 히로시岡本宏 편저『'1968년' 시대전환의 기점』(1995년), 이후에 오구마 에이지小熊英二의 대저『1968 (상·하)』(2009년)이 이어졌고, 유이 다이자부로油井大三郎의『월경하는 1960년대』(2012년)와 니시다 마코토西田愼·우메자키 도루梅崎透의 편저『글로벌 히스토리로서의 1968년』(2015년)이 있다. 그리고 1968년 창간 50주년에 해당하는 올해에는 잡지『사상』이 특집으로 '1968'의 문제를 다루었다. 또한 1968 운동과 더불어 음악·사진예술·연극·무용·만화 등의 대중문화 분야에서 당시 '언더그라운드underground 문화[29]'로 불렸던 것과 같은 특이한 문화 현상이 일어났던 사실에 주목한 요모타 이누히코四方田犬彦의 일련의 편저서들[30]도 빠뜨려서는 안 될 것이다.

오구마 에이지의 저서는 1968년을 정점으로 하는 일본 학생운동을 회고의 형식이 아니라 사회과학적 방법에 근거해 그 사회·역사적 배경에 접근한다는 의미에서, 이제껏 체험자들에 의한 회고록 유형의 저작들과는 일선을 긋는 것이었다. 그렇지만 고찰의 대상이나, 분석을 위한 참조 문헌 등에서 시아의 범위가 일본 국내에만 머물러 있고, 전 세계 동시다발적으로 일어났던 운동의 실태와 그 원인에 대해서는 다루고 있지 않다.

여타의 편저들은 고찰의 대상을 '1968운동'이 현저히 나타난 세계 각국으로 확대해서, 다각적인 분석을 행하고 있다. 국제적 월경越境의 실상에 접근한다는 의미에서, 참으로 '글로벌 히스토리'로서의 '1968년'이라는 시각을 일관되게 유지하고 있다. 이 책의 문제의식도 마땅히 그러한 시각의 연장선상에 있다고 하겠다.

다만 편자들의 관례로서 개별 집필자의 전문 영역에 따라서 개개의 논문은 각국의 일국사—國史로서의 서술 범위를 넘는 것이 아니어서, '1968운동'의 월경성과 연쇄성이라는 문제의식을 충분히 고려했다고 말하기는 어렵다. 유이 다이자부로의 편저는 책의 부제에서도 당연히 드러나듯이, '1968운동'의 서방 제국—특히 미국·프랑스·독일·영국·이탈리아·일본—에 있어서의 연쇄성의 측면을 강하게 의식한 고찰들이 이루어지고 있다. 반대로 동구권 또는 제삼세계와의 연쇄성의 측면에 있어서는, 베트남 반전 운동에 관해서는 당연하게도 운동의 동기로서 거의 전편에 걸쳐서 다루어지고 있다. 그러나 중국의 문혁과의 연쇄성에 대해서는, 문혁에 대한 개별 논문을 제외하고서는, 쿠바 혁명의 카스트로나 체 게바라와 마찬가지로 마오쩌둥과 '조반유리'의 표어가 학생 운동가와 신좌익 운동가들의 아이콘으로 쓰였다고 하는 정도로, 구체적인 사실과 현상에 입각한 고찰이나 심도 있는 분석은 보이지 않고 있다.

이 책의 경우에도 '1968운동'의 세계적 동시다발성 또는 '1968현상'의 연쇄성이라는 동일한 문제의식에 서 있는 것이다. 따라서 당연한 일이지만 고찰의 범위 또한 일국의 틀 안에만 한정되는 것은 아니라 하겠다. 그렇기는 해도 그 범위는 중국과 인도네시아, 그리고 크게 잡아서 일본을 중심으로 한 서방 제국의 일부에 지나지 않는다. 다만 선행 연구와의 차이점은 동시다발성의 진원을 중국에 설정하고서, 인도네시아와 일본이라는 아시아 지역에 있어서의 혁명적 계기의 월경성·연쇄성·상호성 등에 주목하려는 점에 있는 것이다.

이제까지 아시아발 월경성이라는 측면에서 살펴보자면, 베트남 전쟁에 관해서는 미국이나 프랑스 등지에서의 반전 운동, 일본에서의 베헤렌ベ平連[31]과 학생들의 반대의견 제기 운동 등과의 연관성의 측면에서 회고록을 포함한 방대한 연구 성과가 축적되어왔다. 그러나 문혁의 세계혁명으로서의 충격력·영향력이라든가, 인도네시아 혁명운동과의 연쇄성 등의 문제에 관해서는 그러한 시점에 입각한 연구가 지속적으로 이루어져 왔다고 말하기는 아무래도 어렵다 하겠다.

아시아에서 바라본 '1968'이란 무엇이었을까? 마오쩌둥이 1957년 소련의 모스크바를 방문했을 적에 당시 유학

중인 중국인 학생들에게 한 연설에 빗대어서 말하자면, 과연 '동풍東風은 서풍西風을 압도하는' 것이 되었던 것일까?

20세기는 세계 전쟁과
혁명의 시대였다.
제국주의 지배의 시련을 겪고 나서
아시아가 꿈꾸었던 혁명의 꿈이란……

제1장 혁명의 꿈
——베이징—자카르타의 주축

중국과 인도네시아의 유대

중화인민공화국과 인도네시아.

이 두 나라를 나란히 놓고 보아도 언뜻 떠오르는 이미지
는 없다.

중화인민공화국(이하 문맥에 따라서 '중국'으로 번역-역주)은
1949년 10월 1일에 건국하였고, 인도네시아는 같은 해 12
월 27일에 종주국 네덜란드로부터 주권을 이양 받았다(독
립선언은 1945년 8월 17일). 두 나라 모두 제2차 세계대전 후에
독립하였고, 국가로서의 역사는 그리 길지 않은 편이다.

그러나 양국의 유대 관계는 의외로 두터운 편이다. 이
책에서 세계혁명으로서의 문혁이라는, 종래에 중국 일국
내에서만 완결되는 혁명사가 아닌, 또 하나의 이야기를 묘
사하려고 할 적에 문혁이 지닌 현저한 월경성을 보여주
는 대상 국가의 하나로 이 인도네시아라는 나라에 주목하
고자 한다. 더욱이 또 다른 하나의 대상 국가는 일본이다.
문혁이 어떤 추이를 밟아갔는가를 중국과 인도네시아, 그
리고 일본 및 서방 제국이라는 식의 3원 실황 중계를 행하
면서 묘사해보고자 하는, 이제껏 달리 유례가 없던 동시대
사를 시도해보려는 것이다.

세계 제4위 인구 대국인 인도네시아는 현재 약 2.5억 명의 인구를 거느렸고, 재외 화교華僑로서는 최대 규모인 760만 명의 화인·화교가 거주하고 있다. 인도네시아는 중국이 건국된 직후인 1950년 4월 13일에 중국을 국가로 승인하였다. 사회주의 진영에 속하지 않은 국가로서는 인도에 이어서 두 번째로 빠른 외교적 승인이었다. 참고로 『인민일보人民日報』 CD-ROM판 데이터베이스를 통해 중국의 건국 이래 1970년대까지, 신문에 게재되었던 인도네시아 관련 기사 건수를 검색해보기로 하자. 기사의 본문 가운데 '인도네시아印度尼西亞/印尼'를 포함한 기사 내 어휘로 검색을 해보면, 다음의 건수가 확인되고 있다.

연도	기사 수	연도	기사 수	연도	기사 수	연도	기사 수
1949	400	1955	695	1961	606	1967	552
1950	257	1956	865	1962	701	1968	228
1951	242	1957	729	1963	1199	1969	209
1952	347	1958	769	1964	1067	1970	141
1953	311	1959	475	1965	1342		
1954	444	1960	705	1966	824		

어느 것이나 모두 세 자릿수에 달하는 분량으로, 많은

해에는 거의 매일 한 건 또는 그 이상의 관련 기사가 게재되고 있음을 알 수 있다. 여타 국가들과 비교해보지는 않았지만 게재 빈도가 상당히 높다는 것만은 틀림없다. 다년간의 변화 양상을 보면 1956년과 1965년이 정점을 찍고 있다. 1956년은 그 전년인 55년에 반둥Bandung 회의가 있었고, 1965년은 이 책의 중심 주제 가운데 하나인 1965년 10월 1일 새벽의 '9·30사건'을 전후한 시기로서, 두 시기 모두 관련 기사가 집중적으로 게재되고 있다.

인도네시아에서도 특히 화인 인구 비율이 높은 서 깔리만딴Kalimantan Barat[32]의 어느 화교 학교에서는 중국이 건국된 후에 학교 건물에 마오쩌둥과 인도네시아 초대 대통령 수카르노Soekarno의 초상화가 나란히 걸렸고, 초등학교 교과서에는 '10월 1일은 중국의 국경절, 우리의 지도자는 우리를 사랑하고, 우리는 그를 존경하고 사랑한다'라는 문장의 삽화로서 중국의 국기인 오성홍기五星紅旗와 인도네시아 국기인 홍백기紅白旗[33]의 그림과 마오쩌둥과 수카르노의 초상화를 떠받드는 아이들의 그림이 게재되어 있다.

화인 커뮤니티뿐만이 아니라 국가 간에도 인도네시아는 공산국가가 아니었음에도 불구하고 마오쩌둥과 수카

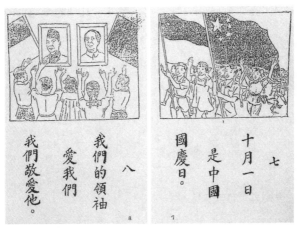

서 깔리만딴 섬의 화교학교에서 쓰였던 교과서에 실린 그림

르노는 친밀한 관계임을 외부에 과시하였고, 양국은 오랜 동안 밀월 관계를 유지하였다.

일본인은 이와 같은 제2차 세계대전 이후 아시아 지역 내에서 두 나라의 관계 양상에 대한 지식이나 감각이 결여되어 있는 편이다. 그것은 일본이 패전한 이후 1952년의 샌프란시스코 조약이 발효될 때까지 외교권을 박탈당하여, 아시아 여러 나라와의 정식적인 외교 관계를 오랫동안 체결하지 못했던 데에서 기인하고 있다. 게다가 그 후의 기간까지 포함해서, 아시아 지역이 한창 동서 냉전에 휩쓸려 있을 시기에는, 서방 진영에 속한 일본은 냉전의 수익자로 처신하게 됨에 따라서, 앞서 제2차 대전에서 전쟁 교전국 이었거나 식민 지배를 당했던 아시아 여러 나라들과는 정 면으로 관계를 맺는 일을 기피해왔기 때문이기도 하다.

반둥 회의 정신의 결실

이렇듯 중국과 인도네시아가 특수한 밀월 관계를 구축 해갔던 역사를 더듬어 살펴보기로 하자.

1954년 한국 전쟁이 휴전[34]한 이후에 동서 양 진영의 대 립이 고착화되고, 아시아는 냉전 시대로 접어들면서 서구 형 민주주의와 소련형 공산주의 가운데 양자택일을 해야 하는 상황에 처하게 되었다. 그런 가운데 일본에서는 자 유민주당自由民主黨과 일본사회당日本社會黨 양대 정당을 중심으로 한 보수·혁신체제로서의 '55년 체제'가 확립되 어간다. 한편으로 중국은 1953년부터, 그때까지의 혁명적 제 계급의 연합에 의한 '신민주주의新民主主義 노선'[35]에서 사회주의 노선으로의, 입장을 분명하게 밝히는 노선 전환을 감행하였다. 이에 따라 대일對日 외교에서도 그때까지 일본공산당과의 국제공산주의운동 통일전선을 위한 공산주의자 상호간의 당 대 당의 외교 노선에서, 일본사회당 및 민간의 중일 우호 인사까지를 대상으로 하는, 당파를 초월한 민간외교 형태로 노선 전환을 이루게 되었다. 이로부터 국가 체제가 달라도 평화 공존은 가능하다는 평화 공세가 전개되었고, 민간 인사에 대해서는 공산주의를 선전하거나 당파적 활동을 강요하는 것과 같은 혁명 수출을 하지 않겠다는 방침을 정했다.

동서 냉전의 각축에 휩쓸려 들어가면서도, 전후의 아시아에서는 그때까지의 서구 지배의 역사가 붕괴되면서, 민족 해방과 국가의 독립을 추구하게 되었다. 국력이 여전히 취약하였던 신흥 아시아 제국은 아시아인에 의한, 아시아인을 위한, 아시아를 지향하는 국제적 연대를 위한 하나의 지표로서 비동맹非同盟 주의를 제창하게 되었다. 1954년에는 한국 전쟁과 인도차이나 문제를 협의하여 역내 평화를 회복하고자 하는, 제네바 회담과 콜롬보 회의[36]가 개최되기도 하였다.

그리고 다음 해인 1955년 4월에 인도네시아 쟈바 섬 서

부의 고원도시 반둥Bandung에서 29개국 정상들이 모여서 아시아·아프리카 회의(A·A회의)를 개최하였다. 일본은 중국의 '평화 공세'에 호응하여 중국에 접근하려는 경향을 경계하던 미국의 눈치를 보느라고 회의에 참가하는 것을 꺼려하였다. 결국 정계의 최고위 인사는 가지 않았지만, 재계와 친밀한 정치가를 대표하여 다카사키 다쓰노스케高碕達之助 경제심의청 장관 등 28명이 참석하게 되었다. 회의에서는 평화 10원칙이 채택되었고, 반제국주의·반식민주의를 유대 의식으로 하는, 평화 공존을 위한 '반둥 정신'이 결실을 맺는 한바탕의 대규모 쇼가 펼쳐졌다.

이들 일련의 회의를 주도했던 것이 인도의 네루Nehru 수상과 중국의 저우언라이周恩來[37], 그리고 반둥 회의를 주최했던 인도네시아의 수카르노 대통령이었다. 특히 저우언라이는 아시아의 목소리를 대변하여 서방 세계에 전하는 메신저의 역할을 담당하였다. 신생 아시아를 대표하는 빛나는 스타로서, 화려한 국제 외교무대에의 데뷔였던 것이다. 저우언라이의 활약으로 아시아 아프리카 제국들 사이에 중국의 위신은 한껏 높아졌다. 중국과 일본 사이에도 비공식적인 접촉이기는 했지만 숙박지 호텔 로비에서 저우언라이와 다카사키가 회담을 하는 기회를 가졌고, 이 것이 훗날 중국과 일본 사이에 민간 무역이 진전되는 발판 이 되었다.〔미야기宮城 ②43-51, 같은 책 ①157-87〕

중국은 사회주의의 기치를 선명히 하면서도 소련 쪽으 로 치우치는 일변도 정책을 강화해갔다. 따라서 중국의 입장은 실제로는 비동맹도 중립도 아니었다. 그렇지만 50 년대 중반 이 당시의 시대정신의 주선율은 공산주의냐 자 본주의냐의 이데올로기 대립은 아니었다. 민족해방과 국 가독립과 평화공존의 과제야말로 지식인들로 하여금 아 시아·아프리카·라틴아메리카라는 제삼세력 쪽으로 눈을 돌리게 하였고, 지역적으로 연대를 외치는 함성으로 바뀌 었다.

이 이후로 중국과 인도네시아는 서로 국가체제를 달리 하면서도 비동맹주의를 표방하는 제삼세력 내의 우호국 으로서 긴밀한 관계를 구축해갔다. 구체적으로는 1962년 에 네덜란드 식민지의 일부였던 서西 이리안Irian[38] 지역 을 네덜란드로부터 탈환하기 위한 '이리안 해방투쟁'[39]에 대해 중국은 적극적인 지지를 표명했다. 1961년 5월 당 시 말라야Malaya 연방[40]의 라만Rahman 수상 정부가 말라

베이징을 방문한 수카르노 대통령을 공항에서 영접하는 중국 수뇌부. 왼쪽부터 저우언라이, 주더, 마오쩌둥, 펑전. 1956년 9월 30일

야·싱가포르·영국령 보르네오(브루나이를 포함)[41]를 단일한 정치체제로 편입시키는 말레이시아 연방 구상[42]을 표명한 것에 대하여, 인도네시아 정부는 1963년 1월부터 말라야 연방의 행위를 신식민주의로 규정하고서, 말레이시아 연방을 형성하려는 구상에 대해 이를 반대하는 '대결정책 Confrontation policy'에 돌입할 것임을 선언하였다. 이와 같은 말레이시아 '대결konfrontasi'[43] 정책에 대해서도 중국은 외교적인 지지와 아울러 경제적 지원까지도 할 용의가 있음을 표명했다.〔구라사와倉沢 ③7-19〕

그렇지만 중소 대립의 와중에서 소련의 인도네시아에 대한 차관 공여는 해외로부터의 원조 총액의 절반 정도에 이르는 10억 달러를 넘어선 데에 반하여 중국의 그것은 4천만 달러에 훨씬 못 미치는 액수였다. 또한 인도네시아의 자본 조직에 있어서, 관료·군인·정치가와 유착한 화교의 특권적 지위는 중국과의 사이에서 이중 국적 문제를 야기함으로써 일반 국민에게 반 화교 감정을 품게 하였던 것이다. 이처럼 중국과의 외교 관계는 불안 요인을 내포한 상태로 반석과 같이 견고하다고는 말하기 어려운 형편이었다.〔마스다增田 ②346-7〕

공산주의로 기울어진 인도네시아

수카르노는 1960년 말부터 민족주의Nationalisme·종교Agama·공산주의Komunisme의 3대 세력을 한데 규합하여 나사콤NASAKOM으로 불리는 거국일치 체제를 주창하고 나섰다.[44] 그리하여 1962년에는 공산당의 아이디트Aidit[45]와 루크만Lukman[46], 64년에는 같은 공산당의 뇨또Njoto[47] 등의 인물들에게 각료의 지위를 부여하고 입각시켰다. 수카르노 자신은 공산주의자가 아니었지만, 줄곧 용공적인 태도를 견지하였고, 1965년 5월 인도네시아공산당 창당 45주년 기념대회에 출석한 시기를 전후해서 한층 더 인도네시아공산당 쪽으로 접근하는 자세를 보였다.

인도네시아에는 인도네시아공산당PKI이 있었는데, 역사적으로 보자면 1920년에 네덜란드 식민 통치 시대에 코민테른Komintern의 지도하에 창설되었던,[48] 사실상 아시아에서 가장 오래된 역사를 지닌 공산당이었다. 더욱이 최대 규모를 자랑했을 적에는 당의 공식 발표에 따르면 350만 명의 당원을 거느린, 인도네시아 최대의 정당이자 비공산주의 국가에서는 최대 규모를 과시했던 공산당이었다. 1926년에 일으켰던 봉기[49]가 네덜란드 식민 당국에 의해 진압됨으로써 괴멸적 타격을 입었던 이후에, 1945년 10월 다시 재건되었을 당시에는 중국공산당의 항일 전쟁의 근거지였던 옌안延安에서 귀국했던 공산당원 알리민Alimin[50]도 포함되어 있었다.〔마馬 77~88, 259〕

인도네시아공산당은 한편에서 네덜란드와의 독립전쟁이 한창이던 1948년, 공산당원이 중심이 되어 쟈바 섬 동부의 마디운Madiun 시에서, 모스크바에서 갓 돌아온 무소

Musso의 지휘하에 인민정부 수립을 위한 반란을 감행하였다. 마디운 사건으로 불렸던 이 일로 인해, 인도네시아 정부군의 토벌 작전으로 말미암아 공산당은 괴멸하고 말았다. 그 후에 알리민과 아이디트에 의해 다시 재건되었던 인도네시아공산당은, 뒤에서 논의할 1965년의 9·30사건의 여파로 불법화·해체될 때까지 아이디트가 의장으로서 당을 이끌고 있었다.〔치노千野 136〕 본래부터 소련공산당과 중국공산당과는 형제당 관계에 있었으며, 쌍방 모두와 우호적인 관계를 유지하고 있었다.

1953년 3월에 소련의 스탈린이 사망하고 나서 3년이 경과한 56년 2월의 소련공산당 제20회 대회의 비밀보고에서, 당시 흐루쇼프Khrushchev[51] 서기장이 스탈린의 개인숭배 및 독재 정치와 숙청 등의 사실에 대해서 비판을 행하였다. 이러한 스탈린에 대한 비판의 여파로 6월에는 동구권의 폴란드에서, 10월에는 헝가리에서 대규모 데모와 항의 집회가 잇달았고, 마침내 소련이 군사개입을 통해 이를 진압하는 지경에까지 이르렀다. 상황이 이렇게 되자 마오쩌둥은 1957년 최고 국무회의를 소집하여 '인민 내부의 모순을 올바르게 처리하는 문제에 관하여'라는 내부 강연을 행하는 동시에 전당 차원에서 정풍운동의 전개를 결정하였다. 그리고 그때까지 소련 일변도 입장을 보였던 중국공산당 내부에서 소련에 대한 불신과 불화가 생겨났고, 점차 양국 간의 대립이 확대·첨예화되어갔다.

이렇듯 중소 대립이 격화되는 와중에 수카르노는 중국 쪽으로 기울어지는 자세를 보여주었다. 중소 이념 논쟁이 본격화되었던 1963년에, 인도네시아공산당 제7차 중앙위원회 제1·2회 확대회의에서 의장인 아이디트 또한 중국공산당의 입장에 치우친, 무장투쟁 노선에로의 전환을 분명히 하였다. 그리고 미제국주의를 주적으로 삼고서, 민족통일전선을 형성하여, 농민을 주체로 하는 '한손에 총, 한손에 괭이를 들고서 싸우자'라는 투쟁적인 구호를 내걸기에 이르렀다.

인도네시아공산당은 수카르노가 추진하던 말레이시아 '대결' 정책에 대해서도, 이를 신식민주의 반대의 입장에서 지지함으로써 수카르노의 나사콤을 핵심 이념으로 하는 정권에 대한 협력의 입장을 분명히 했다. 국제공산주의 운동에서는 유고슬라비아를 비판하는 한편 소련을 지명하여 비판하지는 않았지만 수정주의 비판의 입장을 천

명하였다.〔Mozingo 216-20, Zhou ②221-2, 인민일보 1963. 12. 31.〕

아이디트는 1963년 9월에는 다섯 번째가 되는 중국 방문에서 마오쩌둥 등 중국 수뇌부와 회담함으로써, 인도네시아공산당이 중국공산당과 우호적인 관계에 있음을 내외에 과시하였다. 중국에서는 아이디트의 연설집—『인도네시아 혁명과 인도네시아공산당의 시급한 임무』 인민출판사, 1964년—이 출판되었고, 인도네시아공산당을 지지하는 논문—「인도네시아 인민의 혁명 투쟁과 인도네시아공산당——인도네시아공산당 창당 43주년을 축하하여」 『홍기紅旗』 1963년 제10·11기—이 공산당 기관지에 게재되었다. 수카르노는 이와 같은 입장을 취했던 인도네시아공산당과 공동 투쟁을 해나가는 관계를 선택했다.

제2회 AA회의를 목표로

'말레이시아 대결' 정책이 한창 진행 중이던 1965년 1월에 말레이시아가 UN 안전 보장 이사회의 비상임 이사국으로 선출된 데에 반발하여 수카르노는 UN에서 탈퇴하기로 결정하고서, 신흥 세력을 규합하여 '제2 국제연합'이라 해야 할 '신흥국 회의CONEFO'[52]를 창설할 것을 제창하였다. 이러한 결정을 중국은 열렬히 지지하였고, 『인민일보』는 그러한 입장을 다음과 같이 사설로 게재하였다.

"인도네시아가 UN을 탈퇴한 것은 정의롭고도 정확한 혁명적 행동이다. 우리 정부는 단호히 수카르노 대통령의 과감한 결정을 지지한다. ——미국이 배후에서 조종하는, UN이 자행하는 악행은 점점 늘어나고 있다. 수카르노는 UN이라는 이 호랑이의 꼬리를 밟음으로써 UN에 대한 미신을 타파하는 일에 크게 이바지하였다. 6억5천 만 중국 인민은 1억4천 만 인도네시아 형제자매들과 함께 궐기하여, 제국주의와 신식민주의에 반대하기 위해 손잡고 전진할 것이다."〔인민일보 1965. 1. 10〕

바로 이 무렵인 1965년 1월에 인도네시아의 수반드리오Soebandrio[53] 외상이 중국을 방문해서, 군사 분야에서의 일련의 회담을 거행하였다.〔통신 1965. 1. 27, Zhou ①35〕 비슷한 시기에 인도네시아공산당 의장인 아이디트 역시 농민과 노동자를 무장·결성시켜 이른바 제5군을 창설하자는 구상과 이를 인도네시아에 도입할 것을 수카르노에게 적극 권유하고 있었다. 제5군이란 육군·해군·공군·경찰에 다음 가는 다섯 번째 군대를 가리키는 것으로, 그 실체는 노동자·농민을 주체로 하는 인민군[54]이라 하겠다. 저우언라이 또한 2월에 베이징을 방문한 인도네시아 군사 사절단에게 제5군 설립 구상에 관한 화제를 제기하였다. 이러한 일련의 구상에 대해 수카르노는 찬동한다는 의사를 밝혔다.〔통신 1965.6.26〕 게다가 수카르노는 인민을 동원하는 인도네시아공산당의 조직력을 찬양하고, '자력갱생'의 정신으로 농촌 지역에 더욱 깊이 들어갈 것을 공산당 간부들에게 역설하였다.〔『화거보火炬報』 1965.5.26〕 인도네시아 최고작전사령부 또한 의용병으로 이루어지는 인민군의 창설을 제창하고 나섰다.〔통신 1965.6.16〕

공군은 이러한 인민군의 창설을 대체로 지지하는 입장이었지만, 나수티온Nasution[55] 장군 등의 육군 수뇌부는 농민을 무장시키는 일에 대해서 저항감을 드러내었다. 이러한 일로 말미암아 육군은 수카르노에 대한 경계심을 더욱 강화하게 되었고, 동시에 육군 대 인도네시아공산당의 대결 구도는 더욱 첨예화하게 되었다. 이러한 일련의 공산주의화 정책을 둘러싸고서 군부 내부의 균열이 이윽고 후술하게 될 '9월 30일 사건(이하 번역문에서는 문맥에 따라 '9·30 [쿠데타]사건' 또는 '9·30 [쿠데타]사태' 또는 '9·30운동' 등으로 적절하게 번역하기로 한다-역주)'의 간접적 원인으로 작용하게 되었던 것이다.

아시아에서는 한국전쟁(1950~53), 제1차 인도차이나 전쟁(1946~1954), 타이완 해협 위기[56], 중국과 인도의 국경분쟁(1962) 등의 일련의 사태가 일단 진정화되고 난 뒤로, 1950년대 후반 이후의 시기에는 긴장 상태를 유지하면서도 대립과 분단이 고착화되어가고 있었다.

1962년 10월 소련이 쿠바에 공격용 미사일을 배치했던 사실을 확인한 미국의 케네디 대통령은 쿠바에 대해 전면적인 해상 봉쇄를 행하고서, 소련에게 미사일을 철거할 것을 요구하는 등의 일련의 사태로 미국과 소련 사이에 핵전쟁이 일어날 수도 있는 일촉즉발의 상태로까지 위기가 고조되었다. 소련의 흐루쇼프(일반적으로 후르시쵸프[Khrushchyov]로 번역하나 여기서는 러시아 원음에 따라 흐루쇼프로 번역한다-역주) 서기장이 이윽고 미사일 철거를 약속함으로써 전 세계가 파멸할 수도 있는 참사를 간신히 모면할 수 있게 되었다.

이러한 쿠바 위기를 거치면서 65년에는 다시 아시아가 냉전에서 열전 상태로 돌입하는 해가 되었다. 중국과 소련의 대립이 격화되고 있는 한편에서 이른바 도미노 이론에 입각해서 동남아시아가 공산화되는 것을 염려했던 미국은 중국이 동남아시아로 남하하는 것을 저지하는 봉쇄 정책을 펼쳤다.

그리고 1965년 2월 7일에 미군은 북부 베트남에 대한 폭격, 곧 북폭北爆을 시작하면서, 이윽고 베트남에 대한 본격적인 군사 개입을 단행하였다. 그 전년도인 64년에 핵실험을 행했던 중국은 군사력의 증강을 꾀하는 한편 미국이라는 강대국을 적국으로 상정함으로써 미국과 중국의 군사적 대결이 현실미를 띠는 사태로서 시야에 들어오게 되었다. 다른 한편에서는 중소中蘇 분쟁이 격화되면서, 국제공산주의 운동에 균열이 생겨났고, 중국과 소련의 전면적 대결로 치닫는 듯한 양상마저 보여주었다.

이렇듯 엄혹한 국제 정세를 타파하기 위해 중국은 '중간 지대론'을 주장하면서, 미제국주의자의 억압을 받았던 '중간' 세계의 신흥 제삼 세력이 결속할 것을 제창하였다. 제1 중간 지대 세력은 아시아·아프리카·라틴 아메리카의 독립국들이며, 제2중간 지대 세력은 서구·오세아니아·캐나다 등 일본까지를 포함한 자본주의 국가들이다. 마지막으로 미제국주의에 대항하는 최전선에는 사회주의 국가들과 각국의 프롤레타리아 정당들이 연대하는 것이라는 내용이었다.

이 책에서 다루는 60년대 시기에 있어서 중국의 국제 정세 분석과 국제 정치의 전략적 행동 원리에 있어서 중요한 이론적 지주가 되었던 내용이 바로 이러한 중간지대론이었다. 마오쩌둥이 중간지대론을 제창했던 것은 국민당과 공산당 간의 이른바 국공國共 내전이 한창이었던 옌안延安 시기였지만, 1956년 소련의 흐루쇼프 서기장의 스탈린 비판이 발단이 되었던 중소 대립이 이윽고 60년대의 중간지대론에 새로운 의미 부여를 가져다주었다. 요컨대 그것은 소련의 대미 평화공존 노선에 대한 비판으로서, 제1세계인 아메리카와, 제2세계인 소련 사이에서 협공 당하던 중간 지대 세력이 민족해방투쟁을 통해서 미국과 소련 두 강대국에 대항한다는 식의 구도였다. 중간지대론을 제창하였던 마오쩌둥은 향후 언젠가는 제3차 세계대전이 불가피할 것이라는 식의, 망상 또는 강박관념에 가까운 신념을 견지하였다. 그리고 그러한 사태를 회피하기 위해서는 제3세계의 통일전선이 불가결하다는 식의 발상이 그에게는 시종여일하게 존재하였다.

그런데 특히 중국이 힘써 협력을 구하였고, 더 나아가 공동 투쟁을 요청하였던 상대가, 이러한 중간지대의 대국이라고 해야 할, 2억이 넘는 인구를 지녔던 세계 최대의 중간지대 세력인 인도네시아였다.

저우타오모周陶沫 싱가포르 난양南洋 이공대학 역사학과 교수의 주장에 따르면 1964년 10월에 핵실험을 성공리에 마쳤던 중국은 인도네시아에 대해 핵무기의 제조·보유를 위한 기술 이전에 대해서도 전면적으로 협력할 의사를 표명하였다. 수카르노 대통령은 이전부터 원자폭탄을 생산하고자 하는 의사를 분명히 밝혀오고 있었다. 1965년 여름 중국의 천이陳毅[57] 외교부장이 인도네시아의 수반드리오 외상에게 핵기술 협력에 대해 명언했던 일에 뒤이어서, 9월 21일에 원자력 에너지 분야 방문단이 중국을 방문해서 핵 관련 시설을 견학하고서는 향후 언젠가 핵무기의 원료인 플루토늄을 가지고 돌아갈 것을 계획하였다. 9월 30일 국경절에 초대되었던 인도네시아 방문단의 하이룰 살레Chaerul Saleh 국민협의회 의장과 알리 사스뜨로아미조요Ali Sastroamidjojo 인도네시아 국민당 당수는 마오쩌둥과 류사오치와 잇달아 회견하고서 핵무기 보유를 둘러싼 의견을 교환하였다. 그러나 그로부터 몇 시간 뒤에 자카르타에서 9.30 쿠데타 사건이 발발함으로써 이러한 계획은 실현을 보지 못하고 말았다.〔Zhou ①43-6〕

더욱이 마오쩌둥은 자신의 맹우라고 해야 할 수카르노에게 반둥 회의로부터 10년째 되는 해인 1965년 6월에 제2회 아시아 아프리카 회의Asian-African Conference[58]를 아프리카 알제리아의 수도 알제Alger에서 개최할 것을 제안하였다. 중국 쪽의 최대의 노림수는 중소 대립에서의 열세를 만회하기 위해 중국이 주도하여 아시아 아프리카 제국의 제삼 세력으로서의 국제적 연대를 이루어냄으로써 국제 사회에서의 위신을 확립코자 하였던 것에 있었다. 그 때문에 소련은 아시아 아프리카 제국에 속하지 않는다는 이유로 소련의 참가를 거부하는 한편으로 비동맹 중립 세력의 또 다른 기수로 여타의 우호국을 동반한 참가를 꾀하면서 친 소련의 입장을 취했던 인도를 '반동세력'으로 제거하려고 획책하였다. 그래서 『인민일보』나 『베이징주

보北京週報』 등을 동원하여, 반 소련 반 인도의 국제 여론
전을 전개하면서, 중국·인도네시아·이집트·파키스탄 등
을 중심으로 아시아 아프리카 제국이 결집할 것을 주장하
였다.

인도네시아 무역을 행하는 일본 상인

한편으로 아시아의 공산화를 저지하려는 미국의 움직
임에 호응해서 인도네시아에 대해 융화 정책을 취하면서
서방 세계 쪽에 붙잡아 두려는 역할에 적극적으로 나섰던
나라가 인도네시아와는 특히 정상政商들과 무역상사가 암
약하면서 경제면에서 양호한 관계를 지속하였던 일본이
었다.

반둥 회의 이후에 인도네시아와 일본의 역사를 더듬어
가면, 일본의 전후 역사를 장식하는, 국가 부흥과 국제사
회 복귀와 고도경제성장에 있어서 인도네시아가 중요한
관련을 지닌 국가였다는 사실을 깨닫게 된다.

아시아의 전후 처리에 있어서 전쟁 배상 문제는 해결치
않으면 안 되는 난관이었다. 1957년 일본의 기시 노부스

케岸信介 수상이 인도네시아를 방문하여 전쟁 배상 문제를 다루기 위해 수카르노와의 정상 회담을 행한 결과 총액 2억 2,300만 불로 배상 문제를 타결 지었다. 다음 해인 58년에 일본과 인도네시아 사이에 평화조약과 배상협정이 체결되어 정식 국교가 수립되었다. 이후로 매년 정부 간 교섭으로 배상 프로젝트를 결정하기로 하였고, 배상은 현금이 아닌 일본 정부의 차관에 의한 생산품 및 역무役務를 공여[59]한다는, 경제적 지원 및 협력이라는 형식을 취하게 되었다. 그 결과 일본의 무역상사가 중개하여 일본의 민간 기업이 인도네시아의 국가 프로젝트를 수주하게끔 되었다. 작가인 나카조노 에이스케中薗英助가 1961년에 발표한 소설 『밀서』나 후카다 유스케深田祐介의 1968년 발표작인 『가루다Garuda 상인』[60]에서 묘사하듯이, 무역상사와 은행이 암약하고 일본 기업이 정계와의 연줄을 활용해서 인도네시아를 비롯한 동남아시아에 진출하는 발판을 삼았다. 일본에게 있어서는 전쟁에 대한 속죄라기보다는 경제적 진출의 계기라는 의미를 더욱 강하게 지녔다고 하겠다.

수카르노 대통령이 1959년에 일본을 방문하였을 적에

처음 만나 첫눈에 반해서 후에 셋째 부인이 되어 라트나 사리 데비Ratna Sari Dewi라고 불렸던, 네모토 나오코根本七 保子라는 일본 여인과의 로맨스 또한 '도니치東日 무역'이 라는 소규모 무역상사 사장의 주선이 인연이 되어 벌어졌 던 일이었다.〔구라사와倉沢 ①157~237〕

인도네시아가 대 말레이시아 대결Konfrontasi 정책[61]을 한창 펼치고 있을 무렵인 1965년에 일본 정부는 도쿄로 수카르노를 초청해서, 가와지마 쇼지로川島正次郎 자민당 부총재의 주선으로 말레이시아 라만Rahman[62] 수상과 서 로 화해시키는 공작을 추진하였다.

그러나 중국의 저우언라이 수상은 수카르노에게 제2회 AA 회의의 개최를 최우선으로 추진하는 한편 일본 정부 가 추진하는 도쿄에서의 화해 공작을 거부하도록 손을 썼 다. 이윽고 4월말에 수카르노가 도쿄에서의 말레이시아와 의 회담을 거부한다는 입장을 표명함에 따라 그에 대한 보 상으로 저우언라이는 인도네시아가 말레이시아 대결 정 책의 방침을 견지하는 데에 대한 지지를 밝혔고, 인도네시 아에 긴급 원조 명목으로 5,000만 불의 공여와 제5군 창설 을 위한 10만 정의 무기·탄약 및 차량을 제공하겠다고 표

명하였다.〔스기야마杉山 108, 쩌우鄒 ①218~221〕

이러한 사정의 경위에 대해서는 훗날 1967년 2월 무렵에 수카르노 대통령이 만년 시기에 거처하던 독립궁[63]에서 그의 특사를 지냈던 쩌우쯔머鄒梓模에게 구술했던 수카르노 본인의 증언을 쩌우쯔머 자신이 기록에 남기고 있다.

반둥 회의 10주년 기념식전이 1965년 4월에 자카르타에서 48개국 대표를 맞이하여 개최되었을 적에 대통령 관저에서 수카르노와 저우언라이, 그리고 카와지마 쇼지로 세 사람 간의 회담이 열렸다. 그 회담에서의 내용은 '말레이시아 대결 정책' 문제, 일중 관계의 개선 문제, 일본과 인도네시아가 협력하여 베트남 문제의 평화적 해결에 적극 나선다는 세 가지 문제였다. 두 번째와 세 번째 문제에 대해서 저우언라이는 반대하였고, 첫 번째 문제에 대해서는 찬반의 입장을 표명하지 않았다. 회담 후에 카와지마 쇼지로는 인도네시아와 말레이시아 사이의 화해 공작을 실현하기 위해 중재 역할을 떠맡고 나서는 쿠알라룸푸르와 방콕을 향해 출발하였고, 향후 5월 도쿄에서 화해 협의가 이루어지도록 적극적으로 움직였다. 일본은 이미 이러한 움직임에 앞서 영국·프랑스·미국 등의 관계 당사국으로부터 지지와 동의를 확보해놓고 있었다.

그런데 자카르타에 남아 있던 저우언라이와 천이 외교부장은 수카르노에게 도쿄에서의 화해 회담에 참가하지 말라고 설득하였으며, 수카르노는 그들의 조언을 받아들였다. 수카르노가 증언한 이 당시의 사정을 쩌우쯔모는 다음과 같이 기록하고 있다.

"저우언라이는 (수카르노에게) 이렇게 말했다. '어째서 당신은 미국과 영국에게 당신 자신을 값싸게 팔려고 하는가? 말레이시아와의 화해를 위한 협의는 향후 6월에 알제리아에서 개최될 예정인 제2회 AA 회의 이후로 연기해야만 할 것이다. 인도네시아는 모든 아시아 아프리카 제국의 강력한 지지를 얻어서, 영국과 미국에 맞서는 인도네시아의 입장은 더욱 강력해지고 한층 유리해질 것이다.' 나 수카르노는 저우언라이에게 '인도네시아의 국내 정정은 위기에 직면해 있고, 경제 위기는 피크를 넘어서 파산 직전에 이르렀다, 치안 상황은 더욱 좋지 않다'고 답하고서, 저우언라이의 제안을 거부하였다. 저우언라이는 '알제리아에서 열리는 제2회 AA 회의는 6월로 예정되어 있으므로 겨우 한두 달 정도 연기하면 될 것이다. 말레이시아를 상대한 협의를 어째서 한두 달 정도 기다리지 못한다고 하는 것인가! 대 말레이시아 대결 문제에서 영국과 미국에 대해서 어째서 그토록 안이한 타협을 하려고 하는가? 그렇게 되면 인도네시아 측이 손해를 보게 되는 것은 명백하지 않은가?'라고 따지고 들었다. 저우언라이는 거듭해서 내게 비위를 맞추려 했지만 나는 거부하였다. 그러자 저우언라이는 다음과 같은 두 가지 이야기를 끄집어내었다. '첫째, 인도네시아가 경제난을 극복하는 것을 돕기 위해 중국은 인도네시아에 5,000만 불의 긴급 원조를 공여한다. 둘째, 치안 문제의 해결을 위해 인도네시아는 노동자·농민을 무장시켜 (육·해·공·경찰의 4군에 이어서) 제5군이라는 인민군을 창설하여 육군과 그 밖의 반대파 세력에 대항케 한다. 인민군의 무장을 위해 중국은 5개 사단의 병력 편성에 상응하는 무기를 인도네시아 측에 인도한다.' 게다가 저우언라이는 '나는 말레이시아와의 화해 교섭을 막으려고 말하는 것이 아니라, 몇 개월 정도만 교섭의 개시를 늦춰 달라고 하는 것일 뿐이다'라고 하였다. 한 주 정도에 걸쳐서 저우언라이는 거듭 요청하면서, 위와 같은 제안을 해 왔던 것이다. 나는 숙고를 거듭한 끝에 두서너 달 정도 교섭을 연기할 뿐이라는 것이라면 저우언라이의 조언을 받아들일 수 있겠다고 생각하기에 이르렀다."

이렇듯 일본의 제안을 거부해 버린 수카르노의 행동은 카와지마의 기대와 행동을 무색케 해버렸고, 미국과 영국의 신뢰를 상실하는 결과가 되고 말았다. 인도네시아 국내에서는 이러한 수카르노의 결정이 '이것은 혁명이다!'라는 의미의 시그널로 받아들여졌다.〔쩌우鄒 ①218~222, 같은 책 ②63~67〕

제2회 AA 회의가 무산되다

1965년 5월 이집트 카이로에 저우언라이, 수카르노, 파키스탄의 아유브 칸Ayub Khan[64], 이집트의 나세르Nasser 대통령 등 네 나라의 수뇌들이 모여서 상호 간의 단결을 과시하면서, 알제에서 제2회 AA 회의가 개최되는 시기를 기다리고 있었다. 그런데 개최 예정일 직전인 6월 19일에 이르러 개최국인 알제리아에서 벤 벨라Ben Bella 대통령을 축출하려는, 부메디엔Boumediène 육군참모총장이 주도하는 쿠데타가 발생하였다. AA 회의의 개최는 참가 예정 국가들이 모이지 않았고, 회의 개최 여부 자체가 불투명해지자, 명목상으로는 연기를 선언하였으나 실질적으로는 유회하는 쪽으로 결정되고 말았다. AA 회의의 결속을 연출할 무대는 철거되고 말았고, 제2의 UN에 대한 꿈은 물거품이 되고 말았다. 앞서 저우언라이가 약속했던 무기 공여가 이루어졌다는 형적도 확인되지 않았다.〔Zhou ①40〕

도쿄에서의 화해 교섭의 실패와 AA 회의가 유회되어버린 사태의 결과로 제삼 세력을 규합하려는 인도네시아와 중국의 야망은 덧없이 수포로 돌아갔고, 형세는 일거에 암전暗轉되어버렸다. 수카르노의 특사였던 쩌우쯔모는 사태의 변화를 다음과 같이 비관하고 있었다.

"수카르노는 외교적으로 카드놀이에 비유하자면 도쿄와 미국이라는 귀중한 패를 잃고서 손에 쥔 것은 베이징 카드뿐이었다. 중국의 저우언라이 또한 이미 소련, 아시아, 아프리카, 라틴 아메리카 제국 등 태반의 카드를 잃어버린 처지로 인도네시아 이외의 카드는 달리 없었다. 카이로에서 돌아온 수카르노는 중국과의 관계를 강화하는 이외에 달리 취할 방책이 없게 되었고, 나사콤 정부와 인민군 문제에 대해서만 발언을 하게 되었다."〔쩌우鄒 ①228~229〕

  이렇듯 60년대 중반의 인도네시아와 중국이 맺었던 밀월 관계의 배경에 있었던 최대의 유대 의식은 공산주의와 반-소련 연맹의 입장보다는 반제국주의·반식민주의·반자본주의라고 하겠다. 수카르노는 이 당시에 맹렬히 '느꼴림Nekolim(Neo-Kolonialisme)', 곧 신식민주의 비판 캠페인을 전개하였고, 65년 3월에는 정부가 외국의 석유회사의 자산을 접수하였고, 8월에는 외국 석유기업을 완전히 접수하여 국유화하는 방침을 내세우는 등, 일련의 조치를 통해서 미국에 대한 적대감을 노골적으로 드러내었다. 거리에는 'AA 정신으로 신식민주의를 분쇄하자Crush Nekolim with the Afro Asian Spirit'는 구호를 적은 현수막이 내걸렸다. 65년 8월 17일 인도네시아 독립기념일에 행한 연설에서 수카르노는 '자카르타─프놈펜─하노이─베이징─평양이 축이 되는 새로운 아시아 블록이 형성되었다'고 환성을 질렀다.

한편으로 인도네시아공산당은 1963년 이후 농지 개혁에 적극적으로 임하는 방침을 채택하고서, '경자유전耕者有田[65]의 원칙'을 구호로 내세우면서 여러 지역에서 '농민의 일방적 행동aksi sepihak'이라는 과격한 농민운동을 전개하였다. 이것은 인도네시아공산당 계열의 전위 조직인 인도네시아 농민전선Barisan Tani Indonesia의 지도에 의한 것으로, 미사용의 국유지나 부재지주의 농지를 농민들이 일방적으로 점유거나, 빌려주거나 매각했던 토지를 다시 탈환하는 것이었다.〔구라사와倉沢 ③49~50〕

현실의 인도네시아 경제는 외국으로부터의 원조가 중단되고, UN에서 탈퇴하는 등의 대외 강경책으로 말미암아 IMF 등의 원조도 기대하기 어려웠고, 국가 예산의 75%를 차지하는 국방예산의 압박, 수출 부진과 물가 인상, 대달러 환율의 하락, 외화 부족 등의 원인으로 위태로운 지경에 놓여 있었다.

아시아의 혁명——굴욕의 근대와 저항의 전후

이러한 제국주의와 식민주의에 대하여 끝없이 저항하고 투쟁하는 일이야말로 중국과 인도네시아를 연결해주는 정신적인 유대였다. 양자가 모두 공산주의를 중시하였지만 그것은 당시의 제국주의 세력이 자본주의 국가였기 때문이었던 관계로, 공산주의는 저항하기 위한 수단이었을 뿐이지 그 자체가 목적은 아니었던 것이다. 요컨대 최고로 불변하는 목적은 자주적으로 민족 해방과 국가 독립을 쟁취하는 일이었다.

이러한 목적은 아시아, 나아가서 非서구 세계의 근대에 공통적으로 나타나는 저항의 형태였던 것이다. 곧 근대 이후로 서구 열강에 의한 침략을 당하고 식민지화되는 굴욕과 비애를 맛보고, 국토가 황폐해지고, 인명이 손실되며 국민이 빈곤에 허덕이는 등의 고통을 겪어왔다. 인도네시아는 식민지 종주국 네덜란드에 대한 독립 전쟁을 통해서, 중국은 침략국인 일본에 대한 항일抗日 전쟁과 혁명을 통해서, 저항하는 민족주의를 구심력으로 삼으면서 자주 독립이라는 영광을 손에 넣었다.

2017년은 러시아 혁명의 100주년이 되는 해이다. 소련이라는 사회주의를 낳은 러시아 혁명 또한 피억압 민족에 의한, 민족 자결을 부르짖은, 서구 세계의 굴욕에서 해방 되었다는 측면을 지니고 있다. 프랑스나 영국과 같은, 서구의 시민혁명과는 혁명의 형태가 다른 것이라 하겠다. 비서구 세계의 혁명에 있어서 특히 중요한 요소는 외부에 있는 패권 국가 및 세력에 대하여 이를 거부하고자 하는 강고한 의지인 것이다.

냉전이 종결될 즈음에 동구에서는 소련의 페레스트로이카, 곧 개혁 정책이 진행됨에 따라 사회주의 체제가 와해되었고, 베를린 장벽이 붕괴되었다. 그에 반하여 아시아 쪽으로 시선을 돌리면 미얀마나 중국의 경우에는, 민주화·인권·자유를 요구하는 아래로부터의 개혁 운동은 군대의 출동에 의해 탄압되거나, 군사정권의 강권 통치로 치안이 회복되기도 하였다. 그러한 경우 군대가 사태 진압에 나서는 명분은 서방의 자본주의 대국의 간섭을 거부하고, 체제 전복의 음모를 타파한다고 하는 식이었다.

이러한 아시아 혁명의 내재적 논리에 대해서 일본인은 둔감한 편이라 하겠다. 왜냐하면 아시아 국가 가운데에서 일본의 민족주의는 그 형태나 원동력이 특수한 예외에 속하기 때문이다. 일본의 경우에는 근대화와 함께 외부 세계로의 제국주의적 확장에 수반하여 국민이 국가 권력을 지지해왔다. 제국의 확대에 대한 민족적 고양감의 발로라는 형태로, 때로는 국가 권력에 추종하였고, 때로는 주변의 이민족을 멸시하는 국민감정으로서의 민족주의의 행동양식이 발현되어 왔다.〔이이즈카飯塚 27~28〕

반세기 이전 중국과 인도네시아에 휘몰아쳤던 혁명의 열풍은 이렇듯 특이한 민족주의의 모유를 먹고 성장해온 일본인의 피부 감각으로는 도저히 이해할 수가 없다고 하겠다.

가능한 한 당시의 시대 상황에 직접 맞닥뜨리면서 아시아의 두 대국에서 벌어졌던 혁명의 드라마를 재현해보고자 한다.

아시아형 혁명은 한 국가의 내부에서 일어나지만 혁명의 폭풍우는 쉽사리 국경을 넘어서 퍼진다.

일본에도 그러한 폭풍우는 불어왔고, 이윽고 새로운 혁명의 씨앗을 뿌렸다.

1965년 10월 1일 이른 새벽녘,
수도 자카르타의 어둠을 가르는
한 발의 총성이
세계를 뒤흔들었다

제2장 혁명 발발
—— 9·30 쿠데타 사건

일일천하로 끝난 쿠데타

10월 1일 이른 새벽녘, 인도네시아 수도 자카르타 시내. 칠흑 같은 어둠을 가르는 총성이 작렬하였다.

인도네시아 육군 내부에서 좌파 장교들이 우파 장군들을 납치·살해하는 사건이 일어난 것이다.

하지만 불과 하루 만에 진압군에 의해 반란군 장교들은 체포되었다. 이른바 '9·30사건'[66]으로 불리는 군 내부의 쿠데타, 내지는 쿠데타 미수 사건이었다.

이 사건에는 도대체 어떤 배경이 있었던 것일까? 사건 직전의 동정을 좇아가보기로 하자.

제2회 AA 회의가 개최되기 직전인 1965년 5월 28일, 수카르노 대통령은 자신과 수반드리오 외상, 야니Yani 육군사령관을 노린 암살 모의가 있었음을 시사하는 증거 서류를 발견했다고 공표하였다.〔통신 1965.6.5〕 정력이 절륜하고 기세가 왕성하다는 이미지가 강했던 수카르노였지만 신장 결석과 전립선 이상이라는 지병이 있던 관계로 일찍부터 건강이상설이 나돌고 있었다.

제2회 AA 회의의 유회가 결정되고 난 후인 8월 3일, 실의에 빠진 나머지 대통령이 갑자기 쓰러져 버렸다. 담당

의료진은 관상동맥 부정맥이라는 진단을 내렸다. 이때 베이징을 방문 중이던 아이디트 인도네시아공산당 의장은 일정을 취소하고서 8월 7일 베이징에서 특별기를 타고서 서둘러 귀국하였다.

8월 22일, 이슬람 여러 반공단체를 지지하는 야니 중장은 수카르노 대통령에게 공산당의 역할을 약화시키는 방향의 국정 개혁을 건의하였다. 한편으로 9월 13일, 귀국하였던 아이디트는 '지금의 혁명 정세를 정점으로까지 발전시킬 필요가 있다'는 내용의 이례적인 발언을 행하였다. 인도네시아 화폐 루피아Rupiah[67]는 급락하였고, 쌀값이 급등하는 바람에 쟈바의 여러 도시에서는 쌀을 달라는 데모가 일어나고 과격한 실력 행사가 전개되었다.

당시의 상황을 인도네시아 연구자 마스다 아토는 다음과 같이 기술하고 있다.

"이 당시에 장군평의회가 군사 쿠데타를 일으킬 것이라는 소문이 항간에 떠돌았고, 운뚱Untung 중령은 몇 명의 요인들과 이야기를 시작하고 있었다. 무슨 일이라도 벌어지고야 말리라는 거무충충한 공기가 쟈바 섬을 자

욱이 뒤덮고 있었다. 그리고 9월 30일 사태가 모습을 드러내었던 것이다."〔마스다增田 ①13〕

사건 당시 나수티온 대장의 발표에 따르면 인도네시아 국군의 총병력은 60만 명으로, 그 편성은 육군 32만, 해군 4만, 공군 3만, 경찰군 11만, 지방의 치안 유지군 10만 명으로 이루어져 있었다. 이렇듯 군의 주력은 육군이었으며, 공군과 해군은 소련의 군사 원조를 받았던 관계로 대부분의 무기는 소련제로 군의 근대화와 전력 증강을 추진해왔다.〔아사히朝日 1965.10.6〕

사건은 어떤 의도를 가지고 무엇을 노리고서 일어났던 것일까? 배후에서 사건을 획책했던 인물은 누구였을까? 사건의 진상은 아직까지도 수수께끼로 남아 있지만, 현실에서 일어났던 사태의 추이를 따라 가면서 사건의 개요를 정리해보기로 하자.

대통령 경호단장 운뚱 중령과 라티에프Latief 대령 등을 중심으로 육군 내부에 결성되었던 용공파의 '혁명평의회'는 장성 7명으로 구성된 '장군평의회'가 획책하였던 반 수카르노 쿠데타 음모를 사전에 분쇄한다는 명목으로 이들을 급습하여 납치한 뒤에 야니 중장[68]을 비롯한 장군 6명을 살해하였다. 그런 뒤에 전략예비군 사령부로 이동해서, 반공을 방침으로 내세웠던 야니 중장에 대신해서 일단은 군 지휘권을 장악하였다. 또 한 명의 표적이 되었던 나수티온 대장[69]은 관저를 급습 당했을 적에 자택의 담장을 월담해서 발목을 약간 접질렀을 뿐 무사하였지만 그의 어린 딸 하나는 총격의 와중에 살해당하고 말았다. 살해된 6명의 장군의 시신은 자카르타 교외의 루방부아야Lubang Buaya[70] 마을에 있는 폐우물 안에 내버려졌다.

반란군의 주요 표적이 되었으나 살해를 면하였던 나수티온 대장과 수하르토Soeharto[71] 육군전략예비군 사령관은 사태의 수습과 쿠데타 군에 대한 반격을 꾀하였던 바 12시간 만에 역전극을 연출하였다. 이 당시 수하르토는 친공분자 반란의 진압으로 용맹을 떨쳤던 디뽀네고로Diponegoro[72] 사단을 이끌고 있었다. 치안 질서의 회복을 꾀하면서, 쿠데타 주모자들의 배후에 국제공산주의 운동이 있다고 주장하면서, 10월 12일에 운뚱 중령 등 반란군 장교들을 체포하였다. 이러한 일련의 조치를 행한 뒤에 수하르토는 육군상 겸 육군참모장에 취임하였다. 11월 21일에는 도피 중이었던 인도네시아공산당 의장 아이디트가 체포되어 처형당했다.

1966년 2월에는 다시금 권력의 회복을 꾀하였던 수카르노에 의해 내각 개조가 이루어졌지만, 육군 수뇌부는 '인도네시아 대학생 행동전선KAMI(Kesatuan Aksi Mahasiswa Indonesi)'이라는 조직을 만들어 학생들을 동원하여서 반 수카르노 캠페인을 전개하게끔 하였다. 3월 11일에는 치안 유지를 위해 필요하다고 생각되는 모든 조치를 취할 것을 명령하는 이른바 '3.11 명령서'[73]가 나옴으로써 국가의 모든 권력은 수하르토 육군상에게 넘어가게 되었다. 그러나 이 문서의 원본은 아직도 확인이 되지 않고 있고, 그 진위 여부조차도 불투명한 상태이다.〔구라사와倉沢 ③103〕 수하르토는 이윽고 인도네시아공산당의 불법화와 정당 해산을 정식으로 결정하였다. 1967년 3월 수하르토는 수카르노 대통령에게서 종신 대통령의 자격을 박탈하고서, 그 자신이 대통령 대행에 취임하였고, 다음 해인 1968년 3월 27일에 제2대 대통령에 정식으로 취임하였다. 병상에 누워 있던 수카르노는 보고르Bogor 궁에 연금당한 상태로 1970년 6월에 사망하고 말았다.

사건의 진상은?

  인도네시아 연구자인 구라사와 아이코倉沢愛子 게이오 대학 명예교수에 따르면 이상과 같은 쿠데타 미수 사건의 배후 흑막에 관해서는 다음과 같은 5가지 학설이 존재한다고 한다. 요컨대 ①인도네시아공산당이 주범이고 중국이 배후라는 설, ②국군 내부의 권력 투쟁설, ③수카르노 대통령이 주모자라는 설, ④수하르토 육군상이 배후 흑막이라는 설, ⑤미국 중앙정보국 CIA가 관여했다는 설 등이 그것이다.〔구라사와倉沢 ③78~83〕 이들 학설의 어느 것도 여러 정황 증거에 비춰서 일정 정도 해당되는 바가 있기는 하지만, 어떤 설이 결정적으로 맞는 것인가 하는 문제는 현재 남아 있는 자료와 증언으로 보아서는 확정 짓기가 어렵다고 하겠다. ①의 시각에 대해서는 인도네시아 국군사 연구소장 누그로호 노토스산토Nugroho Notosusando의 보고서에 개략적인 내용이 정리되어 있다.〔Nugroho & Ismail〕 ②의 시각에 대해서는 미국의 코넬 대학의 베네딕트 앤더슨Benedict Anderson 등에 의해 분석되었던 이른바 '코넬 보고서'의 추론으로서, 인도네시아공산당의 영향하에 있던 중부 쟈바와 수마트라의 제7지구 사령단이 미국 CIA의 자금을 받았던 육군 수뇌부의 장성들을 배제하고서 수카르노 대통령을 총사령관으로 옹립하여 구국 정권을 수립하려 하였는데, 오산으로 말미암아 실패하고 말았다는 내용이다.〔Anderson & McVey〕

①②는 양립할 수 있는 설이다. 다만 ①의 인도네시아공산당이 주범이라고 하더라도 중국이 어떤 식으로든 영향을 미쳤겠지만 직접 사건에 관여했는가의 여부에 대해서는 견해가 갈린다고 하겠다.

②의 혁명평의회가 공산주의에 기울어졌다는 사실은 분명하지만 인도네시아공산당이 막후에서 이들을 조종했던 것인지, 군인들이 거사를 주도했던 것인지에 대해서도 몇 가지 견해가 존재한다. 당시 주 인도네시아 일본대사였던 사이토 시즈오斎藤鎮男는 군 내부의 좌파분자들이 돌출하여 사건을 저질렀고, 인도네시아공산당은 준비 단계에서부터 사건을 알고 있으면서 얼마 안 있어 사건의 주도권을 쥐려 하였고, 중국은 사건과 직접적인 연관은 없다는 식의 견해를 보이고 있다.〔다구치田口〕 한편으로 데이빗 모징고David Mozingo는 쿠데타는 육군 내부의 분쟁에서 발생한 것으로서 인도네시아공산당원이 쿠데타의 발발 시

에 적극적으로 움직였다는 흔적이 없다는 사실에서 사건을 장악하지는 못했었고 사건의 주동자가 아닌 서포터였다는 입장을 보이고 있다.〔Mozingo〕

③과 같이 수카르노가 쿠데타를 계획하여 지시·실행했다고 보기에는 사건 당일 수카르노의 갈팡질팡하는 행동으로 보아 수긍하기 어렵다고 하겠다. 사건 당일 날 밤에 수카르노는 셋째 부인인 데비 부인의 거처에 머물고 있었다. 데비 부인은 남편이 이 사건을 전혀 알지 못했었다는 사실을 확신하고 있다.〔구라사와倉沢 ①228〕 그렇다고는 해도 수카르노는 인도네시아공산당과 친밀한 관계를 맺고 있었고, 국군 특히 육군을 완전히 장악하지 못했으므로 군대 조직 개혁을 원했다는 사실은 분명하므로 쿠데타에 수카르노의 의향이 어떤 식으로든 반영되었으리라고 보는 것은 자연스럽다.

④의 수하르토 흑막설은 사건이 발발하고 진압이 되었던 결과로 최고 권력을 수카르노에게서 이양 받았다는 사실을 미루어 보면 하나의 추론으로서 성립가능하다. 다만 사건 당일 수하르토는 화상을 입었던 셋째 아들을 병문안 하기 위해 자카르타 시내 병원에 갔다가 밤 늦게 귀가했다

고 훗날 『니혼게이자이日本経済 신문』의 「나의 이력서」에서 증언하고 있다.

⑤의 미국 CIA 관여설은 미국이 말을 잘 듣지 않는 수카르노에게 속을 끓였고, 그때까지도 인도네시아 우파 세력을 지원하여 국내의 반란 사건에 관여했다는 사실이나, 육군 간부는 대부분 미국에서 훈련을 받았으며 CIA가 육군 내부에 상당히 관여해왔다는 사실 등으로부터 있을 수 있는 견해이다. 미국인 연구자 데이빗 콘데David Conde는 CIA 주모설을 제기하고 있다.〔콘데Conde〕수카르노와 데비 부인은 CIA가 방아쇠를 당겼던 것이라고 보았다. 그렇지만 CIA의 후원을 받았던 장군평의회가 주요 제거 목표가 되었다는 실제의 시나리오로부터 보자면 성립하기 어려운 설이다. 다만 결과적으로 공산주의자에 대한 숙청이 전개되었다는 사실로 미루어 보면 교묘하게 꾸며진 음모라고 보는 입장은 성립할 수 있다. 오히려 CIA가 깊숙이 관여했다는 사실이 분명해진 것은 사건 이후에 공산당원의 숙청이 이루어지던 시기였다. CIA는 수하르토에게 공산당 관련자의 명단을 넘겼고, 그러한 명단에 따라서 수하르토는 숙청을 진행해갔다고 알려져 있었다.〔클라인Klein

상권 93~94]

중국과 인도네시아 사이의 혁명적 유대를 중시하는 입장인 이 책의 견해는 ①에 가깝다. 그렇다고 종래의 인도네시아 정부의 견해를 그대로 되풀이하는 것은 아니다. 중국 측에서 행했던 접근에서부터 9·30사건에 대한 중국 측의 관여, 사건 이후에 보여준 중국의 대응으로부터 미루어 보아 사건의 계획과 실행에 직접 관여했다고는 말할 수 없더라도 양자 사이에 깊은 영향 관계가 있었다는 점은 부인할 수 없는 사실이다.

'악어굴'을 찾아가 보다

2012년 8월, 자카르타 남동쪽 교외에 있는, 쿠데타의 희생자였던 장성들의 시신이 내버려졌던 루방부아야 마을을 구라사와 아이코 교수와 함께 방문하였다. 적도 바로 아래 지역에서의 한 여름, 늘어지는 듯한 무더위 속에서 루방부아야는 언뜻 보기에 한가로운 교외의 마을이었다. 마을 입구에는 날개를 펼친, 검붉은 구릿빛의 거대한 신조神鳥 가루다의 조각상을 배경으로 해서 야니 중장을 정면에 배치하고서 희생자인 7명의 장군들이 당당하게 가슴을 펴고 있는 모양의 브론즈 동상들이 늘어서 있었다. 그들은 말하자면 국가의 '영령英靈'인 것이다. 가루다와 7명의 장군을 떠받치는 토대의 사방에는 강대한 레플리카 조각이 새겨져 있었다. 레플리카의 내용을 모두 이해할 정도의 충분한 지식은 지니지 못했지만, 수카르노가 나사콤 체제를 부르짖는 장면, 공산당이 일찍이 반란을 기도하였던 마디운Madiun 사건에서의 참혹한 살육 장면, 9·30사건에서 공산주의자들이 장군들의 시체를 폐우물에 내던지고, 그 옆에서는 여성들이 발가벗고 젖가슴을 드러낸 채 어지러이 춤추고 있는 장면, 수하르토가 공산주의자들을 진압하고서 그 옆에서 수카르노가 '3·11명령서'를 들고 서 있는 장면 등을 확인할 수 있었다.

이렇듯 발가벗은 채 어지럽게 춤추는 여성들은 인도네시아공산당의 거대한 여성 조직인 '게르와니Gerwani'[74]의 구성원들이 등장하는 장면으로, 사건이 수하르토에 의해 진압되고 난 이후에, 그녀들이 우물의 주변에 모여들어 장군들의 시체에 성폭행을 가하고서 발가벗은 채 나체 춤을 추었다는 소문이 나돌았다. 당시에 언론과 라디오를 통해

루방부아야 마을 입구에 건립된 7명 장군들의 브론즈 동상

선전되었던, 공산주의자는 무신론자로 성도착증의 성향
이 있다는 식의 악의적인 네거티브 캠페인이었다.〔구라사
와倉沢 ③133~134〕

참으로 이 공간은 인도네시아의 국가적 신묘神廟라고
나 해야 할 혁명의 성지인 곳이다. 왜냐하면 그들의 혁명
영웅들의 시신이 내던져진 폐우물이 그 곳에 있기 때문이
다. 거대한 가루다 조각상으로부터 이어지는 참뱃길을 걸
어가면 인도네시아의 국가 헌장이라고도 해야 할 빤짜실
라Pancasila[75]를 상징하는 흰색 기념물이 보였다. 그 안쪽

인도네시아 공산당 반란분자들이 장군들의 시신을 던져 넣었다는 우물

으로 지붕 위에 가루다 조각상이 설치되어 있는 멋진 정
자가 있고, 정자 한 가운데 우물이 있어서, 그 장소만 싸늘
한 공기에 싸여 있는 듯한 느낌이 드는 곳이었다. 대리석
으로 된 테두리 안을 들여다보면 사람 하나가 겨우 들어갈
정도의 작은 구멍이 뚫려 있었다. 옆에 설치된 안내판에
는 '1965년 10월 1일, 이 장소는 인도네시아공산당 반란분
자들이 장군들을 포박·고문하고서 물이 마른 폐우물에 던
져 넣기 위해 사용되었던 곳이다'라고 쓰여 있었다.

정자의 곁에는 붉은 네커치프를 목에 두른 공산주의 반란분자들이 포박한 장군들을 꿇어앉히고서 사형 선고를 내리는 군사재판의 디오라마[76]가 설치되어 있었다. 이런 조형물들이 배치된 나무숲을 벗어나서 광장으로 나오면 박물관이 세워져 있었다. 이른바 인도네시아공산당 반역박물관Museum of PKI Treason으로 공산주의자들의 온갖 '악행'을 디오라마로 진열해 놓고 있었다.

중국 쪽에서 바라본 9·30사건

이상에서 언급한 내용만으로 살펴보아도 9·30사건에는 수많은 수수께끼가 남아 있다고 하겠다. 특히 중요한 수수께끼는 중국의 관련성 여부이다. 수하르토 정권에서는 중국공산당이 인도네시아공산당에 관여했다는 사실로써 군사재판에서의 기소 근거로 삼았고, 이를 통해 인도네시아공산당의 해산과 불법화, 공산당원의 색출과 숙청을 정당화하고 있다. 그러나 그 실상이 어떠한 것인가에 대해서는 인도네시아 측뿐만이 아니라 중국 측의 문서 또한 거의 공개되어 있지 않은 형편이다.

9·30사건이 일어난 10월 1일, 도대체 중국 측은 어떤 대응을 하였던 것일까? 그 날은 마침 중화인민공화국의 건국을 기념하는 국경일이었다. 당시 베이징에는 건국기념일을 축하하기 위해 외국 방문객의 규모로는 최대라고 할 500명에 이르는 인도네시아 우호 대표단이 집결해 있었다. 그중에는 잠정 국민협의회 의장인 하이룰 살레, 그리고 부의장이자 인도네시아 국민당 당수인 알리 사스뜨로아미조요 등의 각료가 포함되어 있었고, 인도네시아 경제 대표단 등 28개 단체가 초청을 받아 와 있었다.

이 당시 현장에 동석해 있던 류이빈劉一斌[77]이라는 인물이 최근에 당시의 상황을 회상해 문장을 발표한 일이 있다. 이에 따르면 10월 1일 당일에 주 자카르타 대사관으로부터 자카르타에서 발생한 중대 사태에 대한 전보를 받았던 저우언라이 총리는, 당일 저녁이 되어 천안문 망루에 올라서 불꽃놀이를 구경하고 있는 100여 명 남짓 되던 대표단 인사들을 불러 모아서 사건의 발생 소식을 구두로 전달하였고, 10월 4일에 저우언라이와 류사오치 주석의 명의로 수카르노에게 위로의 전문을 보냈다. 류이빈은 당시의 저우언라이의 행동에 대해서 다음과 같이 평가하고 있다.

"저우언라이 총리가 천안문에서 인도네시아 '9·30사건'을 통보하기로 하였던 일은 그 시기·장소·방식 모두가 최선의 고려를 행한 결과였다. 이렇게 말하는 것은 그날 밤 인도네시아 측의 주요 외빈은 모두 그 자리에 있었고, 총리는 외신이 전하는 뉴스를 인용하여, 그 자신이 넌지시 비추는 듯이 그들에게 사태의 소식을 통보했던 것은 중국 정부가 사건과 관련해 어떤 당사자성當事者性도 없으며, 정중함을 잃지 않는 가운데 각 단체별로 통보함으로써 메시지에 불일치가 생겨나는 것을 방지하는 한편 사건에 대한 여러 정치적 반응과 태도를 곧바로 관찰할 수 있었기 때문이다."〔류劉 26〕

중국은 사건에 일체 관여하지 않았음을 변호하는 투의 의견 표명이 이루어졌지만, 사태의 추이는 매우 유동적이었고, 자카르타의 중국대사관에서는 정확한 정보가 입수되지 않았으며, 자카르타의 신화사 통신 사무소 역시도 폐쇄되어 있었다. 현장 정보가 부족했던 관계로 중국공산당 수뇌부의 사건에 대한 대응 역시 하나로 정리되지 못했다.

『인민일보』가 사건에 대한 소식을 보도했던 것은 사건이 일어난 지 20일 정도가 경과한 10월 19일에 이르러서였다. 그 무렵에는 이미 공산주의자에 대한 적대감이 높아져 가던 자카르타에서는, 중국대사관이 인도네시아 군인에 의해 포위되어 있었고, 양국의 외교 관계는 현저하게 악화일로를 치닫고 있었다. 19일 기사에서 제1면에는 '중국 정부는 인도네시아 정부에 강력한 항의 의사를 전하였다'는 기사 제목이 실릴 정도였다. 인도네시아의 무장 부대가 중국대사관을 습격했던 일에 대해서는, '중국 정부는 인도네시아 정부에 이번 사건에 대한 사과와 사건 주모자에 대한 처벌 및 향후 이런 사건이 재발하지 않도록 보증할 것을 요구한다'는 외교부의 항의 기사를 게재하였다. 다음날 신문 기사 제목은 '인도네시아 정국에 급격한 변화가 발생했다'는 것이다.〔인민일보 1965. 10. 19/20〕

이때의 기사를 작성했던 기자가 앞서 언급한 외교부 직원 류이빈이었다. 그는 이때 자신이 썼던 제1보 속보의 배경에 대해 다음과 같이 증언하고 있다.

"저우언라이 총리가 지시하는 방침이란, 결연히 인도

네시아 인민의 혁명 투쟁을 지지하고, 중간파의 기만성을 억제하면서 그들과 갈라설 것을 촉구하고, 우파를 집중적으로 공격하여 고립시키고, 우파의 공격에 결연하게 반격을 가한다는 것이었다. 그래서 외교부와 대사관은 각각 인도네시아에 강력한 항의를 제기하고, 신화사로 하여금 인도네시아의 우리 대사관이 조기 게양을 하지 않았던 데에 대한 비방과 터무니없는 비난을 반박하는 성명을 발표하게끔 하였다. 10월 20일 나는 『인민일보』에 인도네시아 정국의 급격한 변화에 대한 종합적인 보도를 발표함에 있어서 어떤 경향성을 지닌 보도 형식을 취함으로써 인도네시아 인민의 혁명의 역량을 지지하였던 것이다."〔류劉 27〕

한편으로 당시 경제 대표단으로 베이징을 방문하고 있던 W. W. 초크로Tjokro(경력 불명)라는 인물은 사건 발생 후 얼마 지나지 않은 시기에 당시 베이징의 분위기에 대한 현장 르포 기사를 홍콩의 언론 매체에 발표하였다. 그 기사에 따르면 10월 1일 불꽃놀이가 벌어지던 날 밤에, 저우언라이가 갑자기 모습을 나타내서 한 마디도 말을 하지는 않았지만, 이미 단원들 사이에는 자카르타 쿠데타에 관한 소문이 나돌아서 동요하는 분위기의 양상을 전해주고 있다. 그는 해당 기사에서 이른바 '9월 30일 운동'은 중국공산당이 인도네시아공산당을 교사敎唆해서 일으킨 것이라는 억측을 피력하고 있기까지 하였다. 그러한 억측의 근거로는 우선 그 당시 인도네시아의 상당수 요인들이 베이징에 모이기 위해서 자카르타를 떠나 있었다는 사실, 수반드리오 외상이 100여 명 남짓의 고위관료들을 이끌고서 수마트라 시찰에 나섰다는 사실 등, 쿠데타의 주모자의 입장에서는 자카르타에 별달리 저항할 만한 인물들이 부재했다는 점에서 일종의 '공성계空城計'의 술책을 사용할 조건이 갖춰졌다는 사실, 저우언라이 등 중국 측 요인들은 사건이 일어날 것을 이미 알았으면서도 인도네시아 대표단의 관심을 다른 데로 돌리려 했다는 의혹이 있다는 사실 등을 제시하고 있었다.〔「중국공산당이 인도네시아공산당을 교사하여 반란을 일으켰다는 죄상罪狀의 증거中共主使印共叛亂罪證 1-4」(쉬나이싱[徐乃星] 번역), 『뉴스 세계新聞天地』(홍콩) 1968년 1082-3·1088-9기〕

중국이 사건에 직접 관여치 않았다는 사실을 짐작케 하

는 류이빈의 증언. 사건의 발발과 그 이후의 사태에 베이징의 수뇌부가 보여주었던 놀라움과 당황하는 기색으로 미루어 보자면, 또한 사건 발생 이전의 『인민일보』를 뒤져보아도 사전에 쿠데타 음모 계획을 예감케 해주는 중국 측의 어떠한 보도 기사도 없었다는 사실에 근거해 보면 중국 쪽의 사건에 대한 관여는 애초에 없었던 것으로 생각해볼 수 있다.

다른 한편으로 중국이 사건의 흑막이었다는 W. W. 초크로의 추측. 그리고 제1장에서 언급했듯이 사건 발발 직전에 개최가 예정되어 있던 제2회 AA 회의에 앞서서 저우언라이가 수카르노에게 긴급 원조와 무기의 공여를 명언했다는 사실 등의 쩌우쯔머의 증언과 합쳐서 보면 쿠데타에 연결되는 듯한 일종의 행동 계획에 중국이 사전에 관여했으리라는 추정이 자연스럽게도 성립하는 것이다.

진실은 도대체 어느 쪽에 존재하는 것일까? 그 실마리를 찾기 위해서 드디어 이 당시 인도네시아와 중국의 관계를 살피는 데에 있어서 가장 중요한 인물이라고 할, 중국의 최고 지도자인 마오쩌둥이 등장할 차례가 되었다.

쿠데타 계획을 사전에 통지 받았던 마오쩌둥

9·30 쿠데타 사건의 발발 시점에서 시계 바늘을 약간 거꾸로 돌려서 베이징의 동정을 살펴보기로 하자.

『인민일보』등의 신문에서는 인도네시아 관련 기사는 제2회 AA 회의의 유산이 보도된 후로는 건국기념일에 인도네시아로부터 속속 내빈이 도착한다는 기사 정도가 있는 이외에는 쿠데타의 발생을 예감케 하는 것 같은 기사는 당연한 일이지만 게재되지 않고 있다.

외교 관계 문서의 공개는 극히 엄격하게 제한되어 있어서, 문서관에서의 조사는 달리 기대할 것이 없다. 동 시대에 공식적인 루트의 통지通知로서 하달된 지도자의 발언·논문·강연·대화 기록 등을 통해서 정면 돌파를 시도하는 수밖에 없는 것이다. 최고지도자 마오쩌둥에 경우에는 1987년부터 98년에 걸쳐서 간행되었던 『건국 이래의 마오쩌둥 문고建國以來毛澤東文稿』전13권(중앙문헌출판사)이 마오쩌둥이 작성에 직접 관여했던, 가장 많은 문헌을 수록하고 있다.

마침 형편이 좋게도 최고지도자 마오쩌둥의 나날의 동정을 파악하는 데 있어 더할 나위 없이 참고가 되는 기본 자료가 최근 2013년에 간행되었다.

『마오쩌둥 연보(1949~1976)』전6권(중앙문헌출판사)이 바로 그것이다. 중국에서는 위인이나 요인에 대해서는 해당 인물의 사후에 '연보'가 발행되는 경우가 있다. 연보라는 것은 해당 요인의 나날의 시간별의 동정에 대해, 어디에 있었는가, 누구와 만나 무슨 이야기를 했는가, 어떤 공무를 수행했는가, 어떤 문장을 썼는가 등의 사항에 대해서 일록日錄의 형식을 빌려서 극명히 기록한 문헌이다.

다만 마오쩌둥과 같은 요인의 경우에는 현대 정치의 핵심적인 기밀을 다루게 되므로 모든 내용을 망라하는 것도 아니고, 전거가 되는 문서도 명기되지 않는 경우가 많다. 오히려 중요한 사항은 숨겨져 있다고 보아야 하겠다. 그렇다고는 하지만 당의 핵심 부분의 자료를 보존·참조하는 것이 가능하고, 앞의 『마오쩌둥 원고』의 경우처럼 역사의 최심층부를 알 수 있는 특권적인 입장에 있었던 중공중앙 문헌연구실이 편찬했던 것이므로 적어도 여기에 수록된 문장에 대해서는 허위의 기술은 없는 것이라도 간주해도 좋겠다.

여기서 곧바로 9·30사건 직전에 마오쩌둥과 인도네시아 관계자와의 접점을 찾아보기로 하자.

1965년 7월 4일, 마오쩌둥은 인민대회당에서 인도네시아공산당 대표단과 회견하고, 국내의 계급투쟁이 중요하다고 이야기했다.〔연보 5, 507〕중국 현대사 연구자인 선즈화沈志華 화동사범대학 교수에 따르면 그들 인도네시아공산당 대표단은 마오쩌둥에게 금번 방중 기간에 무장투쟁과 농민 운동의 경험을 배웠다고 이야기했다는 것이다.〔선沈 (하) 175〕

8월 5일, 마오쩌둥은 인민대회당에서 아이디트 의장이 인솔한 인도네시아공산당 대표단과 류사오치·저우언라이·덩샤오핑·펑전彭眞·천이·캉성康生[78] 등과 동석하여 회견하였다. 『연보』에서는 회견의 내용은 자세하게 언급하지 않고 있는데, 신에 관한 화제가 등장했을 적에 마오쩌둥이 한바탕 서양철학에 관한 이야기를 했다고 기록되어 있다. 더욱이 아이디트가 마오쩌둥에게 전쟁 기간 전에 군사에 관해서 어떤 책을 읽었는가를 질문하자, 어떤 책도 읽은 적이 없지만 서북의 옌안에 도착하고 난 뒤로부터 국내외의 군사 관련 서적을 읽었으나, 그러나 책은 도움이 되지 않았고, 중요한 것은 자신의 경험을 창조하는 일이다, 싸움에는 책이 필요하지 않다, 책 따위는 던져 버리고서 신중히 싸움을 벌여라, 싸움은 커다란 학교라는 등, 훗날 문혁 직후에 린뱌오에게 보낸 편지에서 '인민해방군은 거대한 학교가 되지 않으면 안된다'라는 '5·7지시'[79]와도 상통하는 발상을 피력하고 있다.

실은 이 회담 시기에 쿠데타 계획에 대해서 아이디트가 중국 측 수뇌부에게 사전에 숨김없이 이야기했을 것이라는 사실이 저우타오모 교수가 수집한 회담 관련 기록 자료가 분명히 보여주고 있다. 아마도 신에 관한 화제나 군사 관련 책에 관한 화제의 앞부분이든가, 아니면 중간, 또는 뒷부분에서 쿠데타에 관한 화제가 등장했을 것으로 추정된다. 해당 자료는 중국 외교부가 2008년부터 2013년에 이르는 기간 중 일시적으로 공개한 바 있는 1961년부터 1965년까지의 외교 문서 안에 포함되어 있는데, 2013년에 다시금 비공개 조치가 내려지고 말았다.〔 Zhou ①50-1〕

350만 명의 당원을 거느렸고, 국회의원 수로도 제3당의 당세를 과시하였던 인도네시아공산당이었지만, 그들의 권력의 뒷배는 나사콤 체제를 표방하며, 인도네시아공산당을 열렬히 지지하는 한편으로 중국과도 친밀한 관계를 유지하였던 수카르노 대통령 단지 한 사람뿐이었다고 해도 과언이 아니었다. 그러한 수카르노의 존재를 육군의 주류파는 달갑지 않게 여겼고, 그 결과 수카르노는 좌우 양쪽의 여러 세력에 의한 미묘한 정치적 균형 위에서 자신의 절대적 권력을 행사하고 있었다.

그러한 수카르노가 쓰러지고 만다면 인도네시아공산당의 앞날은 어찌 될 것인가? 때마침 중국을 방문 중이던 아이디트에게 수카르노가 쓰러져 인사불성이 되었다는 뉴스가 저우언라이 총리를 통해서 전해지자, 아이디트는 급거 귀국하게 되었다.

그의 흉중에는 이미 행동의 구체적인 시나리오가 수립되어 있었고, 귀국하는 당일에 마오쩌둥에게 그에 대해 털어 놓고서 조언까지 들었던, 쿠데타에 대한 구체적인 작전계획이 숨겨져 있었다고 보아야 하겠다.

아이디트의 자백서

10월 1일 이른 새벽녘, 인도네시아의 요인들이 중국의 건국기념일을 축하하는 사절로 대거 베이징에 몰려 가있는 시점에, 쿠데타는 결행되었다. 그렇지만 쿠데타는 덧없이 실패하였고, 일일천하로 정권 탈취의 꿈은 물거품이 되고 말았다.

아이디트는 쿠데타가 실패했음을 확인하고 난 뒤에 중부 쟈바 지역으로 잠입하여 솔로Solo를 거점으로 무장 투쟁을 재개하고 혁명평의회를 다시 설립하기를 기도하였다. 그러나 이러한 시도도 육군의 소탕 작전으로 말미암아 실패로 끝났고, 11월 20일 경에 솔로 근교 마을에 있는 당원의 집에 숨어 있는 은신처가 발각되어서 체포되었고, 조사를 받은 뒤에 총살형에 처해짐으로써 42살의 생애를 끝마쳤다.

당시 아사히 신문의 자카르타 특파원이었던 하야시 리스케林理介는 후에 이러한 체포 정황을 보도하였고, 아울러 아이디트의 체포 직후의 모습을 찍은 사진 3매와 자백서를 입수하여 기사를 작성하였다.〔아사히(석) 1966. 2. 7〕

변호인도 증인도 일체 없는 완전한 감금 상태에서 작성된 자백서인 만큼 자백의 신빙성에 대해서는 유보할 점이 없지는 않지만, 중요한 증언의 하나인 관계로 주요 내용을 요약해 보기로 하자.

① (쿠데타의 목적과 책임에 대해서) 내 자신이 인도네시아공산당 주도 하에 민족통일전선을 수립하고서 중국과의 관계를 한층 긴밀하게 만들 방침이었다.

② (계획과 실행에 대해서) 당초에는 1970년을 목표 시점으로 삼았지만 계획이 누설되는 바람에 조기에 결행하는 것으로 방향을 바꾸어서, 65년 6월 이후로 운뚱 중령 등과 협의를 진행하였고, 인민청년전선(뻐무다 라캿 [Pemuda Rakyat])과 인도네시아 여성운동 연합(게르와니[Gerwani]) 등의 행동 조직을 자카르타 근교의 할림 Halim 공군 기지(예의 루방부아야 마을 근처에 있었다)에 집결시켜 훈련을 행하였다. 8월에 중국의 베이징에 들러서, 중국공산당 수뇌부와 수카르노 대통령의 건강 상태 등에 대해서 이야기를 나누고서 귀국하고 난 직후에 운뚱 중령 등과 쿠데타의 실행에 대해서 의견을 나눴는데, 육군에게 그러한 움직임이 발각될 염려가 있었던 관계로 계획을 앞당겨서 9월 30일에 결행하기로 하였다. 내 자신이 최고 책임자가 되지 않고 운뚱을 혁명평의회 의장에 앉혔던 것은 어디까지나 성공

가능성을 배려한 잠정적인 조치였다. 수카르노 대통령에게는 혁명평의회를 설치하는 법안에 대해 서명을 받아낼 방침이었지만 거부당했다. 쿠데타가 성공한 뒤에는 수카르노 대통령에 대해서는 지위를 보전해 주면서도 빤짜실라에 관해서는 그 이용도를 점차 줄여서 유명무실하게 만들고, 기존의 4군과는 별개로 제5군을 편성할 방침이었다.

③ (실패와 자기비판에 대해서) 인도네시아공산당 간부 내에서조차 반대하는 이가 적지 않았고, 중국 등의 국제공산주의 세력의 지원이 적었으며, 육군 내부에 침투시켜 놓았던 인도네시아공산당 세력이 의도대로 움직여 주지 않았고, 반공적인 육군 세력의 소탕 작전이 개시되었던 것이 너무나도 빨라지는 등, 여러 측면에서 시기상조였다. 이것이 실패의 원인이다.

④ (실패 이후의 행동에 대해서) 결행을 했을 적에 자신은 자카르타에서 지휘를 맡고, 할림 공군 기지에서 수카르노에 대해서 장군평의회의 존재와 그들의 쿠데타 계획에 대해서 진언을 했지만 수카르노는 그 말을 믿으려

하지 않았다. 자카르타에서 쿠데타가 실패로 끝난 것을 이어 받아서, 중부 쟈바에 혁명평의회를 다시 설치하여 혁명 세력의 온존과 회복을 도모하기로 하고, 나 자신은 요그야카르타Yogyakarta에서 솔로로 향하였다.

⑤ (재기를 도모한 일이 실패한 것에 대해서) 솔로에서 10월 23일에 총궐기할 예정이었지만 육군의 소탕부대가 진주해서 권력을 장악했던 관계로 계획은 실패로 끝났고, 내 자신도 체포당했다.

아이디트의 자백서에 앞서, 10월 3일에 체포되었던 인도네시아공산당 서열 4위인 뇨노Njono 중앙정치국원 겸 자카르타 지구 서기장의 자백서도 보도되고 있다.

이 자백서에 따르면 정권 탈취를 위한 협의는 1965년 7월 중순부터 8월말에 걸쳐서 이루어졌고, 중앙정치국은 아이디트를 의장으로 삼아서 군사 작전의 실시를 결의했다는 사실, 군사 작전을 결행하는 이유로서 수카르노 대통령의 건강 문제, 장군평의회가 쿠데타 계획을 앞당길 가능성이 있었다는 사실, 전술이 불충분했기 때문에 작전이 실패하고 말았다는 사실, 군사 훈련은 할림 공군 기지 내의 루방부아야에서 이루어졌다는 사실 등등, 앞서의 아이디트의 자백서와 부합되는 부분이 많았다.〔마이니치(석) 1965. 12. 27〕

융 창Jung Chang과 존 할리데이Jon Holiday 공저로 화제의 책인 『마오Mao』에서는 전거로 삼았던 자료와 취재 대상에 있어서 여타의 연구 문헌에서는 볼 수 없었던 정보 가치가 높았던 내용이 포함되어 있다. 그 가운데 하나인 미야모토 겐지宮本顕治[80]와 행했던 인터뷰에 따르면 마오쩌둥은 베이징에 경도되었던 인도네시아공산당과 일본 공산당에 대해서 '권력을 탈취할 기회가 있다면 언제라도 무장 투쟁을 위해 들고 일어나야만 한다'고 끊임없이 지시하였다.

미야모토가 이 문제에 대해 아이디트와 의견을 나눴을 적에 '마오쩌둥에 심취해 있던 아이디트는 곧장 행동에 옮기려는 듯이 의욕이 넘쳐 났다. 알제 회의[81]가 무산되고 난 뒤에 닥치는 대로 망동妄動으로 치닫던 마오쩌둥은 권력탈취를 위한 투쟁에 나서도록 인도네시아공산당의 등을 떠밀었다'라는 요지로, 9·30사건에 있어서 인도네시아공산당이 주범이고 중국공산당이 관여했다는 설을 뒷받

침하는 증언을 남기고 있다. 더욱이 마오쩌둥이 일본 공산당 관계자에게 이야기했던 바에 따르면, 마오쩌둥은 쿠데타의 실패는 인도네시아공산당의 책임으로 돌리면서, 인도네시아공산당은 '수카르노를 맹신하고, 군 내부에 있어서 당의 세력을 과신했으며', '동요하면서 최후까지 싸움을 이어가지 못했다'는 두 가지 과오를 범했다는 식으로 말했다고 한다.〔창·할리데이 (하) 292~293〕

아이디트를 애도했던 마오쩌둥

아이디트가 처형당했다는 소식을 전해 듣고서, 마오쩌둥은 외국의 우당友黨의 동지가 죽었다는 사실을 애도하면서 다음과 같은 시(정확히는 사[詞] 작품)를 지었다. 차이이蔡毅 난잔南山 대학 교수에 의하면 이 시는 아이디트가 처형당한 직후인 12월에 쓰인 것으로 이때까지 마오쩌둥의 작품으로 공표된 적이 없었기 때문에 일반에게는 그리 잘 알려지지 않았다고 한다.

차이이 교수의 해설을 토대로 현대어로 풀이해보면 다음과 같다.

복산자 아이디트 동지를 애도하다

卜算子 悼艾地同志

아직 추운 겨울 창가 맞은편 듬성듬성한 매화 가지

疎枝立寒窓

온갖 꽃들 제치고서 꽃을 활짝 피웠다네

笑在百花前

어찌 하랴 그 아름답게 웃는 모습 오래 가지 못하리니

奈何笑容難爲久

이윽고 봄이 오면 꽃잎은 도리어 시들고 말 것이리라

春來反凋殘

꽃잎이 시들고 마는 것 본래 유감스러운 일이지만

殘固不堪殘

그렇다고 어찌 시드는 것 안타까워할 필요가 있겠는가

何須自尋煩

꽃이 지면 반드시 꽃이 다시 피는 날이 올 것이니

花落自有花開日

남은 향기 맡으며 내년 다시 꽃 필 날을 기다리리라

蓄芳待來年

차이이 교수에 따르면 이 시에서는 아이디트를 매화꽃

에 비유하고, 그의 죽음을 꽃이 지는 것에 견주었는데, '세계 혁명의 커다란 흐름에서 보자면 이것은 일시적인 분위기의 침체에 불과한 것으로, 내년의 다시 꽃 필 날 = 미래에 거둘 승리를 기대해 보리라'는 의미를 포함한 작품이라는 것이다.〔차이蔡〕

　가련한 혁명 동지는 때를 만나지 못하고서 요절하였지만, 다시 때가 도래하면 혁명의 대원大願은 이루어지리라. 그러니 근심 걱정하지 말라고 하는 듯한 기분인 것이다. 실은 이때에 마오쩌둥은 베이징을 벗어나서 남방에서 예기銳氣를 비축하고 있었는데, 문화대혁명의 도화선에 막 불이 붙으려고 하는 시점이었다. 그 자신 역경에 처해 있으면서도 도리어 고양감에 잠기는 듯한, 마오쩌둥이 느끼는 이 당시의 심경을 불러일으킨 동력은 무엇이었을까? 그리고 이 순간 지상의 별이 되었던 아이디트는, 명계에서 자신이 숭앙해 마지않던 인민의 별인 마오쩌둥이 자신을 대상으로 시를 읊었다는 사실을 어떻게 받아들였을 것인가?

　그러한 방향으로 이런 저런 상념을 전개하기에 앞서 쿠데타가 실패하고 난 뒤의 후폭풍으로 인도네시아 전역에 휘몰아 쳤던 재앙에 대해서 우선 살펴보기로 하자.

혁명 운동은 하루 만에 진압되었고
인도네시아 전역에
숙청과 핍박의 폭풍우가 휘몰아 쳤다
중국은 사면초가 상태로 고립되었다

제3장 실패한 혁명
── 공산당 사냥과
화교에 대한 탄압

'공산당 사냥(red hunt)[82]'과 반공 캠페인

9·30 쿠데타 사건이 실패로 돌아간 사태는 인도네시아 사회를 격동시켰고, 막대한 희생과 불가역적인 역사적 변화를 초래하였다.

진압에 나선 군대와 정부에 의해서 사건은 공산주의자가 일으킨 것으로 규정되었고, 언론 매체와 교육을 통하여 공산주의에 대한 공포와 그 위협에 대해 대대적인 선전이 실시되었다. 그러한 과정에서 국민의 반공 감정은 한층 고양되어 갔다.

사건 직후에 주로 중국과의 관계에서 일어났던 인도네시아 사회의 변화를 같은 시기의 일본 국내 신문 기사들을 중심으로 살펴보기로 하자.

일본의 국내 신문에 주목하는 것은 단순히 검색과 독해가 용이하다는 이유 때문만은 아니다.

쿠데타 사건의 실행 부대라고 할 혁명평의회를 진압하고 난 뒤에 진압군이 최초로 착수했던 일은 반란군이 점거했던 라디오·자카르타 방송국을 탈환하는 것이었다. 수하르토 소장이 임시로 육군사령관이 되었고, 계엄령이 실시되어 야간에는 일체의 통행이 금지되는 상태가 이루어졌다. 보도 관제 또한 실시되어서 공산주의 분자가 많았던 국영 안타라Antara 통신사는 장악되었고, 해외의 통신사들은 모두 폐쇄되었다. 사건 직후에 현지에 관한 정보는 쿠알라룸푸르나 싱가포르에서 몰래 감청했던, 진압군이 내보내는 자카르타 방송 정도를 통해서만 얻을 수 있었다.

그러한 상황 속에서 해외 언론 매체 가운데에서도 특히 많은 현지 특파원을 파견하고 있었던 아사히·요미우리·마이니치·도쿄 등의 일본의 여러 신문들과 교도共同와 지지時事 등의 통신사들은 다른 나라들에 비해 월등히 많은 수량의, 더욱이 다각적인 시점에서의 독자적인 기사들을 배신해오고 있었다. 특히 인도네시아공산당의 우당이기도 했던 일본 공산당의 기관지 『아카하타赤旗』는 사건 발생 이전부터 사사키 다케카즈佐々木武一 기자를 중심으로 다량의 현지 기사를 게재하였다.

앞서 언급했듯이 탈환했던 자카르타 방송의 10월 1일 밤 방송의 제일성은, 나수티온 국방상은 운뚱 중령이 주도했던 쿠데타를 분쇄했다는 사실과 수카르노 대통령도 국방상과 마찬가지로 '안전하고 건강하다는' 사실, 쿠데타의 책임자들은 속속 체포되고 있다는 사실, 혁명평의회 분쇄

는 국방상의 심복 부하인 수하르토가 담당하고 있다는 사실 등등이었다.〔아사히 1965. 10. 2〕

그 다음으로 국군이 10월 2일에 치안 질서 회복을 위해서 착수했던 일은 인도네시아공산당의 기관지『하리안 라캿Harian Rakyat(인민 일보)』의 발행 금지 등, 용공 성향의 매체의 폐쇄와 발매 금지 조치였다. 5일부터는 살해당한 장군들의 시신을 TV와 신문에 공개하여, 쿠데타를 진압하는 쪽의 호칭이었던 '게스따뿌Gestapu(9·30 운동)'의 잔인함을 대대적으로 선전하였다. 이러한 '게스따뿌'라는 호칭은 그 발음에서 알 수 있듯이 유대인 학살을 주도했던 나치 독일의 비밀경찰 게슈타포Gestapo를 연상케 한다. 사건은 10월 1일에 발생했지만 진압군은 이러한 용어를 갖다 붙이려고 일부러 10월 1일의 전날인 9월 30일의 사건으로 규정하였던 것이다. 또한 사건의 배경에 좌익분자들에 의한 공산주의화의 야망이 있었다고 보아서 '운동'(그라칸[Gerakan])이라고 명명하였다.

10월 7일에는 자카르타 시내에서 우익 세력에 의한 인도네시아공산당을 반대·규탄하는 데모가 조직되어, 이슬람 청년단·이슬람 학생연맹이 당원 350만 명을 보유하고 있는 인도네시아공산당 본부를 불질렀고, 인도네시아 공산당 관련의 각종 학교·서점·인도네시아 노조 중앙조직·인도네시아 농민전선·인도네시아 부인운동·인민청년단·인민문화연맹·인도네시아 학생운동·고중학 생도연맹·인도네시아 과학자 협회 등등 여러 단체의 건물들이 잇달아 파괴되었다. 그들은 데모를 하며 행진할 적에 미국 대사관 앞에서 '아메리카 만세'를 외치기도 하였다. '거리에는 빨갱이를 죽이라는 고함 소리'가 난무하였다.〔아카하타 1966.2.14, 요미우리 1965.10.8〕

자카르타 주재 중국 대사관은 쿠바 대사관과 마찬가지로 살해당한 장군평의회 소속의 여섯 장군들의 죽음을 애도하는 의미에서 조기를 게양하는 것을 거부하였다. 그 일로 말미암아 10월 8일에 자카르타에서는 중국을 규탄하는 데모가 벌어졌고, 14일에는 화상華商[83]의 약 70%를 산하에 거느리고 있는 '바뻬르끼BAPERKI'[84]가 창설했던 레스 뿌블리까 대학Universitas Res Publica이 데모대의 공격을 받아 불타 버렸고, 16일에는 인도네시아 무장부대에 의한 습격을 당하기도 하였다. 반공 운동은 더욱 확대되어 인도네시아 전체에 데모가 확산되었으며, 공산당원으로 지목된 사람들에 대한 무차별 검거와 심문·살해 행위가 거침없이 자행되었다. 아직 대통령의 지위에 머물러 있던 수카르노는 인도네시아공산당에 대한 지지 의사를 표명하였지만 인도네시아공산당은 사실상 비합법 상태에 놓여 있는 것과 다름없었다 하겠다. 쿠데타를 일으켰던 혁명평의회의 운뚱 중령은 10월 11일 중부 쟈바 지역에서 체포되었다.

소련은 사태가 수습 단계에 접어들었다고 판단하고서 10월 11일 소련 공산당 수뇌부로부터 수카르노 대통령 앞으로 건강 회복을 기원하고, 수카르노 대통령의 질서 회복 노력을 평가한다는 내용의 메시지를 보내오기도 하였다. 베이징과 자카르타가 주장해왔던 양자 사이의 긴밀한 우호 관계에 쐐기를 박고서, 인도네시아가 중국 편향의 '과격한 AA 주의에서 비동맹중립주의 쪽으로 복귀하여서, 평화공존 노선의 전열에 동참하게끔 하려는' 소련 측의 외교적인 포석이었다.〔마이니치 1965. 10. 13〕

공산주의자에 대한 군부의 소탕 작전과 주민 일동에 의한 '빨갱이 사냥'은 순식간에 인도네시아 전역으로 확산되어 갔다. 이 당시 일본의 주간지에도 상세한 르포 기사가 게재되었다. 요컨대 '베트남을 능가하는 인도네시아 대학살——정변 이후 일 년 동안에 50만 명을 학살한 피와 성性의 공산당 사냥'이라는 제목의 기사에서는, 쟈바 섬뿐만이 아니라 발리 섬과 수마트라 섬 등, 각 지역에서 잔인무도한 학살과 폭행의 실태를 여실히 전해주고 있다. 기사 내용에 따르면 육군은 인도네시아공산당 간부에게 당원과 동조자의 명단을 제출토록 하여, 군대 지휘관이 야간이 되면 순회를 돌면서 대상으로 지목된 집의 입구에 분필로 공산당원임을 나타내는 표시를 해놓으면, 다음날 아침에 그것을 근거로 철저한 공산당 사냥을 했다는 것이다. 사망자 수는 정부 발표로는 89,000명이라고 하지만, 적게 잡아도 30 내지 50만 명에 달하는 것으로, 그런 숫자는 당시 벌어졌던 베트남 전쟁 4년간의 기간에 남북 베트남을 합친 사망자수 38만 명에 견주어 보아도 월등히 많은 편으로, 참으로 대학살의 양상을 보였다. 학살의 가해자 측은 반공 우파분자인 이슬람계 세력인 '나흐다뚤 울라마NU(Nahdatul Ulama)'[85]로서 군부와 결탁하여 배후의 흑막으로 작용하면서, 이슬람 계 학생들이나 청년 조직이 실행부대로 활동했다고 한다.〔『주간 겐다이現代』 1966. 10. 6호〕

참고로 덧붙이자면 일본인 사이에서도 손쉽게 갈 수 있
는 휴양지로 인기가 많은 발리 섬에서는 지금에 와서는 상
상하기 어려운 일이지만, 특히 섬 전체의 인구수에 견주어
살해된 이들이 많은 편이어서, 1965년 말부터 67년 초에
걸쳐서 대략 80,000명, 섬 전체 인구의 무려 5%에 육박하
고 있다. 이것은 크메르 루즈 폴 포트Pol Pot 정권 하에서
자행된 캄보디아 대학살의 희생자 비율과 대등하다고 하
겠다.〔구라사와倉沢 ③119〕

　이렇듯 공산당 사냥을 위해 작성된 명단과 공산주의자
에 대한 잔인한 이미지를 심기 위한 미디어 조작에 의해서
학살은 인도네시아 전토 방방곡곡에 이르기까지 풀뿌리
민중들에 의해서 자행되었다. 이처럼 '사회적 폭력'이라고
까지 불러야 할 대량 학살의 구도에 대해서, 구라사와 아
이코 교수는 국군이 의도적으로 '자신이 죽이지 않으면 살
해 당한다'는 식의 공포심을 주민들 사이에 불러 일으켜,
지극히 평범한 시민들을 살육 행위로 내몰았고, 공산주의
자 동료끼리는 '죽이든가 죽든가' 하는 식의 양자택일의
처지에 놓여져, 자신이 살기 위해서는 동료를 팔아 배신하
게끔 행위를 부추겼던 일이 그 주된 배경에 있다고 할 수

있다.〔구라사와倉沢 ③135~136〕

　아울러 2012년에 제작되었던 『액트 오브 킬링The Act of Killing』[86]이라는 영화는 인도네시아에서 공산주의자로 지목된 이들에 대해 가해졌던 학살 행위에 가담했던, 불량배로 구성된 민병(이른바 '빤짜실라 청년단'이 대표적인 경우)들의 정황을 묘사하는 재현 영상으로 이루어진 역사 다큐멘터리 작품이다.

　이러한 9·30사건을 세계사적인 시각으로 맞대어 비교해서 그 위치를 정해 본다면, 육군 내부의 정쟁이라는 측면에서는 일본의 2·26사건[87]을 방불케 한다. 한편으로 풀뿌리 민중에 의한 '빨갱이 사냥'이라는 측면에서는 한국의 제주도에서 일어났던 4·3사건과도 유사하다고 하겠다. 군부의 역 쿠데타로 말미암은 백색 테러[88]라는 측면에서는 타이완의 2·28사건[89]을 연상시키고 있다. 정부나 군대가 발동한 대중 동원에 근거한 조직적인 숙청이라는 점에서는 뒤에서 다루게 될 중국의 문화대혁명에 가깝다고 하겠다. 게다가 정부군의 명백한 지령에 근거한 학살이라는 측면에서는 폴 포트가 저질렀던 대량 학살에 견줄 수도 있다. 더욱이 지금까지도 그 사상자 수를 특정할 수 없는데,

희생자의 방대한 수와 지리적인 넓이, 그리고 사건이 야기했던 격심한 사회적 변화의 정도에 있어서는 이들 사건에 뒤지지 않은 영향력을 지녔다고 하겠다.

학살의 희생자 수에 대해서는 오늘날에 이르기까지 진실 규명을 위한 조사가 이루어지지 않고 있어서, 사건의 진상의 해명에 이르기까지는 아직도 요원한 형편이다. 인도네시아 군 소식통이 공포한 숫자로는 희생자 수는 87,000명에 이르고, CIA 조사에 근거하면 대략 25만 명 정도가 살해되었던 것으로 보고 있다.〔펑彭 86〕 구라사와 아이코 교수는 최소한 50만 명 정도로 보고 있고, 육군의 치안질서회복사령부는 100만 명에 달하는 숫자를 언급하는 것으로 알려져 있다.〔구라사와倉沢 ③vi〕

그렇지만 이들 유사한 성격의 사건과 마찬가지로 그 진상은 여전히 깊은 어둠 속에 가려져 있는 상태로 현재까지 이르고 있다. 또한 사건 이후에 일본인에게 사건이 지녔던 심각성과 일본에 대해 사태가 미쳤던 긴박성은 점차 잊혀져가는 바람에 마치 무지와 무관심의 쓰레기통에 아무렇게나 내버려진 것과 진배없는 상태에 놓여 있다. 그러한 망각의 정도 역시 여타의 사건들과 크게 다를 바가 없다.

'공산당 사냥'을 중국은 어떻게 보도하였는가?

 이렇듯 9·30사건 이후 인도네시아에서 벌어졌던 반공 캠페인에 대하여 중국은 어떤 식으로 대응하였던 것일까?

 이 시기의 『인민일보』와 『베이징주보』 등을 살펴보면 수많은 기사가 긴박감을 더해 가는 인도네시아 정세에 할애되어 있고, 벌어지는 가해의 실상을 상세하게 보도하면서 인도네시아 정부를 격렬하게 비난하고 있음을 알 수 있다.

 우선 1966년 7월 2일, '인도네시아 대학생 행동전선KA-MI'에 의해 자카르타 신화사 지국이 점거당했으며(인민일보 1966.7.4), 그 이후로 반중국 캠페인은 각지의 영사관 파괴와 화교들에 대한 습격으로 확대되어갔다. 10월 16일, 인도네시아의 '무장부대와 폭도들'에 의한 중국대사관 습격과 대사관원에 가해진 폭행에 대해서는 폭행을 당한 대사관원들이 귀국하고 난 이후로 행한 생생한 증언을 토대로 '오성홍기五星紅旗는 모욕당해서는 안된다'라는 표제를 달아서 보도하였다.(인민일보 1965.4.26) 이 당시 대사관을 습격했던 우파 폭도 100여 명은 '베이징으로 돌아가라', '찌찌cici(중국인에 대한 멸칭)는 인도네시아에 살 권리가 없다'는 등의 구호를 외쳤다고 한다. 중국대사관은 인도네

시아 정부에 엄중하게 항의를 하였다고 한다.〔베이징주보 1965.10.26, 인민일보 1966.7.2〕

이와 관련해서 당시 주 인도네시아 중국대리대사[90]를 맡았던 인물이 '홍색紅色 외교 전사'로 명성을 떨쳤던 야오 덩산姚登山으로서 그는 이들 폭도들에게 맞서 온몸을 내던지며 필사적으로 저항하였고, 이윽고 중국으로 강제 추방당하고 말았다. 이윽고 베이징 공항에 도착했던 야오덩산을 저우언라이·캉성·천보다陳伯達[91] 등 정부 요인을 비롯한 홍위병 등 7,000명의 인파가 나와서 맞이하였다. 그 후에도 그는 문혁 시기에 조반파造反派 외교관으로 마오쩌둥·린뱌오의 두터운 신임을 받으면서 크게 활약하였고, 영국대리대사관 사무소 방화 사건에도 관여를 하고 있었다. 한편으로 중국 주재 인도네시아 대사였던 쟈와또 Djawoto[92]는 1966년 4월, 미국 CIA의 대리인이 인도네시아 정치를 우경화하고, 커다란 재앙을 야기하고 있다고 비난하면서 대사직을 사임하고서 그대로 베이징에 머물렀고, 이후 아시아·아프리카·저널리스트 협회 서기를 역임하고 있다.〔베이징주보 1966.4.26〕

1965년 11월에 이미 처형당했던 아이디트 인도네시아

공산당 의장에 대해서, 인도네시아에서는 중국이 잠수함을 동원해서 아이디트를 탈출시키려 시도했다는 기사를 한 주간지에서 보도하였는데, 중국 측은 이를 중국과 인도네시아의 관계 악화를 노리는 인도네시아 우익 세력의 유언비어라고 반론을 펴고 있다.〔베이징주보 1965. 12. 14〕

1965년 말에 이르러 국방상 나수티온이 이번 쿠데타를 인도네시아공산당에 의한 '9·30운동'이라고 규정하면서, 인도네시아공산당의 '철저 박멸'을 호소하였고, 그 배후에 외국의 지원을 빌어서 쿠데타를 시도하려 했다고 하면서 그 외국이 중국이라는 사실을 넌지시 암시하고 있는 점을 보도하고 있다.〔인민일보 1965. 12. 11〕

이후에 중국 측은 공산주의자와 인도네시아 화교들에 대한 탄압 행위의 주모자를 '우파 군인집단의 수괴'인 나수티온과 수하르토로 지목하고서, '나수티온·수하르토·파시스트 군인집단', '나수티온·수하르토 파시스트 군사정권', '수하르토-나수티온을 비롯한 우파 군인집단', '수하르토·나수티온·파시스트 정권' 등등과 같은 호칭을 정착시키고 있다.

국제적 고립에 처한 중국

1967년 10월, 인도네시아 정부는 중국 대사관 및 영사관의 폐쇄와 외교관원이 철수할 것을 통지해왔다. 게다가 부상당한 외교관원을 철수시키기 위해 중국의 전용기가 인도네시아 영내로 진입하는 일조차 허용하지를 않았다.『인민일보』의 표현을 빌리자면 인도네시아 정부는 '미제소수반화美帝蘇修反華[93]의 앞잡이로서 추악한 본성을 폭로'하였다. 이리하여 양국의 외교 관계는 중단되고 말았다.〔인민일보 1967.10.4〕

미국은 1967년 11월에 이르러 부통령 험프리Hum-phrey가 인도네시아를 방문하는 고위급 외교를 전개하였고, 세계은행을 통한 식량 원조를 제안하였다.〔인민일보 1967.11.9〕 이리하여 미국은 경제 원조와 함께 군사 기지를 인도네시아에 건설하기로 하였다.〔인민일보 1968.6.19, 7.19, 1970.3.7〕 한편 일찍이 수카르노 시대에 인도네시아에 대해 대량의 무기 공여와 차관을 제공하였던 소련은 다시금 인도네시아 군에게 무기를 공여하였고〔인민일보 1967.1.7〕, 경제 대표단을 파견하여 무역 협정을 체결하는 한편 경제·군사·기술 방면에서의 협력을 전

개해갔다.〔인민일보 1969. 8. 27, 9. 1〕

　9·30사건 이후로 국제 정세가 암전暗轉되어버린 결과로 중국은 '미제국주의'와 '소련수정주의' 양쪽에 대한 이정면 二正面 작전을 국내외 여론의 장에서 부득이하게 전개해야만 하게 되었다. 더욱이 앞서 언급한 '중간지대'의 최대 지지국이었던 인도네시아라는 카드 패를 일거에 잃고 말았다.

　『베이징주보』는 다음과 같이 미국과 소련을 격렬하게 비난하였다.

　"미제국주의가 인도네시아를 자신의 탱크로 한층 더 단단하게 묶어놓고 있다는 것, 그들이 인도네시아의 파시스트 군사 정권을 아시아 지역에서 반중국·반공·반인민의 범죄 행위를 행하기 위한 반혁명의 도구로써 이용하고 있다는 것을 보여주고 있다."〔베이징주보 1968. 11. 26〕

　"수하르토·나수티온·파시스트 군사 정권이 인민 무장 세력에 대한 탄압을 도우면서, 이러한 반동 정권의 남은 수명을 연장해보려 하고 있고, 소련수정주의 배신자 집단은 이러한 파시스트 정권에 거액의 군사 원조 채무의 변제 연기를 거듭해서 동의해주었다."〔위와 같음〕

비난이 격렬해지면 격렬해질수록 중국은 엔베르 호자 Enver Hoxha 노동당 당수가 이끄는 동구의 알바니아 이외에는 친밀한 외교 관계를 유지하는 국가가 거의 없는, 국제적 고립 상태에 내몰리고 말았다.

이러한 국제적 고립 상태에서 마오쩌둥은 기사회생의 기책奇策을 펼쳐 가고 있다. 혁명이 연출되는 드라마의 무대는 점점 중국으로 옮겨 오게 된다. 문화대혁명이 발발하였던 것이다. 이 점에 대해서는 다음 장에서 서술하기로 한다.

'반화배화(反華排華)'의 반중국 캠페인

인도네시아공산당의 배후에는 중국이 있다고 하자, 반중국 감정은 이윽고 반-화상華商 감정으로 변화하였고, 인도네시아 국민의 반공 감정은 반중국 감정으로 확산되었다. 그리고 인도네시아 국내의 화교·화인들이 공산주의자 및 중국의 대리인으로 지목되어 폭력적으로 배제되는 상황에 놓였다. 중국에서는 9·30사건 이후에 인도네시아 전역에 확산되었던 화교 배척의 움직임을 '반화배화'(화인과 화교에 대한 박해와 배척)로 명명하고서 이를 격렬하게 비난하였다. 어째서 이 시기 인도네시아 사회에서는, '공산당 사냥'이라는 사회적 폭력이 이윽고 현지의 화교들에 대한 증오심으로 변모하여 적의를 드러내게 되었던 것일까?

이 당시 인도네시아에서는 전체 인구의 2.5%를 차지하는 350만 명의 중국계 주민이 살고 있었다. 국적별로 보자면 건국 후에는 중국 국적을 선택하는 화교들이 많았지만, 1955년 중국 정부와의 사이에 이중국적 방지조약이 체결됨으로써, 중국 정부는 이에 인도네시아에 거주하는 화교에 대해서는 현지 국적을 취득할 것을 권장하였고, 한편으로 인도네시아 정부는 중국 국적을 가진 화교에 대해 불리한 제한을 가하는 조례를 제정하였다. 이로 말미암아 인도네시아 국적을 취득하는 화교가 증가하게 되어 인도네시아 화교는 인도네시아 화인華人이 되었다. 9·30사건 당시에는 중국 국적의 화교는 1,134,420명으로 1954년 시점보다도 100만 명 정도가 감소하고 있다. 인도네시아 국적의 화인은 230만 명 정도로 전체의 2/3를 차지하고 있었다. 이밖에도 무국적자가 1,252명 정도 있었는데, 이들은 친 타이완 계열의 '중화민국'의 여권을 소지하고 있던 화교들로 인도네시아는 외교적으로 타이완을 승인하지 않았기 때문에 무국적자의 신분에 놓여 있었다.〔황黃 24, 다나카田中 224-6〕

화교들은 일반적으로 표면화된 정치 무대에는 등장하지 않지만, 제조나 유통 부문에서는 압도적인 실력을 지니고 있으면서 인도네시아 재계를 지배하고 있었다. 그런 만큼 지역의 인도네시아인 원주민(쁘리부미[Pribumi]) 사이에는 화교들에 대한 뿌리 깊은 반발심이 존재하였다.

1959년에 PP10(대통령령 제10호)[94]이 발효되어서, 지방 농촌에서의 상업 활동에 대한 일부 제한, 강제 퇴거, 재산 몰수, 증세 등의 조치가 이루어졌으며, 결과적으로 지방의 화교들은 대도시에 집중적으로 모여서 상점 경영에 종사할 수밖에 없게 되었다.[95] 9·30사건 이후에는 인도네시아 군대에 의한 반공 캠페인이 벌어지는 통에 인도네시아의 화교·화인들은 중국의 스파이로 지목되었고 그 결과 반-

화인 감정으로 변질되어서, 그 당시까지도 단속적으로 반복되어 왔던 화인과 화교에 대한 박해와는 비교가 불가능할 정도로 격렬하고도 대규모로 벌어지는 배척 운동으로 탈바꿈하였다. 인도네시아인이 잠재적으로 품고 있었던 화교와 화인들에 대한 원한이 깨어났고, 반화교 내지 반화인 감정이 현재화하였다.

사건 직후인 10월 7일 아사히 신문의 자카르타 주재 하야시 리스케 특파원은 자카르타의 서민들이 거주하는 거리 풍경을 다음과 같이 전해 주고 있다.

"여느 때는 활기가 흘러 넘쳤던 거리의 상점가도 아침부터 빗살문을 내린 채 닫혀 있었다. 화인들 상가의 한복판에 자리 잡은 중국 대사관은 출입하는 사람도 일절 없었다. 불꽃이 꺼져 버린 것처럼 어느 누구도 말하고 싶어 하지 않았다. 화상華商 인텔리 한 사람이 '반 화상 데모가 일어날 조짐이 보이므로 조심하고 있다'고 하였다. 공산당의 기세에 억눌려서 불만이 쌓여 왔던 회교 단체 등이 반공 성향의 데모를 눈덩이가 불어나듯 대규모로 행하면서 우경화된 정책 방향 전환을 요구하고 있었다. '데모는 공산당의 불법화 요구이므로 반중국으로, 최후 단계에는 반화상 쪽으로 발전해갈 것이다'라고 하면서 그는 자못 심각해 했다."〔아사히 (석) 1965.10.8〕

또 다른 일본인 특파원도 또한, 화상들에 대한 압박이 한층 강화되고 있으며, '폭발적인 중국 배척 움직임으로까지 발전할 염려의 소지도 없지 않다고 하겠다'라고 거리의 정황을 전달하고 있다.〔아사히 (석) 1965.10.9〕 다음날 보도에서는 신화사가 타전하는 소식으로 인도네시아 각지에서 화교에 대해서 상점·화교총회·중국인학교·주택 등에 대한 파괴·방화·약탈 등이 있었고, 화교에 대한 체포·폭행·학살 소식까지도 전해져 왔다.〔아카하타 1965.12.2〕 사건 후에 중부 쟈바의 스마랑Semarang[96]에서는 인도네시아 국적을 가진 화상 공민公民은 검은 바탕에 흰 글자, 중국 국적의 화교는 붉은 바탕에 흰 글자로 된 문패를 집 문에 달도록 의무화하고 있다.〔황黃 141〕 화교에 대한 단순한 차별·박해에 머무르지 않고 상점·주택·학교에 대한 파괴·방화와 재산 약탈 및 강제 이주에 이르기까지 화교들에 대한 무차별적인 살해 행위로까지 사태는 급격히 악화일로를 치달았다.

반화상 데모는 그 후에도 진정되는 기미가 없이, 다음 해 4월에는 자카르타에서 시내에 있는 중국인 학교가 모두 폐쇄 조치되어 육군에 접수되었으며, 인도네시아 학생 행동전선·인도네시아 고교생 행동전선 등이 바뻬르끼 BAPERKI 본부를 접수하고서 샤오위찬 회장을 체포하기까지 하였다. 상공업의 실권을 장악해왔던 화상들에 대한 압박이 격화됨에 따라서 인도네시아 경제 자체에 정체 상태가 초래되는 결과가 되었다.〔아사히 1964. 4. 10〕

화교 박해에 대해서 중국과 타이완은 어떻게 보도하였는가?

인도네시아에서 벌어지는 화교에 대한 박해에 대해서 중국은 어떻게 파악하고 있었던 것일까?

중국에서는 연일 계속하여 인도네시아 정부에 의한 '반화배화'라고 규정하면서 미디어와 집회 따위를 통해서 비난 캠페인을 전개하였다.

『인민일보』의 '반화배화'와 관련한 보도로서는 '65년 10월 이래로 인도네시아 우파 반동세력은 반혁명 군사 쿠데타를 일으켜, 미친 듯이 반공 및 반인민과 동시에 반화배화의 흉폭하고도 반동적인 조류를 야기시키고, 폭도를 책동·조직하여 화교들에 대한 잔인무도한 박해를 가하고 있다'라고 하면서, 12월 롬복Lombok 섬에서 20여 명 남짓의 화교들이 살해당했고, 수마트라 섬 북부의 아쩨Aceh 지역에서 열흘 동안에 걸쳐서 화교를 습격하는 사건이 있었음을 전하고 있다.〔인민일보, 1965.5.19〕

'반화배화'의 움직임은 수도 자카르타를 비롯해 쟈바 섬, 깔리만딴 섬, 북부 술라웨시Sulawesi, 남부 술라웨시, 남부 수마트라 등 인도네시아 거의 전역으로 확산되었고, 폭도들은 '중국인(인도네시아어로는 '오랑찌나[orang Cina]'라고 한다)은 물러가라'고 외치면서, 각지에서 수만 명 단위의 화교가 박해를 받는 상황이 벌어졌다.〔인민일보, 1966.6.30〕 '반화배화'의 움직임은 68년에 이르러서야 겨우 종식되었는데〔황黃 150〕, 『인민일보』에서는 73년 중반까지도 관련 보도가 이어지고 있었다.〔인민일보, 1973.8.25〕

점차 인도네시아 화교들은 궁지에 내몰리고 있었다.

특히 인도네시아 현지의 화교들이 비참한 운명에 처해 있었던 것은 '반화배화'의 움직임이 가장 격렬했던 수마트라 섬의 경우였다. 수마트라 섬 북단의 아쩨에서는 1966년 4월에 화교가족은 사는 집에서 쫓겨나서, 가두에서 린치를 당했기 때문에, 5월 아쩨 군구軍區의 명령으로 화교들에 대해 강제 퇴거 조치 명령이 내려져서, 최소한 10,000명의 화교 난민들이 메단Medan으로 피난을 가게 되었다.〔황黃 149〕

9월 무렵에는 메단에 집결하였던 화교 난민이 4,500명 정도로 늘어나자, 인도네시아 외교부는 중국 정부에게 선박을 파견하여 이들을 중국으로 반송返送해갈 것을 요구하였다. 중국 외교부는 4회에 걸쳐서 선박을 보내어 4,251명을 송환하였지만, 여전히 메단의 14군데 수용소에는 6,600명의 화교 난민이 남아 있었던 관계로 이들에 대한 박해는 계속되었으나 송환 작업은 지체되고 있었다.〔인민 일보 1967.6.22〕 중국은 외교부·화교사무위원회·대사관 등을 통하여 인도네시아 정부에게 '반화배화' 움직임에 대해 항의를 하였다.〔베이징주보 1966.5.31〕

중국은 이러한 '반화배화' 움직임을 책동하고 있는 세력은 인도네시아 우파라고 비난하였다. 곧 화교 가운데 잠복해 있는 '장제스蔣介石 도당의 특무特務 분자(간첩이나 스파이)'를 이용하여 반중 활동을 펼치고, 박해 받는 화교들을 타이완으로 강제 송환하려고 하고 있는데, '이것은 미제국주의가 꾸미는 '2개의 중국' 음모가 노골적으로 드러난 것이다'라고 주장하였다.〔인민 일보 1966.6.30〕

그렇다면 이와 같은 화교들이 박해 받는 실태에 대해서 장제스 치하에 있으면서, 중국 본토와 적대하고 있던 대안 對岸의 타이완에서는 어떤 식으로 보도하고 있었던 것일까?

타이완에서도 또한 인도네시아 사태에 대해서는 격렬한 논조로 보도하고 있었다. 구체적으로는 사건 직후부터 쟈바 각 지역에서 벌어지고 있는 화교 상점 200여 곳에 대한 약탈 행위와 수마트라 메단에서 65년 10월 중에 약 10만 명 정도가 모인 반공 데모가 행해졌고, 친중친공親中親共의 화교 상점과 중국계 학교 및 단체에 가해진 폭동으로 말미암아 화교들의 사상자 수가 대략 2~3백 명에 달하고, 집을 빼앗긴 이들도 수천 명에 이른다는 사실, 그리고 술라웨시 섬이나 발리 섬 등지에서 확대일로를 치닫고 있는 화교 박해의 실상에 대한 것들이었다. 타이완 당국은 인도네시아 화교의 수난은 '비공匪共[97] 음모의 희생자인 동시에 인도네시아 군민軍民이 강렬한 반공 감정을 보이고 있는 현재에 인도네시아 화교들은 결코 '비공匪共'의 '보호'라는 것에 자신들의 희망을 위탁할 수는 없는 일이어서, '공산도당'들과 '깨끗하게 연을 끊어야만' 할 것이다'라는 결론을 내리고 있다.〔「인도네시아 정국의 새로운 발전印尼政局的新發展」『교련총간僑聯叢刊』화교구국연합총회 편인·화교출판사 출판, 1964. 4. 1, 「인도네시아 '10·1'정변[98]과 화교들이 처한 상황에 대한 전문 보고專題報告印度尼西亞'十·一'政變與華僑的處境」중연〕

타이완 당국의 입장에서 보자면 사건 후에 발생했던 '배화'의 움직임은 일단 '중국공산당의 음모의 희생물'이었다. 그렇기는 하나 '화華(중국)'와 '공共(공산주의)'이 차이를 구별하지 않은 상태에서 박해를 받고 있는 화교들 중에는 수많은 무고한 양민이 포함되어 있다고 할 수 있다. 그래서 타이완 당국은 인도네시아 화교의 생명·재산의 안전이 위협 받고 있는 상황에 중대한 관심과 심각한 우려를 안게 되었고, 그 후로는 적극적으로 인도네시아 화교 보호 공작을 전개하기에 이르렀다.〔「인도네시아에서 박해 받는 화교 및 〈화교 보호〉와 〈화교 송환〉 문제의 검토印尼迫害華僑

及 〈護僑〉·〈撤僑〉之檢討」(교무[僑務] 위원회 적정[敵情] 연구실 연구위원·우전옌[吳枕岩]) 국사 1967. 4. 25〕그러한 사정에 대해서는 제6장에서 다시 다루기로 하자.

'난교(難僑, 화교 난민)'의 귀향

중국 정부는 북 수마트라 섬의 중심 도시인 메단의 몇 군데 집회소에 수용되어 있던 '화교 난민들'을 구출하기 위해, 1966년 9월 13일 '귀국 화교 수용위원회'(주임은 화교 사무 위원회 주임인 랴오청즈[廖承志])를 설치하고서, '화교 난민'의 송환과 수용 업무에 착수하였다.〔인민일보 1966. 9. 14〕송환 업무와 관련해서 중국의 난민 수송선 '광화호光華號'를 파견키로 하고, 광둥廣東·푸젠福建 성을 중심으로 한 이른바 화교농장에 '안치安置'(직업과 주거를 제공하여 안정된 생활을 할 수 있도록 배려하는 일)하는 일을 실시하였다.

아쩨에서 일어났던 반중 폭동에 관해서 당시 관련 문서나 관계 당사자에 대한 청취 조사를 실시했던 멜빈Melvin에 따르면 아쩨에서 일어났던 대 화교 폭행 움직임은 사건 발생 직후인 10월 5일부터 첫 번째 단계에서는 해당 지역의 인도네시아공산당 관계자로 보이는 친북경파 화인들에 대해, 두 번째 단계에서는 10월 20일 경부터 바뻬르끼 BAPERKI(국적협상회)의 구성원들에 대하여, 세 번째 단계에서는 66년도 벽두부터 화인 커뮤니티 전체에 대해, 어느 경우에나 군대의 발령發令 내지 출동을 통해서 전개되었다.〔멜빈Melvin 73~87〕

난민 수송선 '광화호'는 4회―제1차 66년 10월 10일 1,006명, 제2차 11월 28일 1,076명, 제3차 67년 2월 16일 1,000명 남짓, 제4차 5월 6일 1,099명―에 걸쳐 메단에 파견되어, '화교 난민'을 메단 교외의 벨라완Belawan 항구로부터 광둥성의 잔장湛江까지 실어 날랐던 것이다.〔인민일보 1966.10.11, 11.29, 1967.2.18, 5.10, 베이징주보 1966.2.6, 10.18〕그 후에 이들은 65년에 창설된 푸젠성 닝더寧德 현 둥후탕東湖塘에 있는 화교농장 등지에 배치되어 그 곳에 거주하게 되었다.〔인민일보 1967.2.25〕

구라사와 아이코, 마쓰무라 도시오松村智雄, 저우타오모 등의 현지 조사에 따르면 9·30사건 이후 인도네시아 화교를 수용하기 위해 신설된 화교 농장 가운데, 푸젠성 닝화寧化 현의 취안상泉上 농장이라는 곳이 있었다. 이 곳에는 아쩨로부터 광화호를 탔던 제2차로 집단 철수하였던 약 1,000여 명의 화교 난민들이 수용되었다.

귀국선이 도착했던 광둥성의 항구인 잔장이나 베이징 등에서는 귀국한 화교 동포들에 의해서, 인도네시아 정부의 '반화배화'를 비난하는 항의 집회가 개최되었다. 그들은 한손으로 마오쩌둥 어록을 높이 쳐들고서 '인도네시아 반동파를 타도하라, 아메리카 제국주의를 타도하자, 소련수정주의를 타도하자'라고 소리 높여 외쳤다.〔인민일보 1966.12.5, 1967.1.21, 4.28〕당시는 때마침 문화대혁명의 시대에 접어들었다.

인도네시아에서의 박해를 피해서 조국 중국으로 화교 난민들이 송환된 뒤에 그들의 신병을 인수했던 장소로 배정되었던 이른바 '화교 농장'이란 도대체 어떤 시설이며, 그 곳에서 인도네시아 화교 난민들은 어떤 생활을 영위하였던 것일까?

이러한 화교 농장에 관해서 선행적인 조사 연구의 업적을 쌓은 다나카 교코田中恭子 교수에 따르면 화교 농장은 1951년에 창설되어 화난華南[99] 지방을 중심으로 푸젠 성(17개소)·광둥 성(23개소)·장시江西 성(3개소)·광시 쫭족廣

西壯族 자치구(22개소)·하이난海南 성(5개소)·윈난雲南 성 등 각 성에 산재하고 있다(그 밖에 지린[吉林] 성에 한국에서 오는 화교 난민을 받았던 농장이 한 군데 있어서, 전국적으로 모두 74개소로 집계된다). 1996년 시점에서 수용되어 있는 인원은 총계 약 5만 명에 달한다. 화교 농장은 해외 화교로부터의 외화 송금이 중국에 있어서 중요한 외화 수입원이며, 화교 우대책을 내세움으로써 중국에 유리한 좋은 이미지를 해외에 선전할 수 있기 때문에, 적극적으로 설립되었다고 하겠다. 국무원 직속의 화교관리사무위원회 관할로 일종의 국영 농장으로 두터운 원조와 보호 정책을 베풀었다. 귀국 화교의 대부분은 말레이시아·인도네시아·베트남에서 온 '화교 난민'이었다.

그러나 개혁 개방[100] 이후로는 이러한 화교 농장은 정치 이데올로기적으로 그 중요성을 상실하였고, 86년 이후로는 국가에 의한 우대 조치는 폐지되어, 시나 현縣 단위의 지방 정부 농간農墾[101] 관리국의 관할로 이관되어 버렸다. 그러나 농장의 경영·유지를 위한 재정 부담이 크기 때문에 현재는 많은 농장은 민영화·기업화되어서, 농업이나 관광 등의 사업에 보다 중점이 놓여 있는 상태이다. 한편으로 농장을 나와서 도회지로 직업을 구해 떠나는 이들이 늘어나는 추세로, 이제는 각지의 화교 농장은 해체 위기에 직면하였다.〔다나카田中 285~307〕

화교 농장을 방문하다

그런데 실제로 화교 농장이란 곳은 어떠한 생활공간이 었을까? 그 현장을 육안으로 보고 싶었고, 가능하다면 박해를 체험했던 화교 난민의 육성을 직접 듣고 싶었다.

광둥 성의 성도 광저우廣州의 동북 쪽 약 500킬로미터 정도 되는 거리에 메이저우梅州 시가 있고, 그 곳은 본래 중원에 살았던 한족漢族이 남하했던 객가인客家人[102]이 집단 거주하는 지역으로, 500만 명 정도의 객가인이 살고 있다고 한다. 중국 전역에서도 가장 많이 인도네시아 화교로 이민을 내보냈던 지역이기도 하다. 메이저우 시 메이梅 현 난커우南口 진에는 '교향촌僑鄕村'이라는 마을이 있다. 경작지 한 가운데 풍수에 따라서 산을 등진 채 마을 앞으로는 반달형의 인공 연못이 조성되어 있고, 뒤로는 원형의 주거지가 겹겹이 이어지는 객가인의 전통적 가옥이 곳곳에 흩어져 있다. 이 마을의 주민은 대략 2,800명 정도인데, 해외 화교의 수가 4,000명 정도로 더 많은 편이다. 동남아시아에서 귀국한 화교들은 자칭 내지 타칭으로 '번귀番鬼'[103]로 불리고 있다.

2013년 봄에 구라사와 아이코 교수, 마쓰무라 도시오 호세法政 대학 강사와 함께 메이저우 시를 방문하였다.

메이저우 시에는 '귀교연의회歸僑聯誼會(귀국 화교 연합회)'가 있어서 매주 정기적으로 인도네시아 귀국 화교들이 모이는 친목회가 열리고 있었다. 나도 메이저우 시의 자잉嘉應 대학의 샤오원핑肖文評 교수 겸 객가연구원 부원장에게서 소개 받았던 인도네시아 화교 출신 부부에게 이끌려서 일요일에 열리는 인도네시아 출신 귀국 화교들의 친목회에 참가하여 인터뷰를 행하게 되었다.

모임 장소가 되었던 회관에서 회원들은 즐겁게 「할로, 반둥Halo Halo Bandung」, 「아요, 마마Ayo Mama」와 같은 인도네시아어 노래를 부르거나, 춤을 추거나 하였다. 다만 그중에는 9·30사건 이후에 단신으로 비행기를 타고서 중국에 와서 화교 농장에 수용되었던 경우도 있어서 경계심이 강한 통에 지나치게 사사로운 일을 질문하는 것은 불가

메이저우 시 교향촌 마을

능하였다.

광둥 성에 있는 광란廣蘭 화교 농장(통칭)을 방문했던 것은 이른 아침 시간이었다. 마침 아침 시장에 많은 지역민들이 모여 있었기 때문에 대화를 나눌 수 있었다. 활기가 있어 보이는 50대쯤으로 보이는 여성을 붙잡고서 중국어로 말을 걸어 보았다. 그러자 쾌활했던 얼굴이 갑자기 이상야릇한 표정으로 변해버리고 말았다.

동행했던 구와사라 아이코 교수가 보다 못하여 아무렇지도 않은 듯이 '무슨 고기인가? 아침에 먹을 수 있으려나'라고 인도네시아어로 물어보자 이내 굳은 표정을 풀고 싱글벙글하며 자기 집으로 들어오라고 권유하는 것이었다. 이곳에서의 일상적인 언어는 인도네시아어였던 것이다. 여성의 집안에는 인도네시아 무용과 전통 음악을 공연하는 농장의 젊은이들의 사진이 걸려 있어서, 그녀가 자신이 태어난 출생지의 문화를 젊은 세대에게 전승해 주는 일에 삶의 보람을 느끼고 있음을 엿볼 수가 있었다. 이야기를 들어보니 앞서 언급한 1966년의 귀국선을 타고서 메단에서 돌아왔던 것으로 보인다.

그녀는 우리 일행을 농장의 집회소로 데려다 주었다.

다음날 열리는 행사 준비를 위해서 수많은 농민(농장에서는 '농민'이 아니라 '농공[農工]'[104]이라는 호칭을 썼다)들이 운집해 있었다. 그들의 이야기를 들어보니 9·30사건 이후에 아쩨에서 형제가 살해당했던 사람이나 쟈바 섬에서 민간 선박을 타고서 귀국을 했던 사람도 있었다고 한다.

그중에서 한 사람 쟈바 출신의 남성은 대화를 나눌 적에는 말없이 묵묵하게 있다가, 그만 자리를 뜨면서 차에 오르려 하자 우리 일행을 붙잡더니 자신은 오토바이를 타고서 자기 집 쪽으로 따라오라고 하였다. 그리고서 집에 돌아가서 한 장의 종이를 건네주고서는 인사도 하는 둥 마는 둥 뒤돌아서서는 오토바이를 타고서 떠나 버렸다. 그가 건넨 종이에 쓰여진 문장을 읽어보니 인도네시아어로 다음과 같은 내용이었다(문장의 번역은 구와사라 아이코 교수가 해주었다).

"중국에 있어서 외래자는 주목도 받지 못하고, 소외당하며, 잊혀져 가고 있다. 인권 옹호의 입장에서 보자면 그들(곧 귀국 화교들)은 중국의 소수민족으로 취급당하고 있다. 그들은 57번째의 소수민족이다. 그들은 말하자면

『동방의 유대인Yahudi Timur』[105]인 것이다. 온갖 분야에서, 온 세계에서 진보가 이루어지는데도, 이곳 광란廣蘭 농장은 구태의연하고, 더욱이 거꾸로 상황이 나빠지고 있다. 귀국 화교의 지위는 존중 받지 못하고, 현지민(이 대목은 인도네시아어로 '쁘리부미[Pribumi]'라고 쓰여 있는데, 중국인을 가리키는 것으로 보인다)과 마찬가지로 취급되고 있다. 그리고 현지민들은 귀국 화교들에 대해서 알려고도 하지 않거니와 나라의 법률도 이해하려고 하지 않는다. 또한 외래자의 문화나 풍습에 대해서도 몰이해한 편이다. 외래자의 마음에 상처를 주는 것 말고도 그들은 귀국 화교의 삶의 실상을 보고도 모르는 체 외면하고 있다. 화교들의 생활에 필요한 물자, 시설은 노후화되어 있는데도 말이다. 이처럼 누구나 괴로운 생각을 하고 있는데도 현지민들은 신경을 쓰려고 하지 않는다. 그들은 자신들이 편하면 그것으로 그만인 것이다. 그들은 우리 화교들의 존재를 토지를 조금도 소유하지 못한 외래자의 무리 정도로 보고 있다. 강제로 이주 당한 우리에게 죄가 있는 것인가? 인간들의 비참한 삶이라는 것은 재산 관계, 또는 천재지변이 계기가 되어 생겨나는 것 이외에도 어떤 인간이 자신의 일만을 생각하고, 탐욕을 부리기 때문에도 생겨나는 것이다. 이것이 중국으로 돌아와 있는 사람들의 마음에 일반적으로 자리 잡고 있는 실망감인 것이다."

남자가 고향인 인도네시아에서 멀리 떨어져서 살고 있는 조국에서의 삶이 날마다 고난으로 점철되어 있음을 엿볼 수 있게 하는 내용이다.

화교 농장의 실태

광란 화교 농장에서의 인터뷰와 화교에 관한 연구로는 정평이 있는 광저우 지난暨南 대학의 동남아시아 연구소와 자잉嘉應 대학 객가客家 연구원 등에서 현지의 연구자들과의 학술 교류를 통해서 알게 된 사실들을 정리해 보기로 하자.

인도네시아로부터 중국으로 귀국한 화교들은 중국에 건너 온 시기에 따라서 대략 아래와 같이 세 시기로 나뉘어진다.

①1950년대에 주로 모국에서 중국식 교육을 받기 위해서 자주적으로 귀국한 화교들.

②1959년 수카르노 대통령이 발동했던 PP10(대통령령 제10호, 성·현·주 이하의 행정 구획단위의 마을에서는 화교가 경영하는 소상점을 제한하는 내용의 배화적[排華的] 성격의 조례. 그 결과 수많은 화교들이 이주했던 곳의 주택과 점포를 포기하고서 도시로 옮기거나, 중국 대륙으로 귀향하거나 아니면 타이완으로 이주하는 방법을 선택해야만 했다)에 의한 배화적 정책으로 인해 초래되었던, 1959년부터 61년에 걸쳐서의 10만 명 정도 제1차 귀국 러시.

③9·30사건 이후 인도네시아에서 쫓겨나듯이 귀국했던, 1965년부터 67년에 걸쳐서의 제2차 귀국 러시.

이 가운데에서 화교 농장에 '안치安置'[106]되었던 것은 ②③의 귀국 화교들의 경우로서, 이들은 '난교難僑(난민 화교)'라는 호칭으로 불렸다. '난민 화교'의 경우는 귀국하고 나서 익숙치 않은 생활로 말미암은 고충은 이야기를 하지만, 문화대혁명으로 인해 해외자본가라는 딱지가 붙으면서 박해 받았던 일에 대해서는 언급하고 싶지 않은 과거로서

기억되지 않은 경우가 많았다. 특히 ③의 시기에 귀국했던 사례에서는 당사자들이 이야기하고 싶지 않아서인지, 지금까지도 거의 구술된 기록을 볼 수 없거니와 선행 연구도 부족한 형편이다.

역사의 공백을 메꾸기 위해서는 향후의 연구에서는 9·30사건으로부터 문혁에 걸치는 시기의 인도네시아·중국 쌍방의 행정 문서 이외에 당사자에 대한 인터뷰에 근거한 구술 자료의 축적이 요구된다고 하겠다. 그러기 위해서는 조사에 협력해 주는 인포먼트informant[107]를 찾아내야 하고, 그러한 인포먼트의 '농공農工'이 많이 거주하는 화교 농장을 물색해서, 인터뷰 조사를 행해야만 할 것이다.

그래서 조사 방법에 대한 가르침을 얻고자, 2013년 11월 19일에 인도네시아 화교에 관한 수많은 연구를 다루어 왔던 인류학자 천즈밍陳志明 홍콩 중문대학 교수를 도쿄에서 만나서 이야기를 들었던 적이 있었다. 천즈밍 교수는 말레이시아 출신의 화인으로 푸젠 성 취안저우泉州에 있는, 발리 섬 출신자들이 많이 거주하는 화교 농장이나 홍콩의 인도네시아 출신자들이 많이 모이는 교우회 등에서 조사를 거듭해왔다.

천즈밍 교수에 따르면 화교 농장의 경우 학술 조사에 있어서는 허가가 필요하고, 화교 농장을 관할하는 지방 정부의 창구를 통해야 하는데, 특히 외국인 연구자의 경우는 정식 조사에 이르기까지는 상당한 곤란이 따른다고 할 수 있다. 더욱이 인터뷰에는 보통화普通話[108]·현지어(객가어[客家語]·광둥어·민남어[閩南語] 등)·인도네시아어 등이 필요하고, 특히 인도네시아어에 능숙하지 않으면 안 된다.

③의 시기에 귀국한 화교의 경우, 문혁 시기에 맞닥뜨려 괴로운 삶을 영위하였기 때문에 그 당시의 이야기는 정치적 고려에 의해 각색이 될 가능성이 크다. 따라서 인터뷰에는 언어 능력 이외에 화자의 경계심을 풀기 위해 사전에 충분한 신뢰 관계의 구축이 필요한 법이다. 그래서 현지의 대학과의 공동 연구의 형태로 방문하는 것이 방법상으로는 유리하다 하겠다. 또는 화교 농장이 아니라도 출신지 별로 있는 동향회, 인도네시아의 중화 학교별로 있는 교우회, 귀국 이후 중국에서 다녔던 학교의 동창회 등의 단체를 상대로 한 청취 조사도 유효한 방법의 하나이다. 홍콩에는 그들만의 커뮤니티가 많아서 비교적 접근이 용이한 편이다. 홍콩대학의 왕창보王蒼柏 박사의 경우 홍콩

의 교우회를 비롯한 화교 단체들에 대한 구술 자료를 근거로 하여 박사학위 논문을 제출하였다.

이 책에서 인도네시아 화인에 대한 그 선구적인 연구를 참조해왔던 황쿤장黃昆章 선생과도 또한 근무처인 광저우 지난暨南 대학을 방문하는 기회에 만나보고자 하였다. 그러나 유감스럽게도 대학을 방문했던 2013년 바로 그 해에 황 선생이 세상을 떠났다는 소식을 전해 들었다.

황쿤장 선생도 또한 부모는 광둥 마이 현 출신으로 이민을 갔던 수마트라 남부에서 출생하였고, 자카르타 중화학교에서 '애국 교육'을 받은 뒤에 귀국하여 톈진天津의 난카이南開 대학에서 수학한 뒤에 지난 대학의 교수가 되었지만, 68년 말에 문혁으로 하방下放[109]되어 간부들의 사상 개조를 위한 집단 농장으로 설립된 '5·7간부학교'에 입교하였다. 78년에는 지난 대학에 복직하여 동남아시아 연구소에서 근무한 뒤에 왕경우王賡武 교수의 추천으로 오스트레일리아 국립대에 유학해서 앤소니 리드Anthony Reid 교수의 지도를 받고서 연구를 행하였다. 오스트레일리아 외에도 중국 각지의 자료관에서 자료 수집에 전념하여 인도네시아 화교사華僑史를 집성했다고 일컬어졌다.

황쿤장 선생과의 만남은 성사되지 못했지만 지난 대학의 덩잉원鄧應文 소장 등을 비롯한 동남아시아 연구소 연구자들의 주선으로 황쿤장 교수의 동료이자, 지난 대학의 교수였던 쩡샹펑曾祥鵬 선생을 만날 수가 있었다.

쩡샹펑 선생은 내가 만났던 2013년 당시에 이미 88세의 고령으로 심근경색을 앓고 있었다고는 하나 말씨는 또렷하니 건강한 모습이었다. 쩡 선생 또한 마이 현 출신의 객가인으로 인도네시아 최대의 섬인 서 깔리만딴의 싱까왕 Singkawang에서 출생하였다. 1940년 1월에 중화민국의 싱까왕 주재 영사관이 발행하는 여권을 소지하고서 싱가포르로 가서, 거기서 다시 미얀마의 양곤Yangon을 거쳐 육로로 쿤밍昆明에 도착해서, 시난西南 연합대학에 입학하여 사회학을 전공하였다. 그 후 47년에 베이징의 칭화青華 대학을 졸업한 뒤에 48년에 다시 인도네시아로 되돌아갔다. 그곳에서 중학교 교사를 하면서 싱까왕 각지의 다섯 초등학교·중학교 교장의 연합 모임인 중화교육위원회 동사회董事會[110]의 대표를 역임하였다. 51년에 싱까왕에서 서 깔리만딴의 주도인 뽄띠아낙Pontianak으로 갔고, 다시금 쟈바 섬의 스마랑, 찌르본Cirebon으로 옮겼다가 이윽고 자카르타에서『생활보生活報』라는 중국어 신문의 편집에 종사하였다. 선생의 부인은 52년에 다시 귀국하여 사범대학에 입학하여 물리학을 전공했고, 인도네시아로 되돌아가지는 않았다고 한다. 쩽 선생 역시 59년 수카르노의 PP10호가 발효되어 화인 박해가 시작되었을 적에 귀국하였다. 싱까왕을 비롯한 서 깔리만딴에 PP10호로 인해 출국했던 사람들이 적었던 것은 뱃삯을 치르지 못할 정도로 가난한 화인들이 많았던 것이 이유라고 한다. 중국에 다시 와서 그는 베이징의 중국신문사에 배속되었다. 문혁이 일어나자 장시江西 성에서 하방하여 노동 교화를 받게 되었다. 69년에 다시 도시로 돌아와서, 78년에 후난 성 헝양衡陽으로 가게 되었다. 80년에 지난 대학에 부임해서 동남아시아 연구소 부소장이 되었다. 선생의 전문 분야는 화교 교육 문제였다.

이 당시 대화에서 나눴던 서 깔리만딴의 이야기가 농후한 화인 커뮤니티의 생활상을 엿보게 해주는 데가 있어서, 묘하게도 인상에 깊게 남았다. 서 깔리만딴의 이야기는 9·30사건으로부터 문화대혁명 시기에 이르는 역사의 후일담으로 제7장에서 다시 언급하기로 하겠다.

사회적 폭력으로서의 화인 박해

9·30사건 이후에 일어난 화인 박해에 대해서, 과연 대량학살massacre에 해당하는가의 여부에 대해서는 이 시기에 살해당한 화인의 희생자 수를 특정할 수 없다는 사실로 인해서 여전히 논란의 여지가 있다. 예를 들면 크립과 콥펠과 같은 이들은 당시의 피살된 화인의 총수에 대해서 크게 잡아서 2,000명 정도로서 민족정화나 제노사이드genocide[111]라고 불러야 할 정도의 실상은 아니라고 보는 입장이다. 그럼에도 불구하고 '반화反華 학살 신화'가 생겨난 것은『파 이스턴 이코노믹 리뷰Far Eastern Economic Review』라는 잡지 1966년 4월호가 불씨를 붙인 것이 계기가 되어, 화인은 이른바 '동방의 유대인'라고 빗대어서, 유럽의 반유대주의에 기인하는 홀로코스트holocaust[112] 담론이 이식되었던 일이 배경이 되었다는 것이다.〔Cribb & Coppel 454~458〕

한편으로 멜빈의 경우에는 아쩨의 사례에서는 화인을 타깃으로 삼아서 조직적으로 살해했다는 사실에 근거해 섣불리 제노사이드가 아니었다는 식으로 결론 내리는 것은 시기상조라고 주장하고 있다.〔Melvin 88~89〕

9·30사건에 대해서 구와사라 아이코 교수는 사건 발생 후에 공산주의자를 상대로 해서, 인도네시아 전체로 확산되었던 대량학살 현상을 사회적 폭력으로서 주목하고, 사회적 폭력이 발생했던 지역과 여러 사례로 나누어 그 발생과 확대의 요인을 규명하려고 하였다. 특히 사건 이후의 화교 박해에 대해서는 65년 10월에 시작되었던 바뻬르끼BAPERKI에 대한 공격과 레스 뿌블리까 대학 방화 사건에 착목하여, 동시대의 자료와 선행 연구 이외에도 사건을 체험한 이들에 대한 인터뷰를 토대로 한 독자적인 견해를 제시하고 있다. 요컨대 박해의 근저에는 물론 반중국인의 감정이 있었지만, 인종적 측면에서 '배화排華'의 성격은 강하지 않았고, 현지화가 진행된 화인들 사이에서 현재화되어 있던, 화인은 중화적인 요소를 내버리고 인도네시아 민족으로서 현지에 융합되어야 한다고 보는 동화주의자와, 중국계 인도네시아 인은 단일한 종족으로서 독자적인 문화를 간직하면서 여타의 민족과 평등하게 간주해야 한다는 통합주의자 사이에 있었던 갈등의 표출이었다고 보는 것이다. 화교 박해는 사건 후에 공산주의자 박멸의 기치하에 국군과 결탁한 화인들이 통합주의자 세력을 대규모

로 배제하려고 했던 것이 사태의 진상이었다.〔구라사와倉沢 ④29〕

　분명히 화인을 추방했던 사실이 있었고, 공산주의 계열의 화인들에 대해 장기간에 걸쳐 조직적인 박해가 가해졌던 결과로, 수용소에서의 열악한 환경으로 말미암아 사망한 경우를 포함해서 막대한 희생자가 초래되었다. 따라서 설령 민족정화라고까지는 말할 수 없다 하더라도 대량학살의 범주에는 포함시켜도 좋지 않을까 하는 생각이다. 그 점에 대해서는 서 깔리만딴에서의 사례를 근거로 해서 제7장에서 다시 거론하기로 하자.

마오쩌둥은 초조해 하고 시기·의심하며,
미친 듯이 열정적이면서 냉혹하기 그지없고
반골과 고독을 함께 지녔던 지도자였다
그는 민중의 열광과
린뱌오의 지모를 활용하면서
자력으로 혁명의 제단으로 기어 올라갔다

제4장 마오쩌둥의 혁명
──문화대혁명의 폭풍

중간지대론의 변질

9·30쿠데타는 실패하고 말았다. 중국에게는 이러한 실패가 마치 오셀로 게임에서 흰색 돌과 검은색 돌들이 보드판 위에서 모조리 뒤바뀌는 것처럼, 그때까지 유리했던 조건들이 죄다 비참한 결말 쪽으로 암전하는 결과가 초래되고 말았다.

사정이 이렇게 되자 중국은 믿었던 인도네시아 카드를 잃어버렸고, 베트남 전쟁이 본격화하는 와중에 '미제국주의'와 '소련수정주의'에 의한 국제적 포위망에 놓여 고립무원의 처지에 놓이게 되었다. 바꿔 말하자면 미국과 소련이라는 두 강대국이 정면의 적으로 앞길을 가로막는 사태가 초래되고 말았다. 참으로 '양면개궁兩面開弓'[113]의 상황인 것이다. 인도네시아와 한편이 되어서 엄청 공을 들여 준비했던 제2회 AA 회의는, 개최국인 알제리아에서의 쿠데타 발발로 말미암아 덧없이 유산되고 말았다. 중간 지대에 속하는 제3세력의 유대 관계는 한편에서 미국에 규합되고, 반대편에서는 소련과 인도에 의해 분열 약화되면서 허무하게 단절되어버렸다.

이른바 반둥 체제는 이미 내부에서부터 붕괴되어 버렸

다고 말할 수 있겠다.

그럼에도 중국은 그때까지도 반둥에서 시작되었던 제3세력의 국제적 연대라는 반둥 정신으로 장식한 기본 틀을 결코 포기하는 일은 없었다고 하겠다. 중국은 여전히 비동맹 중립의 여러 연대 기구들을 유지·운영하였다.

예를 들면 1963년 4월에 설립되었던 아시아·아프리카 47개국이 가맹했던 AAJA(아시아 아프리카 저널리스트 협회 [Asian African Journalists Association])는 66년 11월에 비서 사무소를 자카르타에서 베이징으로 옮겼다. 대표는 9·30사건 당시, 중국 주재 대사로 베이징에 있었는데, 사건 이후에 대사직을 사임하고서 그대로 베이징에 머물렀던 쟈와또Djawato였다. AAJA의 영자 기관지로서 알바니아에서는 『인도네시안 트리뷴Indonesian Tribune』지가 간행되었다. AAJA 일본 대표로서 자카르타에 부임해 있던 전 교도통신사 기자 스기야마 이치헤杉山市平는 9·30사건의 여파로 자카르타의 서기국이 베이징으로 철수·이전하는 것에 따라서 베이징의 서기국으로 임지를 옮겼다. 또한 1967년 2월에는 OISRAAOrganization International Solidarity for People of Afro-Asian(아시아·아프리카 인민연대 위원회)의 해외대표부가 베이징에 설치되었다. 인도네시아어판 기관지로서『인도네시아 인민의 소리Suara Rakjat Indonesia』가 발행되고 있었다.

그렇다고는 하나 AA 연대 조직이라고 하더라도 중소 대립의 영향을 받지 않을 수는 없었고, 특히 문화대혁명 이후에는 소련파와 중국파로 분열되고 말았다.

인도네시아의 사정은 9·30사건이 실패한 이후에 반공·반중·반화교 노선으로 돌아섰고, 타이완은 중화인민공화국에 대신해서 인도네시아와 국교를 수립하기 위한 계책을 본격적으로 수립하였다. 그러나 인도네시아 정부는 중국과 외교 단절까지는 단행하지 않았으며, 대신하여 타이완과 외교 관계를 바꾸어 수립하는 사태도 일어나지 않았다. 수하르토 정권이 수립되고 나서는 서방 일변도로 외교 관계를 수립하는가 하면, 소련과의 외교 관계도 다시 수복하여서 수카르노 시대보다도 오히려 대 소련 관계는 강화된 감이 없지 않았다. 중국과의 외교 관계는 동결되었지만, 인도네시아 화교를 중심으로 무역 관계는 그대로 지속되었다. 수카르노로부터 수하르토에게로 정권이 교체됨으로써 인도네시아는 동구 사회주의권으로부터 서방 자본주의권으로 완전히 돌아섰던 것으로 이해하기 십상이지만, 단순히 동서 대립의 구도를 그대로 적용할 수는 없다. 이것의 의미에 대해서는 장을 바꾸어서 제6장에서 다루고자 한다.

이 시기에 베이징의 국제적 연대가 의거하는 지탱점은 두 가지가 있었다. 하나는 국제공산주의 운동의 통일전선이었으며, 또 다른 하나는 비동맹의 제3세력의 결집이었다. 그러나 제3세력이라고 해도 국가로서 중국과 정식으로 정상적 외교 관계를 견지하고 있는 경우는 알바니아 정도에 지나지 않았다. 캄보디아·베트남·북한 등은 중국과의 연대를 표방하기는 하지만 소련과의 사이에서 미묘한 균형을 유지하면서 중소 간의 대립을 어떤 때는 나름으로 활용하여 이득을 꾀했다. 그러한 방식에 베이징은 표면적으로는 양국 사이의 유대가 강하다는 사실을 자화자찬하면서도, 만만찮은 상대국의 외교 자세에는 입을 다물고 함구하고 있었다.

중소 대립이 점차 격해짐에 따라서 국제적 고립 상태가 심화되어 가던 중국은 그때까지 국가 단위로 적과 아군을 나누어 놓았던 중간지대론을 바꾸어서, 인민의 계급 구분에 의해 적과 아군을 나누는, 인민 주체의 중간지대론 성격을 변질시키고 있다.

예를 들면 마오쩌둥은 일본의 마쓰무라 겐조松村謙三[114]·이시바시 단잔石橋湛山[115]·다카사키 다쓰노스케高碕達之助[116] 등에 대해서는 같은 시기의 이케다 하야토池田勇人[117] 수상과는 구별되는, 미국을 싫어하는 '인민의 간접 동맹자'라는 식으로 표현하고 있다.〔외교문선 487「중간지대 국가의 성격은 각각 다르다」1962.1.3〕 또한 1960년에 일본의 작가 대표단을 접견하였을 적에는 안보투쟁 당시 사망한 간바 미치코樺美智子[118]를 '민족 영웅'으로 치켜세웠으며, 미국의 흑인 공민권 운동에 대해서도 이를 높게 평가하기도 하였다.

"일본 인민과 중국 인민은 좋은 친구이다. 우리는 단결의 범위를 확대하여, 아시아·아프리카·라틴 아메리카·전 세계의 제국주의와 각국의 반동파를 제외한 90% 이상의 인민과 함께 단결하지 않으면 안 된다."〔외교문선 482「일본 인민의 앞날은 밝다」1961.10.7〕

요컨대 중국에 있어 연대의 파트너는 국가 단위에서가 아니라 인민 가운데 있는 세력이며, 중간지대는 미국과 소련의 세계 지배를 타파하는 세계 각국 내부의 피지배 계급의 민중 운동 가운데에 있는 것이라는 발상이다.

실의의 마오쩌둥, 8개월 동안 떠돌아다니다

국제 사회에서의 고립이 심화되었던 것은 중국이라는 나라뿐만은 아니었다. 국가 영수였던 마오쩌둥 또한 중국의 권력 정치의 한복판에서 고립 상태에 처해 있었다. 1958년부터 시행한 급진적인 철강·곡물 증산 계획인 대약진大躍進 운동과 인민공사가 대실패로 끝나는 바람에 마오쩌둥은 차기 국가주석직을 사퇴하고서, 그 자리를 류사오치에게 양보하였다.

류사오치와 덩샤오핑[119] 등에게 정치·경제 운영의 주도권을 빼앗겨 버렸고, 그렇다고 해서 국제기구로부터 외적 원조도 기대할 수 없는 상태여서 당분간은 자력갱생 정책을 관철하는 수밖에 없는 상황이었다. 한 국가의 창업자인 지도자가 권력의 핵심에서 소외되어버렸고, 흡사 그런

지도자의 처지와 마찬가지로 중국이라는 국가 또한 고립무원의 처지에 빠져 버렸다. 그런 와중에 수도인 베이징을 떠나 지방을 정처 없이 떠돌아다니는 마오쩌둥의 내면에는 번민과 초조함이 틀림없이 소용돌이치고 있었다.

마오쩌둥은 권력의 중추로부터 경원당하는 처지가 되자 울분을 삭인 채로, 1965년 11월 12일부터 베이징을 떠나 톈진-지난濟南-쉬저우徐州-난징南京-상하이-항저우杭州-난창南昌-우창武昌-창사長沙-항저우-상하이-창사-샤오산韶山[120]-우창과 같은 여정으로, 화난華南 지역을 여기저기 돌아다니면서, 다음해인 1966년 7월 18일까지 꼬박 8개월 동안 단 한 차례도 베이징에는 발걸음을 들여놓지 않았다. 그가 지방을 순시할 적에 늘 하던 것과 같은 코스였다.

마오쩌둥이 1965년 8월 5일에 아이디트와 회견하였고, 9·30쿠데타의 실패를 거쳐, 상하이의『원후이바오文匯報』에 야오원위안姚文元[121]의「신편 역사극『해서 파직당하다海瑞罷官』[122]를 평한다」라는 논문이 게재되었던 시점은 마오쩌둥이 베이징을 떠나기 직전인 11월 10일 경이었다. 이 논문의 주된 요지는 작가이자 베이징시 부시장이었던 우한吳晗[123]은 『해서 파직당하다』라는 경극 작품을 통해서, 1959년 8월에 루산廬山 회의에서 마오쩌둥의 대약진 운동의 오류를 비판했다가 국방부장 자리에서 해임되었던 펑더화이彭德懷[124]를 작품 속의 해서라는 인물에 빗댐으로써, 펑더화이의 명예 회복을 의도했다는 것이었다. 논문은 문예비평의 형식을 띠고 있었지만, 행정의 요직에 있는 인물을 비판하는 내용을 담음으로써 정치 투쟁으로 발전시키려는 시도를 포함하고 있었다.

그러나 이 때에 『인민일보』는 야오원위안의 논문을 묵살하여 신문에 전재하지 않았다. 마오쩌둥은 베이징 시장 펑전彭眞[125]이 책임을 맡은 '문화혁명 5인 소조小組'(펑전·루딩이[陸正一]·캉성·저우양[周揚]·우렁시[吳冷西])에 대해 우한에 대한 비판을 행하도록 촉구하였다. 그러나 다음해 66년 2월 해당 5인 소조는 『해서 파직당하다』와 관련된 문제를 문예계의 정풍 운동의 범위 안에 국한시켜야 한다는 내용의 보고서(『2월 요강』)를 제출하였고, 류사오치가 의장을 맡고 있는 중앙정치국 상무위원회의 동의를 얻었다. 인민 내부의 모순을 외면하고, 계급투쟁을 철저히 관철하려 들지 않는 이러한 미온적인 비판에 마오쩌둥은 불만을 표시하였다. 베이징을 떠난 마오쩌둥은 실권을 쥐고 있는 베이징의 권력 중추를 향해 지방으로부터 반역의 화살을 쏘아야 할 것임을 결심하였다. 그래서 마오쩌둥의 부인인 장칭江靑[126] 등 상하이 4인방이 그러한 역할을 맡을 행동대가 되었다.

그 후 5월 16일, 5인 소조는 해체되었고, 펑전은 당 안팎의 모든 직무에서 해임되었다. 그에 대신하여 새로이 '중앙 문화혁명 소조'가 설립되어, 이 새로운 소조가 문혁을 지도하는 권력 기구로서 힘을 얻게 된다. 이런 의미에서 야오원위안의 논문은 훗날 문화대혁명이 발동되는 도화선의 구실을 했던 것이라고 할 수 있겠다.

마오쩌둥은 9·30사건의 실패와 그 이후 사태가 급속히 악화되는 와중에 처해 있으면서 어째서 문화대혁명을 발동했던 것일까?

문혁 발동을 결정지었던 것은 다름 아닌 마오쩌둥 자신이었다. 그의 주요 논문의 하나로 마오쩌둥 사상의 근간이라고도 해야 할 '실천론'에서 강조되는 바는 '주관 능동성의 작용에 의해 사람들의 인식을 감성적인 것으로부터 이성적인 것으로', '이성적 인식으로부터 능동적으로 혁명적 실천을 지도하고, 주관 세계와 객관 세계를 개조'하는 데에 중점이 있다. 그렇다면 마오쩌둥 자신은 어떻게 그 자신의 주관 능동성을 발현하여 문혁이라는 해법을 이끌어내었던 것일까? 그러기 위해서는 혁명가인 마오쩌둥의 내면의 수수께끼에 다가서지 않으면 안 된다.

베이징으로 귀환하기 이틀 전인 1966년 7월 16일에 72세의 마오쩌둥은 우한武漢을 흐르는 창장長江을 한 시간 남짓 유유하게 15킬로미터에 걸쳐 하류 쪽으로 수영하는 모습을 보여 주었다.

"창장은 깊고도 물살이 급해, 신체를 단련할 수 있거니와, 의지를 굳건히 할 수도 있다"[연보5, 599~600]

자신의 몸을 내던져 혁명을 완수하겠다는 의지를 과시하는 이러한 굳센 결의의 배후에는 도대체 무엇이 있었던 것일까?

9·30사건 실패의 교훈

마오쩌둥의 내면에 다가서기 위해서 결국 그의 공적인 일기라고도 해야 할 『마오쩌둥 연보』를 펼쳐서 읽어보기로 하자. 9·30사건에 관해서는 가장 이른 시기의 발언이, 사건 발생으로부터 2개월 정도 시간이 경과한 1965년 11월 24일자에 기록이 되어 있다. 이때 마오쩌둥은 상하이에서 예의 야오원위안의 논문이 베이징에서 묵살되었다는 소식을 듣고서는 불만을 품고 있었다.〔연보 5, 542/1965.11.23〕 외국 빈객들을 앞에 두고서 한차례 세계정세의 변화에 대해서 다음과 같이 이야기하고 있다.

"내가 보는 바로는 최근 세계정세에 변화가 있었다. 이러한 변화의 시작은 금년 2월의 미국의 북베트남 공폭空爆과 금년 9월 30일부터 10월 1일에 걸쳐서의 인도네시아 사변이다.

최근 몇몇 새로운 사건이 일어났다. 하나는 미국의 학생 데모. 또 하나는 인도네시아 우파 세력이 발동한 반혁명 쿠데타. 세상일이라는 것은 어떤 때는 아주 좋아 보이다가도 갑작스레 온통 캄캄해지고 마는 듯이 보일

때도 있는 법이다. 우리의 정책이 올바르고, 추구하는 노선이 올바르기만 하다면 인민들은 점차 눈을 뜨게 되어, 우리와 함께 들고 일어서게 되는 것이다. 소련의 흐루쇼프 같은 인간이 몇 명이 있든, 인도네시아 우파가 아무리 기세 등등하게 창궐하더라도 인민 혁명의 국면을 바꿀 수는 없는 법이다. 인민이 승리를 거두기까지는 상당한 시간이 걸리리라 하는 것일 뿐이다."〔연보 5, 543/1965.11.24〕

"(상하이에서 라오스 인민당 대표단과의 회견에서)지금 베트남 남부에서의 무장 투쟁은 우리의 과거 항전 시기보다도 발전해 있으므로 우리는 그들에게 배우지 않으면 안 된다. 당신들도 그들에게 배워야 한다. 동남아시아의 모든 당들도 그들에게 배워야 하고, 어떻게 미제국주의를 물리치고, 그들의 앞잡이들을 족칠 것인가를 배우는 것이다. 전체적으로 말하면 아시아·아프리카·라틴 아메리카는 활활 타는 아궁이인 것이다."〔연보 5, 546/1965.12.11〕

별도의 문헌이 전하는 바에 따르면 마오쩌둥은 인도네

시아에서 쿠데타가 진압되고, 인도네시아공산당이 탄압을 받아서, 수십 만 명의 공산당원과 좌파분자들이 살해당하자 도리어 신바람이 나서는, 이것은 도리어 좋은 일이라고 말했다고 한다. 이렇게 되면 인도네시아공산당은 각성해서 산속에 들어가 근거지를 만들고, 무장투쟁으로 돌입하는 수밖에 없게 되기 때문이라고 했다는 것이다.〔양楊 26〕9·30운동의 실패는 마오쩌둥의 혁명에의 열정을 수그러들게 만들기는커녕 거꾸로 영속혁명·세계혁명에 대한 망상을 더욱 세차게 만들었다.

이러한 마오쩌둥의 기분과는 반대로 일본의 공산주의자들에게 있어서 9·30사건의 실패는 뼈아픈 교훈을 가져다주었다. 사건으로부터 2년 남짓 경과한 시점에 아시아·아프리카 인민연대 일본위원회(대표는 아이치[愛知] 대학의 사카모토 도쿠마쓰[坂本德松] 교수)는 『인도네시아 혁명 피의 교훈』이라는 제목의 소책자를 간행하였다(1967년 도호[東方]서점). 한편으로 알바니아의 트리뷴 사에서 발행된 『인도네시아 혁명 ——9·30사건과 금후의 전망』이 번역·출판되었다(1967년 도코쇼인[刀江書院]). 아이디트의 평화공존 노선으로는 민족해방을 위한 혁명적 고양을 말살하는 것이 되어

버리고, 미제국주의를 조장하는 것에 불과하다는 투의 비
관적인 견해를 제시하고 있다.

일본공산당 대표단과의 회견

　마오쩌둥에게 혁명에 대한 계시를 새삼 가져다 준 계기
는 도대체 무엇이었을까?

　『연보』를 읽어가는 과정에서 그것이 유일하다는 확증은
없지만, 문혁과 가장 근접한 시점에 있었던 일로는 마오쩌
둥과 일본공산당 대표단과의 회담이 하나의 중요한 포인
트가 되지 않을까 하는 점에 생각이 미치게 되었다. 양쪽
이 만난 사실은 중국 측 이상으로 일본공산당의 공식 보
도가 더욱 상세히 전하고 있다. 일본공산당 중앙위원회가
펴낸 당사와 대표단의 수행원으로 동행했던 고지마 마사
루小島優(일본공산당 중앙위원회 상임간부회 위원)가 편집한 당시
의 양당의 회담 실기實記(고지마小島)를 근거로 해서 당시
방문에서 있었던 일들을 재현해보기로 하자.

　1966년 3월 미야모토 겐지 서기장을 단장으로 하는 대
표단은 베트남의 하노이를 경유하여 베이징을 방문, 중국

공산당 중앙위원회는 류사오치가 단장이 되어 양당 사이의 공동 성명서를 심의·합의하였다. 합의에 있어서는, 미제국주의 반대와 베트남 북폭北爆에 대해서는 의견이 일치했지만, 소련공산당 지도부에 대한 평가를 둘러싸고서, (소련 지도부를)격렬하게 비판하면서 국제공산주의 운동의 분열은 불가피하다고 여기는 중국 측과 국제공산주의 운동의 공동행동을 중시하고 사회주의 진영의 분열은 피해야 한다고 보는 일본공산당 측과의 사이에서 논의가 분분하니 뒤얽혔다. 미군의 북폭을 저지하기 위한 반격으로 제3차 세계대전을 야기하는 것은 불가피하다고 보는 중국 측과 세계 대전을 피하기 위해서는 소련의 직접적인 군사적 행동의 불개입은 용인해야 한다는 일본공산당 측과의 입장 차이도 뚜렷이 부각되었다. 논의가 평행선을 달리는 바람에 일본공산당 대표단은 공동 성명서에 대한 합의를 단념하고서 북한을 방문하였다.

북한 방문을 마치고 귀국하기 위해 잠시 들렀던 베이징에서 뜻밖에도 중국 측으로부터 공동 성명서 발표에 대해서 다시금 논의하자는 제안을 받게 되었다. 단장은 류사오치에서 저우언라이로 바뀌었으나 거기에서의 논의도 소련수정주의를 둘러싼 입장차는 여전히 평행선을 달렸다. 그러나 결국에는 일본공산당 측의 수정안을 받아들이는 형태로, 소련을 지명해서 비난하는 일은 삼가는 모양으로 공동 성명서를 마무리 지었다.

다음날인 3월 28일, 일본공산당 대표단은 정식 회담 일정은 모두 마친 상태로 안도의 한숨을 내쉬고서는, 이후로는 인사차 예방하는 차원에서 마오쩌둥을 만나기 위해 특별기로 베이징에서 상하이로 향했다. 베이징 회담의 주요 상대였던 저우언라이·펑전 등은 동행하지 않았고, 캉성·자오이민趙毅敏·자오안보趙安博 등이 동행하였다.

상하이에서는 오전 11시경 마오쩌둥의 사저에 도착하였다. 접견이 이루어질 방에는 상석에 마오쩌둥과 미야모도 겐지 서기장이 나란히 앉도록 되어 있었고, 뒤쪽으로 통역 자리, 창가 쪽에는 일본공산당 대표단의 단원으로 오카 마사요시岡正芳 상임간부회원·구라하라 고레히토蔵原惟人 간부회원·요네하라 이타루米原昶 간부회원·스나마이치로砂間一良 간부회원 후보(당시 베이징에 주재)가 배석했고, 그들과 마주 보는 쪽에 중국 측의 캉성·자오이민·자오안보·웨이원보魏文伯 등이 앉았다. 아직 마오쩌둥과 캉성은 방안에 들어와 자리에 앉지 않았다.

자오이민은 모두 발언에서 공동 성명서에 관해 수정할 사항을 언급하였다. 혁명노선의 통일전선을 강조하고, 소련을 국제통일행동으로부터 이름을 지명해서 배척한다고 하는, 베이징 회담에서의 중국 측 안을 다시 부활시켜 제안하는 동시에 양당 내부의 현대 수정주의 사조에 단호히 반대하라고 당내 투쟁의 과제를 제기하는, 베이징 회담 때보다도 더욱 강경해진 내용이었다.

구체적으로 수정한 조문의 사례를 예시해 보기로 하자. (밑줄 친 부분이 수정한 부분)

(정문[正文]) "양당 대표단은 미제국주의에 반대하는 투쟁을 진행하는 가운데 현대 수정주의에 반대하는 투쟁의 의의를 강조했다. 현대 수정주의자는 지금까지 미제국주의를 미화하고 이것에 추종하는 노선을 추진해왔다."

(수정) "양당 대표단은 미제국주의에 반대하는 투쟁을 진행하는 가운데 소련공산당 지도부를 중심으로 한 현대 수정주의에 반대하는 투쟁의 의의를 강조했다. 소련

공산당 지도부를 중심으로 한 현대 수정주의자는 지금
까지 미제국주의를 미화하고 이것에 추종하는 노선을
추진해 왔다."

(정문) "1957년과 1960년의 공산당·노동자 당대표자 회
의의 선언과 성명이 강조하고 있듯이, 주요한 위험인 현
대 수정주의에 반대하고 또한 동시에 교조주의와 분파
주의를 경계하여 마르크스·레닌주의의 순결을 지키기
위해 싸우는 일은 국제공산주의 운동의 전진과 발전에
불가결한 임무이다."

(수정) "1957년과 1960년의 공산당·노동자 당대표자 회
의의 선언과 성명이 강조하고 있듯이, 주요한 위험인 현
대 수정주의에 반대하고 동시에 반드시 우리 양당 자신
의 내부에 있는 교조주의와 분파주의에 단호히 반대하
고, 극복하지 않으면 안 된다. 그리고 가장 주요한 일은
우리 양당 내부의 현대수정주의 사조에 단호히 반대하
는 것으로, 이와 같은 사조는 국내외의 자산계급의 반
공·반혁명·반인민 사조의, 우리 당내에 있어서 반영이
다. ……소련의 지도부를 우두머리로 한 현대수정주의

는 우리에게 반대할 적에, 우리를 향하여 수정주의자라고 말하지 않고서 교조주의자 내지 종파주의자라고 하고 있다. 이와 같이 말하는 방식은 그대로 진정한 마르크스주의와 진정한 국제혁명 당파와 혁명적 인민의 단결을 가리키고 있는 것이며, 그 외의 것을 가리키고 있는 것이 아니다."

베이징에서 환송연까지 열리면서 타결을 축하했던 공동 성명서에 대해 다시 이의를 제기하는 이례적인 상황에 미야모토 겐지 서기장은 '무언가 심상찮고 중대한 사태가 중국 지도부 내에서 일어나고 있다는 사실을 직감할 수 있었다.' 자주독립 노선을 표방하면서 소련공산당 지도부와도 거리를 둠으로써 외부에 중국파中國派로 지목되는 것을 피하고자 했던 일본공산당에게는 도저히 받아들일 수 있는 조문이 아니라는 점에 대해서는 이미 베이징 회담에서 명백히 의사 표시를 하였다.

그 자리에 마오쩌둥이 캉성과 함께 입장하여, 험악한 표정과 격한 어조로 미야모토 겐지 서기장에게 말을 꺼냈다.

"고립을 겁내서는 안 된다. 또한 전쟁을 두려워해서는 안 된다. 배신자에 대해서도 융화적인 태도를 취하는 것은 잘못이다. 당신들은 시가 요시오志賀義雄[127]나 우익 사회민주주의자에 융화적 태도를 취하고 있는 것인가?"

더욱이 마오쩌둥은 이때까지 당내에서 '좌우의 기회주의자'에게 협공을 당하고도, 국제적인 지지를 잃고서도, 자신은 고립을 두려워하지 않았다고 자부하면서 전쟁을 두려워해서는 안 된다고 다음과 같이 의기양양하게 말했다.

"전쟁에서 1억 명이나 2억 명 희생되었다 하더라도 별 것 아니다. ……일본의 인구 2배 정도의 희생을 치렀더라도 문제될 것이 없다. ……베트남에 대한 폭격도 대단한 일은 아니다. 중국에서도 장제스나 일본의 폭격과 맞서 싸웠다. 조선전쟁에서도 미국의 폭격과 맞서 싸웠다. 그러나 최후에는 우리가 승리했다. 미국이 폭격을 하는 것은 좋은 일이다. 그로 인해 베트남 인민들은 단결하고 있다."

대화의 화제는 공동 성명서에 대한 마오쩌둥의 수정안으로 옮겨가서, 그는 얼굴을 붉히고서 한층 강한 어투로 다음과 같이 말했다.

"나는 이 성명서를 읽고서 대단히 기분이 안 좋았다……이것은 주제가 분명치 않다. 현대수정주의라고 하지만 누구를 비판하는지 알 수가 없다. 중국공산당도 일본공산당도 소련의 수정주의를 공공연히 비판하는 것이므로 분명히 지목하여 쓰지 않으면 안 된다. 이 성명서는 타협적이다. 나는 아무래도 말을 해야만 하겠다. 이 성명서는 용기가 없고, 연약하고, 무력하다……베이징의 무리도 이것에 동의했을 것이다. (베이징의 무리는) 연약하다. 내 의견을 강요하지는 않겠지만 이런 내용의 원문대로라면 발표하지 않는 편이 낫겠다."

이윽고 국제민주운동의 공동행동에 관한 화제로 옮겨가자, 마오쩌둥은 인도네시아의 9·30사건에 대해 다음과 같이 언급하였다.

"인도네시아는 사회주의 국가는 아니지만 일단 우익이 공격을 가해오면 설령 민주 단체에 몇십 만, 몇백 만 명을 조직해 놓았더라도 한꺼번에 뿔뿔이 흩어져 사라져 버리고 만다. 민주 단체의 역량은 대단한 것이 아니다."

다음 날인 3월 29일 아침, 미야모토 겐지를 비롯한 오카 마사요시·구라하라 고레히토·요네하라 이타루·스나마 이치로 등 다섯 사람이 다시 마오쩌둥의 사저를 방문하였다. 여기서도 여전히 양당의 소련공산당 지도부에 대한 견해 차이는 서로 거리가 좁혀지지 않았다. 마오쩌둥은 다음과 같이 마지막 의견을 이야기하였다.

"감사하다. 나도 이 이상은 이야기하지 않겠다. 다만 한두 마디만 하겠다. 당신들의 이러한 태도는 소련공산당 지도부에게 환영 받을 것이다. 이것이 첫 번째. 우리는 환영할 수 없다. 이것이 두 번째. 성명서는 언뜻 보아 발표할 수가 없겠다. 성명서를 발표하지 않아도 상관없다.……당신들 쪽에서 성명서를 내기를 요구하지 않는데도 우리가 내자고 해서는 잘못이다. 이것을 내면 쌍방이 모두 불쾌해질 것이다."

결국 공동 성명서는 파기되고 말았다. 마오쩌둥은 전날 회담에서의 수다스럽던 모습과는 태도가 싹 달라져서, 이 틀째 회담에서는 시종 내내 과묵하니 무표정한 모습이었다.

회담이 끝난 날 오후에 일본공산당 대표단은 상하이에서 공로空路로 광저우로 가서 귀국길에 올랐다. 광저우에 도착한 이후로 본래 예정되어 있던 환송회를 비롯한 공식 행사는 모두 취소가 되고 말았다.〔고지마小島 184~224〕

일본공산당, 중국공산당과 결렬되다

이리하여 양당은 완전히 결별하고 말았다.

그러한 변화의 조짐은 돌연히, 일본공산당 방문단 일행이 귀국한 직후에, 성명서를 둘러싼 의견 결렬과 파기로부터 4개월 정도 지난 7월에 나타났다. 중국공산당은 '네 무리의 적'으로 미제국주의, 소련수정주의, 일본 반동파 이외에도 나아가 '일본공산당 수정주의'를 포함시키고 말았다.

당시 일본공산당 측은 성명서 파기 건에 대해서 공표하

지 않고 있었다. 실제로 미야모토 겐지 서기장 일행이 귀국했던 4월 5일자 당 기관지『아카하타』를 보아도 '베트남·중국·조선을 방문, 전투적 단결과 우호를 심화하다'라는 표제로 귀국했다는 사실을 아무 일도 없었던 것처럼 전하고 있을 뿐으로 공동 성명서에 관한 언급은 눈에 띄지 않는다. '문제를 내부적으로 해결한다고 하는 고려에서 이 단계에서는 중국 쪽을 지명한 반론이나 비판'을 자제한다는 판단에서였다고 한다.〔일본공산당 중앙위원회 ②191〕 일본공산당이 이 일과 관련해서 침묵을 깨뜨렸던 것은 다음해 1월이 되고 나서였다.

그러나 방중 대표단 일행이 귀국하자마자 일본공산당은 중국공산당과의 합의 결렬에 이어서 기민한 대응을 보였다. 니시자와 다카지西沢隆二[128]·안자이 쿠라지安斎庫治·미야자키 세민宮崎世民·이데 준이치로井出潤一郎·기타자와 마사오北沢正雄·데라오 고로寺尾五郎, 그리고 '일본공산당 야마구치山口 현 위원회 좌파' 후쿠다 마사요시福田正義·하라다 초지原田長司 등등, 당내의 중국 지지자들을 남김없이 제명해버렸다. 그들 친중파에게는 '마오쩌둥 맹종집단', '국제 맹종분자'와 같은 딱지가 붙게 되었다. 특히 야마구치 지역에서 분파 활동을 지속하는 좌파 조직에 대해서는 '후쿠다福田 일파의 반당 분자'라고 이름을 찍어서 비판을 계속하였다. 이 야마구치 현의 좌파는 지금도 여전히 정치 활동을 계속하고 있다. 이 점에 대해서는 장을 바꾸어서 제9장에서 다시 언급하기로 한다. 이로써 중국 공산당과 일본공산당 관계는 점점 험악해져서, 쌍방 사이의 비난은 악화일로를 치달았다.

그런데 중국 측에서는 이 시기 양당이 결렬극決裂劇을 연출할 적에 마오쩌둥이 보인 행동거지 내지 언동을 어떻게 기록하였던 것일까? 『연보』 3월 28일자의 대목을 보기로 하자. 마오쩌둥이 점심 회식에서 일본공산당 대표단에게 발언했던 내용이 기록되어 있다.

"언제였던가 구라하라 고레히토 동지는 내게 일국一國에서 공산주의를 수립할 수 있는가의 여부를 물어본 적이 있었다. 나는 그때 제국주의가 존재하는 이상 공산주의를 건설하는 일은 불가능하다고 말했다. 지금 나는 동일한 문제를 생각해보면 제국주의가 완전히 타도된 상황에 있어서는 전 세계가 모두 사회주의로 바뀌어도, 언제 공산주의가 수립될 수 있는가는 역시 분명치 않다 하겠다. 부르주아가 타도되어도, 결코 죽은 것은 아니고, 온갖 방법을 동원해서 공산당을 부식시키기 때문이다. 우리나라에도 많은 수정주의자들이 있거니와, 수많은 교조주의자 또한 존재한다. 교조주의란 외국의 것을 숭배하고 중국의 죽은 사람과 외국의 죽은 사람을 숭배하고, 또한 외국에 살고 있는 사람을 숭배하는 것이다. 여러분들은 숭배는 하는 것이 아니다. 본국의 죽은 사람과 중국인을 포함한 외국인을 숭배해서는 안 된다. 고립을 두려워하지 마라, 전쟁을 겁내지 마라. 고립에 대한 대비가 없으면 고립하면 당황하게 된다. 전쟁에의 대비가 없으면 전쟁이 벌어지면 어찌할 줄 모르게 된다. 우리는 지금 미국인이 전쟁을 걸어올 것에 대비하고, 수정주의의 공격에 대비하고, 미국과 소련이 협력하여 중국을 분할하려는 책동에 대비하고 있다. 이렇듯 대비를 해두면 놈들이 쳐들어 와도 대항할 수 있는 것이다. 그것은 최악의 가능성일는지도 모르지만, 쳐들어오지 않을는지도 모른다. 동지들이여, 우선은 고립을 겁내지 마라. 다음으로 전쟁을 두려워하지 마라. 물론 우리는 고립을 원

하지 않지만 고립하면 어찌 할 것인가? 당내에서의 고립
도 있거니와 국제적인 고립도 있을 것이다. 어떤 사정이
있더라도 원칙을 견지하라. 결코 원칙을 저버리지 마라.
나는 성명서를 수정했으므로 연구해 보기 바란다. 나의
수정을 수용하지 않아도 좋고, 발표하지 않아도 좋고,
따로 뉴스를 내보내면 그것도 좋다. 당신네들이 내게 강
제할 수 없거니와 나도 당신네들에게 강제할 수는 없기
때문이다. 그래도 나 개인으로서 보면 내 수정안이 당신
네들에게도 유리하거니와 우리에게도 유리한 것이다."
〔연보5, 571~572/1966.3.28〕

다음날인 29일자 『연보』에는 일본공산당과의 회견에서
행한 발언을 이렇게 기록하고 있다.

"아무래도 성명서는 발표할 수 없다. 성명서를 발표하
지 않아도 달리 문제될 것은 없다. 뉴스를 내보내면 좋
을 것이다. 공동 성명서 따위는 일종의 형식주의다. 당
신네들은 애초에 발표하고 싶지 않았는데도 우리가 당
신네들에게 제출했던 것이다. 나는 이런 식으로는 곤란

하다고 했으므로 당신네들에게 수정안을 내놓은 것이다. 오늘 만일 공동 성명서를 발표하면 쌍방이 모두 불만일 것이다. 성명서를 발표하지 않으면 쌍방 모두 정신적 부담도 없고 마음이 편안하고 만족할 것이다."〔연보 5, 572/1966. 3. 29〕

결과적으로 중국공산당은 일본공산당을 대 소련수정주의 비판 진영에 끌어 들여 공동 전선을 펴는 데에 실패하였고, 마침내 관계를 단절하기에 이르렀다. 초기의 중간지대론에서 보자면, 일본은 대 제국주의 비판을 위한 중간지대에 속하는 나라이며, 일본공산당은 국제공산주의 운동에서의 통일전선을 함께 구축해야 할 우당이었다. 그것을 자기 진영으로 끌어 들임으로써 중국공산당에게서 멀어지면서 소련공산당에게 접근하려 하는 사회주의권의 움직임에 쐐기를 박는 효과를 기대하고 있었을 것이다. 그렇지만 일본은 서방의 자본주의 진영에 속하며, 일본공산당은 자주 노선을 걸으면서도 소련공산당과도 우호적인 관계를 유지하려 하였으므로 공동 투쟁을 하기에는 애초부터 곤란한 상대였다.

일본공산당과의 관계 단절은 중국의 국제적 고립에 더욱 박차를 가하게 되었다. 그러자 마오쩌둥은 공산당의 국제 연대에 의한 통일전선 노선이 아니라, 계급투쟁을 핵심으로 하는 프롤레타리아 인민의 국제 연대 쪽으로 방향을 전환하는 일에 더욱 힘을 쏟았던 것이다. 그리고 중점은 국외의 적보다는 국내의 인민 내부의 적들에게 향한 투쟁 쪽으로 옮겨지게 되었다.

기사회생의 문혁 발동

베이징에서의 공동 성명서를 파기한 28일과 29일 양일간에, 『연보』에는 마오쩌둥이 캉성에게 행한 담화가 다음과 같이 기록되어 있다.

"베이징 시위원회와 중앙 선전부는 악인을 비호하고 있으므로 해산시켜라. 왜 우한吳晗을 비판하는 일에 『해서 파직당하다海瑞罷官』의 문제를 관련지을 수 없단 말인가, 루산廬山 회의 문제를 관련짓지 않는다는 말인가. 펑전에게 이야기해라. 악인을 비호하지 말고 상하이에 사과하라고 말이다. 학술 비판은 대중노선으로 나아가지 않으면 안 되는 것이다."〔연보5, 572/1966. 3. 28~29〕

얼굴을 붉히면서까지 일본공산당의 미야모토 겐지 등에게 수정을 요구했던, 공동 성명서에 대한 불만은 사실은 일본공산당의 입장에 대한 불복이라기보다는 그러한 공동 성명서를 성문화했던 베이징의 실권파에 대한 분노의 표출로 보는 것이 타당하다 하겠다. 그리고서 다음날 돌변한 태도로 합의가 이루어지지 않는 데 대해서도 달관한 듯이, 무표정하게 일본 대표단과 회견을 하였던 마오쩌둥의 흉중에는 이미 자신의 공격의 조준을 베이징 쪽으로 향해 맞추어 놓았다.

3월 30일자의 『연보』에는 캉성·장춘차오·장칭 등 4인방을 포함한 문혁파와 나눈 담화가 다음과 같이 기록되어 있다.

"우한은 저토록 수많은 반동적인 문장을 쓰고 있는데도 중앙선전부에는 보고할 필요가 없다고 한다. 그렇다면 어째서 야오원위안의 문장을 공표할 때가 되니 중앙

선전부에 일일이 보고를 하라고 하는 것인가(평전은 상하이 시 위원회 선전부장에게, 상하이에서 야오원위안이 문장을 발표할 적에 왜 중앙선전부에 보고하지 않았는가 하고 전화로 힐문했다고 한다). 평전은 귀신을 그 안에 들이지 않는 염왕궁閻王宮[129]이다. 염라대왕을 타도하여 귀신들을 해방시켜라打倒閻王, 解放小鬼. 십중전회十中全會는 전국에서 계급투쟁을 행하라고 결의하지 않았는가. 어째서 학술계·역사계·문예계는 계급투쟁을 행하지 않고 있는 것인가. 손오공은 천궁에서 소란을 피웠던 것이다. 당신은 손오공의 편에 설 것인가, 아니면 천병천장天兵天將·옥황대제의 편에 설 것인가. 중앙은 특히 계급투쟁을 하라, 반수정주의의 문장을 써라, 수재秀才를 양성하라고 결의하였다. 그리고 국제 수정주의에 반대할 뿐 국내 수정주의에는 반대하지 않는다고 한다. 나는 중앙이 잘못 되어 있을 적에는 지방이 중앙을 공격해야 한다고 계속 주장해 왔다. 작년 9월의 공작회의에서는 오직 이 문제만을 이야기했다. 만일 중앙이 수정주의를 행한다면 지방이 조반造反[130]한다. 학벌이란 무엇일까? 학벌이란 반공 지식인을 비호하는 인간들의 것이다. 장병을 지지하고, 손오공을 지켜라. 만일 지지하지 않는다고 한다면 5인 소조(중앙 문화 혁명 5인 소조)와 중앙선전부와 베이징 시위원회, 성省·시市 위원회라도 해산해야 한다. 투쟁에는 책략이 있다. 하나의 학교에서 두세 사람을 비판하면 토론을 하지 않을 수 없게 된다. 토론이 너무 많아서도 안 된다. 그리고 대처 방법을 구별해야만 한다. 궈모루郭沫若[131]와 판원란范文瀾[132]을 보호하자는 데는 찬성한다. 궈모루는 공이 과보다도 많다. 누구라도 잘못을 범할 수 있다. 야오원위안을 시위원회에 배치한다는 방식은 좋다. 문화혁명을 철저히 해낼 수가 있는가, 정치적으로 계속 버틸 수가 있겠는가, 중앙이 과연 수정주의를 축출할 수 있을는지의 여부는 아직 해결되어 있지 않다. 우리는 이미 늙었다. 다음 세대가 수정주의 사조에 버텨 낼 수 있는지의 여부에 대해서 뭐라고 말할 수 없다. 문화혁명은 장기간에 걸친 거대한 임무다. 내가 일생을 바쳐 완성할 수 없다 하더라도 반드시 해내야만 하는 일이다." 〔연보5, 571~3/1966.3.30〕

바야흐로 일본공산당에 대해 공동 성명서 건을 놓고서

날선 비판을 행했던 그 다음날에 베이징에 있는 국내의 정적들을 향해 선전 포고를 하였던 것이다. 마오쩌둥이 일본공산당과의 결렬도 불사한다는 정도의 결의를 품고서 공동 성명서의 수정에 임했었던 바로 그 날이야말로 그 스스로가 문화대혁명의 봉홧불을 점화했던 날이었다. '염마전閻魔殿의 문을 열어젖혀서 그 안의 귀신들을 하계로 해방시켜라' ——지방으로부터 중앙을 향해 궁정 쿠데타라고도 불러야 할, 마오쩌둥 방식의 혁명극의 막이 이 순간에 화려하게 올랐다.

마오쩌둥이 올린 혁명의 봉홧불은 즉시 베이징으로 전해졌다. 3월 31일에 베이징에 되돌아 온 캉성은 마오쩌둥의 지시에 따라, 서기처 회의를 소집해서, 그의 지시대로 '프롤레타리아 문화혁명의 깃발을 높이 들어, 철저하게 문사철文史哲 방면의 반동적 학술사상을 비판하고, 철저하게 이들 '학술 권위' 자산 계급의 반당, 반사회주의적인 부르주아적 입장을 폭로하라'고 주장하면서, 펑진 등의 문화혁명 5인 소조의 과오를 지적하였다.〔연보5, 573/1966. 4. 2〕

마오쩌둥이 최초로 표적으로 삼았던 대상은 이들 문화혁명 5인 소조였다. 그는 앞서 언급했던 5인소조가 정리한 『2월 요강』을 철회시킬 요량으로 항저우에 머물면서 4월 하순 내내 자신이 보낼 '통지通知'를 친필로 작성·가필하였다. 이러한 통지의 문장은 마오쩌둥 방식의 주옥같은 혁명의 이념으로 군데군데 장식되어 있는, 말하자면 원석과 같은 문헌이다.

다시 우한의 『해서 파직당하다海瑞罷官』의 비판으로 되돌아 가보면, 마오쩌둥에게 있어 여기서 야기되는 것은, 『2월 요강』에서 다루고 있는 문예비평에 국한되는 문제가 아니라, 문화사상 전선의 계급투쟁이며, 정치투쟁이었다. 부르주아는 '반공·반인민의 반혁명분자'이며, 그들과의 사이에는 평등이나 평화공존 및 인의도덕 따위와 같은 것이 개입할 여지가 결코 있을 수 없는 것이다. '죽기 살기로 생사를 건 투쟁(『你死我活』)'이며, '낡은 것을 파괴·비판·혁명하지 않고서는 새로운 도리를 세우지 못하는 것'이다 (『不破不立』[133]).〔문고12, 38~45〕

이러한 통지를 중공중앙 정치국 확대회의가 5월 16일 소집되어서 공식적인 문혁의 선언으로 통과시킴으로써 이른바 '5·16통지'로 불리게 되었던 것이다. 통지를 한창 작성할 기간에 마오쩌둥은 항저우에서 중공중앙 정치국 상무위원회 확대회의를 소집하여 다음과 같은 장문의 연설을 행하였다.

"단순한 우한의 문제가 아닌 것이다. 이것은 영혼에 와 닿는 투쟁이며(「觸及靈魂的鬪爭」), 이데올로기에도 관련되며, 건드리는 범위가 매우 광대한 것이다. ……지나간 일은 어쩔 수 없지만 미래의 일은 내버려 두면 안 된다. 지금이야말로 바로잡아야 하니, 파괴 없이 새로운 존립은 없고, 철저히 파괴해야 하니, 파괴하는 가운데 새로운 존립이 나타난다. 파괴해야만 새로운 도리가 있고, 도리가 있어야만 존립할 수 있다. 마르크스는 헤겔을 파괴하고서 존립했던 것이며, 공상주의적 사회주의를 파괴하고서야 과학적 사회주의가 존립하게 되었다."〔연보 5, 580/1966. 4. 22〕

공격의 과녁을 좁혀서 정했으면 철저히 파괴하라. 이렇듯 '파괴하는' 것이야말로 문혁의 발동을 결의했던 그의 투쟁철학이었다. 이러한 '파괴'破 영역의 메시지와 하수인 역할을 맡았던 인물은 항일전선 시기에 특무 공작의 책임자로서 허다한 당내 간부의 숙청을 행했던 캉성이며, 좌파의 이데올로그[134]로서 수많은 당내 실권파의 숙청에 관여했던 천보다陳伯達였다. 훗날 천보다는 문혁이 발동되는 66년 5월에 설립되었던 '중앙 문화혁명 소조'의 책임자가 되었고, 캉성은 고문이 되어서 문혁을 지도하고 실행하는 부대를 이끌게 되었다.

그렇다면 무엇을 '세운다'고 하는 것인가? 이러한 '건설'立 영역을 담당했던 인물이 군인으로서 59년 펑더화이가 해임된 이후에 국방부장을 맡고 있던 린뱌오였다.

66년 5월 7일 린뱌오가 기초했던 「부대의 농업 부업생산을 더욱 향상시키는 일에 관한 보고」를 읽은 마오쩌둥은 린뱌오에게 다음과 같은 편지를 보냈다.

"이러한 계획은 살펴보니 매우 훌륭하다.……세계대전이 일어나지 않는 상황 하에서는 군대는 하나의 커다란 학교가 되어야 한다. 설령 제3차 세계대전이 벌어지는 조건 하에서도 군대는 이같이 하나의 커다란 학교가 될 수 있거니와, 싸우는 일 이외에도 여러 가지 일들이 가능한 것이다. 제2차 세계대전 8년 동안 각지의 항일 근거지에서 우리는 이와 같이 해오지 않았던가? 이런 커다란 학교에서는 정치를 배우고, 군사를 배우고, 문화를 배운다. 또한 농업 부업생산을 배운다. 또한 중소 공장을 세워서 자신들에게 필요한 약간의 생산품과 국가가 등가 교환하는 제품을 생산한다. 또한 대중 공작에 종사하고, (도시의)공장·농촌이 모두 참가하는 사회 교육 '4청운동四淸運動[135]'에 참여한다. 4청운동이 종료되면 언제라도 대중공작을 행하면 군민은 일체화한다. 또한 어느 때라도 자산계급 비판의 문화혁명 투쟁에 참가하지 않으면 안 된다. 이와 같이 해서 군학軍學·군농軍農·군공軍工·군민軍民 등을 모두 굳건하게 수립하게 된다. ……수백 만의 군대가 불러일으키는 작용은 매우 거대한 것이다."〔문고12, 53~54, 연보5, 584~585/1966.5.7〕

린뱌오에게 보낸 이 편지는 이후 '5·7지시'로서 전국에 하달되었다. 군대를 커다란 학교로 만들어서, 공업·농업·교육을 전개하고, 자급자족의 차별 없는 사회를 건설하고자 하는, 유토피아적인 사회 실현을 위한 이상을 표명한 것이라고 하겠다.

'불파불립不破不立' 또는 '파구입신破舊立新'이라는, '스크랩 앤드 빌드scrap and build' 곧 파괴 없이는 창조가 없다는 식의 혁명극은, 이윽고 '입신入新'을 지향하는 '5·7지시'와 '파구破舊'를 목표로 하는 '5·16통지'의 두 축에 의해 발동되었다.

'사령부를 포격하라'

거기에서 외부의 지원군이 등장하였다.

5월 25일 베이징 대학 구내식당의 벽에 녜위안즈聶元梓라는, 당시 베이징 대학의 철학과 강사이자 당총지부 서기였던 인물 등 7명의 이름으로 학내의 당 간부인 루핑陸平[136] 학장·쑹숴宋碩·펑페이윈彭佩雲 등을 비판하고서 문화대혁명을 지지하는 대자보가 나붙었다.

베이징 대학에서의 사회주의 교육운동의 방침을 둘러싸고, 그때까지 이를 주도했던 루핑 일파에게 녜위안즈 일파가 조반한 것이다. 펑진은 루핑을 지지하고 있었던 까닭에 캉성은 녜위안즈의 편을 들어 주려고 마오쩌둥에게 녜위안즈의 대자보에 관한 정보를 알려 주었다. 천보다

는『인민일보』에 대자보를 게재하도록 공작을 꾸몄다.〔옌嚴·가오高 (상), 43~45〕

신문·방송 미디어는 대자보를 대대적으로 보도하였고, 6월 1일자『인민일보』는 '베이다北大(베이징 대학)에 붙은 한 장의 대자보를 환영한다'라는 기사와 '사람들의 영혼에 와 닿는 대혁명'이라는 사설을 게재하였다. 더욱이 천보다가 기초했던「모든 마귀와 요귀(우귀사신[牛鬼蛇神])를 쓸어버리자」라는 사설에서는 '사상 문화 진지에 둥지를 트는 대량의 마귀와 요귀를 쓸어버리자', '4구四舊를 타파하고 4신四新을 새롭게 세우자'[137]라고 주장하였다. 이러한 기사들은 마오쩌둥이 전국적으로 선전하도록 하라며 캉성과 천보다에게 지시했다. 그는 이렇게 함으로써 교육계와 언론계에 조반을 위한 포석을 깔아두고자 했다.

그리고 다음날 마오쩌둥 자신이 녜위안즈의 대자보와『인민일보』의 보도를 찬양하는 대자보를 썼던 것이다.

대자보의 제목은「사령부를 포격하라 ──나의 대자보」였다.

본래 6월 2일자『베이징일보』에 게재할 예정이었는데, 자중하고서 반격하기 위해 분출되기 직전인 마그마를 담아서, 8월 5일자『인민일보』에 발표하였다.

"동지들이여! 다시 한 번 이 대자보와 평론문을 읽어보기 바란다. 50여 일 동안 중앙에서 지방에 이르기까지 어느 지도자 동지들은 도리어 역행하는 노선을 걸으면서, 반동적인 자산계급의 입장에 서서 부르주아 독재를 실행하면서, 프롤레타리아 계급의 기세 드높은 문화대혁명 운동을 공격하였다. 옳고 그름을 뒤집고, 흑과 백이 헷갈리고, 혁명파를 포위하여 섬멸하고, 다른 의견을 억압하였다. 백색 테러를 자행해서 스스로 만족해하며 자산계급의 위풍을 제멋대로 행하면서 프롤레타리아의 지기志氣를 좌절케 했다. 그 해독이 얼마나 악독한 것인가! 1962년의 우경과 1964년의 '좌'로 위장하면서, 실제로는 우파의 잘못된 경향을 상기시키고 있다. 참으로 사람들의 각성을 촉구하게 하는 일이 아니겠는가?"〔문고12, 90〕

대자보의 제목에 있는 '사령부'란 베이징에서 실권을 쥐고 있는 류사오치를 핵심으로 하는 실권파를 지칭하는 것이었다. 그들을 타도하라는 선언을 공식적으로 표명한 것이다.

강력한 지원군, 홍위병

그런데 더욱 강력한 지원군은 당원이 아니라 정치 경험이 일천한 젊은이들 사이에서 생겨났다.

5월 29일 칭화淸華 대학 부속중학교에 전국에서 최초로 미성년 학생들의 혁명 조직이 결성되었다. 바로 홍위병紅衛兵[138]이다. 이러한 비당원 조직에 대해서 마오쩌둥이 언제부터, 어디까지 조반을 위한 포석을 깔았는가에 대해서는 확실하지는 않지만, 그는 궤도를 이탈해 폭주하는 젊은 에너지에 은근히 기대를 걸었던 것으로 보인다. 8월 1일 그는 칭화 대학 부속 중학교의 홍위병 조직에게 다음과 같이 편지를 쓰고 있다.

"그대들의 6월 24일과 7월 4일의 2장의 대자보는 모든 노동자·농민·혁명 지식분자·혁명 당파를 착취·억압하는 지주계급·자산계급·제국주의·수정주의와 그들의 주구에 대한 분노와 규탄을 표명하고 있다. 반동파에 대한

'조반유리造反有理(항거에는 이유가 있다)'를 설명하고 있다. 나는 그대들에게 열렬한 지지를 보낸다."〔문고12, 86〕

　　과연 홍위병의 탄생에 마오쩌둥은 어디까지 관여를 했던 것일까? 사전에 미리 구체적인 선동과 교사를 행했던 것인가? 칭화 대학 부속 중학교에 재학하던 당시 '홍위병'이라는 명칭을 만들었던 장본인인 작가 장청즈張承志는 『홍위병의 시대』[139]에서 이 때의 경위를 술회하고 있다. 그러한 문장을 읽어 보면 특별히 그와 같은 사전 공작을 받았다는 사실은 없었던 것으로 보인다.

　　1965년 11월의 야오원위안의 논문이 발표된 시점으로 7개월이 지나자, 혁명의 무대는 문예계·학술계로부터 교육계·언론계·정계로 확산되었다. 문화혁명은 문화대혁명으로 확대되었던 것이다. 베이징을 떠나서 항저우에 칩거하였던 마오쩌둥은 정치국 상무위원회 확대회의를 소집하고서, 대대적으로 혁명을 행하라고 선동하고 있다.

　　"문화대혁명을 과감히 행하고, 난亂을 겁내지 마라. 마음껏 대중을 결기하게 만들고, 대대적으로 행하라. 그리하여 모든 마귀와 요귀를 끌어내야 하는 것이다. 공작조를 만들지 않아서 우파가 교란하려 들는지 모르지만 두려워할 것은 없다. 베이다北大의 1장의 대자보가 문화혁명의 불을 붙였던 것이다. 이러한 혁명의 폭풍은 누구도 막을 수 없다. 이러한 운동의 특징은 흉맹凶猛할 정도의 격렬함이다. 우파가 특히 활기가 있어, 우파도 또한 완강히 저항하고 파괴하려 들겠지만 결코 우위에 설 수는 없을 것이다. 공격의 범위가 넓어지지만 겁먹지 말아라. 적을 구분하면서 배제해가는 것이다. 운동의 와중에 좌파가 지도의 핵심에 서서, 주도권을 쥐고서 가라."〔연보 5, 593/1966. 6. 10〕

마오쩌둥이 문혁의 와중에서 '천하가 크게 혼란해지면 이윽고 천하가 크게 다스려진다'〔연보5, 597/1966. 7. 8〕라고 말하는 데서 보듯이, 종종 이 '난亂'이라는 글자를 즐겨 사용하고 있다. 또한 '일분위이一分爲二(하나가 분열하여 둘로 되다)'[140]·'불파불립不破不立'·'조반유리造反有理' 등과 같은 용어 역시 같은 발상에서 나온 말이다.

이렇듯 '난亂·치治', '파破·립立', '반反·리理'와 같은 이율

배반적 논리의 근저에는 「실천론」과 더불어 마오쩌둥의 또 하나의 주요 논문인 「모순론」의 철학이 도사리고 있는 것이다. 이 세상 모든 것은 생성변화하고 있다. 변화하는 과정에서 두 개의 대립하는 요소가 현재화한다. 그러한 모순이 상극相克하는 와중에 투쟁에 의해서 적의 본성이 낱낱이 드러난다. 그와 같은 적을 철저하게 타격해야 하는 것이다. 그때까지 열세에 처했던 쪽이 우세했던 쪽을 타도하고, 판세를 역전시켜서 기사회생의 승리를 가져온다. 그 결과로 통일이 이루어지고 세계의 공산주의 사회가 실현되는 것이다. 이것이 그가 말하는 '모순 통일의 법칙'인 것이다. 중국 혁명, 항일 전쟁, 국공 내전 등에서 그는 이러한 모순론에 기반하여 승리를 획득해 왔다.〔곤도近藤 107~113〕

'요원을 불태우는 불길'

마오쩌둥은 늙은 육신에 채찍질을 가해 투지를 일깨움으로써, 주관 능동성을 발휘하여, 인민 내부의 모순을 계급투쟁을 통해 처리하려고 했다. 그것이 바로 문화대혁명의 실천이었다.

더욱이 문혁에 있어서는 린뱌오라는 보조역이 있어, 주역을 무대 표면에 나서도록 하는 역할을 떠맡고 나섰다. 마오쩌둥은 린뱌오의 의해서 '떠밀려서 양산梁山에 올랐던' 것이다.[141] 그는 7월 8일 아내 장칭에게 보낸 편지에서 이렇게 말하고 있다.

"천하가 크게 혼란해지면 이윽고 천하가 크게 다스려진다. 7, 8년이 지나면 (대란이) 또 한 차례 온다. 마귀와 요귀(우귀사신[牛鬼蛇神])가 스스로 튀어나온다. 그들은 계급적 본성에 의해 튀어나오게끔 되어 있는 것이다. 내 친구의 말(1966년 5월 18일 중공중앙 정치국 확대회의에서 마오쩌둥을 크게 찬양했던 린뱌오의 발언을 가리킨다)은 중앙이 나를 재촉하여 발언에 동의하게 했던 것으로, 그는 오로지 정변政變 문제를 이야기했다. 이 문제에 관해서 그가 했던 것 같은 발언은 이제까지 없었다. 그가 제기한 것은 나를 불안케 만들었다. 애초에 나는 납득이 가지 않았다. 나의 저와 같은 작은 책자(『마오주석 어록[毛主席語錄]』)에 그토록 커다란 신통력이 있다고 말이다. 그가 치켜세우자 전당全黨 전국이 치켜세우기 시작했던 것은 자작자연自作自演[142], 자화자찬인 것이다. 나는 그들에게 떠밀려서 양산에 올랐던 것으로 그들에게 동의하지 않는 것은 아니었다. 중대한 문제에 있어서 본심에 어긋나면서까지 타인에게 동의하는 것은 내 일생에서도 이 일이 처음인 것이다."〔연보5, 597/1966.7.8〕

마오쩌둥은 번민과 초조함 속에서 혁명이라는 제단 위에 스스로 기어 올라갔던 것처럼 보인다. 한편으로는 린뱌오·천보다·캉성·4인조 등에게 떠받들어져 그 제단 위로 올라간 것처럼 보이기도 한다. 그렇지만 불을 질렀던 사람은 틀림없이 마오쩌둥 자신이었다.

마오쩌둥이 발동한 혁명의 섬광은 요원의 불길처럼 순식간에 타올라 중국 전역에 불길이 번졌다. 문혁이 쑨원孫文의 신해혁명辛亥革命, 장제스蔣介石[143]의 국민혁명, 국공내전기의 중국혁명과 크게 다른 점은 확산되는 그 속도의 신속함이었다. 마오쩌둥의 혁명 수법은 그 순발성瞬發性과 확산성에 있어서 발군이라 할 '예술적 경지'에까지 도달해 있었다. 그 충격력에는 두 개의 원천이 있었다. 하나는 지방에서 중앙을 공격함으로써 경직된 구체제를 파괴하였다는 것이다. 또 다른 하나는 대중의 힘을 동원해서 기득권익 계급을 파괴하였다는 점이다. 특히 이용 가치가 높았던 대중은 당 밖의 세력으로, 젊고 기성관념에 얽매이지 않았던 학생들이었다. 당시 문화적·국제적으로 고립된 폐쇄 공간 안에서, 비틀즈조차도 알지 못했던 젊은이들을 가둬 놓고서 마그마의 내압內壓을 한껏 높여서는, 그들의 침울한 영혼에 혁명 정신을 접촉케 해서, 그들 자신이 혁명의 주인공으로서의 역할을 맡게끔 하는 방식이었다. 마오쩌둥은 베이징의 사령부를 공격하는 전술로서, 지방으로부터 공격의 활을 당겼다. 또한 기득 권익이나 관료주의에 얽매여 있던 당 간부와 정부 관료를 부리지 않고서 자신을 숭배하는 대중들을 자발적으로 결기하게끔 만들었다. 그가 특히 의존했던 것이 비당원이며, 혈기 방장한 나머지 구세대의 어른들에 대해 반항하거나, 기성관념을 타파하는 쪽으로 행동하기 십상인 젊은이들이었다.

중화인민공화국이 수립되고 난 후로 중국에는 여러 가지 공산당 주도의 캠페인이 전개되고, 사상 개조 운동이 벌어져 왔다. 그러나 그것들은 어느 경우에나 당내의 전위前衛 분자들을 대상으로 삼는, 위로부터의 대중 운동이었다는 전제가 있었다. 문혁이 그때까지의 정풍운동과 달리 획기적이었던 점은 보통의 풀뿌리 민중이 주인공이 될 수 있다는, 또는 그런 기분이 들게끔 했던, 밑으로부터의 대중운동이었다는 사실이다.

7월 18일 마오쩌둥은 자신이 수영을 해보였던 우한을 떠나 8개월 만에 베이징으로 되돌아왔다.

그로부터 한 달 뒤인 8월 18일 초록색 군복을 입은 마오쩌둥은 톈안먼天安門 성루에 올라서 전국 각지에서 참가한 100만 명의 혁명 대중 앞에 모습을 드러냈다. 성루 위에서 그는 베이징 사범대학 여자부속중학교의 홍위병들에게 완장을 채워주면서, '나는 단호히 여러분들을 지지한다'고 하면서, 홍위병들의 인파를 뚫고 들어가서 그들과 악수를 나누기까지 하였다.

대중 운동의 에너지를 실감했던 순간이었으리라.

홍위병들은 전국 각지에서 베이징에 모여들었다. 학교 수업은 중지되었고, 전국 각지에서 교통비와 숙박비를 내지 않고서 무료로 톈안먼 광장을 향해서 행진하는, '거대한 경험의 소통과 교류'(대천련大串聯)가 행해졌다. 톈안먼 광장에는 연일 젊은이들에 의한 노도怒濤와 광란狂瀾의 인파의 물결이 넘실거렸다.

9월 15일 마오쩌둥이 톈안먼 광장에서 접견했던, 전국 각지에서 모여들었던 100만 명의 홍위병 가운데에는 1964년 사망한 허난河南 성의 서기 지아오위루焦裕祿[144]의 딸이 섞여 있었다. 지아오위루는 지역의 황폐한 농지를 개간하고 자연재해를 극복하며, 고군분투하던 끝에 병사하고 말았다. 그런 연유로 그는 문혁 시기에 혁명 영웅으로 추대되었던 것이다. 그러한 배경에는 마오쩌둥이 자주 언급하듯이, '일궁이백一窮二白'[145], 곧 빈곤과 문화적 공백의 본바탕 위에 단번에 혁명 정신을 주입하는, 대중 노선의 투쟁 전술이 있었던 것이다. 가난하고 힘없으며 우둔하다는 역경의 조건이야말로 통일 전선을 형성함으로써 현상을 타파하고 역전시켜서 승리를 거머쥘 수 있는 유리한 조건이 될 수 있다는, 참으로 「실천론」과 「모순론」의 투쟁 철학에 근거한 발상이라고 하겠다.

이후 11월 26일까지 마오쩌둥은 총8회에 걸쳐서, 전국 각지에서 몰려든 1,000만 명 이상의 홍위병들을 접견하였다.

중국에서 일어난 문혁의 충격은
국경을 뛰어 넘고, 나라의 형편에 관계없이
당시까지의 세계상을
불가역적으로 변화시켰다
그 파문은 일본에까지 미쳤다

제5장 연쇄 혁명
—— 서방 세계로 비화한
문화대혁명

세계혁명으로서의 문혁

마오쩌둥이 발동했던 문혁은 요원의 불길처럼 순식간에 중국 전역으로 불이 번져나갔다. 그 충격력은 중국 한 나라의 내부에만 국한되지 않았다. 중국 국내는 나라 밖과의 관계가 단절되었던 쇄국 상태에 놓였지만 문혁의 영향력은 도리어 중국을 넘어서서 일거에 해외로 사건의 파문이 확대되어 갔던 것이다. 이러한 의미에서 문혁에는 세계 혁명으로서의 측면이 있다고 하겠다. 실제로 마오쩌둥은 '중국 혁명은 세계 혁명의 일부다'라고 언급하고 있다.

문혁은 자연 재해와 같이 인위적이지 않은 힘으로 확산되었을 뿐만이 아니라 린뱌오가 진두지휘를 하는 형태로 마오쩌둥 사상의 대외 선전을 강력하게 행했던 까닭에 인위적으로 혁명의 해외 수출이 이루어졌던 것 또한 사실이다. 린뱌오는 1968년 10월의 중앙 확대 12중전회에서 다음과 같이 연설하고 있다.

"지금 높은 뜻을 품고서, 세계 혁명을 추진·촉구·원조하면서, 영향을 미칠 수 있는 최대최심最大最深의 국가는 중국이다. 세계의 운명에 영향을 미치고, 세계 역사의 변화를 촉구하는 것은 중국이다. 스페인·영국·미국을 뛰어넘어 중국은 가장 강대하고 가장 혁명적인 국가이다. 우리는 마오쩌둥의 노선을 견지하고, 마오쩌둥 사상의 위대한 적기赤旗를 높이 쳐들고, 마오쩌둥 주석의 사상을 견지하면서 모든 것을 지도하고, 혁명 정신을 견지하지 않으면 안 된다."

1966년 10월, 중공중앙은 각국에 주재하는 중국대사관은 마오쩌둥 사상과 문혁을 고취하는 일을 주된 임무로 해야 한다는 결정을 내리고서, 이어서 각국의 중국대사관은 혁명 외교의 거점으로 탈바꿈하였다.〔선沈 (하) 176〕중국 이외의 세계 각지에서 마치 중국공산당의 지령에 호응이나 하는 듯이 마오쩌둥 사상의 보급, 마오쩌둥의 신격화, 무장봉기형 세계혁명, 문혁의 영향이 농후한 학생운동이나 반체제운동 및 신좌익운동 등이 동시다발적으로 벌어졌다.

혁명 수출의 시기에 있어서 중요한 콘텐츠로는 두 가지가 있다.

첫째는『마오쩌둥 어록』. 이것은 린뱌오가 마오쩌둥의

저작에서 발췌·편집했던 것으로 64년에 인민해방군에서 발행하였는데, 문혁 이후에는 대대적으로 출판되어 정치투쟁의 도구로서 활용되었다. B7판 크기(91x128mm)의 작은 포켓사이즈로 빨간 비닐커버로 덮여 있어서 중국에서는 '훙바오슈紅寶書'[146], '샤오훙슈小紅書' 등으로 불렸다. 『어록』의 보급으로 마오쩌둥의 개인숭배와 신격화는 한층 강화되었다.

예를 들면 신화사新華社의 통계에 따르면 1966년 10월부터 다음해 11월까지의 기간에 외문外文 출판사는 148군데의 국가·지구에 대해 『마오쩌둥 어록』을 25종의 언어로 460만 부 발행했다고 한다.〔인민일보 1967. 11. 25〕일본에서도 67년 9월까지 15만 부, 독일은 6만 부, 로마에서 4만 부, 미국에서 수천 부를 판매했다고 한다. 더욱이 라틴 아메리카의 브라질·칠레·페루·아르헨티나·멕시코·우루과이·베네수엘라·콜롬비아·볼리비아·도미니카·하이티 등의 국가에서 스페인어·포르투갈어·영어로 된, 100여 종 정도 판본의 『어록』이 출판되었다. 칠레의 살바도르 아옌데Salvador Allende[147]와 베네수엘라의 우고 차베스Hugo Chavez[148] 등도 마오쩌둥에 열중했다고 전해진다. 남아시아와 말레이시아 민족해방군은 근거지와 유격구에서 마오쩌둥의 저작을 학습하는 대중 운동을 전개했고, 북 깔리만딴의 도시와 농촌 지역에서는 마오쩌둥 학습회가 개최되었다. 아프리카에서도 에티오피아·마다가스카르·가나 등의 국가에서는 정치 지도자가 마오쩌둥을 학습할 것을 호소하기도 하였다.〔치엔錢 ①68〕

둘째는 「인민전쟁론」. 이것은 린뱌오가 항일 전쟁 승리 20주년을 기념하여 1965년에 발표했던 「인민 전쟁 승리 만세人民戰爭勝利萬歲」라는 장문의 논문이 그 전거가 되어 있다. 인민전쟁은 마오쩌둥이 항일 전쟁에서 제정하여, 승리로 이끌었던 전략 전술이다. 구체적으로는 노농勞農 동맹을 기반으로 한 민족통일전선 노선, 농민에 의거한 농촌 근거지의 수립, 새로운 형태의 인민군의 건설, 인민전쟁의 전략 전술의 실시, 자력갱생 방침의 견지. 마오쩌둥의 인민전쟁 이론의 국제적 의의에 대한 인식, 대 아프리카제국주의 비판, 흐루쇼프 수정주의 비판 등등으로 구성되어 있다. 마오쩌둥의 유명한 '제국주의와 모든 반동파는 종이호랑이다'라는 말은 이 논문을 통해서 단번에 전 세계에서 유행하게 되었다고 보아도 좋을 것이다. 인민전쟁론은 식민지·반식민지 상태에 처해 있던 아시아·아프리카·라틴 아메리카가 세계의 농촌이 되고, 제국주의자인 서방 국가의 도시를 포위한다는, 민족해방 운동의 혁명 모델이 되었다.

인민전쟁론은 세계 각지의 게릴라와 인민군과 좌익 파벌에 보급하고, 실제의 군대와 게릴라에게 있어서, 특히 아시아·아프리카·라틴 아메리카의 제3세력에 있어서 그 영향이 막강했다. 구체적으로 열거하면 싱가포르 화교청년의 '사회주의 진선陣線(Barisan Sosialis)'[149], 말레이시아의 말라야 공산당, 필리핀의 '신인민군', 인도 농촌부의 낙살라이트Naxalite 운동[150], 네팔의 마오이스트, 스리랑카의 '스리랑카 인민전선Sri Lanka Podujana Peramuna', 캄보디아의 '크메르루주Khmers Rouges', 페루의 '센데로 루미노소 Sendero Luminoso'[151] 등이 있다.〔청程 59~79〕

콜롬비아에서는 인민해방군 안에 중국의 홍색낭자군紅色娘子軍[152]을 모방한 여군 부대를 창설했고, 볼리비아의 마오이스트 계열 게릴라는 게바라·카스트로 노선을 비판하고서 마오쩌둥 노선을 전략으로 내걸었다. '센데로 루미노소'는 '작은 마오쩌둥', '안데스의 붉은 태양' 등으로 불렸다.

문혁과 마오쩌둥 사상은 그대로 직수입되었고, 그 중에 일부는 지금도 여전히 영향을 끼치고 있다.〔치엔錢 ①66〕

　혁명의 파문이 확산되었던 곳은 제3세력에 속하는 나라들과 발전도상국의 공산당뿐만은 아니었다. 프랑스의 1968년도 '5월 혁명'과 미국 등, 서방 제국들에게도 강한 영향을 끼쳤다. 그렇지만 제3세력권에서의 운동과는 달리 중국 본토의 문화대혁명과는 비슷하나 사실은 전혀 다른 혁명운동으로 변신을 거듭하여, 새로운 사회운동·현대사상·생활양식을 낳는 계기로 작용하기도 하였다. 해외의 좌익 계통의 운동에 있어서 문혁 내지 마오쩌둥 사상은 기존의 좌익에 의한 소련형 평화공존 또는 의회민주주의 방식에 대신하여, 무장 투쟁을 지향하는 신좌익 실력 운동이 성행하는 계기가 되었다.

　현실의 문혁을 고찰할 적에 중국 국내에서 삽시간에 확산되었던 조반 운동뿐만이 아니라, 이와 같은 연쇄 혁명, 또는 문혁의 세계성이 지니는 실태 또한 간과해서는 안되는 중요한 요소라고 할 수 있다.

　그런데 서방 제국 가운데에서도 문혁의 농후한 영향을 가장 많이 받은 곳은 다름 아닌 일본이었다.

문혁의 일본 상륙

일본이 특히 문혁의 영향을 농후하게 받았다고 하지만 그러한 사실이 좀처럼 실감나지 않을는지도 모르겠다.

1966년 와세다 대학·메이지 대학·주오中央 대학 등지에서 학생에 대한 관리 강화와 학비 인상에 반대하는 집회와 데모 따위의 학생 운동의 기운이 고조되었다. 68년부터 69년에 걸쳐 전국 각지의 대학에서 전공투全共鬪 운동 [153]이 전개되어, 바리케이트 봉쇄나 입시 중지와 같은 조치가 내려지기도 하였다. 도쿄 대학에서는 69년 1월에 학생들이 학교의 야스다 대강당을 점거·농성을 하였고, 이윽고 경찰 기동대와 공방을 벌인 끝에 '낙성落城' [154]으로 막을 내렸던 것이다. 도쿄의 오차노미즈 역 주변에는 투석과 농성 등 바리케이트를 둘러싼 투쟁이 전개되었고, 당시 파리에서 일어났던 5월 혁명에 빗대어서 '카르티에-라탱 Quartier Latin 투쟁' [155]으로 불렸다.

이렇듯 66년부터 69년에 걸쳐서, 황폐해진 대학 캠퍼스, 학생들의 반란과 같은 현상은 당시 미국 대학에서의 베트남 반전 데모와 프랑스 학생들에 의한 1968년 5월 혁명으로부터의 영향이 있었으며, 또한 이들 사태가 동시다발적으로 발생했다는 사실은 흔히 지적되어 왔다고 하겠다. 그것에 대해서 서쪽의 이웃 나라인 중국에서 일어난 문화대혁명으로부터의 영향의 문제라든가, 또는 문혁의 동기성同期性이라는 것은, 미국이나 프랑스의 경우에 비해서는 그다지 주목하거나 강조되어 오지는 않았다고 할 수 있다. 그렇지만 문혁의 발생·추이와, 일본에서의 문혁 보도 또는 학생 운동과 사회 운동의 추이·변화를 비교해서 살펴보면, 분명히 간과할 수 없는, 직접적이고도 깊은 영향을 받았다는 사실을 확인할 수 있다.

그렇다면 문혁의 충격은, 어떤 형태로, 무엇을 통해서 인국인 일본에까지 파문이 확산되었으며, 일본 사회를 어떻게 변화시켜 갔던 것인가? 시간 축을 좇아서 구체적으로 살펴보기로 하자.

문화대혁명의 발생을, 동시대의 주요 동향으로 되돌아가서 살펴보면 우선 1956년 2월의 중소 대립, 58년 8월의 제2차 타이완 해협 위기, 59년 9월의 중국·인도 국경 분쟁, 64년 10월의 중국 핵실험, 65년 2월의 미국의 북 베트남에 대한 북폭을 계기로 베트남 전쟁 격화, 같은 해 6월에 개최 예정이었던 제2회 AA 회의의 무산 등등의 사건을 거쳐서 중국은 믿고 의지하였던 중간지대 여러 나라들의 이탈·이반과 미제국주의와 소련수정주의가 두 정면의 적으로 앞길을 가로 막았다. 그런 저간의 사정은 이제껏 제1장에서 서술한 바 그대로라고 하겠다.

이러한 중국의 국제적 고립과, 미국·소련과 전면적 대결로 치닫는 위기 상황이라는, 중국을 둘러싼 외교 정세의 악화가 문혁 발생 직전의 국제 환경이었다. 중국은 핵무기를 보유하였고, 핵의 사용에 뒤따르는 제3차 세계대전의 불가피성과 그 경우 전쟁도 불사하겠다는 강경 자세를 누그러뜨리지 않았다. 미국과는 동맹 관계에 있는 일본의 입장에서는, 향후 세계 전쟁에 휘말려들고 마는 것이 아닌지, 중국 봉쇄까지를 의도하고 있는 미군의 베트남 북폭을 지지해도 좋을 것인지, 주변 제국과의 평화 공존을 위해 중국 적대 정책을 계속 유지해도 괜찮은 것인지와 같은 난문제들이 즐비하게 가로놓여 있었다. 이때 일본은 중국의 고립을 어떻게 막을 것인가 하는 문제, 보다 직절하게 말하면 미국과 중국의 대결을 어떻게 회피할 것인가 하는 문제에 있어 국가로서의 선택을 강요받고 있었다. 그와 같은 문제는 전후 일본이 패전을 딛고서 다시 출발하는 즈음에, 미국에 의한 점령, 미국 원조로 시작된 국가 재건, 미국을 비롯한 서구 제국과의 강화를 통한 국제 사회로의 복귀 등과 같이, 미국 주도로 형성해 왔던 전후 일본은 진정 자주 자립의 국가라고 할 수 있는가, 이대로 과연 좋은가 라는 물음이기도 하였다.

문혁 발생의 요인으로는 중국 본토의 언설에 있어서도, 또한 일본을 위시한 해외 각국의 연구 조류에 있어서도 광의로는 사회주의 국가 건설에 있어서의 모순과 혼란이자, 협의에서는 공산당 지도부의 노선 대립과 권력 투쟁으로서, 시작부터 결말까지 중국 국내사로서 완결 짓는 식의 서술 방식이 문혁 당시로부터 오늘날까지 압도적이다. 그러나 동시대의 논조에 있어서는 이와는 달리 문혁의 주요 인은 중국을 둘러싼 국제 환경의 악화라는 외재적 요인론이 우세했었다는 사실을 여기서 새삼 인식할 필요가 있겠다.〔바바馬場 ①236~241〕

현대의 문혁 연구에 있어서도 문혁 발생 요인은 중국의 내정 요인이 결정적이라고 보는 입장이 여전히 압도적이다. 주젠룽朱建榮의『마오쩌둥의 베트남 전쟁』에서조차도 65년 당시 베트남 전쟁을 둘러싼 미중의 긴장 상황이 문혁을 촉발시키는 데에 있어 일정한 영향이 있음을 인정하면서도, 마오쩌둥은 국내 정치와 권력 투쟁을 최우선의 과제로 삼았고, 내정이 외교에 우선한다는 원칙을 무너뜨린 적은 없었다고 보는 것이다. 명예로운 국제적 고립 상태 속에서, 마오쩌둥은 밖으로는 '세계혁명'을 부르짖는 이상주의 외교 노선을 견지하였지만, 문혁을 발동하는 요인은 여전히 국내의 권력 투쟁에 있었다.〔주朱 563~565〕

1965년 11월 야오원위안의 「신편 역사극 『해서 파직당하다海瑞罷官』를 평한다」라는 논문이 발표되자, 학술계와 문예계에는 새로운 정풍 운동의 바람이 불었다.

이 운동은 일본에서는 당초에 현대중국 연구자들에 의해 학술계와 문예계의 문화혁명으로서 논의되었다. 그런데 그 흐름이 바뀐 것은 66년 4월 전인대 상무위원회에서 궈모루郭沫若[156]가 '내가 이제껏 써왔던 모든 작품은 아무 가치도 없으니, 모두 불태워 버려라'는 자기비판의 뉴스가 계기였다. 궈모루는 전전戰前에 오랜 일본 유학의 경험을 지녀 일본의 지인도 많았고, 일본으로부터의 문화 관련 방중단을 회견하는 최고위직의 인물로 명실상부한 문화·학술계의 총수였다. 그러한 궈모루의 자아비판은 문화혁명이 정치면에 작용하고 있다는 점, 권력투쟁이 진행되고 있다는 점, 중국의 전통문화가 전면 부정되고 있다는 사실을 시사하는, 이례적인 신호였다.

5월에는 베이징에서 대자보가 나돌았고, 홍위병 조직이 결성되어서, 8월에 톈안먼 광장에 100만 명의 홍위병이 등장하고, 마오쩌둥이 그들을 열병하는 '극장국가theatre state'[157]가 연출되었고, 홍위병들이 '4구四舊(구사상·구문화·구풍속·구관습)'를 타파하자'고 외치면서 거리를 휩쓸고 다녔다.[158] 문혁은 그 온통 붉은 색으로 점철된 영상과 함께 순식간에 그 충격을 베이징의 열기와 함께 일본에 전파시켰다.

이리하여 그때까지 논단과 학술계의 지식인·학자들만으로 논의를 펼쳐왔던 중국 관련의 담론은 대중적인 학생운동·사회운동 권역으로까지 그 영향권을 확대시켰다. 홍위병 운동의 뒤를 따르는 것처럼, 학원 분쟁에 있어서 반일공反日共(민청[民靑])[159]을 표방하는 신좌익 운동이 기세를 떨쳤고, 도쿄대학과 교토대학 등 주요 대학에는 정문에 '조반유리造反有理', '제대帝大 해체' 등의 구호가 어지러이 나붙었다.

일공계(日共系)[160] 조직의 분열

일본으로의 문혁 전파가 빨랐던 것은 마오쩌둥이 문혁을 발동하게 된 직접적 계기가 되었던 것이, 제4장에서 언급했던 1966년 3월 말 벌어진 중국공산당과 일본공산당과의 결렬 사건에 있었기 때문이라고 하겠다. 그러한 결렬 소식이 전해지자 일본에 있어서의 일공계의 중국 관련 조직·단체 내에 잇달아 균열이 생겨나고, 격렬한 대립이 일어났다.

당 내부에서는 같은 해 8월 야마구치 현을 거점으로, 일부 당원이 지역의 노동조합 등을 지지 기반으로 삼아 '일본공산당 야마구치 현 위원회 좌파'를 결성하였다. 일본공산당의 미야모토 겐지 지도부의 수정주의와 반중국 노선에 대한 비판 여론을, 지역의 『조슈長周 신문』[161]과 기관지 『인민의 벗』·『혁명전사』 등에서 전개하였고, 그와 함께 일중 민간교류와 일중 우호운동을 추진하였다. 그리고 69년에 전국 조직으로서 일본공산당 좌파를 창당하였다. 그들은 공산당으로부터 '반당 분파 활동'이라는 혐의로 제명당했다. 또한 공산당에서 제명당한 중국파의 다카지 니시자와西沢隆二·하야시 가쓰야林克也·오쓰카 유쇼大塚有章 등은 마오쩌둥 사상 연구회를 발족시켰다.

일중 우호협회는 66년 10월 상임이사회에서 본부 수뇌부가 탈퇴한다는 이상 사태로 분열하고 말았다. 탈퇴했던 친중국파는 '일중 우호협회 정통본부'로 이름을 바꾸었다. 아시아·아프리카 연구소는 12월에 반일공계에 속하는 소원들이 탈퇴하였다. 마찬가지로 12월 사단법인 중국연구소에서는 이사회에서 이사장의 해임을 결의하였고, 다음 해 2월 총회에서 9명의 소원들의 제명을 결정하였다.

일중 우호협회의 분열과 관련해서는 재일화교 청년들이 직접 행동에 나섰다. 67년 2월 도쿄의 젠린善隣 학생회관에 소재한 일중 우호협회 본부에서, 회관에 거주하는 화교 학생들과 협회 사무원 사이에 작은 시비가 붙어 난투극으로까지 발전하여, 경찰 기동대가 출동하는 사태가 벌어지고 말았던 것이다.[162] 습격 사건 자체는 이윽고 수습되었지만, 회관을 둘러싼 양 파벌의 공방은 이후 3년간이나 지속되었다.

이러한 '젠린 회관 사건'은 재일화교의 공식적인 역사에서는 말소되어 있지만, 당시의 화교 신문인『화교보華僑報』(도쿄 화교총회 발행)에는「애국화교 중앙대회를 열다 ―일본

공산당 폭력단을 단연코 절대 용서할 수 없다」(1967년 4월 5 일자), 「단결이야말로 승리를 보장한다 —중국을 적대시, 화교를 탄압, 중일 우호를 파괴하는 파쇼적 악법, 〈출입국 관리법안〉·〈외국인 학교 법안〉을 단호히 분쇄하자」(1969 년 7월 1일자) 등의 기사를 비롯하여, 마치 문혁을 방불케 하는 기사들이 유혈이 생생한 사진들과 함께 게재되어 있다.

1967년에 접어들자 베이징에서도 공공연하게 일본공산당을 비난하는 대자보도 나붙게 되었다. 4월에 중국은 일본공산당을 '일중 양국 인민의 공동의 적'이라고 지목하였고, 6월에는 『인민일보』에서 일본공산당 지도부를 타도할 것을 사설에서 주장하였다. 8월 3일에 홍위병의 박해를 피하려고 베이징 공항으로 향하던 (당시 베이징에 주재하던)스나마 이치로砂間一良 간부회원 후보와 곤노 준이치紺野純一 『아카하타』 베이징 특파원은 공항 안에서 대기하고 있던 일본인을 포함한 홍위병들에게 붙잡혀서 하룻밤 내내 폭행을 당하였다. 두 사람은 거의 반죽음의 상태에서 북한의 항공기에 올라탈 수 있었다. 북한 항공기의 승무원들이 젖은 수건으로 상처 부위에 찬찜질을 해주었고, 평양에 도착해서 북한 병원 의사들의 극진한 간호를 받을 수 있었

다고 한다.〔고지마小島 239~258〕

젠린 회관 사건과 일본공산당 당원에 대한 집단폭행 사건 등의 음침한 이미지로 말미암아 홍위병 운동은 곧바로 반일공과 연결되었다. 일본공산당은 반일공 중국파를 '반당 맹종분자', '마오쩌둥 맹종주의 집단', '중국을 맹종하는 사대주의 분자', '마오 일파一派' 등으로 지목하였고, 이에 대하여 중국공산당은 일본공산당 당원을 '미야모토 수정주의 집단', '일본공산당 수정주의 분자'라고 지목하고서, 쌍방에서 비난의 수위를 점차 높여갔다.

『연보』에 한해서 보자면 마오쩌둥이 직접 회견했던 해외의 빈객·요인들 가운데, 미야모토 일본공산당 서기장의 경우처럼, 마오쩌둥의 면전에서 그 자신이 손수 수정했던 공동 성명서 안에 대해 그대로 거부 의사를 표명했던 일은 전대미문의 일이었다고 하겠다. 마오쩌둥의 주변의 측근들의 입장에서 보면 미야모토 겐지 등이 보였던 수용 거부의 태도는 횡포하고 버릇없는 짓으로 보였을 것이다. 그러자 마오쩌둥 자신이 성명서를 공표하지 않는 쪽이 서로가 마음 편하고 좋지 않겠는가 하면서 시원스런 태도를 보였던 것은, 더 이상 미야모토 등은 그의 안중에 없었고 베이징에 있는 실권파들의 사령부로 공격 목표를 결정했기 때문이라고 보아야 할 것이다. 그렇다고는 해도 그 순간 마오쩌둥의 얼음같이 차가운 무표정을 보고서 자오안보 등의 측근들은 심상치 않은 살기마저 감지했을는지도 모를 일이다. 그러한 살기가 구체적인 지령이 되어 베이징의 혈기 방장한 홍위병 집단에게 전달되었고, 마침내 일본공산당원에 대한 난폭한 행패로까지 발전하였던 것이리라.

신좌익 운동을 자극하다

중국으로부터의 선전 공작의 효과도 당연히 고려 사항에 넣어야 할 것이다. 그때까지 중국은 외문출판사가 발행하는 일본어 잡지 3종(『인민 중국』·『베이징 주보』·『중국 화보』)과 『마오쩌둥 선집』 등의 출판물, 또는 베이징 방송을 통한 국제방송 등, 대 일본 여론 공작을 강화하면서 맹렬하게 문혁을 찬양하는 선전 공세를 폈다. 직접 구독자·청취자와 각지의 일중 우호협회의 보급 활동을 통해서 안보저지 운동 및 미군기지 반대투쟁 등의 사회운동에 영향을 미쳤던 것이다. 마오쩌둥의 저작으로서는 『마오쩌둥 선집』

중에서도 「바이추언白求恩[163]을 기념하다」·「인민에 봉사하다」·「우공이 산을 옮기다愚公移山」[164]의 이른바 '세 편의 저작老三篇'이 가장 많이 읽히는 편이었다.

문혁이 발동될 당시 일본 사회에 전해졌던 문혁의 이미지는, 성난 젊은이들을 중심으로 한 밑으로부터의 대중투쟁이었으나, 67년 이후로 일본공산당과 중국공산당의 결렬 사태를 계기로 폭력 투쟁의 양상을 띠게 되었다.

그리고 학원 분쟁의 폭풍이 최고조에 달했다가 폭풍이 잦아들었던 68년 이후로는 문혁의 중국은 신좌익에게 있어서는 아시아 혁명 내지 세계 혁명의 하나의 진원지가 되어 있었다. 마오쩌둥 또한 일본을 세계 혁명 거점의 하나로 여기고서, 일본 혁명의 발동을 일본 인민에게 호소하고 있었다. 그가 직접 손을 대었던 68년 9월 18일자 『인민일보』의 사설 「세계 혁명 인민 승리의 방향」을 다음에서 살펴보기로 하자.

"일본공산당 미야모토 수정주의 반역도 집단은 일본의 '국내외의 조건'이 다르다는 점을 구실로 내세워 '독립 자주' 등을 표방해 왔지만 사실은 터무니없는 소리다. 그들은 입으로는 마르크스·레닌주의를 내세우고 있지만 그들이 전심전력 공격·반대하고 있는 것은 다름 아닌 마르크스·레닌주의의 근본 그 자체인 것이다. 그들은 필사적으로 마르크스·레닌주의를 왜곡·거세시켜서, 폭력혁명에 반대하고, 무장 탈권奪權 투쟁에 반대하고, 이른바 '평화혁명'을 고취하고, 이른바 '의회 방식'을 추진하지만, 실제로는 혁명을 하지 마라, 혁명에 등을 돌리고 혁명을 반대하라고 하는 것이다. 그들은 진짜 마르크스·레닌주의의 수치스런 반역도이자, 일본 혁명 사업의 수치스러운 반역도인 것이다.

오늘날 일본 인민의 혁명투쟁은 더욱더 고조되고 있다. 일본 인민의 혁명에 대한 각성은 부단히 향상되고 있고, 진정한 마르크스·레닌주의 좌파의 대열은 나날이 강대해지고 있다. 일본의 프롤레타리아 혁명파와 광범한 혁명 인민은 미야모토 수정주의 집단에 크게 조반하면서, 진정한 마르크스·레닌주의를, 미제국주의에 반대하고, 일본의 독점 부르주아 계급에 반대하고, 현대 수정주의에 반대하는 그들 자신의 강대한 무기로 삼고 있다. 일본 혁명의 형세는 점차 유리해지고 있다. 일본의 프롤레타리아 계급 혁명파는, 스스로에게 부여된 영광스럽고 엄숙한 임무는, 한층 진지하게 진짜 마르크스·레닌주의를 일본 인민 혁명투쟁의 실천에 구체적으로 운용하고, 일본의 구체적인 상황에 입각하고, 일본 혁명의 일련의 전략·책략 문제를 해결하여, 일본 혁명을 끝없이 전진시켜 가는 일에 있다는 사실을 인식하였다. 일본 혁명이 승리를 쟁취하는 과정은 반드시 마르크스·레닌주의와 일본 혁명의 구체적인 실천을 한층 긴밀하게 연결시키는 과정이다.

우리는 마르크스·레닌주의로 무장한 일본의 진정한 혁명당이 반드시 혁명 투쟁의 열화烈火 속에서 탄생할 것임을 확신한다. 그것은 이윽고 일본의 프롤레타리아 계급과 광범한 인민을 이끌고, 장기간에 걸친 투쟁의 곡절을 거쳐, 모든 간난신고를 극복하고, 혁명의 최후의 승리를 획득하게 될 것이다."〔문고 12, 278~279〕

마오쩌둥은 일본공산당을 수정주의 반동파로 강하게 비판하고, 일본혁명당의 결성과 일본 혁명의 성취를 호소하고 있다. 그가 서있는 위치는 공투共鬪라기보다는 오히려 지도하는 편에 가깝다. 사실 『문고文稿』에 따르면 이 사설은 마오쩌둥이 수정하기 전에는, '마르크스·레닌주의' 뒤에 '마오쩌둥 사상'이 병기되어 있었고, 마오이즘Mao-ism[165]이 각국 혁명의 방향으로 표현되어 있던 것을 마오쩌둥이 삭제해 버렸다. 일본에 있어서의 문혁은 세계혁명의 선례 내지는 모범, 마오쩌둥 사상은 세계 혁명 이론으로서 받아들여졌다. 일본을 향해 발신되었던 세계 혁명의 부르짖음에 호응할 것인가, 거부할 것인가, 반대할 것인가, 냉담히 무시할 것인가, 독자의 해석을 가할 것인가, 갖가지 반응에 따라서 일본에 있어서 문혁은 갑론을박의 혼란의 양상을 보여주었다.

공감파의 예찬

문혁이 중국에서 일본으로 비화되어, 일본에서는 어떠한 사태로 발전하였던 것일까? 이미 졸저 『전후 일본인의 중국 형상』에서 두 개의 장 정도 분량을 할애해서 상세히 논했던 적이 있지만, 그 후로 새롭게 얻은 지견까지를 더해서 그 요점을 정리해보고자 한다.

일본에 있어서는, 자본주의와 사회주의라는 정치 체제를 달리하는 중국과는 내내 단교 상태가 지속되었다. 그러나 정치적으로는 사회당·공산당을 중심으로, 민간에서는 지식인을 중심으로, 중국에 행했던 침략 전쟁의 책임을 자각하고, 중국과의 강화 및 국교회복을 주장하는 목소리가 강력하였다. 그러한 주장은 기존의 일미 동맹체제에 대한 비판 및 당시의 베트남 전쟁을 반대하는 목소리와도 중첩되었다. 전체적으로 보자면 중국과는 정식의 외교관계는 없었지만, 민간 사회에서의 중국에 대한 관심은 높았고, 사회주의에 대한 경계심과 혐오감은 존재했지만, 어느 쪽이냐 하면 친중적인 여론이 우세한 편이라고 할 수 있다.

문혁은 일본에서는 베트남 반전운동이 한껏 고조되고, 일본공산당이 친중과 반중의 두 파로 분열되어 있는 와중에 일어났다. 마오쩌둥이 홍위병을 열병하는 톈안먼 광장에서의 붉은 혁명극이 시야에 갑자기 들어오게 되자, 그때까지는 보통의 일본인에게는 에드거 스노Edgar Snow[166]의 『중국의 붉은 별Red Star Over China』 이외에는 그다지 친숙하지 않았던 마오쩌둥이 단숨에 신단神壇의 꼭대기까지 올라서 있었다.

신문들은 연일 문혁에 대해 대서특필하였다. 이렇게 되었던 까닭은 1964년 9월에 일중 간에 체결되었던 일중 기자 교환협정에 의해, 대형 신문사와 방송사 등 일본의 주요 미디어 기관 9군데 회사가 특파원 기자 9명을 베이징에 파견하고 있었기 때문이다. 중국에서는 취재와 기사 내용에 제한을 두었기 때문에 대체로 문혁을 지지한다는 논조가 보통이었다. 규제를 벗어난 취재를 한다거나 중국 측에 불편한 보도를 하거나 하는 기자는 국외 추방이나 기자 자격 정지 등의 처분이 내려졌다.

잡지계의 경우도 또한 좌우 성향 가릴 것 없이 모두 문혁을 특집으로 다루고 있다. 월간지에서는 「중국을 이해하기 위해서」(『자유[自由]』 3월호), 「중국의 위협이란 무엇인가」(『현대의 눈』 8월호), 「격동하는 중국을 어떻게 이해할 것인가」(『주오[中央] 공론』 11월호), 「중국의 문화대혁명과 일중 문제」(『세계』 11월호), 「열광적으로 들끓는 7억」(『현대의 눈』 11월호), 「홍위병의 폭풍 ―정풍과 혁명 청소년」(『시오[潮]』 12월호)가 있었다. 주간지에서는 「격동하는 중국」(『주간 아사히』 10월 15일 임시증간호), 「오야大宅[167] 고찰조考察組 중국 보고」(『선데이 마이니치』 10월 20일 임시증간호), 「폭풍 속의 중국」(『주간 요미우리』1967년 2월 9일 임시증간호) 등이 있었다.

이들 주요 잡지 미디어에 게재된 문혁 관련 기사들을 자세히 검토해 보면 문혁이 전파된 이후의 일본 사회의 반응은 크게 나누어 3가지 유형의 반응이 있음을 알 수 있다. 이하에 각각의 유형에 대하여 구체적인 기사에 근거하여 그 특징을 추출해보고자 한다.

첫째 유형은 문혁에 대해 예찬을 표명하는 경우이다. 그러한 기사들은 문혁을 예찬하고, 지지하고, 스스로를 내던지는(투기|投企|하다) 자세가 저절로 드러나고 있으며, 도취감을 수반하는 경우조차도 있었다.

우선 중국에서 문혁의 현장을 최초로 목격했던 기자로, 1964년 이래로 계속 베이징에 체류하고 있던 현대중국 연구자인 안도 히코타로安藤彦太郎가 있었다. 그는 때마침 문혁의 발생을 베이징의 가두에서 몸소 관찰하고 있었다.

"6월 4일 밤, 울타리에 기대어서 구경하고 있던, 아직 24살 정도로 젊은 상사원 K군은, 내 모습을 보자 '나는 몇 차례나 여기에 구경하러 왔었는데, 역사의 한 장면이 움직이고 있는 광경을 보는 듯한 느낌이 들어요. 이것이

혁명이라는 것이구나 하고요'라고 내게 이야기했다. 그렇지만 베이징에 사는 일본인 모두가 이런 식으로 느끼고 있는 것은 아니라고 하겠다. '중국도 마침내 미쳐 버린 것 같다'라는 등의 소감을 토로하는 저널리즘 관계자도 없지는 않은 편이다. 그러나 나는 젊은 상사원 K군의 감수성 쪽의 편을 들어주고자 한다. '모든 마귀와 요귀(우귀사신[牛鬼蛇神])'를 내쫓는 '문화대혁명'이라는 것은 틀림없이 하나의 '혁명'이라고 할 수 있다. 이것이 '혁명이라는 것'이다.

어쨌든 나는 문득 예전의 안보투쟁의 때를 떠올렸다."
〔안도 히코타로『중국 통신 1964~1966』다이안大安 서점, 1966년〕

안도 히코타로는 문혁의 현장에 입회하였고, 그 이전에 일본에서 1960년 5월 19일, 안보개정을 저지하기 위해 국회 주변에서 데모가 벌어졌던, 60년의 안보투쟁[168]을 상기하고 있다.

극작가 사이토 류호斎藤龍鳳는 후에 마오쩌둥 사상의 영향을 받아서, 신좌익 가운데에서도 그 사상의 영향이 강했던 ML파[169]에 가입하고 있다.

"청소년들에게 난폭한 행패질을 마음껏 해보라고 하고
서도, 여전히 태연한 나라를 나는 부럽다고 생각한다.

그리고 그러한 야바위를 멋지게 연출해 내는 마오쩌둥
이야말로 20세기 최고의 대정치가라고 생각한다.

문화혁명에 이어지는 홍위병 운동을 중국 지도층 내부
의 모순이라고 대놓고 기뻐하는 일은 '지나친 일은 아니
지만' 경박한 일이라 하겠다. 그것은 중국의 국력을 전
세계에 과시하는 일이었다."〔사이토 류호 「달려라 홍위
병」 『현대의 눈』 1966년11월호〕

여기에서는 홍위병의 극장 효과에 심취하고 있음을 솔
직하게 드러내고 있다. 그는 최후에는 약물 중독이 되었
다가 가스 중독으로 죽는, 무뢰파無賴派로서 파멸적인 예
술가 유형이었다.

교토대학 문학부 조교수로 당대의 인기 작가였던 다카
하시 가즈미高橋和巳는 『아사히 저널』의 특파원으로서 현
지에서 르포 기사를 보내고 있었다.

"중국공산당의 최고지도자 마오쩌둥이 나이 어린 중학생과 고교생, 말단 노동자, 하층 빈민과 중농中農에게 호소하여, 실질적으로는 당 조직을 때려 부수라고 요청하고 있는 것이다. 그것은 기묘할 정도로 비극적인 사태이다. 내가 이 일을 알았을 적에, 뒤에서도 언급하게 될, 여러 가지 초조한 인상, 아침에 눈뜨고 저녁에 잠들 때까지의 몹시도 시끄러운 선전 활동, 도로건 다리 밑이건, 상점의 진열창이건 할 것 없이 무릇 글자를 쓸 수 있는 장소면 어디든 붙어 있는 대자보, 그리고 어디를 찔러도 똑같은 말이 되돌아오는 판박이 형의 답변, 문화 전반의 공백과 문화 전반에 대한 무관심 등에도 불구하고, 지금의 문화대혁명을 지지하고픈 기분을 느끼고 있다."(『아사히 저널』1967년 5월 21일호)

다카하시 가즈미는 문혁에 강한 의문을 품으면서도 대중 봉기가 인류의 가능성을 개척하는 시도로서 지지를 표명한다는, 투기投企의 자세를 보이고 있다.

1965년에 베헤렌ベ平連[170]을 결성했던 오다 마코토小田実는 문혁에 촉발되어서 「원리로서의 민주주의의 복권」이라는 문장을 썼다.

　"최초에 마오쩌둥은 '권력탈취'를 부르짖었다. 이것은
두 가지 의미에서 내게는 흥미 깊었다. 첫째는 이미 저
중국이라는 방대한 프롤레타리아 민주주의 체제 가운데
에는, 마오쩌둥조차도 자유로울 수 없는 강력한 '국가민
주주의'가 이미 형성되어 있다는 사실이다. 나는 이것은
틀림없는 사실이라고 생각하거니와, 그런 한에서는 '권
력탈취'를 꾀했던 마오쩌둥이 옳았다고 생각한다. 물론
그런 '권력탈취'의 주체가 마오쩌둥이 아니라 민중 내지
는 '인민의' 민주주의여야 한다는 한도 내에서만 그렇다
는 말이다.
　아마도 그 정도로 '국가민주주의'의 힘은 강력했던 것
이리라. 마오쩌둥이 취했던 수단 자체가 그것을 잘 보여
주고 있다. 그는 신문이 '국가민주주의'의 기관으로 변질
한 이상, 대자보라는 직접민주주의적인 기묘한 수단을
사용하지 않으면 안 되었다.(원문에 있던 ( ) 안의 부분은 생략 –
저자 주) 마찬가지로 홍위병이라는, 기존의 당 조직 밖에
살고 있던 고교생, 중학생을 동원하지 않으면 안 되었

다. (앞과 같음) 요컨대 이것은 내부로부터 뒤흔들어서 바꿔 가는 일은 마오쩌둥조차도 쉽게 할 수 없을 정도로, '국가민주주의'가 강력한 존재가 되어 있었다는 사실을 보여주는 것이다. 마오쩌둥은 '국가민주주의'의 외부에 있는 보다 직접민주주의적인 힘을 (체제를)뒤흔들어서 바꿔 가는 수단으로서 사용하였다. 이런 한도 내에서 마오쩌둥이 행했던 일은 기묘하게도 '신좌파New Left'적으로 보인다."〔『뎬보展望』1967년 8월호〕

그는 '국가민주주의'와 '인민민주주의'를 대치시켜서, 기존의 '국가민주주의'를 타도하여 직접민주주의의 '인민민주주의'를 세우려고 했던 것이 마오쩌둥의 문혁이라고 규정하고 있다. 여기에는 오다 마코토가 품고 있는 희망으로서의 민주주의론이 투영되어 있었다.

이렇게 말하면서도, '그러나 결국에 그것은 기존의 국가민주주의에 대하여 새로운 (마오쩌둥 류의) 국가민주주의를 형성하기 위한 수단에 불과한 것이리라'고 진단하고 있다. 그 후의 전개에 관해서도 오다 마코토의 진단은 급소를 찌르고 있다.

동시대 일본인의 시야에 갑자기 등장한 문혁은, 참으로 기묘하게도 어지럽게 뒤섞이며 눈이 핑핑 돌 정도로 변모하는, 뭐라고 형용하기 어려운 사태였다. 혁명이 성공하여 사회주의 신국가가 건설된 중국에서, 왜 다시금 혁명이 일어났던 것일까? 이것은 대중봉기에 의한 인민혁명인가, 아니면 권력 쟁탈을 둘러싼 정치 투쟁인가? 러시아 혁명과는 달리 중국 혁명은 농촌을 근거지로 한 농민 주체의 혁명으로 이해되어 왔는데, (문혁의 경우처럼)분명히 학생이 주역인 도시형 혁명으로 보이는 것도 사태를 곤혹스럽게 만드는 하나의 원인이었다. 그때까지의 중국에 관한 정보가 중공중앙의 상의하달 형태의 통지나 선전이 대부분이었던 데에 반해서, 홍위병이나 공장노동자 등 서민이 발하는 날것의 변론이 대자보나 '소형 신문小報'[171]을 흘러넘치게 가득 채우고 있던 것도 전대미문의 사건이었다.

　일본에 있어서 문혁 예찬파의 대다수는 문혁으로 말미암아 돌연히, 베이징에 모습을 드러낸, 인민의 축제공간에 시선을 빼앗겼고, 거기에 유토피아로서의 도시형 코뮌commune[172]이 현실로서 나타난 것이라고 여겼다, 또는 착각했거나 아니면 그렇게 믿어버리고자 했던 것이다. 그러한 코뮌의 이미지는 마오쩌둥이 1958년에 제창하고, 실험했다가, 61년에 실패했음을 자인했던 곳곳의 농촌에 건설되었던 인민공사人民公社(참고로 '공사[公社]'는 '코뮌'의 중국어 번역어)의 도시형 버전이었다는 이해에서 말미암은 것이었다. 더욱이 문혁을 긍정적으로 보려고 하는, 또는 심정적으로 공감하려는 그들의 인식 방식의 바탕에는 마오쩌둥의 혁명과 건국의 공적에 대한 일종의 경외감과, 시대를 거슬러 올라가 항일전쟁 승리에 대한 침략국 일본의 죄책감이 도사리고 있었다.

권력투쟁론에서 이루어진 비판

둘째 유형으로서 문혁 비판의 입장을 선명히 내세우는 경우이다. 첫째에서 보이는 문혁에 대한 도취감과는 정반대의 반응으로서 진상은 처음부터 명백히 알고 있었다는 일본의 논자들 역시 적지 않게 존재했다.

예를 들면 평론가 오야 소이치大宅壮—는 미키 요노스케三鬼陽之助·후지와라 히로다쓰藤原弘達·오모리 미노루大森実 등과 같은 논객·저널리스트를 동원해 '오야 고찰조考察

組'를 만들어서 자비를 들여서 문혁이 벌어진 직후에 광저우로부터 베이징에 이르는, 17일간의 취재 여행을 통해서 노동자와 홍위병들을 만나 대화를 나누었다.

"이번의 '문화대혁명'은 세계 역사상 유례가 없는 이상한 '혁명'이다. 혁명이란 정치·경제·사회 조직의 기본적 성격에 커다란 변혁을 초래하는 것인데, 이번의 '문화대혁명'으로 말미암아 중국이 밟아왔던 노선에 그런 정도의 커다란 변화가 일어났다고는 생각할 수 없는 것이다. 그런 점에서 보자면 이것은 혁명이라기보다는 차라리 쿠데타에 가까운 것이라고 보는 견해도 있다. 쿠데타는 폭력, 곧 비합법적 수단에 의거한 권력의 이동인데, 이것은 권력을 가지지 못한 자가 권력을 쥐고 있는 쪽을 향해 실행하는 것이 일반적이다. 그런데 이 경우는 권력이 위로부터 아래를 향해 발동되고 있는 것이다. 그로 인해 '홍위병'이라는 새로운 조직이 만들어져 동원되었던 것인데, 이들을 조종하고 있는 쪽은 명백히 상층부의 권력자이다. 이런 시각에서 보자면 이것은 쿠데타가 아니라 숙청인 것이다."(오야 소이치 「선명한 삼원색의 나라」『선데

이 마이니치』1966년 10월 16일호)

"혁명이란 것은 파괴한다는 표현도 있지만 그것과는
다소 다르다고 하겠다. 아마 강한 것이 약한 것을 천천
히, 마치 이라도 잡아 없애듯이 해서, 그를 위해서 아래
계층의 계급투쟁의 에너지라는 것을, 홍위병이라는 조
무래기라고 해도 좋을 듯한 아무 것도 모르는, 정신적으
로는 백지 상태이고, 육체적으로만 엄청난 볼티지voltage를 지닌, 이런 부류들한테 호소해 오고 있는 이런 전
략은 어떤 의미에서는 수학여행이라는 거대한 게릴라의
찬스를 반년간 주고서는 서비스를 해줘 하고, 청년들을
부지런히 충동질하고 있는 것이야. 그렇지만 이 다음에
청년들에게 부과되는 것은 매우 가혹하게 국가에 대한
의무를 요구하는 것이 아닐까? 말하자면 공짜보다 비싼
것은 없는 것 같다는 생각이 들어요."(「오야 고찰조의 중국 보
고」『선데이 마이니치』 10월 10일 임시증간호, 후지와라 히로다쓰의 발언
에서)

이미 문혁이 발발한 직후인 66년 10월의 시점에서 이렇

게 발언하고 있는 것이다. 사태의 진상을 짧은 시간 안에 완벽하게 알아맞히고 있는, 예리한 관찰안이었다.

이 당시 도쿄 외국어 대학의 조교수였던 나카지마 미네오中嶋嶺雄도 또한 단신으로 중국에 건너가서 2개월간에 걸쳐서 중국 각지로 조사여행을 행하였다. 그리고 11월 12일 베이징 인민대회당의 리셉션에서 마오쩌둥·류사오치·덩샤오핑 등의 안색을 보고서는 이것은 틀림없이 당 권력을 둘러싼 헤게모니 투쟁이 지금 벌어지고 있는 것이라고 르포 기사를 보내고 있다. (나카지마 미네오 「마오쩌둥 베이징 탈출의 진상 —격동의 중국으로부터 돌아와서」『주오 공론』1967년 3월호) 그 이후로 나카지마는 문혁이 권력투쟁이라는 입장을 견지해 가게 된다.

이윽고 문단에서는 67년 2월, 문혁이 예술·창작 활동을 봉쇄하는 정치 운동이라 하여, 가와바타 야스나리川端康成·이시카와 준石川淳·아베 고보安部公房·미시마 유키오三島由紀夫 등에 의한 항의 성명서가 발표되었다.

중국어와 중국 사정에 정통하였던 문학연구자 다케우치 미노루竹內実는 「마오쩌둥에게 호소한다 — 마귀와 요귀(우귀사신[牛鬼蛇神])와 그 밖의 것」을 발표한다. (『군조[群像]』

1968년 8월호』) 중국이라는 세계를 거의 완전히 마오쩌둥 사상이 제패했던 것에 대해서, 이 문혁이라는 것은 문화의 창조적 표현에 대한 말살이며, 그것을 발동했던 것은 틀림없이 마오쩌둥 자신인 것이다. 그렇지만 그것에 저항하지 않았던 지식인·문학자·당원 쪽에도 주체적 책임의 문제는 있다고 말하지 않으면 안 된다고 쓰고 있다. 이것은 문혁을 발동한 마오쩌둥에 대한 결별 선언이기도 하였다.

또한 문혁 비판론에는 반중국 친타이완의 반공주의의 입장에서 행하는 비판도 있었다. 그러한 흐름에는 일본의 자본주의·친미 노선이라는 현 체제의 국익 중시와 타이완 측으로부터 반공 선전의 영향이라는 두 가지 요소가 뒤섞여 있었다.

이종교배형 잡종 혁명

셋째 유형으로서 문혁을 오독하여 일본에서의 혁명에 대한 계시로 보는 입장이다.

와세다 대학의 니지마 아쓰요시新島淳良는 단순히 일본에 문혁을 소개했을 뿐만이 아니라 문혁적인 운동을 일본 사회에서도 펼치려고 했으며, 동시에 이데올로그로서의 역할도 행함으로써 '제대帝大 해체'를 내걸었던 대학가의 전공투 운동에도 영향을 주었다. 그는 이른바 '코뮌 국가론'을 제창하였다. 이것은 문혁의 성격을, 프롤레타리아가 국가 안에 코뮌을 만들고, 그러한 코뮌이 국가를 파괴하려는 시도로 파악하려는, 현대적인 도시 혁명의 모델이었다. 니지마는 파리 코뮌 형의 프롤레타리아 독재를 염두에 두었던 것이다. 때마침 그가 '중국은 코뮌을 지향하고 있다'고 발언했을 적에 '상하이 1월 혁명'이 일어났고, 2월 5일에 '상하이 코뮌' 성립 선언이 발표되었다.[173][후쿠오카福岡 ①178]

교토 대학의 야마다 게지山田慶児 또한 농촌과 공장의 새로운 공동체 원리에 근거한 국가 모델로서의 '코뮌 국가론'을 주장하였다. 자력갱생의 내발적 발전론에 연결되는 것이었다. 일본에 있어서 문혁의 영향은 야마다 게지의 농촌 사회를 기반으로 한 이러한 코뮌 론을 매개로 하여, 훗날에 이르러 농본주의와 전원 회귀형 생태론으로 이어져 가고 있다.

1968년 이후 중국에서는 홍위병들의 일제 하방이 시작되었고, 따라서 도시에서 젊은이들이 미쳐 날뛰는 광경은 사라지고 말았다. 그 무렵 일본에서는 홍위병의 소멸을 잇따르듯 각지의 대학에서 학생 운동이 활발히 일어났다. 그러나 69년 1월의 도쿄대 야스다 강당 '낙성落城'을 경계로 학생 운동의 불길은 급속히 약화되었다. 이른바 '논 섹트non sect'[174]의 전공투를 대신하여 신좌익 각파에 의한 70년 안보개정 저지를 위한 반미 투쟁이 고조되었고, 문혁 논의는 새로운 전개를 보여주고 있다.

당시 아직 와세다 대학 학생 신분이었던 쓰무라 다카시津村喬는 노구교盧溝橋 사건[175]과 문혁을 다음과 같이 결부 짓고 있다.

"국민적 통일 전선의 형성은 영속적 문화혁명의 게릴라 투쟁과 상호 매개함으로써 반동 정치에 진정 뜨거운 위기를 초래케 하고, 아시아 인민에게 되풀이하였던 부채를 얼마라도 갚으려는 일본 인민의 투쟁의 70년대 최초의 7월 7일에 즈음하여 '중국파'라든지 '무슨 파'라든지 하는 무리가 한데 모인다는 좁은 소견을 버리고서, 진정한 국민적 과제로서 일본의 아시아에 대한 민족적 책임을 확인하는 기념집회를 열어서, 그것이 창의적인 자발적 활동의 새로운 출발점이 되는 것을, 나는 강하게 희망하는 바이다."(쓰무라 다카시 「'타자'로서의 아시아 — 일중 국교 회복을 위한 통일 전선과 계급 형성」『현대의 눈』1970년 7월호)

쓰무라는 여기서 아시아 인민이 흘린 핏값에 대한 부채를 갚아 나가기 위한 일본 인민의 투쟁이 국민적 통일 전선의 형성에 연결되어 가기를 기대하고 있다. 이렇듯 역사적으로나 현상現狀에 있어서나 억압 받았던 아시아 인민과의 연대라는 발상은, '화청투華靑鬪(1969년 3월에 결성된 '화교청년 투쟁위원회')'가 주도한 화교 청년들의 투쟁으로부터 자극과 영향을 받았다. 그러한 계기가 되었던 일이 쓰무라가 여기에서 언급하는 1970년 7월 7일 노구교 사건 33주년 기념집회였다. 그 집회에서 '화청투'로부터 민족적 시점이 투철하지 못하다는 점을 비판 받은 일본의 신좌익은 이후 민족 차별 문제에 적극적으로 임하게 되었다.〔스가絓 317, 후쿠오카福岡 ①341~342〕

일본의 화교는 본래 역사적으로 정치의 세계와는 거리를 둠으로써, 중국·타이완의 '두 개의 중국' 문제에 휘말려

들지 않고서, 일본 사회와의 공존을 도모하면서 안정된 생활을 영위해 왔다. 일본에서 성장하며 문혁의 영향을 짙게 받았던 화교 2세는 조부모나 부모 세대 화교에 대한 반발심에서 일본 사회에 남아있는 민족차별의 불공정한 법제도나 편견에 대한 과격한 반대 투쟁을 1969년부터 전개해 나갔다. 구체적으로는 재일조선·한국인 및 재일중국인의 경우에는 일본에서의 정치적 활동이 제한되는 출입국 관리법안, 외국인학교의 수를 제한하는 외국인학교 법안 등에 대한 반대를 하기 위한 인권 투쟁이었다. 당시에 일본 기업은 동남아시아를 중심으로 경제적 진출을 강화하고 있었으므로 투쟁은 아시아 재침략 반대 캠페인으로서의 양상을 띠면서, 과거의 침략·전쟁·식민지 지배에 대한 비판의 문제가 중요한 논점으로 부상하게 되었다.

　제4장에서 언급했듯이 중국에서는 문혁 당시 'AA 인민연대 운동'[176]이라는 민족 해방 투쟁을 위한 국제적 연대라는 기본 틀을 유지하면서, 인민을 주체로 한 중간지대론이 여전히 살아 있었다. 일본에 있어서 민족차별과 입관투쟁은 이와 같은 AA의 국제적 연대라는 시점에서 전개되어 갔다. 게다가 과거의 중국을 침략해 일으킨 중일전쟁, 한

국·타이완의 식민 지배에 대한 반성의 문제 등이 제기되고 있었다.

    일본은 중국과 달리 공산주의·사회주의 체제가 아니라, 서방 세계에 속한다. 야당인 일본공산당은 문혁 직전인 1966년 3월에 중국공산당과 관계가 결렬되었고, 그 결과 양자 사이에 국제공산주의 통일전선의 기본 틀은 더 이상 존속되지 못했다. 일본은 중국 혁명과 같이 농촌이 도시를 포위하는 것 같은 농촌 사회가 아닌 것이다. 게다가 일본 국내의 역사에서는 전국 레벨로 확산되어 가는, 근거지형의 인민 무장 투쟁의 전통은 결여되어 있는 편이다.

    진원지인 중국으로부터 문혁이 일본에까지 격진을 초래하고 난 이후에 중국 본국과는 양상이 다른 운동으로 화학적 반응을 일으켰다. 학생운동에서 노동자에게로, 전공투로부터 신좌익의 파벌로, 학원분쟁에서 개별 투쟁의 진지전陣地戰[177]으로 투쟁의 형태가 변모하였고, 데모나 파업에서 무장 투쟁으로, 투쟁 수단은 과격화했지만 규모는 점차 축소화·분산화되어갔다.

    당초에 일본의 학생운동은 평범한 수업료 인상 반대 투

쟁으로부터 추상적인 반미·반 안보투쟁으로, 투쟁의 열기
만 고조되었을 뿐 쟁점은 매우 애매한 형편이었다. 일본
에서 문화대혁명은 마오이즘의 반제국주의적 계급 투쟁
관을 세계혁명을 위한 투쟁 이론으로 해석·수용해 온 것
이다. 문혁은 전공투 계열 학생들에 광범한 영향을 끼쳤
지만 그들의 열광이 식어버리자, 이번에는 민족의식에 눈
뜬 재일 중국인이 문혁의 세례를 받아 일본 사회에서 행동
을 개시하였다. 일본인은 재일 한국인·중국인에 대한 민
족차별의 현실에 시선을 돌리게 되었다. 과거 일본의 전
쟁책임, 당시 일본이 진행하던 아시아에 대한 경제적 재침
략, 민족해방을 요구하는 아시아 인민과의 연대 등과 같은
새로운 역사적 시점에 눈뜨고, 반차별의 인권운동이 고조
되었다. 민족차별 문제에 대한 적극적인 대처의 결과 일미
안보조약 반대를 위한 학생운동으로부터 민족해방 투쟁
을 지향하는 아시아 혁명에로 나가는 전기를 마련하였다.

오구마 에이지는 그의 『1968 (하)』의 제14장 「1970년의
패러다임 전환」의 하나의 현상으로 재일 중국인 학생에
의한 젠린 회관 사건과 '화청투'에 의한 입관법 투쟁에 학
생 활동가들과 신좌익 운동가들이 가담하였던 운동을 사

례로 다루고 있다. 이러한 운동의 배경으로는 '경쟁에서 타인을 밀어내고 대학생이 되었던 것에 대한 죄책감을 느끼고', '자신이 누리고 있는 번영의 그늘에는 희생자들이 있다는' 생각에서 '자신들은 베트남 인들에 대한 가해자라는 의식이 침투하였고, 그것이 베트남 전쟁으로까지 이어졌다'고 하면서, 베헤렌ベ平連을 비롯한 베트남 반전운동이 고조되는 배경으로 작용했다고 보는 것이다. 게다가 '재일 한국인이나 미나마타水俣 병 환자[178], 피차별 부락部落[179] 출신자 등이 '베트남 인'에 대신하여 재발견되었다'고 총괄하여 정리하고 있다.〔오구마小熊 (하) 778~779〕

　문혁의 월경성越境性이라는 관점에 입각해서 일본의 '1968' 운동을 발생 지점인 중국 쪽에서 출발해 생각해 보면, 문혁이라는 씨앗이 본국에서 일본이라는 타국의 토양으로 날아와서, 본국과는 전혀 다른 잡종의 열매를 맺게 되었다. 일본의 문화대혁명은 말하자면 '이종교배형 잡종 혁명'이었다.

파리 5월 혁명과 마오이즘

문화대혁명은 서방 세계에 전파되어 어떠한 변신을 거듭하였을까? 앞서 일본의 사례를 조금 상세하게 고찰해보았다.

거시적으로는 문혁과 동시대 젊은이의 반란이라는, 이른바 '1968문제'라는 관점에서 서방 세계를 바라보면 일본과 견줄 정도로 거대한 사회변동이 일어났던 나라는 미국, 프랑스, 독일을 꼽아야 하겠다. 여기서는 프랑스와 미국의 사례를 들어 보기로 하자.

프랑스의 경우 특필할 만한 것은 1968년 5월부터 6월에 걸쳐서 일어났던 '파리 5월 혁명'이다. 파리 제10대학 낭테르Nanterre 캠퍼스의 학생들이 대학의 관리 강화에 반발하여 교사를 점거했던 일이 발단이 되어, 경찰 기동대가 출동하였던 바 사태가 커져서 시가전의 양상을 띠게 되었던 것이다. 그 점은 일본의 학생 운동과도 비슷하지만 노동자의 공장 점거, 노동조합·교원조합·농민조직의 총파업 등 일련의 노동 운동으로 확대되었고, 작가·학자·지식인의 연대 등, 사회의 광범위한 계층의 민중이 참여하여 프랑스 전역으로 확산된 변혁 투쟁이 되었다. 그 결과 당시의 프랑스 수상인 퐁피두Pompidou가 사임하였고, 이윽고 국민투표에 의해 샤를 드 골Charles de Gaulle 대통령의 퇴진에까지 이르는 거대한 정치적 임팩트를 야기하였던 것이다. 당시의 5월 혁명이 일본을 비롯한 전 세계의 사회운동과 현대사상에 주었던 영향은 매우 컸다고 하겠다.

세계 동시성이라는 관점에서 5월 혁명을 바라보았을 적에 기성 권력에 반항하는 젊은이들은 미국의 베트남 반전운동과 서로 공명하고 연대하였다. 프랑스는 일찍이 식민지 베트남의 종주국이었으며, 제1차 인도차이나 전쟁(1946~1954)에서 베트남의 전쟁터에서 베트남을 적으로 싸웠다. 54년에 제네바 협정으로 휴전이 이루어진 뒤에 다시 64년부터 미국이 전면적으로 군사 개입을 시작하였다(제2차 인도차이나 전쟁). 68년 1월에 남베트남 민족해방전선에 북베트남 군대가 가세하여 남베트남 전역에 걸쳐 대공세를 가했고,[180] 미국과 남베트남 정부군에 심대한 타격을 가하였던 것이다. 3월에는 미군에 의한 손 미Son My 촌 마을 학살 사건[181]이 발생하였다. 미국에서는 베트남 전쟁을 반대하는 대규모 데모가 일어났고, 일본에서도 베헤렌ベ平連이 주도한 데모가 일어나고 있었다. 중국에서도 마찬

가지로 베트남 반전·베트남 인민 지지를 위한 집회가 개최되었다.

더욱이 프랑스는 과거에 알제리아라는 식민지를 아프리카에 가지고 있었다. 제1차 인도차이나 전쟁에서 패하고서 베트남에서 철수한 뒤에 이번에는 1954년부터 알제리아 독립전쟁을 치렀고 그 결과로 62년에 알제리아는 독립을 획득하였다. 프랑스 국내에는 베트남과 알제리아로부터 온 수많은 이민자가 거주하고 있다. 요컨대 5월 혁명의 배후에는 현대 프랑스 역사와 사회를 특징짓는 아시아·아프리카 식민지 문제가 놓여 있었다.〔니시카와西川 22~26〕

5월 혁명은 그때까지의 사회 혁명의 스타일을 불가역적으로 바꾸어 놓았다. 우선 독재적인 사회 통제를 해체시켜, 사회의 민주화를 지향했으며, 개인주의가 대두되고, 일상 생활의 사적 공간이 확대되었다. 또한 당시까지는 투쟁의 대상이 되지 못했던, 사회의 주변부에 놓여 있었던 여성·게이·이민·죄수 등의 집단에 대해 이들까지 포섭하려는 다양한 사회 운동이 확산되었다. 투쟁의 주체는 종래의 의회주의적이고 권위주의적인 공산당이 아니라, 분산적이고 무정부주의적인 급진 좌익이 맡게 되었다. 참여하는 지식인들 사이에는 당시까지의 프랑스의 지적 전통을 중시하는 계몽적 스타일에서 벗어나 투쟁 참가형의 행동하는 지식인의 스타일이 정착하게 되었다.

「파리에 불었던 동풍(The wind from the East)」

그렇다면 5월 혁명과 문혁과의 관련성은 무엇이었을까? 뉴욕 시립대학 대학원 교수 리차드 월린Richard Wolin의 저작인 『1968 파리에 불었던 '동풍'』[182]의 내용을 근거로 쫓아가 보기로 하자.

문혁은 마오쩌둥이 홍위병의 힘을 빌려서, 기성 권력을 타도하고 오랜 문화를 타파하였다. 소련과 동구의 사회주의를 수정주의라고 비판하고, 노동자·농민을 일으켜 세워서 부르주아를 타도하는 계급투쟁을 전개하였던 것이다. 파리에서는 마오이즘이 유행하였고, 영화에서는 고다르Godard 감독의 『중국 여인La Chinoise』이 화제를 불러 일으켰다. 프랑스에 있어서 마오쩌둥의 혁명 중국은 호찌민의 베트남과 카스트로의 쿠바와 더불어, 붕괴하고 있는 서구 근대를 대체할 제3세계의 희망의 별이었다. 중국에 대해 학생들이 알고 있는 정보는 빈약했지만, 그렇기 때문에 자신들의 유토피아를 투영할 여지가 더욱 확대되었던 것이다.〔월린Wolin 117~134〕

　그렇다고 하더라도 5월 혁명 당시에 프랑스에 있던 마오이스트는 겨우 1,500명 정도로, 그들은 노동자 계급에 의한 정치 투쟁을 중시하였기 때문에 당초에는 학생들의 봉기에는 냉담한 상황이었다. 프랑스의 마오이스트가 각광을 받게 되었던 것은 사르트르Sartre와 보부아르Beauvoir가 마오이즘에 대한 공감을 표명했던 일이 매우 커다란 영향을 미쳤다. 사르트르는 앙가주망engagement, 곧 '현실 사회에 참여하는' 지식인으로 5월 혁명 봉기에 깊숙이 관여하였으며, 그러한 그를 학생 혁명가들은 열광적으로 환영하였다. 사르트르와 보부아르는 67년에 문혁이 한창이던 시절 중국 시찰 길에 올랐으며, 프랑스의 마오이스트 당파를 지지하는 동시에 마오이스트가 발행하는 기관지의 편집 발행인으로도 활동하였다. 사르트르는 마오이스트의 혁명적 열정을 찬양하였고, 쿠바·콩고·베트남 등 제3세계를 억압하는 세력들에 대항하는 투쟁에의 깊은 공감

을 표명하였다.〔월린Wolin 193~212〕

　1960년에 창간된 문예지『텔켈Tel Quel』[183]도 또한 중국
의 문화대혁명을 열렬히 지지하였다. 이 잡지에는 문예
비평과 함께 수많은 구조주의 이론가들이 투고를 하였다.
이들은 70년대 이후 문화대혁명의 새로운 문화 조류, 마
오이즘의 이념에 심취하였고, 동지의 중국 특집에서 수
많은 독자들을 획득하였다. 이러한 과정에서 크리스테바
의『중국 여인들Des Chinoises』[184]이라는 작품이 탄생하였
다.〔월린Wolin 239~280〕

　뜻밖의 장소에서 저 유명한 미셸 푸코Michel Foucault도
또한 마오이스트들과 관련을 가지면서, '권력의 미크로 신
체학'과 관련된 '계보학'·'생—권력'·'규율사회' 등의 독자
적인 개념을 구상하고 있었다. 푸코는 5월 혁명 당시에 튀
니지Tunisie의 수도인 튀니스Tunis에서 교편을 잡고 있었
기 때문에 봉기에는 직접 참여하지 않았다. 그는 이윽고
프랑스로 귀국한 후에 감옥 정보 그룹의 마오이스트들과
관련을 가지면서, 온갖 제도를 통해서 작동하고 있는 정치
적 억압, 일상생활의 식민화라는 시점을 개념 틀로 활용
하면서『감옥의 탄생』·『성의 역사』등의 저서를 간행하였

다.〔윌린Wolin 293~296〕

물론 5월 혁명과 그 이후의 혁명적 열광이 모두 문화대혁명의 영향에서 기인하고 있는 것은 아니다. 마오이스트들의 직접적 관여가 있었다고 하더라도 그것이 주요한 추진력이라고 할 수는 없었다. 그렇다고는 해도 양자 사이에는 공명판 역할을 하였던 혁명적 열정이 분명히 존재하였다.

마오쩌둥도 문혁 당초는 파리 코뮌을 의식하였고, 1967년 1월에는 상하이 시의 실권을 쥐고 있던 '상하이 코뮌'에 다음과 같이 찬사를 보내고 있다.

"유럽의 노동자 계급에게는 혁명적 전통이 있다. 세계 혁명의 기원은 프랑스로 되돌아가야만 한다. 프랑스의 18군데 대학 가운데 대학생들이 16군데를 점거하고 있다. 그들은 자신들이 무정부주의라고 한다. 지금 그들이 행하고 있는 것은 매우 좋은 일이다. 진압해서는 안 된다. 사태는 시간이 지나면 변하는 것이다. 파리 코뮌에 최초에는 마르크스도 참가하지 않았다. 무정부주의였기 때문이다. 정부는 나중에 생겨난 것이다."〔연보6,

166/1968. 5. 20)

　분명히 문혁으로 말미암아 베이징의 길거리에 출현하였던 홍위병들이 연출하였던, 파괴와 광란의 극장 공간이 도취감을 불러일으키는 일상생활의 혁명으로서 파리 젊은이들의 심정을 자극하였고, 현상을 타파하기 위한 열정을 고취시켰다. 문혁은 당시의 프랑스 사회를 변혁하는 하나의 촉매 요소로 작용하였던 것이다. 프랑스에서의 학생과 노동자의 혁명 운동을 지원하고자, 베이징을 비롯한 크고 작은 도시들에서 중국의 홍위병들과 조반파들에 의해 누계 약 2,000만 명에 달하는 가두데모가 행해졌다.〔치엔錢 ③(하)96〕

　프랑스 사회는 개별 진지적인 운동을 일으키며, 그때까지의 중앙 집권적이며 구조적인 억압으로부터의 해방을 추구하였다. 그렇게 함으로써 전통과 관습에 얽매였던 보수적인 생활로부터 개인의 일상생활을 중시하는 '정체성 정치identity politics'[185]로, 소련형 의회주의를 채택하는 구좌파 정치적 엘리트에 의한 정치적 운동에서 소규모 당파의 급진적 좌파에 의한 페미니즘·동성애·민족차별 등의 마이너리티의 인권 옹호를 위한 사회 운동 쪽으로, 새로운 사회를 모색하는 움직임을 보였다. 그러한 배경에는 당시의 프랑스 인들의 눈에 비친 홍위병들의 혁명적 열정에 대한 공감대에 의해, '조반유리造反有理'의 드라마와 같은 모습이 겹치는 바가 있었다.

그러한 공시성의 배경으로는 프랑스의 국내외에 식민지의 문제를 안고 있는, 제3세계적인 상황이 실재했다는 사실을 지적해 두고자 한다. 세계 혁명으로서의 문혁이라는 관점에 입각해 있을 적에 아시아의 혁명이 항상 민족해방 투쟁을 지향하고 있다는 사실을 다시 한 번 상기해 두고자 한다. 프랑스 사회 내부에 있어서 소수자·억압자라는 인민의 제3세계적 상황은 마오쩌둥이 국제적 통일전선을 주창할 때의 인민을 주체로 하는 중간지대론과 공명하는 바가 있었다.

미국에서의 베트남 반전 운동 및 공민권 운동

문화대혁명의 소기의 목적은 단적으로 말해서 베이징에 실권을 쥐고 있는 사령부를 포격해 권력을 탈취한다는,

요컨대 국가에 의한 국가의 교체를 행하는 것이었다. 실제로 류샤오치·덩샤오핑·펑전 등의 수많은 권력자는 '주자파走資派'[186]로 몰려서 타도되었다. 이러한 권력 투쟁을 위해 국내적으로는 인민 내부의 모순을 계급투쟁에 의해 해결한다는 마오쩌둥 사상이 여러 장면에서 '활학활용活學活用(실천적으로 배워 활용하다)'되었다. 관료주의를 타파하고 공산당 내의 기득권층을 타도한다는 것은 국가의 행정 기능을 대행하는 관료를 타도하는 것으로 국가를 파괴하여 새로운 국가로 쇄신하는 시도였다.

국외에서는 자본주의 세계경제를 주도하는 미제국주의를 프롤레타리아 인민의 연대를 통해 타도하는 것을 목표로 삼았다. 중소 대립이 일어났고, 중국에 와있던 모든 소련 기술자들이 일제히 철수하였던 1960년 이후로는, 국외의 주적으로는 미국 외에도 소련이 추가되었다. 중국에 있어서 흐루쇼프 이후 소련의 사회주의는 인민주의를 중시하지 않고, 당 간부의 전위前衛에 의한 권위주의적 의회 방식을 통해 의결하고, 미제국주의와는 평화 공존을 모색하는 집단으로 여겨졌다. 그와 같은 사회주의는 타락한 사회주의로서 수정주의라고 부르며 격렬하게 비난 공세를 이어갔다. 소련형의 기성 좌파에 의한 수직형 운동에 대해서는 선진국에 있어서도 제3세계에 있어서도 반발이 매우 강한 편이었다.

그렇다면 확대하는 자본주의의 패권의 중심지라 할 미국에서는, 1968년은 어떠한 상황이었을까?

이 당시 미국에서의 쟁점은 베트남 전쟁의 반전을 위한 항의 행동과 흑인 차별에 반대하는 공민권 운동이라 하겠다. 대학 캠퍼스와 길거리에서 분노한 수많은 젊은이들이 베트남 반전과 흑인 해방을 부르짖으며, 수업 보이콧과 데모가 점차 확산되었다. 공민권 운동이 한창이던 무렵인 1965년에 블랙 무슬림 운동[187]의 활동가였던 맬컴 엑스Malcolm X가 암살당했고, 66년에는 블랙팬더당Black Panther Party[188]이 창설되었고, 68년에는 흑인 해방운동을 지도하던 마틴 루터 킹Martin Luther King 목사가 암살당했다. 그러한 일들이 또한 흑표당을 비롯한 흑인들의 급진적인 운동을 고조시키는 커다란 계기로 작용하였고, 미국 사회에 인종차별 철폐를 위한 거대한 물결을 일으켰다. 또한 공민권 운동은 우먼 리브Woman Lib[189]와 레즈비언과 게이 등 동성애자 해방운동[190] 등 미국 내부의 소수자 집단에 대한 성차별과 불평등을 고발하는 운동으로 발전해 가고 있었다.

마오쩌둥은 이러한 흑인 반차별 운동과 베트남 반전 운동에 촉발되어 억압 받았던 흑인, 미제국주의와 싸우는 베트남 인민에 대하여 거듭하여 지지를 표명하였고, 그들과의 연대를 주장하고 있다. 1968년 4월 4일에는 마틴 루터 킹 목사가 암살당한 직후 그는 『인민일보』 4월 17일자에 흑인들의 저항 운동을 지지하는 성명을 다음과 같이 발표하기도 하였다.

"마틴 루터 킹은 한 사람의 비폭력주의자였으나, 미제국주의자는 그렇다고 해서 그를 결코 허용하지 않았거니와 반혁명 폭력을 행사해서 피비린내 나는 진압을 하였다. 이 일은 미국의 광대한 흑인 대중에게 깊은 가르침을 가져다주었고, 반폭력 투쟁의 회오리바람을 불러일으켜 미국의 백 수십여 군데 도시를 석권하였다. 이것은 미국의 역사상 유례가 없는 사건이었다."

"미국 흑인의 투쟁은 피착취·피억압의 미국 인민이 독

점 자본계급의 잔혹한 지배에 반대하는 진군나팔이다. 전세계 모든 인민이 미제국주의에 반대하는 투쟁과 베트남 인민이 미제국주의에 반대하는 투쟁에 대한, 거대한 지원이자 용기를 북돋는 일이다. 나는 중국 인민을 대표하여 미국 흑인들의 정의로운 투쟁에 대해 견결한 지지를 표명하는 바이다."

"미국의 인종 차별은 식민지주의이며, 제국주의 제도의 산물이다. 미국의 광범한 흑인과 미국의 지배집단 사이의 모순은 계급 모순이다. 미국의 독점 자본계급의 반동적 지배를 뒤집어엎고, 식민지주의와 제국주의 제도를 때려 파괴해야만 미국의 흑인은 철저한 해방을 쟁취할 수가 있는 것이다. 미국의 광범한 흑인과 미국 백인 중의 광범한 노동자는 공통의 이익과 공통의 투쟁 목표가 있다. 그러므로 미국 흑인의 투쟁은 더욱더 미국 백인종의 수많은 노동자들과 진보적 인사들의 공감과 지지를 획득하고 있는 것이다."

"현재 세계 혁명은 위대한 신시대에 돌입하였다. 미국

혹인의 해방 투쟁은 전세계 인민의 미제국주의에 반대
하는 모든 투쟁의 일부이며, 현재 세계 혁명의 일부이
다."〔연보 6, 160/1968. 4. 16, 문고12, 486~488〕

마오쩌둥은 인민을 주체로 하는 중간지대론에 근거해,
미국의 피억압 흑인과 백인 노동자와의 연대가 가능하며,
그것은 세계 혁명의 일부라고까지 주장하였다.

한편으로 미국과 같이 자본주의의 물질적 풍요함이 충
족되는 사회에 있어서는, 사회 내부의 민족적·인종적 소
수자에 의한, 신식민주의 하에서의 미국을 정점으로 한 자
본주의 세력과의 투쟁이 고조되고 있었다. 그러한 투쟁에
대하여 제3세계 광범한 인민의 지지가 있었다. 미국 사회
내부의 경찰과 대학에 의한 억압적인 지배 체제를 타파하
는 일은 제3세계 민중의 반식민지주의·반제국주의 투쟁과
연결되어 있음을 실감케 하는 일이라고 하겠다.〔마르쿠제
Marcuse 108~111〕

미국 내의 운동 참여자들에게는 제3세계에 사는 인민들
에 대한 지원과 미국 국내의 공민권을 요구하는 흑인들과
의 공동 투쟁이 커다란 동기로서 작용하였다. 특히 백인

의 중간층 이상의 운동가들에게 있어서는 자신들은 제1세계에 살고 있으며, 제국이 가져다주는 풍요함을 누리고 사는 것에 대한 죄책감이 운동을 급진적으로 만들었다고도 말할 수 있다. 이른바 미국 국내의 제3세계 문제로서의 '1968운동'이라고 하는 시점인 것이다.〔유이油井 69〕

CCAS와 문혁

이들 베트남 반전과 공민권 운동의 조류는 한편으로 미국의 중국 연구자들을 자극하였다.

미국의 북베트남에 대한 공격이 한창 격화되고 있는 시점에 미국의 베트남 정책에 반대하는 하버드 대학의 대학원생을 중심으로 한, 중국 연구를 포함한 젊은 아시아 연구자들 사이에서 CCASCommittee of Concerned Asian Scholars(참여하는 아시아 학자 위원회)[191]라는 운동 단체가 결성되었다.

CCAS는 그때까지의 미국 학계의 아시아 연구가 미국 정부의 대 아시아 정책 실행을 위한 도구가 되어 있다는 사실에 대한 통렬한 반성과 비판을 통해 새로운 길을 지향하는 조직으로 생겨났다. 미국의 아시아 연구는 50년대 초반 공산주의자 색출을 위한 매카시즘McCarthyism 선풍[192]으로 말미암아 반공적인 색채의 아시아 연구 일색이 되고 말았다. 서구식의 근대화 노선을 아시아에 적용시켜서 아시아의 근대화를 평가하는 방법으로, 미국의 자본주의와 양립하는 듯한 군사·정책 협력적인 조사 연구가 장려되고 있었다. 미국의 중국 연구가 CIA나 포드Ford 재단으로부터의 연구비나 장학금에 의해, 정권의 정책적 의향에 부합하는 형태로 이루어져 왔다는 사실에 대해서도 CCAS는 강도 높게 비판을 가하였다.

이러한 의미에서 CCAS는 대학과 학계 조직 그리고 연구 제도에 있어서 세대 간의 투쟁이라는 측면을 농후하게 지녔다고도 할 수 있다. CCAS의 구성원들에 공통하는 동기로서 베트남 반전운동과 마오이즘에 대한 심정적 공감대가 있었으며, 연구 입론의 자세로서 미국의 중국 적대시 정책, 대중 봉쇄 정책에 대한 비판적 태도 등이 나타난다. 그들은 회보인『비판적 아시아 연구 회보Bulletin of Critical Asian Studies』[193]를 발간하고, 새로운 분석 프레임의 연구에 근거한 언론 활동도 활발히 전개하고 있다.

CCAS는 같은 시기 일본의 아시아 관계 연구자들 사이에서도 동지적인 상호 영향 관계를 맺고 있었다. 그렇게 말할 수 있는 것은 CCAS의 주력 구성원이라 할 수 있는 마크 셀든Mark Selden, 존 다우어John Dower, 허버트 빅스 Herbert Bix, 더글라스 라미스Douglas Lummis, 브렛 드 바리 Brett de Bary 등은 일본에 연구를 하기 위한 체류 또는 수시로 오가면서, 일본의 베헤렌ベ平連과도 공동 투쟁하는 형태로 일종의 '외국인 베헤렌'을 결성하였기 때문이다. 당시 일본에서 베헤렌으로 활동하였던 무토 이치요武藤 一洋는 1969년에 기타자와 요코北沢洋子 및 외국인 베헤렌 참가자들과 함께 영문 계간지인 『AMPO』를 발행하였고, CCAS의 구성원들 역시 활발하게 잡지에 투고하였다.

이러한 CCAS의 사회적 및 학술적 활동 등이 자극이 되어 일본의 중국 연구자들 사이에서는 '아시아 정경학회'[194] 등에 현저하게 나타나던, 미국의 연구 동향에 영향을 받는 중국에 대한 연구 방법과 시각에 대해 학문적 반성의 필요성이 제기되었다. 요컨대 누구를 위한 중국 연구인가라는 문제의식이 제기되었던 것이다. 시기를 거슬러 올라가 1962년에 미국의 아시아·포드 재단으로부터 아시아 연구에 대한 연구 기금을 받는 문제에 대해서 학술계에서 커다란 논쟁을 불러일으켰다.

정치학이든 사회학이든 간에 당시까지의 미국에서 출발한 중국 연구의 핵심에는 근대화론과 비교정치론의 시각이 주류였다. 그러한 시각에서는 미국식의 근대화 내지 현대화와 어느 정도 거리감이 있는지, 또는 미국의 민주주의를 비교 참조하여 그것과의 차이가 중국의 실태를 분석하는 기준으로 작용하였다. 일본의 아시아 연구에 깊은 영향을 끼쳤던 에드윈 라이샤워Edwin Reischauer나 존 페어뱅크John Fairbank의 근대화 패러다임은, 중국 근대화 문제를 서양의 충격과 반응이라는 사고의 틀 속에서 포착한 것이었다고 하겠다. 그로 말미암아 일본의 중국 연구는 자칫 미국을 정점으로 하는 일원적 근대화론의 틀 안에 중국을 서열화하는 식의 결론을 내리기 일쑤였다. CCAS는 그와 같은 미국의 절대 우위에 대해 자기비판을 요구하는 입장을 취했던 것이다. 이렇듯 CCAS의 영향을 받았던 일본의 연구자들은 중국 독자의 근대화 노선이라는 문제를 탐색하기 시작하였다.

문혁의 광란 상태가 약간 진정되었던 1970년대 이후 일본의 중국론 또는 중국 연구에는, 다시금 근대 이후의 장기적 안목에서 문혁을 포함한 중국 혁명의 문제를 재검토해 보려는, 다케우치 요시미竹內好[195]와 같은, 이를테면 '내재하는 중국 혁명'[196]의 관점이 제기되었다. 서양과의 비교에 의한 근대화나 혁명뿐만이 아니라, 일본의 메이지유신과 근대화 등과의 비교까지도 참조해서, 중국 독자의 방식으로 중국에 입각한 근대화란 무엇인가라는 문제 의식이 생겨났던 것이라고 하겠다.

운동으로서의 문혁론에 점차 거리를 두면서, 일본에서는 내재적 발전론이라든가 인민공사론, 이후의 '향진鄕鎭기업론'[197] 등으로 다양하게 전개되어 가는 흐름이 생겨나고 있었다. 이러한 흐름은 당시까지 주류적 경향인 근대화론에 대항하는 연구 조류로 나타났던 CCAS와의 상호 관계 속에서 출현한 것이라고 보아도 무방할 것이다.

'반체제 세계 혁명운동'으로

1968년의 운동을 그것이 지닌 세계 동시 다발성이라는 측면에서 세계 혁명이라고 부른다면 그 첫 번째 특징은 참가자의 자유의사를 중시하는, 아나키즘적 수평형의 사회

주의 운동으로서의 신좌익이 우세를 점하게 되었다는 점
이다. 그리고 기존의 좌익과 신좌익 사이의 항쟁이 격렬
해지게 되었다.

다음으로 두 번째 특징은 그때까지의 문예·문화를 전복
시키는 것 같은, 젊은이들에 의한 새로운 대항문화count-
er-culture가 유행했다는 사실이다. 중국에서는 '사대四大',
곧 '대명大鳴(자유롭게 말할 권리)'·'대방大放(대담하게 자신의 견해
를 발표할 권리)'·'대변론大辯論(자유롭게 논쟁할 수 있는 권리)'·'대
자보大字報(대자보를 쓸 수 있는 권리)'에 촉발되어서, 대자보가
거리에 온통 나붙었고, 마오쩌둥에 대한 충성을 맹세하는
육체적 표현이 열광적으로 연출되기도 하였다. 그러한 성
향과 통저通底하는 듯이, 프랑스에서 구조주의에 대한 후
기구조주의적인 현대 사상과 현대 예술의 동향, 미국에서
의 프리섹스free sex, 마약, 우드스턱Woodstock 록페스티벌
[198], 히피hippie 스타일 등의 기발한 패션, 그리고 일본에서
의 음악·연극·영화·만화 등의 여러 장르에 있어서 일어
났던 '언더그라운드 문화' 등을 들 수 있겠다.

이상에서 언급한 불가역적인 역사적 변화를 초래한 세
계 동시성의 운동을, 일찍이 '세계체제론'[199]을 제창했던

월러스틴Wallerstein의 경우는 '반체제 운동'으로서의 '1968
년 세계혁명'이라고 규정하고 있다.〔월러스틴Wallerstein
114~124〕1968년의 학생운동·학원분쟁은 세계 동시 다
발적인 운동이었다고 일컬어진다. 분명히 운동 그 자체가
공시적으로 발생하여 확산되었다는 사실은 인정된다고
하겠다. 또한 그와 같은 운동이 기존의 좌익 당파에 속하
지 않는 청년층이 중심이 되었으며, 기성세대에 대해 이의
를 제기하는 운동이라는 식의 세대 간 투쟁의 양상이 매우
강하였다.

그러나 동시 다발적인 동시에 상호 관련성의 측면도 지
적할 수 있다. 예를 들면 베트남 전쟁은 미국을 정점으로
하는 제국주의적 또는 신식민주의적인 자본주의에 대한
저항 운동을 격화시켰다. 문화대혁명에서는 프랑스 혁명
에서의 파리 코뮌이나 1968년의 5월 혁명에 대한 예찬 및
베트남 반전운동에 대한 지지가 표명되었다.

확실히 운동의 쟁점에 대해서는 일률적이지는 않다고
할 수 있다. 그러나 동시기의 문화대혁명으로부터의 영향
에 대해서, 서방 제국의 학생층을 주체로 했던 신좌익 운
동의 경우에는 피억압 계층의 기득 권익층에 대한 반항이

라는 공통 항목이 나타나는 것이다. 문혁을 포함한 아시아 혁명에 있어서 민족해방 투쟁이라는 요소가 대체로 강력했던 관계로, 서방 선진국의 1968년 혁명에 있어서는 내재하는 식민지·내재하는 피억압자라는 시점이 예리하게 제기되었던 것이라 할 수 있다.

'1968'은 '전후의 종결'과 '근대의 종언'을 두드러지게 부각시켰던 전환의 해였다고 일컬어지고 있다.〔니시다西田·우메자키梅崎 15~16〕이 책에서는 서방 제국의 구체제에 대한 '이의 제기'로서의 '1968운동'의 동시 다발성이라는 기존의 시점에서뿐만이 아니라 미국과 소련을 정점으로 하는 제국주의적 지배를 타파한다는 관점에서 아시아의 '1968조반운동'이라는 시점을 취했다. 그러한 시점에 입각했을 때에 아시아에 있어서의 '1968'은 그때까지 세계를 분단해 왔던 '동서東西' 대립으로부터, 새로운 세계의 분단선으로 나타난 '남북'의 대립으로 상황이 바뀌고 있음을 뚜렷하게 보여주었던 것이라고 하겠다.

그러한 상황에서 '남북' 대립의 '남' 쪽을 차지하는 발전도상 지대로서의 아시아, 그리고 그 중심에 위치하는 중국의 존재감이, 문혁이라는 일진광풍이 몰아침으로 해서 한층 더 세계의 이목을 놀라게 했던 것이 되었다. 중국은 국제적 고립으로 인해 두려워하거나 기가 꺾이는 법이 없이, 용맹 과감하게도 미국과 소련이라는 두 강대국에게 반기를 들었고, 억압당하는 세계의 프롤레타리아 인민에게 단결과 연대를 호소하였다. 마오쩌둥의 혁명은 단순히 열세한 사회주의 세력이 우세한 자본주의 세력에 대항한다는 식의 도식에 머무르지 않고, 훨씬 더 중요한 의미는 억압받아왔던 아시아·아프리카 제3세계의 인민들이 강세를 보였던 제국주의 세력을 뒤집어엎으려 하는, 세계적 규모의 계급투쟁을 연출했다는 점에 있다고 할 수 있다. 그러한 의미에서 '1968운동'으로서의 문혁은 '동서' 냉전으로서 규정되어 왔던 '전후'와, 자본주의의 제국적 확장으로 점철되어 왔던 '근대'에 의해 구축되었던 기존 체제에 대한 일종의 '이의 제기'였다. 그리고 '세계 혁명' 이념으로서의 문혁은 기존 체제를 전복하는 '반근대'에 의해서, 사회 체제의 하층부로 억압되어 왔고, 세계의 주변부로 배제되어 왔던 민족과 인민을 해방하는 하나의 시도였다고 할 수 있다.

인도네시아 혁명이 실패한 뒤의 공백을
노도와 같은 자본주의가 밀려들어 왔다
아시아의 세력 판도는
어떤 모양으로 새로이 다시 칠해졌는가?

제6장 반혁명
——타이완발 미국행 '도쿄 클럽'

혁명의 실패가 초래한 암전된 상황

9·30사건은 표면의 현상으로는 육군 내부 좌우 세력의 권력 다툼에서 일어난 쿠데타였지만, 그 실패의 여파는 중국에게는 공산주의자의 숙청, 화교와 화인에 대한 박해와 이산, 외교 관계의 단절이라는 식으로, 참으로 엎친 데 덮친 격의 결말을 초래하였다. 아니 그 정도에서 그치는 것이 아니라 인도네시아 국내 정치뿐만이 아닌 아시아 정세를 일거에 반전시킬 정도의 충격력을 지녔던, 세계사의 궤도를 바꾸어 놓을 정도의 대사건이 되었다.

수카르노는 건국 이래로 '혁명revolusi'[200]을 기치로 내걸고서, 정치 세력으로는 국민당[201], 종교 세력인 나흐다뚤 울라마Nahdatul Ulama[202], 그리고 인도네시아공산당PKI의 3대 세력이 정립하는 나사콤 체제를 선포하고, '반제국주의·반식민주의'를 국시로 삼았다. 9·30사건을 계기로 인도네시아 국내에서는 수카르노에게서 수하르토에게로 정치권력이 완전히 이양되었다.[203] 수하르토는 이윽고 '신질서Orde Baru'[204]를 표방하고서, 정치세력을 자신의 통치에 협조하는 정당인 골카르당Golkar[205]으로 일원화하고, 반공주의와 경제개발 지상주의에 의한 '건설Pembangunan'[206]을 국시로 삼았다. 1967년 동남아시아국가연합ASEAN[207]이 창설될 당시 인도네시아는 회원국으로 가맹하였는데[208], 창설국인 동남아시아 5개국은 서방 세력과의 무역 관계 및 경제협력 관계를 긴밀히 구축하였고, 수하르토의 개발독재 정책에 힘입어서 수카르노 말기에 파탄 직전에 놓였던 인도네시아 국민 경제는 비약적으로 발전을 하게 되었다.

친사회주의 노선은 이윽고 자본주의 노선으로 전환되었고, 비공산권 최대의 당원수를 자랑하였던 인도네시아 공산당 조직은 해체되었고, 의장[209]은 처형당하고 말았다. 이윽고 공산당·공산주의자에 대한 반공 캠페인에 의해 인도네시아 전역에 걸쳐서 '빨갱이 사냥'이 이루어졌고, 그 결과 말단의 촌락에 이르기까지 공산주의자의 적발·살해에 가담하는 가해자와 그 반대의 피해자 집단으로 양분될 정도로 전국 규모의 대량 숙청과 학살이 자행되었다.

수하르토는 1967년 6월 7일에 '화인 문제 해결을 위한 기본 정책'을 제정하고서, 새로운 화인 이민의 수용을 더 이상 인정하지 않기로 하였다. 아울러 화교에 대해서 이슬람교로의 입교入教를 권장하였고, 화교들의 한자 이름도 인도네시아 식으로 바꾸게 하고, 화어와 화문華文의 사용을 금지하고, 화인 학교의 폐쇄 상태를 완화하지 않았고, 화교의 경제·문화 활동을 제한하는 등의 법령을 시행하였다. 거리에서는 한자 표기가 사라졌고, 춘절春節에 행하는 중국풍의 세시 풍속은 허용되지 않았고, 화인의 일체의 문화 활동이 금지됨으로 인해서 인도네시아 사회에서 중국의 자취는 사라지고 말았다. 인도네시아의 화인들은 오직 현지 사회에 융화되어 동화되는 것만을 강요당하는 처지가 되었고, 정치 활동에는 관여하지 않도록 자숙하였다.

타이완에서 바라본 9·30사건

시간은 다시 9·30사건 이후의 인도네시아로 되돌아 가 보기로 한다. 한편으로 무대는 중국 푸젠福建 성의 바다 건너편에서, 중국 대륙과는 통치의 정통성·영토·체제 등을 둘러싸고서 대립·반목하였던 타이완으로 옮겨 보기로 한다.

9·30사건의 충격은 인도네시아 국내를 혼란에 빠뜨리고, 당시까지의 수카르노 체제를 크게 변화시켰을 뿐만 아니라 국제 사회에도 커다란 파문을 일으키고 있었다. 우

선 사건 후에 기민한 움직임을 보였던 쪽이 그때까지 수카르노 통치 하의 인도네시아와 우호 관계를 유지하여 왔던 중국과는 대조적으로 냉대 받는 입장에 처해 있었던 타이완이었다.

구체적으로 타이완은 어떤 식으로 대 인도네시아 공작을 전개해 왔던 것일까? 그에 대해서 중국은 어떤 대항책을 강구해 대처해 왔던 것일까?

대 인도네시아 관계를 둘러싸고서 벌어진 9·30사건 이후 중국·타이완의 외교 공방전에 대해서는 외교 교섭의 전개, 국제 여론의 언론전, 사건 이후의 화교 박해를 둘러싸고 벌어진 화교 보호정책 등에 주안점을 두고서 검토해 보고자 한다.

따라서 이제껏 9·30사건 연구에서는 본격적으로 검토된 일이 없었던, 타이완 쪽의 동시대 사료에 중점을 두고서 검증을 해나가고자 하였다.

그렇게 결심하고서 2013년 8월과 15년 8월, 두 차례 모두 무더위가 맹위를 떨칠 시기에 타이완으로 조사 여행에 나섰다. 타이완의 현대사 관련 문서를 조사하려고 하면 타이베이의 국사관國史館과 중앙연구원 근대사연구소

당안관檔案館[210]을 꼽아야 한다. 이 시기의 타이완은 혹서의 시기로 아무래도 쾌적하다고는 말할 수 없으나, 직장에 얽매여 있는 처지로서는 시기를 고르는 것 같은 사치를 말하고 있을 때는 아닌 것이다. 얼마 안 되는 여름휴가를 쓸 수밖에 없었다. 타이완은 사람들이 온화하고 거리도 일본 식민지 시대의 흔적을 남기고 있어, 거리를 걷는 일이 참으로 즐거웠다. 문서 조사로 몹시 지친 심신을 이끌고 저녁 무렵 포장마차를 돌아다니며 물끄러미 인파를 바라보며 타이완 맥주로 목을 축이고 지역 특산의 요리를 실컷 즐기는 즐거움으로 내일에의 활력을 비축할 수가 있었다.

　앞서 언급한 두 곳의 문서관에서 손길이 닿는 대로 9·30 사건과 인도네시아 관련 문서들을 조사해 보았다. 그 결과 타이완 측의 관련 문서들은 사건 이전이나 사건 자체에 관한 내용들보다는 사건 발생 후에 타이완 측이 인도네시아 공작을 강화했던 상황의 파악에 유익한 자료들을 발견할 수 있었다. 타이완이 이 사건을 어떤 식으로 보고 있었는가에 대해서는 지극히 당연한 이야기이겠지만, 중국 측의 시각과는 극히 대조적이었거니와 사건 이후에 인도네시아에 대해 펼치는 활동은 매우 기민하고도 과감했다는 사실이 문서의 내용을 통해서도 전해져 왔다.

국민당이 통치하는 중화민국中華民國 정부[211]에게 있어서 9·30사건의 발단은 동남아시아의 지도자가 되려는 야심을 품은 수카르노가 그를 능가하는 야심가인 마오쩌둥과 결탁하여 악행을 저질렀다는 식의 견해에 기본적으로 입각하고 있다. 그러나 수카르노는 국내의 좌우 세력의 균형을 잡는 일에 부심하였던 관계로 중국공산당은 점차 세력을 늘리고 있던 인도네시아공산당에게 정권을 탈취할 힘을 실어주기 위해 수카르노에게 압력을 가했다. 이리하여 9·30의 인도네시아공산당 폭동 사건이 발생하게 되었다. 타이완의 시각에서는 9·30사건 자체가 공산 중국의 음모에 기인하는 것이었다.〔「인도네시아에서 박해 받는 화교 및 〈화교 보호〉와 〈화교 송환〉 문제의 검토印尼迫害華僑及共匪〈護僑〉·〈撤僑〉之檢討」(교무[僑務] 위원회 적정[敵情] 연구실 연구위원·우전옌[吳枕岩]) 1967. 4. 25. 국사〕

또한 다른 자료에서는 더욱 상세하게 9·30사건 전후의 인도네시아 정국의 변화 상황을 보고하고 있었다. 그에 따르면 쿠데타의 주범은 수카르노 대통령의 경호단장 운뚱 중령으로, 혁명위원회는 45명으로 조직되어 있다는 사실, 중국공산당과 인도네시아공산당이 서로 결탁하여 쿠데타를 발동하였다는 사실, 운동 중령의 주장에 따르면 CIA가 육군 수뇌부에게 수카르노 정권의 전복을 사주하였고, 10월 15일 인도네시아 육군 기념일에 결행할 예정이었으므로 자신들이 선수를 쳤다는 사실, 실패 후에는 전역에서 공산당 토벌이 이루어져 10만 명 이상이 희생되었다는 사실, 중국공산당이 대대적으로 인도네시아공산당을 지지하는 선전을 행했기 때문에 도리어 국내의 중국 관련 단체들이 데모의 표적이 되었다는 사실 이외에 화교들이 배척의 타격을 입었다는 사실 등과 같은 (사건과 관련된) 경위들이었다.〔「인도네시아 정국의 새로운 발전印尼政局的新發展」『교련총간僑聯叢刊』75집, 1966. 4. 1 중연〕

이렇듯 화교 배척의 실태에 관해서는 타이완의 외교부 이외에 교무僑務[212] 위원회가 수시로 상세한 보고를 행하고 있었다.

사건 이후에 수카르노로부터 수하르토에게로 권력이 이양되었고, 이윽고 인도네시아는 반공주의와 '반화배화' 정책으로 방향을 전환하고서, 중국과 인도네시아의 관계는 동결되었다. 인도네시아를 휩쓸었던 반공의 광풍은 그때까지 번번이 중국에게 외교적으로 고배를 마셔왔던 타이완에게는 기사회생의 기회를 가져다주었다. 그러나 '반화배화' 경향이 날로 격화되었고, 타이완을 지지하는 반공 성향의 화교들에게까지 박해의 손길이 뻗치고 있다는 사실에 타이완 당국은 우려를 표명하고 있었다.

인도네시아 현지인의 입장에서 보자면 똑같은 중국인이므로 '화華'와 '공共'의 구별이 되지 않았고, 편협한 민족주의에 선동되어 일단 화교라고 하면 친공이든 반공이든 관계없이 박해하였던 것이다. 당시 타이완으로부터의 시각은 중국 측이 행하는 '반화배화'에 대한 비판 캠페인이 도리어 화교 박해에 박차를 가하는 계기로 작용했다는 것이다. 66년 4월 경부터 인도네시아 정부는 군중의 반화 감정을 억눌렀고, 비판의 과녁을 중국대사관과 신화사와 중국 계열의 단체로 좁혔던 관계로 말미암아 일부 지역에서의 혼란상을 제외하고서는 점차 '배화'로부터 '반공' 쪽으로 방향이 전환하고 있다고 보고하고 있다.

타이완의 인도네시아 화교

그렇다면 9·30사건 이후의 화교 박해로 말미암아 대륙의 화교 농장이 아닌, 피난하기 위해 타이완으로 건너 왔던 인도네시아 화교는 과연 있었던 것일까?

타이완의 당시의 문서 중에는 인도네시아 반공 청년과 반공 단체를 받아들이는 일에 관한 약간 분량의 기록은 보이지만, 실제로 대량의 이민이나 인도네시아 난민을 받아들였다는 기록은 조사한 문서의 범위 내에서는 발견할 수가 없었다. 당시의 신문 보도에서도 관견의 범위 안에서는 관련 기사를 발견하지 못했다. 그러나 교무 위원회 관련 문서를 집중해서 더욱 조사해 보면 관련 자료가 나올 가능성은 얼마든지 있다고 하겠다.

9·30사건 이후에 난을 피하여 타이완으로 왔던 인도네시아 화교는 있었던 것일까?

그러한 의문을 품은 채로 필자는 2014년 6월 타이완에서 타이베이시와는 신뎬시新店溪라는 커다란 강을 끼고서 서쪽 기슭에 위치한 신베이新北 시까지 택시를 타고서, '중화민국 인도네시아 귀국 화교 협회中華民國印尼歸僑協會'를 찾아가서 회장인 장즈충張自忠 씨에게 인터뷰를 시도하였

중화민국 인도네시아 귀국 화교 협회 회장인 장즈충 씨

다. 장 회장은 쟈바 섬 보고르에서 1935년에 출생해서 57년에 타이완으로 건너왔다고 한다. 협회는 정부 내정부(內政部)의 인가 단체로 『인도네시아 화교의 소리(印尼僑聲)』라는 잡지도 격월간으로 발행하고 있다고 한다.

장즈충 회장에 따르면 인터뷰를 할 당시 타이완에 거주하는 인도네시아 화교는 5만 명 정도로 타이완에 건너온 때는 대략 3시기로 나눌 수 있다.

① 1953~9년에 걸쳐 인도네시아 중화계 고등학교를 졸
업한 후에 타이완의 대학에 유학한 경우. 후에 인도네
시아 정부가 중화계 학교를 폐쇄하였기 때문에 점차
많은 학생들이 타이완의 중고·대학에 입학하였고, 그
대로 귀국하지 않고 머물러 살거나, 중화민국의 여권
을 소지하고서 구미로 이주하기도 하였다.

② 1959년의 이른바 PP10의 발효로 인해서 수많은 인도
네시아 화교들이 중국 대륙의 고향으로 되돌아갔지만
[213] 소수의 '완고파·강경 반공분자'의 경우에는 타이완
에 정주하였다.

③ 1980년부터 서 깔리만딴의 싱까왕과 뻔띠아낙 지역
의 여성 화교들이 타이완의 주로 외성인外省人 출신으
로 전 국민당 군인들인 노병老兵들에게 시집을 왔다.
싱까왕에서는 80년대 이후 3만 명 정도의 여성들이
타이완으로 왔다.

9·30사건으로 인해 박해 받았던 것은 공산당원 및 그 동

조자들이었으며, 친타이완 파의 경우는 사건의 영향이 적었던 편이다. '반화배화'라고는 했지만 모든 화인들이 박해 받았던 것은 아니었고, 반공의 입장에 있던 화인이 피해를 입은 경우는 없었다고 한다. 예를 들면 장 회장의 고향인 보고르에서는 '화교 주민의 70%가 반공이고 30%가 친공이었던' 연유로 화교 박해의 피해는 비교적 적었던 것 같다. 중국 정부는 구별 없이 '반화배화'라고 일컬었지만 어디까지나 '친공親共 화인'에 대한 '반反'이었지, 모든 화인들에 대한 반대라고 할 수는 없었다.

그렇다면 어째서 사건으로 인한 '난교難僑'들이 타이완으로 오는 일은 없었던 것일까? 필자의 이러한 질문에 대해 장 회장의 대답은 다음과 같았다. '타이완으로 달아나려고 했어도 별다른 문제는 없었다. 달아나려는 의사와 능력이 있는 이들은 달아났고, 남아있던 사람은 생활 기반이 본래의 거주지 외에는 달리 없었던 경우나 또는 능력이 없었던 사람들이다.'

인도네시아는 중국과 국교를 맺고 있었던 관계로 타이완과는 정식 외교 관계가 없었고, 인도네시아 정부는 중화민국의 여권을 소지한 화인을 인정하지 않았고, 따라서 그들은 무국적자 취급을 받았다.

　인도네시아 화교 화인사華人史 연구의 권위인 황쿤장黃
昆章 교수에 따르면 1958년에 타이완 당국이 인도네시아
지방에서 일어난 무장 반란을 지지했던 일로 인해 인도네
시아 정부는 친타이완 화교들의 커뮤니티·기업·학교·신
문사를 봉쇄하였던 적이 있었다고 한다. 60년 말에는 '중
화민국'의 여권을 소지한 무국적자에 대해서, 무국적자로
계속 대우하는 조치를 배제한다는 내용의 '제50호 대법령
代法令'[214]을 공포하였다. 인도네시아 입국관리국 총국의
통계에 따르면 9·30사건 당시의 무국적자는 1,180명이었
는데, 다음해인 66년에는 9,672명, 67년에는 31,930명, 68
년에는 79,921명으로 급증하였다고 한다.〔황黃 24~25〕

　9·30사건 이후로 중국과의 관계가 악화되었던 관계로
중국 국적을 포기하는 무국적 화인의 수가 급증했다고 보
아야 할 것이다. 화교 박해가 격화됨에 따라 국적을 인도
네시아로 바꾸는 이외에도 타이완 계통의 무국적자로 신
분을 바꿈으로써 타이완에 가지 않고서도 화를 면할 수도
있었다고 생각했던 것일까?

　멜빈에 따르면 앞서 언급한 아쩨 지역에서는 화교는 '남

계藍系(국민당 지지파)'와 '홍계紅系(중국공산당 지지파)'로 나뉘어져 있었는데, 앞서 논했던 '세 번째 단계'의 화교 박해 시기에 현지의 친국민당 집단이 친공산당 화인들을 군대에 밀고하였고, 베이징파의 화교가 거주하는 집에는 붉은 페인트로 표시를 해두는 것이 박해의 신호가 되었다.〔멜빈Melvin 82〕

한편으로 타이완 쪽의 견해로는, 인도네시아 현지인의 입장에서 보자면 똑같은 중국인이므로 '화華'와 '공共'의 구별이 제대로 되지 않았고, 편협한 민족주의에 선동되어서 일단 화교라고 하면 친공이든 반공이든 가릴 것 없이 박해를 하였다. 게다가 중국 측이 행하는 '반화배화'에 대한 비판 캠페인이 도리어 화교 박해에 박차를 가했다고 보았다.

타이완의 대 인도네시아 공작──서방 세계로의 발판

인도네시아 화교에 대한 박해 사태로 골머리를 앓던 타이완 당국은 인도네시아와 중국을 완전히 단교케 만들고, 동시에 인도네시아의 잔공殘共 세력을 숙청함으로써 타이완과 인도네시아의 외교 관계 수립을 촉진시키고자 하였다. 그 결과 타이완의 신문사와 출판사는 선전 공작을 강화하였고, 화교 단체와 조직의 회복을 꾀하는 한편 반공 교육을 행하는 민족학교를 허가해 주도록 계책을 강구하였다. 더욱이 타이완 계의 은행이나 무역상사를 통하여 타이완과의 무역량을 확대하는 일에 부심하였다.〔「부록16 인도네시아에서의 대 공산당 투쟁 전술在印尼對匪鬪爭策略(수정초안)」 국사〕 이렇듯 타이완 쪽에서 인도네시아를 향해 행했던 일련의 관여 정책에 대해서 살펴보기로 하자.

타이완은 여타 국가들에 비해 맨 먼저 대 인도네시아 공작을 시작하였다. 타이완 정부가 권력을 장악했던 수하르토 정권과의 접촉을 비롯한 적극적인 관여 정책을 전개해 가는 과정을, 타이완 외교부 아시아·태평양과亞太司의 문서를 근거로 쫓아가 보자. 해당 부서는 9·30사건 이후 오스트레일리아·태국·필리핀 등의 공관으로부터 외무성 앞으로 인도네시아 정세에 대해 공전公電으로 상세한 보고를 행하고 있었다.

1966년 1월, 국민당 중앙 제2조가 제3국인 태국·방콕에 연락부(리젠민[李劍民] 국민당 주 태국 총지부 주임위원이 책임자)를 설치하고서, 4월에는 인도네시아 주 태국 대사 디아Diah

가 타이완에 대하여 반공 화교의 생명과 재산을 보장할 것임을 표명하였고, 이어 쌍방의 접촉이 시작되었다. 5월에는 국민당에서 해외 공작을 담당하는 당중앙 제3조 주임 마수리馬樹禮와 해외통신사 사장으로 교무 위원회 특임비서 쉬취칭徐璩淸이 인도네시아 측과 의견 교환을 시작하였고, 이어 아담 말리크Adam Malik[215] 외상의 찬동을 얻어 협상이 더욱 진행되었다.

아담 말리크의 경력은 주 소련 대사를 지낸 뒤(1960~63년)에, 9·30사건 당시에는 통산성 대신으로 있었고, 사건 이후에는 1977년까지 외상과 부통령 등을 역임하였다. 본래 인도네시아공산당과는 적대적 관계였던 무르바Murba 당[216]의 지도자로 사건 이후에 마찬가지로 부통령의 자리에 있었던 술딴 하멩꾸부워노Hamengkubuwono 9세[217]와 수하르토 등과 함께 '게스따뿌 분쇄 행동연합KAP-Gestapu Movement'을 결성하였다.

1966년 6월에는 인도네시아 육군의 정보와 정치를 주관하는 부문의 책임자였던 알리 무르또포Ali Murtopo 중령과의 정식 접촉이 시작되었다. 9월에는 알리 무르또포 일행이 수하르토의 위임장을 가지고서 타이완을 방문하였고, 10월에는 말리크 외상이 타이완으로 와서 마수리 주임과 회담을 가짐으로써 이후 두 나라 사이의 방문단의 왕래는 빈번하게 이루어졌다. 이 과정에서 인도네시아는 타이완에게 물자의 구입을 요청하였고, 타이완과 인도네시아 주일 대사관 사이에서 사정을 조회하기로 하였다. 이윽고 인도네시아에 공여하는 쌀 2,000톤에 대해 인도네시아 주일 대사관으로부터 타이완의 주일 대사관으로 구입 요청이 전달되었고, 쌀은 싱가포르를 경유하여 자카르타로 보내졌고, 이에 대해 인도네시아 주 태국 대사로부터 타이완의 주 태국 대사에게 감사의 뜻이 전달되었다.〔「부록1 인도네시아 신정부와의 접촉 경과 개요與印尼新政府接觸經過節略」(중앙 제3조) 중연〕

그러나 쩌우쯔머의 증언에 따르면 이 쌀 2,000톤은 자카르타에 도착하기도 전에 싱가포르에서 사라져 버리고 말았다고 한다. 이러한 긴급 원조미 공여에 관해서는 쩌우쯔머가 수하르토 장군과 수르요Surjo 장군 등의 요청으로 중개하는 역할을 맡았다고 술회하는 것이다.〔쩌우鄒 ②25〕

한편 중국 측은 인도네시아에 대해 접근을 꾀하는 타이완 쪽의 세력을 인도네시아 반동 세력과 결탁하는 '장제

스 도당의 간첩蔣匪幇特務'이라고 지칭하며 비난을 퍼부었다.〔인민일보 1966. 4. 15, 6. 24〕

이렇듯 타이완 발 대 인도네시아 경제 지원의 활동 거점이 되었던 곳은 일본이었다. 그리고 그 배후에는 미국이 있었다. 9·30운동 실패 후의 인도네시아에 서방 선진국이 주도하는 자본주의의 물결이 밀려들고 있었던 것이다. 실제로 9·30사건 이후의 인도네시아 정세에 일본 외무성은 깊은 관심을 쏟고 있었고, 각국의 주일 공관은 갖가지 정보를 외무대신 앞으로 보내오고 있었다. 예를 들면 타이완 주재 대사, 인도네시아 메단 영사, 홍콩 주재 영사, 인도네시아 주재 대사(사이토 시즈오[斎藤鎮男]) 등이 그 좋은 예이다.

사건 발생 후에 일본은 타국에 앞서서 민첩한 움직임을 보였다. 1965년 10월 30일에 인도네시아 국회의장이 일본의 중의원 대표단의 접견하였고, 다음달 11월에는 외무성이 식료·의복 등의 인도적 물자 지원을 단행하고 있다. 더욱이 11월 말에는 싱가포르에서 경제·기술협력 의정서를 체결하였다.〔타이완 외교부『인도네시아 정정 월보印尼政情月報』1965. 10. 11〕

'도쿄 클럽'의 결성──서방의 인도네시아 포위망

쩌우쯔머의 증언에 따르면 타이완이 인도네시아를 향해 펼치는 공작의 배경으로는 1966년 3월 11일에 수카르노로부터 수하르토에게로 대통령 권한이 이양되고 난 이후에, 일본을 거점으로 가와지마 쇼지로川島正次郞 자민당 부총재, 오자와 규타로小沢久太郞 자민당 해외경제 협력위원회 부회장, 니시야마 아키라西山昭 외무성 경제협력국장 등의 인물들에 대해 대 인도네시아 경제 원조를 행하도록 일본 측에 요청하는 공작을 벌이면서 그 자신이 진력을 다해 왔다고 한다. 그는 또한 일본이 인도네시아에 대하여 전쟁 배상 문제를 교섭하기 위해 수카르노 대통령과 기시 노부스케岸信介 수상 사이에 외교 교섭 라인이 생겼던 1958년 이후로 수카르노 특사의 자격으로 빈번히 일본과 인도네시아 사이를 왕래하게 되었다. 그러는 사이에 일본 정계 요인들과 깊은 인맥을 쌓게 되었고, 그 밖에 일본의 재계와도 두터운 파이프 라인을 가지게 되면서 일본의 대 인도네시아 경제협력 사업을 추진하는 역할을 맡게 되었다. 수하르토에게 정권이 이양되고 난 후에도 연이어서 경제 협력에 관한 업무를 위임 받고 있었다. 그러나 이렇듯 수카르노의 특사로서 일본과 인도네시아의 배상 교섭에 있어서 정력적으로 활동하였던 화인계 인도네시아인 쩌우쯔머의 증언에 대해서는, 마찬가지로 배상 교섭에 관여했던 니시지마 시게타다西嶋重忠[218]의 발언으로서 '전혀 신뢰할 수 없는 인물'이라는 식의 이야기가 전해지고 있는 점 등으로 미루어 보아, 그 증언의 신빙성에 대해서는 일정 정도 유보를 두어야 할 필요가 있다고 하겠다.〔고토後藤 ②296〕

   이러한 쩌우쯔머의 증언에 따르면 5월에 일본 측에서 인도네시아에 대해 3,000만 불의 긴급원조를 공여하기로 결정했을 적에 가와지마 쇼지로는 그에게 이렇게 말했다고 한다. 곧 '인도네시아의 부흥과 발전을 위해서는 20억 불 정도의 자금이 필요한데, 그렇게 하기에 일본 혼자서는 힘의 한계가 있고, 미국의 원조가 불가결한 것이다. 그렇지만 미국은 인도네시아의 정치 동향, 수하르토의 역량, 심각한 관료 사회의 부패 체질 등으로 인해서 인도네시아를 신뢰하지 않고 있다. 미국의 신뢰를 획득하는 유일한 방법은 반공의 타이완과 접근하여 무언가 외교 관계를 맺고, 수하르토가 완전히 권력을 장악했다는 것을 미국에게 보여주는 것이다. 그렇게 해서 일본과 구미 각국이 분담하여 '인도네시아 채권국 회의'(도쿄 클럽)를 만들어서 국제적인 협력 기구를 조직하도록 해보자'라는 내용이었다고 한다.

수하르토 정권 하에서 외교 관계 실권을 쥐고 있던 헤루 따스닌Heru Tasnin 소장[219]에게서 타이완 관련 업무를 위탁 받았던 쩌우쯔머는 마침 도쿄에 와있던 천젠충陳建中 국민당 제1조(조직부) 주임을 만나서 타이완 측이 전면적으로 협력할 것임을 언질 받게 되었다. 그는 6월에 타이완을 방문하여 구펑샹古鳳祥 국민당 비서장, 구정강谷正剛 국민당 원로, 옌쟈젠嚴家鑑 부총통 겸 수상과 잇달아 접촉을 하였다. 그래서 타이완 측에 대 인도네시아 경제 원조를 요청하였고, 자금 원조에 관한 장제스의 언명을 받아 내었다.〔쩌우鄒 ②4~15〕

1966년 3월의 이른바 「3·11명령서(수쁘르스마르[Supersemar])」가 나온 이후 수카르노로부터 수하르토에게로 정권 이양이 확정된 후에 수하르토 체제가 공고해지는 것을 지켜보고서 이윽고 타이완이 적극적으로 대 인도네시아 공작을 강화해 나갔다. 그리고 그러한 타이완을 하나의 거

점으로 해서 도쿄—워싱턴과 인도네시아 사이의 경제원
조망이 확대되어갔다.

일본의 사토 에이사쿠佐藤栄作 수상은 아담 말리크 외상
과 기존의 '베이징—자카르타 추축樞軸'을 대체하는, '도쿄
—자카르타 추축'을 수립할 것을 논의하는 한편으로 큰 액
수의 긴급 원조를 결정하였고, 말리크 외상은 이에 대해
(인도네시아가 탈퇴했던)UN으로 다시 복귀할 의사가 있음을
표명하였다. 사토 수상은 귀국해 있던 사이토 시즈오 주
인도네시아 대사의 보고를 받고나서는, 미국과의 협력하
에 관계 각국에게 인도네시아에 대한 협력 체제로서 '도쿄
클럽'을 결성할 것을 제안하였다.

이후에 중국 쪽에서는 일본에 대해서 독점 자본에 의한
경제 진출이라는 식의 비판 캠페인이 69년 말 경까지 전
개되었다.〔인민일보 1966. 4. 14, 4. 21〕물론 일본의 이러한
움직임의 배경에는 수하르토 정권에 대한 미국의 강한 지
원 요청이 있었던 것으로 보인다. 베트남 전쟁을 치르고
있는 미국으로서는 (인도네시아를 비롯한 이 지역 전체에 대한)중
국으로부터의 영향력을 차단하는 일이 사활적으로 중요
하였기 때문이다.

'도쿄 클럽'은 1967년 6월부터 결성을 위한 시동을 걸었다. 통칭은 '도쿄 클럽'이라고 했지만 실상은 '인도네시아 채권국 회의'IGGI(Inter-Governmental Group on Indonesia)로 일본을 비롯한 서방 여러 나라들[220]과 IMF 등 4군데 국제 기구[221]로 구성되었다. 같은 해에 IGGI는 2억 불의 차관을 공여하기로 하였는데, 일본과 미국이 최대 금액을 갹출하여 각각 1/3을 부담하였다. 차관 공여 액수는 해마다 증액되어 69년에는 5억 불에 이르렀다. 인도네시아 정부는 수카르노 시대에 정부에 접수되었던 모든 외국 기업의 조업을 다시금 인정하였고, 외자 도입에 있어서도 관대한 조건을 약속하였다. 69년도에 시작한 제1차 5개년 계획에서는 개발 프로젝트의 88% 이상이 외자 도입에 의해 실행되었던 것으로 알려져 있다.〔리퍼Liefer 174~175〕

또한 1967년 8월에 인도네시아·태국·필리핀·말레이시아·싱가포르의 5개국으로 이루어진 ASEAN이 출범하였다. 또한 8월 말에 인도네시아는 그때까지의 말레이시아 대결 정책에서 방향을 바꾸어서 말레이시아와도 정식의 외교 관계를 수립하였다.

이 시기 이후로 일본의 정재계는 대 인도네시아 관계에

서 어떠한 동향을 보였는가? 아시아 경제 연구소가 정리한 「일본·인도네시아 관계사 소연표 1958~1972년」(1973년 2월)에서 그 주요 항목을 뽑아 보면 다음과 같다.

1967년

9월 11일 자민당 국회의원단 인도네시아 방문

9월 중순 민주사회당 의원 인도네시아 방문

10월 2일 인도네시아 은행 일본 지점 개설 결정

10월 8일 사토 에이사쿠 수상 인도네시아 방문

12월 27일 재계 경영진, 사토 에이사쿠 수상과 대 인도네시아 원조에 대해 협의

1968년

3월 21일 미쓰비시, 미쓰이, 스미토모, 마루베니 등 14개 회사, 인도네시아 석유자원 개발회사에 정식 자본 참여 결정

3월 28일 수하르토 대통령, 말리크 외상, 세다Seda 운수상 등 인도네시아 정부 대표단 일행 일본 방문

7월 2일 68년은 8,000만 불 원조 협정에 조인, 3,000만

불 개발 원조 추가

9월 29일 정부 파견의 '게단렌經團連(경단련)'[222] 사절단 인도네시아 방문

10월 6일 게단렌 산하에 인도네시아와의 경제 협력을 추진하기 위한 인도네시아 위원회 설치

12월 27일 해외 경제 협력 기금, 인도네시아 정부와의 사이에 댐 건설 자금으로 14억 7,600만 엔의 차관 조약에 조인

타이완에 '인도네시아 공작 지도 소조(小組)' 결성

한편 타이완 측의 움직임으로, 일본에 와있던 마수리 국민당 제3조 주임의 보고서를 살펴보기로 하자. 그런데 마수리라는 인물은 일찍이 1953년부터 59년까지 인도네시아에 있었는데, 그 기간 동안에 인도네시아 화교 상대의 대만계의 현지 신문인 『중화 상보商報(인도네시아 중화상회 연합회가 발행했으며, 발행 부수는 1만 부임)』의 사장 겸 편집인으로 활동했는데, 58년에는 반공 신문사라는 혐의로 체포되어, 1년 4개월 동안 투옥되었던 경력을 지니고 있었다.

67년 3월에 수하르토가 대통령 대행에 취임하고서, 4월에 말리크 외상이 도쿄에 와서 루크미또Roekmito 주일 대사 등과 함께 마수리와 회담을 가졌다(쩌우쯔머의 증언에 따르면 이 때의 말리크의 도쿄 방문을 도맡아 성사시킨 것이 바로 그 자신이었다고 한다).〔쩌우鄒 ②23~27〕타이완 측의 마수리 주임은 화교 배척 사태가 인도네시아 경제를 위기로 몰아넣고 있는 것에 대한 우려를 표명하였다고 한다. 이에 대해 말리크는 인도네시아 정국을 개관하면서, 인도네시아공산당원 300만 명 가운데 섬멸한 것은 수십 만 명에 지나지 않는다는 점, 현 정부에 협력적이지 않은 세력은 친 수카르노 성향의 인도네시아 국민당·해군 육전부대·공군 쾌속부대·기동 경찰대 등이라는 사실, 당면해서는 관대한 정책을 써서 인도네시아공산당에 이용당하는 일을 막는 수밖에 없다는 점, 수카르노의 체면을 지켜주는 데에 유의하고 있다는 사실 등등의 견해를 제시하였다. 이때 논의된 주요 협의 사항을 집약해 보면 다음과 같다.

· (중국과의 단교 문제) 말리크는 외무성 안에는 용공적인 수반드리오 파가 많아서, 능동적으로 단교 문제를 끄집

어내는 것은 자신의 입장을 위태롭게 만드는 것이므로 할 수 없으니, 중국 쪽에서 단교하는 형식이 되도록, 그를 위한 준비를 해 둘 것을 강조하였다. 그것에 대해서 마수리는 이해를 표시하면서도 인도네시아의 안전과 경제 부흥을 위해서는 중국과의 단교는 당면한 급선무라는 점을 이야기하였다.

· (배화 문제) 마수리는 말리크가 말한, 친공 화교는 단속을 하지만 반공 화교는 보호하겠다는 방침은 좋다고 했지만, 흑백을 가리지 않고서 반공이라는 명분을 내세워 배화의 성과를 거론하는 듯한 사례가 많고, 특히 동부 쟈바·남부 수마트라·서 깔리만딴 등지에서는 반공 화교들까지도 지역의 군경에 의해 배격의 대상이 되고 있다고 지적하였다. 이에 대해 말리크는 정세에 대한 이해를 보이고서 해결을 위한 조치를 취할 것을 언명하였다. 이러한 의견 교환을 통해 타이완 측은 인도네시아 당국이 화교 사회의 실태에 대해서 충분히 파악하지 못하고 있다는 인상을 받았다.

(화교 단체·화교 학교·화교 신문의 회복) 마수리는 이들 화교 단체 조직의 회복의 필요성에 대해 자세하게 이야기

하였다. 그에 대해 말리크는 원칙적으로는 완전히 동
의하지만, 인도네시아 화교의 경우 친공인지 반공인
지의 여부를 식별하기가 곤란하다는 실태를 감안해야
만 한다고 지적했다. 그래서 화교의 '중간忠奸'[223]을 식
별하기 위해 타이완 측이 교무위원회 특임비서 쉬춰
칭을 인도네시아에 파견하여 화교 관련 업무의 고문
역을 담당하도록 결정하였다(실제로 5월에 쉬춰칭과 리젠민
이 이 일을 위해 자카르타에 착임하였다).

· (인도네시아 여권에 '타이완으로의 도항을 금지한다'고 압인[押印]되어
  있는 문제) 마수리가 이에 대해 유감을 표시했고 말리크
  는 귀국하면 즉시 압인을 삭제토록 지시하겠다고 하
  였고 이내 실행되었다.

· (타이완 어민이 인도네시아에 억류되어 있는 문제) 마수리가 어선
  을 반환할 것을 촉구한 데에 대해 말리크는 귀국 후에
  처리할 것임을 언명하였다.

· (곤란한 경제 상황을 타개하기 위한 차관) 말리크가 차관을 요
  망한다는 의견을 제시했지만, 마수리는 중국과 단교
  하기 이전에는 시의상 적절치 않고, 목하 그럴 여유도
  없으나 기술 지원이라면 가능하다고 발언하였다.

• (신문 발행을 위한 설비 제공) 말리크에게서 신문 발행을 위
한 설비 제공에 대한 개인적인 요청[224]이 있었는데 마
수리는 귀국 후에 검토할 것을 약속하였다.

회견에 임했던 마수리의 인상에 따르면 말리크는 주일
인도네시아 대사관을 주 태국 대사관과 나란히 대 타이완
연락 업무를 위한 거점으로 삼으려 하는 것 같았으나, 동
석한 루크미또 주일대사와의 관계는 서먹서먹하였고, 그
다지 우호적인 관계는 아니었던 것으로 보였다고 한다.[225]
마수리와 말리크 사이에는 솔직한 의견 교환이 이루어졌
고, 마수리의 적극적인 요청에 응하여 말리크는 적절한 사
후 조치를 취하기는 하였지만 한정적이고 한시적인 것이
었다. 마수리는 타이완과의 국교 수립, 곧 중국과의 외교
관계 단절을 희망하면서 인도네시아가 취하는 반공 정책
을 지지했지만, 그런 일들이 인도네시아에서 화교 박해의
계기로 이어질까 봐 깊은 우려를 표시하였다.

국민당중앙은 대 인도네시아 공작을 중시하여 '인도네
시아 공작 지도 소조'(구평샹[古鳳祥] 비서장이 주도하여, 중앙 제2
조·제3조·제6조, 외교부, 국가안전국 등으로 구성하였다)가 결성되었

다.〔「부록2 일본에 가서 인도네시아 말리크 외상과 행한 회담의 경과 개요赴日與印尼外長馬立克會談經過節略」중연〕

타이완에서는 문혁에 대항하기 위해 1966년 11월부터 장제스에 의해 '중화문화 부흥운동'이 발동되었다. 12월에 국민당 제9기 4중전회에서 추진 강령이 채택되었고, 다음해인 67년 7월에는 성립대회가 개최되었다(초대 회장은 장제스). 장제스의 주장에 따르면 부흥운동은 문혁의 사상전·문화전에 대항하여 '공비共匪'[226] 소멸과 대륙 반공反攻 완수를 위한 사상적·문화적 무기가 된다는 것이다. '4구四舊 타파'를 부르짖는 문혁에 대항하여 전통적 중국 문화의 보전과 부흥을 국제 사회를 향해 호소함으로써 '마오쩌둥 도당毛匪'에 대한 국제적 비판 여론을 고조시키고, 중국의 국제적 고립을 부각시키려는 의도가 있었다.〔스가노菅野 226~232〕

중국과의 단교를 노리고서

1967년 6월 '인도네시아 공작 지도 소조' 제1회 회의가 국민당 중앙위원회 회의실에서 열렸다. 이후 지도 소조는 타이베이에서 정기적으로 모임을 가졌다. 또한 5월에 자카르타에 부임했던 쉬취칭과 리젠민은 현지에서 정부 및 화교 사회 등과 접촉해 나가면서 임무를 달성해갔다.

공작의 목표로는 다음의 3가지가 제시되었다. ① 반공 투쟁을 지원하여 중국과 단교할 것을 촉구한다. ② 인도네시아에 화인 사무 연락본부를 설치하여 화교의 권익을 옹호한다. ③ 인도네시아 국적 또는 무국적(곧 중화민국 국적) 여권을 소지한 자의 타이완으로의 자유 여행을 허가하여 상호 방문을 촉진한다 ④ 양국 사이의 무역을 촉진한다.〔「부록2 인도네시아에 부임하여 공작한 경과와 얻은 성과에 대한 보고서赴印尼工作經過與所獲成果報告書」(보고자·쉬취칭) 국사〕 또한 중국 측은 말리크 외상이 회담에 있어서 '만일 타이완에 타이완 공화국이 수립되면 국가 승인을 하겠다'고 발언했다는 사실을 전하고 있다.〔인민일보 1967.9.25〕

그 후에 1967년 9월 이후에 중화민국과 인도네시아 쌍방은 상무 대표단을 파견하여 현지 주재 사무소를 개설하는 것을 결정하였고, 8월에는 항공권 조약에 조인하였고, 3월에는 타이완의 중앙통신사와 인도네시아 안따라 통신사 사이에 뉴스 교환협정이 체결되었고, 9월 인도네시아 국회의 외교위원회에서 중화민국과의 국교 회복에 관한 안건이 제기되었고, 10월에 인도네시아 국회의장을 타이완에 초청하는 등, 양국의 관계는 점차 긴밀도를 더해 갔던 것이다. 중국 측은 이렇듯 타이완과 인도네시아가 서로 접근하는 움직임에 대해 '인도네시아 군인 파시스트 정권과 장제스 도당이……미제국주의의 〈2개의 중국〉을 만들어 내려는 음모에 따르고 있다'고 비판하였다.〔인민일보 1968.9.2〕

1967년 10월 인도네시아와 중국 사이의 외교 관계는 중단되었다. 그렇다고는 하나 국교가 없었던 타이완과 정식 외교 관계로 바꾸는 일은 결국 없었다. 전년도인 66년 7월에 수하르토 육군상은 다음과 같은 이유를 들어 중화민국을 승인할 의사가 없음을 표명하고 있다.

"중공中共(중화인민공화국 정부를 가리킴)과 인도네시아의 관계가 긴장되고 있는 것은 결코 우리의 탓이 아니라 중공의 도발이 초래한 일이었다. 인도네시아로서는 상호 경애敬愛의 기초 위에 서있고 우리의 내정에 간섭을 받지 않고 싶은 것이다. 우리는 모든 나라를 친구로 삼고 싶다. 그러나 우리는 타이완을 승인할 생각은 없다. 우리는 '둘'이 아니라 하나의 중국만이 있다고 믿고 있기 때문이다."〔「수하르토는 중화민국을 승인할 의사가 없다蘇哈托無意承認中華民國」앙비참央秘參 55 제0969호, 1966.7, 중연〕

수하르토의 이러한 발언은 중국과의 기존의 외교 관계는 동결하지만, '하나의 중국'의 방침은 변경하지 않고서 단교도 하지 않겠다는 원칙을 천명하고 있다. 수하르토는 9·30사건이 초래한 반공의 역풍 속에서 반공이라는 조류를 타고서 서방 자본주의 진영으로 참가하는 노선을 단숨에 나아가려 했다는 식의 견해가 일반적으로 받아들여지고 있었다. 그렇지만 중국과 단교를 행하고 타이완과 새로이 국교를 맺는다는 식의 선택지를 채택하고 있지도 않았다. 그것은 어째서였을까?

그러한 의문은 인도네시아로 하여금 중국과의 국교를 단절케 하고, 자신들과 국교를 새로 수립케 하기 위해 여러 수단을 강구하였던 타이완 당국까지도 크게 골머리를 썩이게 하는 바이기도 하였다. 타이완 당국의 분석에 의하면, 인도네시아가 능동적으로 중국과의 단교를 감행하지 않는 것은 다음과 같은 몇 가지 이유가 있다고 보았다. 곧 인도네시아의 경제 건설의 성패는 미국·소련·일본 등의 경제적 지원에 달려 있는데, 그들이 공산 세력의 일소를 의도하고 있다는 점을 역으로 이용하여 마오쩌둥 중국과의 관계를 청산치 않고 질질 끎으로써 서방 국가와 소련을 동시에 견제하려 한다는 것이다. 다음으로 서방 국가들에 대한 불신감이 아직 불식되지 않았다는 점과 비동맹 중립의 입장을 견지하여 반공의 리더 국가들을 도발·이간시키거나 타이완과의 외교 관계 수립에 재를 뿌리며 반공 합작 전선을 저지하거나 함으로써 외교의 유연성을 확보하려고 한다는 것이었다.〔「인도네시아 신외교 정책 및 우리나라와 인도네시아 외교 관계 개선에 대한 전망印尼新外交政策及我與印尼修好之展望」국사〕

수카르노에게서 수하르토에게로 정식으로 대통령직과 권력 이양이 이루어졌던 시기가 1968년 3월 29일의 일이므로 그때까지는 여전히 수카르노의 영향력이 정치와 군 조직 일부에 남아 있는 형편이었다. 국가의 공식적 체제

이념으로서 완전한 형태의 반공주의에로 전환이 이루어지기 위해서는 여전히 상당한 기간이 필요했던 것도 배경 사정의 하나였다고 볼 수 있다.

마찬가지로 기묘한 일의 하나로 수하르토 정권 하에서도 여전히 북한과의 외교 관계를 유지해 왔다는 사실이다. 2015년 9월, 9·30사건으로부터 50주년 되는 시점에 자카르타에서 일본 와세다 대학과 인도네시아 과학원LIP-I(Lembaga Ilmu Pengetahuan Indonesia)이 공동 주최하는 심포지엄이 개최되었다. 필자도 그 회의에서 「9·30사건 이후의 인도네시아·중국·타이완 관계의 구조 변화」라는 제목의 발표를 행하였다. 그 심포지엄에 게스트로 초청되었던, 1960년에 유학생으로서 북한에 갔던 가똣 윌로띡또Gatot Wilotikto 씨가 본인의 회고담을 피로하였다. 그는 9·30사건의 여파로 인도네시아 정부에게 찍힌 데다가 여권 기한이 만료되어 무효화되는 바람에 귀국이 불가능하게 되었다. 그래서 1968년에 북한 현지의 여성과 결혼하여 이후 50년 동안 평양에서 거주해야 했던 기구한 운명을 살았던 것이다. 그 사이에 북한을 방문하는 인도네시아 정부 각료 등의 회담 통역 등을 맡았다고 한다. 그가 겨우 인도네시아로 돌아왔던 것은 2010년에 이르러서였다.

북한에 잔류했던 인도네시아 유학생이 그 한 사람뿐이었다는 사실로부터, 수카르노 시대에 그토록 선전을 해댔던, '자카르타—프놈펜—하노이—베이징—평양이 축이 되는 새로운 아시아 블록'이라는 말과는 정반대로 인적 교류는 매우 드물었다는 사실을 알 수 있게 한다. 그렇다고는 하지만 평양과 하노이에는 대사관이 그대로 유지되었으며, 베이징과도 여전히 관계를 유지하였다든가, 소련과의 관계를 강화했다든지 하는 사실 등으로 미루어 보면, 수하르토 정권을 반공 일색의, 서방 일변도였다고 파악하는 일이 실상과 얼마나 동떨어진 견해인가를 실감하게 되는 것이다.

그 이후의 타이완과 인도네시아의 관계를 살펴보면, 1971년 4월 자카르타에 '자카르타 타이베이 상회', 6월 타이베이에 '주 타이베이 인도네시아 상회'가 설립되어, 비자 발급과 비즈니스 관계 업무를 처리하였다. 8월에는 쌍방의 민간 항공회사가 직항 편을 취항하기 시작하였고, 74년에는 타이완의 '공상工商 협진회'와 인도네시아의 재계 인사들이 '타이완 인도네시아 경제 협력 회의'를 개최

하고서 이후 정례화하고 있다.〔천陳 450〕

중국의 UN 복귀를 후원했던 말리크 외상과 스뚜미센

　1971년 7월 미국 닉슨Nixon 대통령의 의향을 받들어서
헨리 키신저Henry Kissinger 보좌관이 비밀리에 중국을 방
문하였다. 10월 UN 총회에서 중국을 초청하자는 알바니
아의 제안이 가결되었고, 중국은 정식으로 UN에 가입하
게 되었다. 한편으로 타이완은 UN에서 탈퇴하고 말았다.

　이 때의 UN 총회 의장을 맡았던 인물이 인도네시아의
말리크 외상이었다. 중국의 가맹에 앞서 말리크 외상은
중국의 UN 가입 문제 해결을 위해 한 가지 방안을 생각해
내었다. 그가 특별히 발탁한 인물이 스뚜미센Szetu Meis-
en[227]이라는 인도네시아 화교였다.

　스뚜미센은 말리크와는 1947년 서로 알게 된 이후로 깊
은 우정을 맺었고, 말리크가 수카르노에게서 냉대 받던 시
절에도 끈끈한 유대 관계가 흔들림이 없었던 복심의 친구
였다. 그의 부친은 광둥인으로 바타비아Batavia[228] 광둥계
화교학교의 교장을 역임하였다. 스뚜미센은 1965년 9·30

사건 이후 친중 화교로 지목되어 있던 관계로 박해를 피해서 중국으로 귀환하였고, 광둥성 정부에서 근무하였다가 다시 마카오로 옮겨서 이래로 계속해서 마카오에서 살았다.

말리크는 중국의 UN 가입 문제를 해결하기 위해 스뚜미셴의 도움을 필요로 하고 있었다. 주 홍콩 인도네시아 총영사의 주선으로 71년 4월에 두 사람은 1965년 이래로 비로소 재회하게 되었다.

말리크는 오랜 친구에게 단도직입적으로 다음과 같이 이야기를 꺼냈다.

"수하르토 대통령은 중국의 UN 복귀 안건을 지지할 리가 없지만 표면적으로는 반대하지 않는다. 나는 중국의 입장을 이해하고 있다. 그러나 현재 인도네시아와 중국은 외교 관계가 여러 해 동안 단절되어 있어 연락을 취하는 것이 상당히 어려운 형편이다. 당신은 나의 오랜 친구로 중국의 상층부와도 줄이 닿는 사람이다. 가능하다면 당신이 나 대신 베이징으로 가서, 나는 중화인민공화국의 UN에서의 권리 회복에 깊은 관심을 지니고 있으므로, 중국 정부가 UN 가입에 대해 이번 총회에서 중국에 유리한 정세가 조성될 경우, 중국은 어떻게 대응할 생각인가를 확인하고 싶다고, 이런 이야기를 전해 주었으면 한다."

스뚜미센은 이러한 요청을 수락하고서 마카오로 되돌아가서 당시 중국과 마카오 사이의 연락 업무를 담당하던 '마카오 난광南光 회사'의 책임자에게 이 안건에 대해서 전해 주고서, 베이징의 저우언라이 총리의 사무실로 연락을 해 줄 것을 부탁하였다. 그러나 9월이 되어서도 베이징으로부터는 아무런 반응이 없었다. 말리크는 괴로운 표정으로 가방 속에 숨겨 놓았던 수하르토의 훈령 메모를 스뚜미센에게 보여주었다. 거기에는 '알바니아 안에는 기권표를 던지고, 미국 안에는 찬성표를 던질 것. 미국이 UN에서 획책하고 있는 '두 개의 중국'을 지지하라'고 쓰여 있었다. 스뚜미센은 이 메모를 보고서는 소파를 세차게 두들기면서 '이것은 역사의 조류에 역행하는 일이다!'라고 외쳤다.

잠시 침묵이 흐른 뒤에 말리크는 다음과 같이 말했다.

"하나의 중국만이 아시아와 세계의 안정을 가져다 준
다. 그러나 수하르토의 훈령과 나의 신념은 서로 어긋난
다. 어찌 했으면 좋겠는가?"

이윽고 스뚜미센은 무겁게 입을 열었다.

"UN 총회의 규정과 의장의 직권에 대해서 연구해 보았
는가? 거기에 특별한 재량의 여지가 있다면 그러한 여지
를 활용해서 당신의 이상을 실현하는 것이다. 한 나라의
외상의 입장에서 문제에 접근하는 것이 아니라 UN 총회
의장의 입장에서 문제를 생각하고 처리하는 것이다."
"당신은 인도네시아 외상으로 크게 잡아서 10년이나
20년 정도 일해 온 것에 불과하다. 그러나 인도네시아가
UN 총회 의장국이 되는 기회는 100년에 한 차례 있는
일이며, 더욱이 당신이 의장을 맡는 것은 참으로 천재일
우의 기회라 하겠다. 이것은 역사의 중책이다. 이러한
역사의 호기를 포착해서 놓치지 않고, 백년의 영예를 획
득해야 할 것이다."

말리크는 그와 같은 스뚜미셴의 우정에 감동하여, '한번 해보겠네, 어떻게든 실현을 시킬 테니'라고 대답했다.

스뚜미셴이 홍콩에서 마카오로 돌아오자마자, 아니나 다를까 마카오의 난꽝南光 회사의 책임자가 숨을 헐떡이며 찾아와서는 그에게 곧 베이징으로 와달라는 내용의 메시지를 전달해 주었다.

9월 11일 스뚜미셴은 말리크의 사설 고문 자격으로 베이징으로 날아가서, 말리크의 메시지를 건네주었다. 25일 국무원 부비서장이자 저우언라이 총리 사무실의 부주임인 뤄칭장羅靑長에게서 만나자는 연락이 왔다.

뤄칭장은 그에게 이렇게 말했다.

"말리크 선생의 전언은 잘 받아 보았습니다. 말리크 선생의 호의에 감사드립니다. 중국 정부의 입장은 이미 중국 외교부의 8월 20일 성명으로 모두 표명하였습니다. 물론 가능한 한 말리크 선생에게서 도움을 받았으면 합니다만, 무리는 하시지 않았으면 합니다."

스뚜미셴은 잠시 후 이 시기에 중국에서는 린뱌오에 의

한 마오쩌둥 암살 미수라는 중대 사건이 터졌던 까닭에 모든 예정이 틀어져 버렸다는 사실을 깨달았다고 한다.

10월 25일 제26회 UN 총회에서 말리크 의장은 의사봉을 두드려서 다음과 같은 사항을 가결하였다.

"중화인민공화국이 UN에서의 합법적 권리를 회복한다는 것은 따라서 타이완이 UN에서 회원 자격을 상실한다는 것이며 타이완의 이러한 의석 상실에 대해서는 평결을 할 필요는 없는 것이다."〔쩌우鄒 ①173~174, 「마카오의 숨은 큰 공로자:인도네시아 화교 스뚜미셴澳門隱匿着一位大功臣:印尼華僑司徒眉生」 2005. 1. 23 인민망人民網(http://news.163.com), 젱쿤曾坤 「오늘의 논평我要評論 (1) 중국과 인도네시아 우호 관계 역사에 있어서 어느 화교 출신 공로자에 대해中印友好關係史上的一位華裔功臣」 2005. 3. 30 인민망(http://news.QQ.com)〕

자본주의 대 공산주의——상극하는 레질리언스(resilience)
어쨌든 인도네시아는 일관되게 중국과의 외교 관계를

유지하여 왔다.

  수하르토는 대내적으로는 강경한 반공 노선으로 일관
했지만, 대외적으로는 중립의 위치를 지키면서 형세를 보
고서 움직이는 유형이었다. 또는 중국이 건국된 이후에
비록 공산당이 세운 정권임에도 불구하고 아주 빨리 외교
관계를 수립했던 사실[229]에서도 보이듯이, 초대 부통령 핫
타[230]가 주장하는 바의 '자유·적극Independent and Active 외
교' 노선이 건국 시기로부터 고착화되었고, 그러한 생각이
수하르토에 이르러서도 여전히 계속 유지되었다는 측면
도 간과해서는 안 되는 요인이다. 게다가 인도네시아 경
제를 장악하고 있는 화교의 대다수는 본래 친중적 입장이
었고, 또한 인도네시아의 수출품의 대부분이 중국을 주요
시장으로 거래하던 관계로 중국과 단교하는 것은 바람직
하지 않은 조치로 여겨졌다고 할 수 있다. 결국 여기서는
수카르노 이래의 비동맹 중립이라는 제3세계론의 기본 틀
이 비록 형해화되었다고 하지만 여전히 반둥 정신과 더불
어 효력을 지니고 있다고 보아야 하지 않을까 하는 생각이
드는 것이다.

  그렇다고는 해도 수하르토 정권 시대는 그때까지 수카

르노 시대처럼 경제적 빈곤을 감내하면서 자력갱생으로 자립의 길을 가려 했던 자립 노선과는 정반대로, 선진국으로부터 원조를 받으면서 강권強權 체제 하에서 개발 독재를 힘차게 추진하였던 시기이다. 9·30사건 이후 타이완-일본-미국의 움직임을 살펴보면 우선은 경제 지원의 형식을 취하고서 다음에 통상의 순서로 나아가고자 하였다. 생활의 곤궁과 물자의 고갈로 말미암아 경제적으로 피폐해진 상태에 놓였던 인도네시아 사회에 외부 자본주의 세계의 풍조가 조수가 밀려오듯이 몰려들었다. 이윽고 그러한 자본주의의 조류는 당시까지의 친공산주의적 풍조를 단번에 반공의 정열 쪽으로 바꾸어 놓았다.

이때 수하르토 정부가 주도하는 경제 정책을 입안·추진했던 세력이 미국의 캘리포니아 대학 버클리 캠퍼스에서 수학하였던 인도네시아인 경제학자들이었다. 귀국한 후에 그들은 인도네시아 대학 경제학부를 UC 버클리의 학풍을 모방하는 기지로 만들었고, 그런 연유로 그들은 '버클리 마피아Berkeley Mafia'[231]로 불리기도 하였다. 그들은 우선 당시까지 국유화되어 있던 에너지 관련 국영 기업에 외국 자본의 참여를 가능케 하는 법제화를 시도하였다.

그러한 동향에 힘입어 미국에 인도네시아 천연 자원의 수출이 이루어지게 되었다.〔클라인Klein (상) 94~96〕 그런 미국의 뒤를 따르듯이 인도네시아에 대한 투자를 적극적으로 전개했던 나라가 일본이었다.

공백이 생겨난 틈으로 바싹바싹 밀려들어오는 이러한 자본주의의 자기 증식이라고도 해야 할 끝없이 거센 물결. 그것은 혁명을 추진하는 프롤레타리아의 입장에서 보자면, 혁명에 대항하고 반대하는 문자 그대로 반혁명 세력이었다. 이렇듯 혁명 운동에 대한 일종의 레질리언스resilience[232]라고도 해야 할 복원력이야말로 자본주의에 내재하는 글로벌한 침투력인 것이다.

그러나 수하르토 통치 하의 인도네시아의 경우에는, 개발 독재에 의해 자본주의화와 친미화親美化를 강력하게 추진하기는 했지만, 미국식의 민주화와 자유주의liberalism는 그다지 침투하지 못했다고 하겠다. 미국 역시 인도네시아에게 그러한 자유주의를 요구하지는 않았던 것이다. 그러한 과정에서 일본은 미국의 협력자로서 미국이 용인한 자유주의와는 관련 없는 냉전 정책을 보완하는 역할을 충실히 이행했다.〔간뺨 217〕

마오쩌둥은 문혁이 발동되고 난 후 얼마 되지 않은 시기의 발언에서 '반혁명 노선Counter-revolutionary Line'이라고 불렀던 것을 '혁명 적대 노선Anti-revolutionary Line'으로 바꾸었고, 문혁이 본격적으로 발동되고 난 후에는 다시 '반동 노선Reactionary Line'으로 부르게 되었는데, 이윽고 '부르주아 반동 노선'이라는 발상을 제기하였다고 한다.〔연보6, 2/1966.10.2〕이후에 '주자파走資派'에 대한, '부르주아 반동 노선에 대한 철저한 비판' 캠페인의 봇물이 터졌고, '무력투쟁武鬪'에 의한 노선 투쟁, 숙청극으로 사태가 격화되어 갔다. 문자 그대로 마오쩌둥의 눈에 비친, 자본주의의 격심한 세력과 그에 반발하는 혁명 세력이라는, 쌍방의 레질리언스를 둘러싼 힘겨루기와 같은 양상이, 다름 아닌 마오쩌둥이 발동했던 문혁이라는 혁명극이었다.

세계로부터 고립된 중국을 멀리 벗어나서
게릴라 부대가 일으켜 밝힌
작은 혁명의 동햇불은
어느덧 인민 전쟁의
사나운 불길로 타올랐는가!

제7장 원거리 혁명
——서 깔리만딴 무장 봉기

재건된 인도네시아공산당

9·30사건 당시에는 많은 인도네시아의 요인들이 10월 1일 중국의 건국기념일에 초청되어 베이징에 와있었다. 그 가운데에는 인도네시아공산당 수뇌부도 있었는데, 중국은 귀국을 단념하고서 베이징에 비호를 요청했던 그들을 보호하는 한편 망명을 허락하였다.

1966년 8월 17일 인도네시아공산당은 베이징에서 재건되었다. 중앙정치국은 소련식 수정주의 화평 노선을 포기하고, 수카르노의 나사콤 체제가 아닌 공농工農 연맹을 기초로 한 혁명 통일전선을 결성하여, 반수정주의·인민무장투쟁·혁명통일전선의 3면의 깃발을 들겠다는 자기비판을 공표하였다. 그리고 중국혁명의 길을 따르고 마오쩌둥의 가르침을 좇아 농촌 혁명근거지를 마련해서 무장투쟁을 전개하라는 지령을 발신했다. 이와 관련된 문헌들은 중국공산당의 이론지 『홍치紅旗』(1967년 11기)에 게재되었다. 농민에 기반을 두고, 농촌에서 도시를 포위한다는 유격전·지구전·자력갱생을 주체로 한 린뱌오 국방부장의 '인민전쟁론'의 계승이라 하겠다. 실제로 중국은 국내외 여론 선전에서 인도네시아 인민의 혁명적 무장투쟁을 지지하였고, 농촌부에 깊숙이 들어가 인민전쟁 노선을 추구할 것을 호소하였다.

한편으로 인도네시아공산당이 발신한 문헌으로는 중국의 핵실험 성공·구전九全 대회·국경절·중국공산당 창당 50주년 등의 행사에 보냈던 축사, 사망했던 중국공산당 고관에 보내는 조사, 미제국주의를 비판하는 성명 따위가 중국공산당을 수신자로 해서 보내졌던 것이다. 이후로는 국제공산주의 운동의 틀에 따라 『인민일보』 등에서 각국 공산당으로부터의 공식 성명들과 나란히 인도네시아공산당의 성명도 게재되게 되었다. 인도네시아공산당은 중국이 주도하는 국제공산주의 통일전선의 틀 속에서 재건되고, 중국공산당의 지도와 비호 하에 존속하게 되었지만 정작 인도네시아 본국에서는 괴멸 상태에 처해 있었다. 그들의 메시지가 구체적인 지령과 강령으로서 효력을 발휘했다는 흔적은 보이지 않는다. 그 실태를 말한다면 쌍방향의 연락도 두절되어 버린 상태의, 망명 정당에 불과했다.

이렇듯 중국에 망명한 인도네시아공산당 중앙위원회 대표는 9·30사건 당시, 때마침 병 치료를 위해서 아내와 3명의 자녀와 함께 베이징에 머물렀던 유스푸 아지또롭Yusuf Adjitorop[233]였다. 제2장에서 언급했던 융 창Jung Chang 과 존 할리데이Jon Holiday의 책 『마오Mao』에 따르면 인도 네시아공산당원에 대한 살육을 면했던 정치국원으로 오 직 유일하게 혼자 살아남았던 인물이 때마침 베이징에 있 었던 이 아지또롭이라는 인물이었다. 1995년 인터뷰에 응 했을 적에 그는 '실망으로 기력을 죄다 잃어버린 노인의 모습이었다'고 책에 쓰여 있었다.〔창·할리데이 (하) 292〕 아지또롭은 그 이후 베이징에서 사망하였다.

유스푸 아지또롭이라는 인물

이 아지또롭이라는 인물을 잘 알고 있던 인물을 만날 기 회가 있었다.

2013년 봄, 홍콩의 어느 쇼핑몰에 있는 식당에서 구라 사와 아이코 교수와 함께 그 인물을 만날 수 있었다. 1932 년 생으로 반둥 출신의 리다오밍李道明, 영문 이름은 톰 리 Tom Lee라는 사람이었다. 그의 선조는 광둥 성 메이 현에 서 이민을 왔다고 한다. 리다오밍은 일본에서 와세다 대 학에 유학하던 시절 인도네시아공산당에 가입하게 되었다. 당시 일본에는 인도네시아공산당 지부가 있었으며 일본 공산당과는 우당 관계를 맺고 있었다. 9·30사건이 발생하고 난 후에 리다오밍은 일본 정부에 의해 요주의 외국인으로 감시를 받게 되자, 일본 공산당의 도움을 얻어서 홍콩과 마카오를 경유, 광저우를 거쳐서 베이징으로 건너가 인도네시아공산당과 합류하게 되었다. 이후로 리다오밍은 베이징의 인도네시아공산당에서 중국어와 인도네시아어 통역으로 일했고, 인도네시아에서 보내오는 인도네시아어 자료를 중국어로 번역해서, 중국어판 『인도네시아 인민의 소리』에 게재하는 일을 담당하였다.

그에 따르면 당시 베이징에 망명해 있던 인도네시아공산당 관계자들 사이에는 여러 파벌이 존재해 내분이 끊이지 않았다. 중국 정부는 아지또룹의 계파만을 정식 대표로 인정해 주고 있었다. 실제로 인도네시아공산당 재건 후의 『인민일보』·『베이징 주보』 등을 살펴보는 한에 있어서 인도네시아공산당의 경우에는 유스푸 아지또룹의 이름이 중앙대표단 대표로서 기재되어 있을 뿐 그 밖의 이름은 일체 나타나지 않고 있다.

리다오밍 씨는 1971년에 홍콩으로 이주하여 살고 있다.

더욱이 또 한 사람, 베이징에서 활동했던 인도네시아공산당에 관해서 증언을 해 줄 수 있는 인물이 나타났다. 다름 아니라 인도네시아공산당 의장이었던 아이디트의 장녀였다. 아이디트는 9·30사건이 실패로 끝난 뒤에 숨어있던 중부 쟈바의 잠복처에서 체포, 조사를 받은 뒤에 65년 11월에 처형당했다. 그 아이디트 의장의 장녀의 이름은 이바루리Ibarruri, 보통 이바Iba 여사로 불리고 있었다.

　이바 여사는 이전부터 잘 알고 지내던 구라사와 교수의 자택에 머물면서 여러 날에 걸쳐 구라사와 교수의 청취 조사에 응하고 있었다. 2017년 4월 15일에 구라사와 교수의 권유를 받고서 필자는 교수의 자택을 방문해서 이바 여사와의 인터뷰에 동석하게 되었고, 특히 중국과 연관되는 사항에 대해서 여러 가지 질문을 하게 되었다. 이바 여사는 자신이 알고 있는 일에 대해서는 조금도 감추지 않고서 명쾌히 대답해 주었다.

　이바 여사는 1949년 자카르타에서 태어나 9살 되던 해에 양질의 교육을 받게 하려는 모친의 권유로 여동생과 함께 모스크바로 가서 초등학교에 입학하였다. 9·30사건이 터졌을 때에는 그 직전인 65년 9월 6일에 모스크바로 되돌아가 있었다. 자카르타를 출발하기 직전에 인도네시아 공산당계의 학생 리더에게 떠난다는 사실을 알리자 그는 '라디오를 잘 듣도록 하세요. 큰 사건이 일어날 것입니다'라고 귀띔했다는 것이다. 아마도 그는 쿠데타가 일어날 것임을 미리 알고 있었던 듯하였다. 이윽고 사건이 일어나자 모스크바의 인도네시아 학생회PPI(Perihimpunan Pelajar Indonesia)는 분열하였고, 그 후에 그녀는 모스크바 대학에 입학하였다. 부친이 죽었다는 사실은 자카르타에 있던 모친이 보낸 편지에서 비로소 알게 되었다.

사건 후에 베이징으로부터 그녀에게 와달라는 요청이 전달되었다. 요청을 보내왔던 곳은 아시아·아프리카 인민연대 위원회OISRAA(Organization International Solidarity for People of Afro-Asian)로 그들은 공산당 간부의 자제들이 모스크바에 있는 것을 탐탁하게 여기지 않았던 것이다. 당연히 모스크바 쪽은 간부의 자제들을 베이징으로 보내는 것을 거부하였고, 그들의 중국행은 1970년에 이르고 나서야 겨우 실현될 수 있었다.

1966년 8월 베이징에서 있었던 인도네시아공산당 재건에 대해서도 그 경위를 물어 보았다. 9·30사건이 일어나기 전년도인 1965년 8월에 아이디트가 중국에 와서 마오쩌둥과 회담을 했을 적에 인도네시아공산당 대표단 11명이 당시 베이징에 있었다. 그 가운데 유스푸 아지또룹도 포함되어 있었다. 사건이 발발한 후에 베이징은 계속해서 베이징에 머물러 있던 이들 11명의 대표단만을, 아지또룹을 지도자로 하는 인도네시아공산당의 정식 대표로 인정하였다. 인도네시아공산당에 남아 있던 인사들 중에는 이들 베이징 대표단에 반대하는 세력과 소련으로 가기를 희망하는 사람들도 있어서, 인도네시아공산당은 분쟁과 내분이 끊이지 않았었다.

소련의 모스크바에 있어서도, 소련 공산당이 인도네시아공산당 재건을 시도하여 '인도네시아 청년 단체OIY(Organization of Indonesian Youth)'를 결성해서, 베이징의 인도네시아공산당을 비판하였다. 그러나 모스크바에 있는 인사들 가운데에서도 가입하지 않는 사람들과 중국행을 원하는 당원들도 있었다. 또한 체코나 헝가리 등 동구권 국가에도 인도네시아공산당원들이 있어서 베이징의 대표단에 반대하여 새로운 당을 창당하기 위해 중국으로 왔지만, 베이징 측은 회합을 가지는 것조차도 거부하면서, 기존의

11명의 총의가 전제되지 않는 한에서는 신당은 인정하지 않기로 하였다. 중국에 있었던 인도네시아공산당 당원들 가운데에서도 특히 5165세대(1951년부터 65년 사이에 입당했던 세대들)는, 중국 노선으로의 전환을 천명했던 인도네시아 공산당의 자기비판에 크게 감화를 받은 듯하였다. 그들은 기존 세대를 수정주의자·기회주의자로 부르며 비판하였고, 무투武鬪에 의해서 타도하려고 하는 움직임까지도 보이고 있었다.

중국 측은 인도네시아공산당의 이러한 내분에는 일체 간섭하지 않는 태도를 취하면서, 구태여 자신들의 방식(문혁)을 따를 필요는 없고, 행동주의를 경계하고 자기비판을 지속적으로 행하면서 방침을 확실히 세울 것을 요청했고, 재건된 인도네시아공산당을 분열시키지 않도록 하라고 지도하였다.

이렇듯 그녀를 상대로 한 사정 청취를 통해서 베이징에 망명하였던, 인도네시아공산당 잔당殘黨 간부들의 활동의 실태에 대해 상당히 파악하게 되었다.

이바 여사는 1981년부터 프랑스 파리에서 거주하고 있다.

서 깔리만딴을 방문하다

9·30사건 이후에 공산주의자들에 대한 '빨갱이 사냥'이 전개되었다는 사실은 제3장에서 이미 언급한 바 있다. 일본 신문이 보도하는 쟈바 섬의 동향을 살펴보면 자카르타가 위치한 서부 쟈바에서 인도네시아공산당에 대한 숙청 작업이 차츰 중부와 동부로 확산되어 가고 있는 양상임을 알 수 있었다.

사건 발발 후 얼마 동안은 중부 쟈바의 산악 지대에 대규모로 공산분자들이 집결하였다느니, 중남부 농촌 지역에 공산 세력의 '해방구'가 수립되었다는 등 〔아사히 1965.11.14〕, 동부 쟈바의 마디운Madiun[234] 지역에서는 공산당원들이 지하로 잠입하거나 교외의 산간부로 숨어들었다는 등의 정보〔요미우리 (석) 1965.11.1〕 등등 인도네시아공산당의 저항에 관한 소식이 종종 보도되고 있었다.

그러나 시간이 지남에 따라 군대의 진압, 경찰에 의한 검거와 투옥, 지역민들을 동원한 살해 등이 전역으로 확산되었고, 그로 말미암아 인도네시아공산당의 활동 영역은 급격히 줄어들었고, 더 이상 도망갈 곳도 없는 형편에 이르렀다.

그렇지만 사건 발발 후 거의 2년이 경과한 시점에 생각
지도 못한 지역에서 공산주의자들에 의한 무장 봉기의 횃
불이 타올랐다. 그것은 쟈바 섬의 북쪽, 쟈바 해를 사이에
둔 맞은 편 섬에 위치한 서 깔리만딴이라는 지역에서 일어
났다. 서 깔리만딴은 수천 개가 넘는 섬을 지니고 있는 다
도국多島國 인도네시아[235]에서도 최대의 섬이자 세계 제3
위의 면적을 가진 보르네오 섬 가운데에서 70%의 면적을
차지하는 깔리만딴 지역의, 서·중·남·동으로 나뉜 4개의
주[236] 가운데 하나이다.[237] 깔리만딴은 적도 바로 아래의
고온다습한 섬 지역으로 섬 전체 면적의 75%가 삼림으로
뒤덮여 있다고 한다.

지금은 밀림을 개척하여 기름야자와 고무나무 등 단일
재배monoculture로 특화된 플랜테이션plantation[238] 경영
이 주로 행해져 어디를 가도 동일한 풍경의 임상林相[239]만
이 펼쳐질 뿐이었다. 삼림을 마구 베어냄으로써 오랑우탄
orangutan[240] 등 희귀한 야생 동물이 격감하였고, 숲에 마
구 불을 지르는 탓에 발생한 연해煙害[241]가 남지나해를 가
로질러 건너편 인국 말레이시아나 싱가포르까지 건강상
의 피해를 야기할 정도로 심각한 환경 파괴 문제를 일으키

고 있다.

　서 깔리만딴을 방문하고자, 2015년 9월에 서 깔리만딴의 주도인 뽄띠아낙Pontianak에, 구라사와 아이코 교수, 서 깔리만딴 화인사華人史 연구가 전문인 마쓰무라 도시오 씨와 함께 자카르타에서 가루다 항공편을 이용해 바다를 건너갔다. 그 당시 1시간 정도 비행을 해서 깔리만딴 섬에 접근하자 비행기 창밖으로 보이는 하늘은 온통 안개가 낀 것처럼 자욱했다. 다름 아닌 연해煙害 때문이었다. 공항에 착륙해서 비행기 기체 밖으로 나서고 보니 뭔가를 태운 듯한 냄새가 주변에 가득 풍기고 있었다. 그 순간부터 깔리만딴에서의 사흘 동안, 한 번도 비는 내리지 않았는데 맑은 날임에도 불구하고 해는 거의 볼 수가 없었다.

　조사를 끝내고 자카르타로 되돌아가는 가루다 항공편은 낮에 출발 예정이었으나 뽄띠아낙 공항에서 7시간씩이나 발이 묶이고 말았다. 심한 연해 탓으로 항공기가 한 편도 예정대로 공항에 이착륙을 못하고 있었기 때문이었다. 도쿄에서 다음날 출근을 하기 위해서는 그 날 안으로 도쿄에 돌아가야만 할 형편이었다. 비행기 여객들로 꽉 들어찬 공항 대합실에 앉아서 항공편 결항과 지연의 표시가 죽게시된 이착륙 안내판을 원망스럽게 바라보면서, 걱정이 되어 잠시도 마음을 놓지도 못한 채 초조하게 시간을 보낼 수밖에 없었다. 그러나 이렇듯 연해로 인한 항공편의 지연이나 결항이 일상다반사인 듯 공항 대합실의 현지인들은 아주 태연한 모습으로 자카르타에서 올 항공편을 기다리고 있었다.

때마침 밤이 되어 연기가 걷히자 비행기 한 편 정도가 자카르타로부터 와서 착륙하게 되자 나는 뛰어올라 타듯이 해서 남은 좌석 하나를 간신히 얻어 자카르타로 되돌아올 수가 있었다. 자카르타의 수카르노 하타 국제공항 안을 맹렬한 속도로 뛰고 나서야 나 한 사람 때문에 대기하고 있던 만석의 나리타 행 일본 항공기에 출발 직전 겨우 도착하게 되었다.

문화적으로 살펴보면 서 깔리만딴은 인도네시아 안에서도 가장 독특한 역사를 지니고 있다 하겠다. 마쓰무라 도시오 씨에 따르면 2010년 인구 조사에서 인도네시아 화인華人 인구는 439만 명으로 인도네시아 전체 인구 중에 2%남짓 차지하는 데 불과한데, 서 깔리만딴의 경우는 다른 지역의 화인 수와 비교해서 그 비율이 15% 정도로 매우 높았다. 그밖에 믈라유Melayu 인(수마트라 섬과 말레이 반도로부터의 이주민 또는 아랍계로 주로 해안 지역에 거주하면서 이슬람화한 종족) 40%, 다약Dayak 족(주로 내륙부에 거주하는 비 이슬람 계통의 현지인)이 거주하고 있다. 인도네시아 화인 전체의 14%에 해당하는 60만 명이 서 깔리만딴에 거주하고 있고, 더욱이 주도로서 제1의 도시인 뽄띠아낙과 제2의 도시인 싱까왕 등 연안 지역에 집중되어 있다.[242] 이들 화인은 객가客家 계와 (광둥 성의)조주潮州 계로 나뉘고, 일상 언어 역시 객가어·조주어潮州語를 사용하며, 쟈바 지역의 화인들과 비교해서 중국 전통 문화를 잘 보존하고 있는 편이다. 또한 자카르타로부터 멀리 떨어진 변경 지역에 해당하기 때문에 여타 지역의 대도시에 거주하는 인도네시아 화교 사회와는 달리 인도네시아어와 인도네시아 문화에의 동화라는 측면에 있어서도 그 정도가 매우 약한 편이다. 아울러 과거 인도네시아의 종주국이었던 네덜란드의 식민지 통치를 직접 겪지 않았던 자치령이었던 관계로 전근대적인 그 지역 특유의 통치 시스템이 남아 있었다.

서 깔리만딴 지역의 객가인의 대다수는 18세기 이 지역을 다스리던 술딴[243]이 중국 남부 지역에서 모집해 오게 된 금광 노동자의 후손들로서 19세기 중엽부터 금광이 고갈되기 시작하자 내륙부에서 농사를 짓기 시작하였다. 그들은 단신으로 이주해 왔던 경우이므로 현지의 다약족과 통혼하는 경우가 많았다. 지금은 농촌에 거주하는 대규모 농원 경영자가 대부분 토착화되어 있다는 점도 인도네시아 여타 지역의 화인들과는 사정이 크게 다르다고 하겠다. 한편으로 조주인의 경우는 뽄띠아낙을 중심으로 연안 지역으로 옮겨와서 상업에 주로 종사하였다.〔마쓰무라松村 35~38〕

인도네시아 안의 작은 중화 세계

서 깔리만딴에서는 수많은 중화계의 공회公會[244]·향친회·친목회(연의회[聯誼會])와 학교 등이 있으며, 중화학교에는 교우회가 있다. 중화학교에서는 중국어로 수업을 하였으며, 사상·교육·이념 등의 측면에서 중국의 영향이 강한 편이었다. 제2차 대전 후에는 인도네시아에서 유일하게 화교의 기부에 의한 중화민국 영사관이 뽄띠아낙에 들어섰다. 중화인민공화국을 외교적으로 승인한 1950년 이후로는 중화민국 영사관은 폐쇄되었고, 중화 공회가 중국 영사관의 역할을 대신하게 되었다. 이후에는 친대륙파로 친공산주의 세력이 증가하였던 것이다. 싱까왕에서 90킬로미터 정도 내륙부로 들어간 지역에 있는 벵까양Bengkayang 산에서는 비밀리에 화인 청년들을 모아서 (보르네오 북부의 말레이시아 영토인)사바Sabah와 사라왁 지역에 침투시켜서 말레이시아 연방을 분쇄하기 위한 군사 훈련을 시행한 일도 있다는 연유로, 이 산을 '작은 옌안延安'이라고 부르게 되었다.〔해외교정海外僑情 1967, 교련총간僑聯叢刊 1968, 중연〕

벵까양과 싱까왕에 거주하는 화인들에게 청취 조사를 행했던 바로는 서 깔리만딴의 화인 사회는 친타이완계 반공주의자와 친중국계 공산주의자의 두 그룹으로 나뉘어졌고, 학교도 중국계와 타이완계로 나뉘어졌다고 한다. 그러나 인도네시아는 국적 선택의 의무가 있는데 타이완과는 국교가 없어서 타이완의 국적을 선택하는 것은 불가능하므로 인도네시아 또는 중국 중에서 선택해야만 하고 학교 역시 모두 중국계로 되어 있다고 한다.〔2015.9.21 벵까양에서, 9.22 싱까왕에서 현재 화인과의 인터뷰〕

뽄띠아낙과 싱까왕의 거리에는 자카르타에서는 볼 수

없는 한자 간판이 눈에 자주 띄고, 중화풍의 건축물이 상당히 많은 편이다. 서 깔리만딴의 북부 연안에 있는 인구 25만의 도시 싱까왕에는 그 중심가의 도로 한가운데에 기둥을 황금 빛 용이 휘감고 있는 모양의 '용탑龍塔'이라는 조형물이 있다. 인도네시아에서는 화인 문화를 기피하는 성향이 강하고, 중화적인 조형물은 지금도 원칙적으로 금지되어 있기 때문에 이러한 건축물을 실제로 본다는 것은 매우 드문 일이다. 싱까왕은 화인의 거주 비율이 전체의 약 반을 차지할 정도로 매우 높은 편이다. 현재 시장인 황사오판黃少凡은 그 조상이 광둥 성 메이 현 출신의 화인으로서 화인이 시장을 맡는 것은 인도네시아에서는 극히 드문 경우이다. 그는 2006년부터 시장 직을 맡고 있으며 '용탑'도 시장인 그가 건립했던 것이다.

산지가 많은 보르네오 섬 안에서도 서 깔리만딴은 평지가 많은 편이고, 북부 연안은 습지가 많으며, 북쪽으로는 말레이시아의 일부인 사라왁과 국경선을 접하고 있다.

사라왁에서는 영국에 대항하여 말레이시아에 편입되는 것을 거부한 화인들을 중심으로 한 공산주의 게릴라 활동이 왕성했다. 이에 호응하여 수카르노 시대로부터 북 사라왁에서 서 깔리만딴에 걸쳐서 말레이시아에 공동 대항하도록, 북 살라왁 공산당과의 공동 투쟁 관계에 입각한 게릴라 활동이 전개되고 있었다.

수카르노 대통령은 인도네시아 국군에게 서 깔리만딴에서 사라왁 지역의 게릴라들에게 군사 훈련을 시킬 것을 지시하였고, 그리하여 인도네시아공산당 서 깔리만딴 지부와의 공동 투쟁 관계가 성립하게 되었고, 이윽고 인도네시아 정부의 지원으로 1964년 3월말에 사라왁 인민유격대PGRS(Pasukan Gerilya Rakyat Sarawak)가 창설되었다. 더욱이 9·30사건을 목전에 두고 있던 다음해 9월에는 뽄띠아낙에서 열렸던 회의에서 북 깔리만딴 공산당이 창당되었다. 그리고 10월에는 북 깔리만딴 인민군PARAKU(Paraku Pasukan Rakyat Kalimantan Utara)이 결성되었다.〔마쓰무라松村 109, 하라原〕

'PARAKU北加里曼丹人民軍'[245]이라는 문자가 새겨진 휘장이 앞가슴에 붙어 있는 북 깔리만딴 인민군 군복이 자카르타 교외 루방부아야에 있는 인도네시아공산당 관련의 박물관[246]에 전시되어 있었다. 인도네시아 군이 벌였던 '소탕 작전Operasi Sapu Bersih'[247]으로 말미암아 괴멸 상태에

싱까왕 시 중심가 도로에 건립된 용탑

놓였던 인도네시아공산당 잔존 세력은 서 깔리만딴의 산악 지대를 근거지로 삼아서 인도네시아 소탕 부대에 대항하는 게릴라전을 전개하였다. 또한 최후의 인도네시아공산당의 전투는 1968년의 동 쟈바 블리따르Blitar[248]에서 벌어진 공방전이었다.

서 깔리만딴의 화염산부대

9·30사건을 거쳐서 1966년 말에 현지의 제12군 사령구

司令區 사령관에 의해 현지 화교에 대해, 거주 지구로부터 이동 금지, 소매점의 영업 정지, 상점의 개업 금지의 지시가 내려졌다. 현지 화교는 재산이 몰수된 데다가 연금 상태에 처해졌고, 많은 지구에서 화교에 대한 습격 사건이 발생하고 있었다.〔인민일보 1967. 1. 14〕

이 이후로 서 깔리만딴에서의 화교 박해 상황에 대해서 상세한 보도가 이루어지게 되었다. 쌈바스Sambas에서는 화교 단체 책임자가, 벙까양에서는 화교 농민이 강제 퇴거를 당하고서 뽄띠아낙까지 연행되어 와서, 군사 당국에 의해 무자비한 폭행을 당했다.〔인민일보 1967. 1. 28〕 인도네시아가 말레이시아와 국교를 정상화하고 나서, 1967년 6월부터 인도네시아군은 말레이시아군과 합동으로 게릴라 조직에 대한 소탕 작전을 전개하였다.

한편으로 인도네시아 군이 벌이는 소탕 작전으로 말미암아 괴멸 상태에 처했던 인도네시아공산당 최후의 잔존 세력으로서 서 깔리만딴에서 인도네시아공산당이 활동하고 있었다. 같은 해 초두에 무장투쟁 노선을 채택하고서, 4월에 북 깔리만딴 공산당 유격대 내부에 인도네시아공산당 부대를 편입시킨, 서 깔리만딴·사라왁 연합부대, 별칭 '화염산부대Pasukan Gunung Bara'가 100여 명 남짓의 혁명가들로 결성되었다. 문자 그대로 산악 지대를 근거지로 삼는 게릴라 부대가 탄생하였다.〔하라原 160~172〕

이 유격대에 몸담았던 사람들의 회상록에 의하면, 야간에는 기름야자의 수지를 태워서, 그 불빛 아래에서 마오쩌둥의 저작이나『훙치바오紅旗報』, 그리고 정치 관련의 학습회를 열었다는 것이다. 또한「화염산 근거지」라는 중국어 노래의 가사가 다음과 같이 채보되어 있었다.

"근거지는 좋은 곳, 가난한 이도 부자도 모두 함께, 일이 없으면 먹을 것이 없으면, 집단 생활로 함께 나아가자, 배가 부르고 튼튼한 몸으로, 총을 쥐고서 싸움터로, 적을 만나면 바로 쏘아라.
근거지는 좋은 곳, 서북西北의 전사들이 한곳에 모여서, 총을 잡고서 적을 무찌르네, 적을 무찌르면 모두 도망친다네, 서양인은 몰아내고, 수하르토도 마찬가지라네, 혁명 대중은 반드시 승리하리라."〔린스팡林世芳 외 72~74, 217〕

그런데 화염산부대는 전세의 역전을 꾀하고자, 부족한 총기를 약탈할 요량으로 7월에 사라왁과의 국경 부근에 있는 쌍가우 레도Sanggau Ledo 공군 기지를 기습하여 무기와 탄약을 강탈하였다. 이들 산악 지대에 틀어박혀 있는 게릴라 부대를 인도네시아 당국은 '산쥐山老鼠'로 일컬으며 소탕 작전을 전개하였다.〔리李 ①172〕 실제로 벙까양에서 1936년 출생으로 당시에 31세였던 여성에게 사정 청취를 하였더니 산에 은신해 있던 게릴라들을 '들쥐tikus'라고 부르고 있었다. 이들 게릴라는 체포되어 국군 병사에 구류되어 있었다고 한다. 그런데 그녀의 집안은 반공의 입장이었던 덕분에 내쫓기거나 피난하거나 하지 않고서, 벙까양에 그대로 머물러 있었다.〔2015. 9. 21 인터뷰〕

또한 사라왁 해방동맹 출신으로 화염산부대에 참가하여 게릴라전을 수행하다가, 69년에 인도네시아 군의 소탕전에서 전사했던 예춘호우葉存厚의 처 리윈莉雲의 회고록이 출판되기도 하였다.〔『그리움』 홍콩 톈마天馬 출판 유한공사, 2003년〕

서 깔리만딴 무장 봉기는 사라왁을 포함한 북 깔리만딴의 화인 공산주의 세력과 국제공산주의 통일전선의 틀 안에서의 공동 투쟁의 형태로 전개되어 갔다. 그것은 인도네시아와 말레이시아 연합의 군대와의 사이에서 전투를 거듭하였던, 일종의 유격전이었다.

농촌 혁명의 무대

중국의 언론 매체는 인도네시아 인민에 의한 유격전의 전과를 국제 뉴스로 대대적으로 보도·선전하였다.

『인민일보』에 따르면 서 깔리만딴의 게릴라 군은 각지에서 많은 전과를 거두었다고 한다. 그들의 전법의 대부분은 산림에서 인도네시아 군에 대해 매복 공격을 가해서, 67년 7월 싱까왕 공군 기지의 무기고를 습격[249], 8월 쌈바스, 10월 싱까왕에서의 매복 공격, 각지에서 게릴라 활동 거점을 건설, 11월 벙까양 부근에서 서 쟈바 군구軍區 328부대와 치열한 전투, 송꽁Songkong 지구에서 인도네시아 육군 최강의 정예부대로 투입된 주력군 실리왕이Siliwangi 사단과의 전투, 인민 무장 세력은 남·북 수마트라, 동·서·중부 쟈바, 남·북 술라웨시 지역까지도 확산되었고, 북 수마트라에서는 67년 11월, 메단 부근에서 혁명 무장 폭동이 발생, 68년 2월에는 앞서 언급한 동 쟈바 블리따르에서 300명 남짓의 군경이 무장 봉기한 인민 무장 세력에게 투항, 3월에 서 깔리만딴의 산악 지구에서 인민 무장 유격대 300여 명이 인도네시아 군을 포위, 7월에는 동 쟈바의 어느 밀림 지역에 인도네시아공산당 간부가 요새를 건설하였다 등등의 기사를 보도하였다.〔인민일보 1967.10.31, 11.22, 12.3, 12.29, 1968.1.13, 4.10, 5.6, 5.24, 7.8, 베이징 주보 1968.1.16 등〕

예를 들면『인민일보』1967년 12월 29일자 기사「세계 인민의 위대한 영수 마오 주석이 개척한 중국 혁명의 길을 따라 걸을 것을 결의──인도네시아 혁명 인민은 무장 투쟁을 전개하여 새로운 역사의 페이지를 연다」에는 다음과 같이 쓰여 있는 것이다.

"인도네시아 혁명은 1967년에 중요한 새로운 출발을 하였다. 인도네시아공산당원과 혁명 인민이 전국의 몇몇 주요한 섬과 농촌 지구에서 혁명적 무장투쟁을 시작하였던 것이다. 인도네시아공산당원과 혁명 인민이 결성한 게릴라 전사는 혁명의 총성으로 엄숙하게 선언하였다. 그들은 세계 인민의 위대한 영수 마오 주석이 개척한 중국 혁명의 길을 따라 걸을 것임을 결의하였고, 농민에 의거하고, 무장 투쟁을 시작하여, 농촌 혁명의 근거지를 건립하고, 수하르토·나수티온 파시스트 군사 정권을 타도하고 혁명적 승리를 쟁취하려는 것이다. 혁명 무장 투쟁이 이렇듯 고조되는 것은 인도네시아 혁명이 나아갈 정도征途에 새롭고 위대한 전투의 서막이 올랐음을 말해 주는 것이다.……

자카르타의 반동 신문들이 전하는 기사에 따르면 인도네시아공산당원과 혁명 인민이 서 깔리만딴에서 전개하는 혁명 무장 투쟁은 이미 상당한 규모에 이르렀다. 여러 달 동안 그들은 기선을 제압하여 반동 군대와 몇 차례나 전투를 벌이고, 서 깔리만딴의 산 속에 혁명 근거지를 창건하기 시작했다. 인민 혁명의 무장대는 자신들의 활동 영역에 연병장을 설치해, 게릴라 전사들은 적을 살해하는 훈련을 받으며, 장기전에 대비하고 있다.……

현재 인도네시아공산당은 도시로부터 농촌에 침투하기 시작했고, 평화 투쟁에서 무장 투쟁으로 전환하는 한가운데에 놓였으며, 혁명적 무장 투쟁은 이제 막 첫 발걸음을 떼었다. 당과 인민은 새로운 투쟁 속에서 엄혹한 현실에 직면하고 있다. 그러나 우리의 위대한 영수 마오 주석이 말했듯이 〈혁명 투쟁의 한가운데서는 언젠가, 곤란한 조건이 유리한 조건을 상회하는 일은 곤란함이 모순의 주요 요소이며 유리함이 종속 요소이기 때문이다. 그러나 혁명 당원의 노력에 의해 점차 곤란함을 극복하고 유리한 국면을 열어 가게 되며, 마침내 유리한 국면이 곤란한 국면을 상회하게 되는 것이다.〉 인도네시아 공산당원과 혁명 인민은 두려움을 모르는 영웅 전사로 그들은 격렬한 백색 테러를 쳐부수고 용감히 맞서 싸우는 것이다."

이들 기사의 정보원에 관해서 친중국계의 소식통으로는 신화사 자카르타 지국·『빈민 횃불 신문(자카르타 현지 신문명은 불분명)』이고, 반대로 '자카르타의 반동 신문들'은 안따라 통신을 비롯해 『까미 일보Liputan KAMI[250]』·『희망의 빛Sinar Harapan』·『무장부대보武裝部隊報』·『빤자실라의 불꽃Api Pancasila』·『일요 뉴스Berita Minggu』 등을 들 수 있다.

린뱌오의 인민전쟁론을 실천하다

이 시기에 맹렬하게 대외적으로 선전하였던 것이 린뱌오가 문혁 직전인 1965년 8월에 발표한 『인민전쟁론』이었다. 이 이론에서는 농촌에 혁명 근거지를 수립하고, 이윽고 농촌이 도시를 포위하는 형국으로서의, 인민이 주체가 되는 유격전의 이념을 고취하고 있다. 더욱이 세계 혁명으로서의 마오쩌둥 사상의 이론화가 마오쩌둥 개인 우상화와 함께 강조되었다.

9·30운동의 실패로 인도네시아 전역으로 확산된 공산주의자에 대한 숙청과 화인들에 대한 박해, 게다가 타이완-일본-미국의 서방 진영으로부터의 공세, 소련의 반격 등의 전반적 정세에서 인도네시아에서 피어난 혁명의 가능성의 불꽃은 바람 앞의 등불이라고 하겠다. 한편으로 중국은 국제적으로 고립된 처지이면서도 문혁의 기염을 토하고 있었다. 그 와중에 갑자기 서 깔리만딴의 깊은 산 속에서 유격대가 피어올린 혁명의 봉홧불은 문혁을 치르던 중국에게는 마치 혁명 무장투쟁의 맹렬히 타오르는 불길처럼 비쳤을 것이다. 중국은 그러한 서 깔리만딴의 유격전을 찬양하였고, 인민 전쟁의 모범 사례라고 국제적인 여

론전을 폈다.

당시 베이징에서 인도네시아공산당원으로 활동하였던 인도네시아 화교로서, 앞서 언급했듯이 지금은 홍콩에 거주하고 있는 리다오밍 씨에게 사정 청취를 해보았던 결과, 당시 베이징에는 망명자들에 의한 인도네시아공산당 본부 외에도 북 깔리만딴 공산당의 지부도 있었다고 한다. 그러나 당시의 중국 언론의 보도나 서 깔리만딴의 무장 투쟁에 관여했던 당사자들의 회상록 따위의 기록에서는, 베이징 당국과 서 깔리만딴 사이에 직접적인 연락·지시나 당원들의 왕래 등이 있었음을 보여주는 확실한 증거는 관견의 범위 내에서는 찾을 수가 없었다.

그런데 중국은 인도네시아공산당 간부들을 난징南京에 있는 인민해방군[251]으로 보내었다. 9·30사건 발생 당시에 베이징에는 10월 1일 건국기념일을 축하하러, 초청을 받아 와있던 인도네시아 각계 인사가 약 500명 정도 있었고, 중국 전토에 대략 4,500명 정도의 인도네시아 인들이 있었다. 사건 발생 후에 저우언라이는 귀국을 희망하지 않는 사람, 귀국할 형편이 되지 않는 사람들은 중국에 남을 것을 장려하였고, 더욱이 해외에서 피난하기 위해 중국으로 오는 인도네시아 인들도 존재했다. 그들 중에 인도네시아공산당원 및 그 동조자들을 난징의 군사학원으로 배치하였다.

난징의 군사학원은 1951년에 해방군 간부와 군사교원을 양성하는 학교로 건립되었다. 그러나 문혁으로 말미암아 교육 기능이 정지되고 말았다. 그곳에서 재건된 인도네시아공산당의 당원을 상대로 마오쩌둥 사상 학습회를 열거나 유격전 훈련을 행하거나 하였던 것이다. 이러한 훈련은 깔리만딴의 유격전이 종식된 1968년부터 69년에 걸쳐서 종결되었다.〔Zhou ①56〕

수마트라 섬의 메단으로부터 인도네시아의 화교 난민을 태운 귀국선이 기항하였던 광둥 성 잔장湛江 시와 하이난海南 도 등에서도 중국에 유학하였다가 그대로 눌러앉은 인도네시아 귀국 화교들을 상대로, 인도네시아공산당의 간부 양성을 위한 훈련이 이루어졌다. 그 밖에도 새로이 귀환했던 인도네시아 청년 일부가 문혁 기간 중에 홍위병 조직에 가담했다고 하는 이야기도 전해지고 있다.〔신성바오新生報 1966.12.10〕그렇지만 그들을 실제로 깔리만딴을 비롯한 인도네시아로 파송하여 게릴라전의 지원군

역할을 하도록 했는가에 대한 사실 여부는 아직도 확인되지 않고 있다.

다약족²⁵²과의 민족 분쟁으로 화인들 추방되다

쌍가우 레도 공군 기지 습격 사건으로 인해 수하르토는 뿐띠아낙에 소탕 사령부를 설치하고서, 쟈바 지역에서 '공산당 사냥'에 위력을 발휘했던 정예 실리왕이 사단의 공수부대를 파견하였다. 더욱이 인도네시아 국군은 공산주의 게릴라 토벌 작전을 위해서 그 당시까지도 통혼이나 농사일 협력 등을 통해서 화인 사회와 상호 우호적인 관계를 맺고 있던 다약족을 활용하였다.

당시 『인민일보』의 보도에 따르면 사건의 발단은 인도네시아 정부가 무장 부대를 화교로 위장시켜 다약족을 급습케 함으로써 다약족과 화교 사이의 민족 분쟁을 촉발시켰던 일에 있다고 한다.〔인민일보 1968.2.4〕

이 기묘한 사건에 관해서는 같은 시기 타이완에서도 상세한 보도가 이루어지고 있다. 몇몇 자료를 복합적으로 활용해서 사건을 재현해 보기로 하자.

우선 타이완에서 이루어진 보도 내용은 다음과 같다. 1967년 10월 초순 벙까양에서 어느 (친타이완계)화교 유지가 지역의 다약족 리더[253] 7명을 잔치에 초대하여, 소를 잡아 대접하는 등 환대를 베풀었다고 한다. 반공 활동의 조짐이 나타나는 것을 두려워한 공산당원이 이 7명이 실종되었다는 것을 구실로 다약족에게 이 정의로운 화교의 가족을 보복 살해케 함으로써 폭동을 선동하였다. 그 당시 이 화교와 다약족은 서로 통혼하는 사이로 관계가 좋았기 때문에, 살해 사건이 있었던 지구와는 다른 지역을 습격해서 화교들을 살해하도록 부추겼다. 이후 11월 초순까지의 기간 동안 다약족 2,000명이 폭동에 참가하였다. 화인들은 곧 공산당으로 몰렸고, 현지의 화인을 강제로 몰아내고, 남녀노소를 불문하고서 약탈·방화·살해를 마구 저질렀다. 심지어 100명 정도의 화인이 교회로 피신하였는데 거기에 불을 질러 몰살시켰다. 이 시점에서 살해당한 화교는 보도에 따르면 200~300인 또는 400인 정도라고도 전해지고 있다. 차츰 다약족 가운데에는 인도네시아 원수까지도 모독하면서 '민족 독립'을 외치는 자까지 출현하였다.

11월 26일에 해안 가까이 거주하는 다약족 5,000명이 집결하여 뽄띠아낙의 항만 지역인 중깟Jungkat에서 소요 사태를 일으켰다. 뽄띠아낙과 싱까왕 당국은 화인들에게 중국어로 글을 쓰거나 중국어로 대화하는 것을 금지시켰다. 베이핑北平(베이징)[254]은 서 깔리만딴 화교 박해 사건을 보도하지 않고 있는데, 화교 박해 사태는 대대적으로 떠들어대면서도 이 사건에 대해서는 침묵을 지키고 있다. 이것이야말로 '공산도당(공비[共匪])'의 음모라는 확실한 증거이다. 또한 중국공산당은 서 깔리만딴 공산당 게릴라 부대와 접촉하고, 잠수함으로 무기와 물자를 서 깔리만딴으로 보내주고 있다.

인도네시아 화교는 우리 (타이완)정부에 구원을 요청하고 있다. 화교 난민들은 뽄띠아낙과 싱까왕에 피난해 있으며, 구원의 손길을 기다리고 있다. 싱까왕 화교들의 자산은 그 태반이 현지의 농원에 속하는데, 치명적인 손실을 입었다. 정부는 즉시 조사단을 파견하고, 적십자를 통해서 긴급한 약품·식품을 수송하고, 5~6만 명의 화교 난민을 구제했으면 하는 것이다.〔「중국공산당이 화교에게 재앙을 끼쳤다는 또하나의 확증 : 인도네시아 서 깔리만

딴 화교 처참하게 커다란 재앙을 당하다中共禍僑又一鐵證
: 印尼西加華僑慘罹浩劫」『해외 교포 상황 공산도당 상황 정
계 상황 참고자료海外僑情匪情政情參考資料』제14호, 〈국민
당〉 중앙위원회 제3조 편인編印, 1967. 12. 18(당사관[黨史
館] 소장 556. 1~98), 「인도네시아 서 깔리만딴 화교가 겪은 대
재앙 사건印尼西加華僑浩劫事件」『교련총간』(타이베이) 96집,
1968. 1. 1, 「인도네시아 공산 잔당이 또 다시 발동하여 북
보르네오 화인들을 폭행하고 참살하다印尼殘餘共徒發動新
暴行慘殺北婆華人」『중앙中央 일보』 1968. 1. 12, 「우리 정부
는 식량과 쌀을 보내 인도네시아 깔리만딴 교포를 구조하
다 : 공산도당들의 박해가 전세계의 주목을 끌다我政府捐
食米救助印尼加里曼丹僑胞 : 共匪迫害引起世界注意」『중앙일보』
1968. 2. 23 등등의 문서와 기사를 조합하여 재현하였다〕

또 다른 타이완의 정보에 따르면, 공산당 게릴라 부대가
다약족을 살해했던 것은 인도네시아 군이 다약족 사람을
길잡이나 첩자로 활용하려 했던 일에 대항하기 위해, 다약
족에게 공포심을 심어주려고 했던 의도였다. 그렇지만 이
것이 예상 외로 일이 잘못되어 화인들에 대한 보복을 부채
질한 꼴이 되어서 다약족 사람들이 10월 28일에 피를 담

은 찻잔을 바치는 의식을 신호로 해서 광란의 소동을 벌이며 화인들을 추방하고, 약탈하고, 불태워 죽이고, 살해하는 등의 폭거를 저질렀다고 한다.〔『대중화大中華 일보』 1968. 1. 12, 『중앙일보』 1968. 2. 23〕

다른 한편 중국 측의 보도에 따르면 사정은 다음과 같았다. 인도네시아 군의 소탕 작전에 의해 서 깔리만딴의 인민 무장 세력은 포위 토벌되어 수용소로 보내져 고문을 받았고, 1968년 5월 초순의 시점에서 서 깔리만딴의 화교 난민은 수만 명, 사망자는 4,000명에 이른다고 하였다.〔인민일보 1968. 6. 25〕 타이완은 68년 초에 현지에 식료품·의약품·현금 등을 보내고 있다.〔천陳 450〕

이상에서 보듯 중국과 타이완 사이에 서 깔리만딴 사태를 둘러싸고서 국제 여론전의 양상을 보이고 있었다.

당시 일본 측 신문의 보도에 따르면 「밀림의 수수족首狩族[255]도 참가, 뒤쫓는 일은 급피치——공산 세력에 대한 가일층 '비석飛石 작전' 최종 단계로」라는 제목으로, 실리왕이 사단이 이러한 다약족의 협력을 얻어서 서 깔리만딴의 공산 세력에 대한 토벌 작전을 수행하고 있다는 사실을 다음과 같이 보도하고 있다.

"활, 창, 칼 등을 들고서 작전에 참가한 소박한 다약족에게는, 게릴라와 이 지방에 정착했던 화상華商의 구분 따위는 없는 듯했다. ……다약족에게는 죽인 적의 간을 꺼내 먹으면 그의 힘이 자신에게로 옮겨 붙는다는 식의 전통이 아직도 지켜진다고 한다. 현지에 들어갔던 AP 통신 기자도 '여러 구의 목 없는 사체를 보았다. 살해당한 이들이 250명 정도라고 하지만 실제로는 그 서너 배는 된다'고 보도하고 있다. 화교 상인들은 재난을 피해 뿐띠아낙, 싱까왕, 멈빠와Mempawah 등지의 도회지로 달아났는데, 그 수는 4만 명에 달한다는 소문이다. 그것도 11월 28일자 '인도네시아 대학생 행동전선KAMI'의 기관지[256]에서도 '맨몸으로 도망쳐온 난민들은 먹을 것도 부족하여 아이들을 1kg당 150루피아[257] 정도로 팔아넘기고 있었다'라는 소식을 전하고 있었다."〔마이니치 1967.12.23〕

이와 같이 다약족에 의해 현지 화교들에게 가해진 박해 사건은 '1967년 화인 추방 사건'[258]으로 알려져 있다. 현지 원주민 다약족에 의한 화인 부락에 대한 습격·추방·살해

라는 식의 '민족 분쟁ethnic conflict'으로 파악하려는 시각
은, 인도네시아 여타 지역의 배화 사건과는 양상을 달리
하는 것으로 이해하면서도 인도네시아 국군이 관여하고
있다는 점은 공통된다고 보고 있다.

　마쓰무라 도시오에 따르면 이 사건의 진상은 인도네시
아 군의 군인이 다약족의 수장을 교외로 끌고 가 살해하고
서는 화인 공산 게릴라의 소행으로 꾸몄지만 다약족은 처
음에는 그런 도발에 대응하지 않았다. 이윽고 다약족 지
도부가 화인들은 공산주의자라고 믿게 되었고, 화인들의
권익을 빼앗아 다약족의 우위를 확보하기 위해, '붉은 주
발mangkok merah'[259]이라고 불리는, 전쟁 개시의 신호를
발동했던 일이 추방 행동의 직접적인 발단이었다고 일컬
어진다. 그러한 '붉은 주발'을 받는 의식을 행할 적에 다
약족 사람들은 '붉은 천selampai'을 몸에 걸치기 때문에 서
깔리만딴 현지의 객가인 사회에서는 이 사건을 '홍두紅頭
(Fung Theu) 사건'이라고도 부르고 있다고 한다.〔마쓰무라
松村 129~135〕

　한편으로 다약족이 현지 화인들의 학살에 직접 가담하
지는 않았다는 증언도 존재한다. 본래 교사로 67년에 서

깔리만딴의 무장 투쟁에 참가했던 린스팡林世芳이라는 여성이 펴낸 회상록에 따르면, 스나낀Senakin 마을에서도 수많은 화인들이 죽음을 당했는데, 다약족은 직접 살해에 가담하지는 않았다. 곧 군대의 명령으로 본래의 호송 예정지였던 뽄띠아낙이 더욱 내륙부에 위치한 '일본구日本溝'[260]라는 곳에 있는 수용소로 변경되었고, 그곳에 수용되었던 600여 명 남짓한 화인들의 반수 이상이 굶주림과 질병으로 희생되었다고 증언하고 있다.[261]〔린스팡林世芳 외 24~25, 『귀지르바오國際日報』2003.9.11〕

이 '일본구日本溝'라는 곳은 실제로 존재하는 지명으로 전쟁 중에 이 곳을 점령했던 일본인들이 주변 땅에 수용소를 지었던 연유로 이러한 지명이 붙었다고 일컬어진다. 본래 소택지로 토지는 척박하고 교통이 불편한 곳이었다. 이와는 달리 1943년에서 44년에 걸쳐 일본 군정 하의 인도네시아에서, 항일 음모 계획의 혐의가 있는 사건으로 최대 규모의 검거자·희생자를 내었던 이른바 '뽄띠아낙 사건'과 연관이 있는 수용 시설이었을 거라는 주장도 있다.〔고토後藤 ①149~179〕 이렇듯 인적이 드문 황무지에 날림으로 급조한 수용소를 만들어서 몸에 지녔던 것을 몽땅 빼앗긴 600여 명의 화인들을 강제로 가두어 놓았다.

추방된 화인들의 난민 체험

엄청난 피해를 입고서 박해를 받았던 화인들은 내륙의 거주지에서 싱까왕이나 뽄띠아낙 등지에 육로를 통해 강제 호송되었고, 일부는 배를 이용해 북 사라왁의 꾸칭 Kuching 등지로 탈출하기도 하였다. 다약족의 습격으로 인해 살해되었던 사람은 그다지 많지 않았던 것으로 추정되지만 현지 화교들은 가옥과 재산을 몰수당하는 등의 물질적 피해는 막대하였다. 연안의 싱까왕이나 내륙의 벙까양, 그리고 일본구日本溝 등지에 수백 군데 설치된 화교 난민 수용소에서, 열악하기 짝이 없는 환경 속에 수많은 난민들을 억지로 가두어 놓았던 것이다. 수용소에서는 식량 부족과 비위생적 환경으로 인해 기아와 질병으로 말미암아 막대한 희생자가 나왔다고 전해지고 있다.

1938년 생으로 인도네시아 화인 출신의 저널리스트 리쮀후이李卓輝에 따르면, 서 깔리만딴에서는 1967년 11월 중순에 300명의 화인이 피살되었고, 5만 명의 화교가 내류에서 연안 지역으로 난민이 되어 피난했으며, 68년 5월 시점에서 1,500명의 아동을 포함한 4,000명 정도의 인원이 먹을 음식과 의약품 부족으로 수용소에 갇힌 채로 사망하였다는 것이다. 쌈바스 현의 화인 난민 사무소에 따르면 68년 시점에 쌈바스와 싱까왕에만 3만 5,000명 남짓, 그 밖의 서 깔리만딴 5개 현의 난민이 약 10만 명, 더욱이 서 깔리만딴 치안회복 사령부가 72년 11월에 행했던 보고에 따르면, 피난을 위해 강제 이주되었던 화교 화인 총수는 9만 3,000명 정도로 열악한 환경에 수많은 난민들이 강제로 가두어져 있던 관계로 수용소에서 병사하거나 했던 희생자가 1만 명에 달했고, 물질적 손실액은 50억 불을 훨씬 상회했다고 한다.〔리李 ①27~31〕

수용소 시설로는 본래 수확했던 생고무를 가열하는 공정을 위해 지었던 창고와 공장 건물 등을 대용하였다. 뽄띠아낙에는 5만 명을 넘는 난민이 수용되어 있었고, 어느 수용소에서는 노인과 아이 등 약 800명이 콩나물시루 같이 갇혀서 변변한 식사도 얻어먹지 못하는 형편이었다. 싱까왕에는 60군데가 넘는 수용소가 설치되었다.〔리李 ① 56~58〕

화인 추방 사건 이후 2만 명이 넘는 난민이 해로나 육로를 통해서 말레이시아 사라와주의 꾸칭·시부Sibu로 피난하였다. 또한 자카르타에는 20만 명이나 되는 서 깔리만딴 출신의 이민이 거주하고 있다고 한다.〔리李 ①74~76〕

싱까왕과 벙까양을 찾아가 현지의 화인들에게 인터뷰를 행하였던 바로는 그들이 이구동성으로 이야기하는 바는 이상과 같은 비참한 난민 체험에 대해서였다. 싱까왕의 남성(인터뷰 당시 70세)은 고무나무 수액을 채취하는 일을 했는데, 화인 추방 사건이 일어나자 바로 살고 있던 시바레Sibale에서 사말란딴Samalantan까지는 걸어서, 거기서 싱까왕까지는 차로 가서 겨우 난민 수용소에 입소할 수가 있었다고 한다. 수용소는 창고 한 채로 400명 정도의 인원이 콩나물 교실처럼 들어차 있는 열악한 환경이었는데, 어떤 때는 목조 초가지붕을 한 누추한 떳집을 난민들이 스스로 지어서 거주하는 경우도 있었다고 한다.〔2015.9.22 싱까왕에서의 인터뷰〕

또한 마찬가지로 싱까왕의 남성(인터뷰 당시 78세)은 당시 싱까왕에 살았으므로 수용소에 들어가지는 않고서 현지에서 난민을 돕는 일을 했다고 한다. 난민들은 생고무를 가열하는 공장 건물에 수용되어 있었다. 내륙 오지의 고무 농원을 경영하던 화인들이 쫓겨나서 고무 수액을 채취하는 일꾼들이 사라지자 싱까왕의 고무 산업은 쇠퇴하고 말았다고 한다. 수용소는 열악하기 짝이 없는 환경으로 먹을 음식이 없어서 작은 게를 먹고서 식중독을 일으켜 죽는 사람도 여럿 있었다. 싱까왕에는 난민 2만 명 정도가 있었는데, 인도네시아공산당 관계자는 그 숫자가 절반 정도에도 미치지 못했다고 한다. 공산주의자들은 난민 캠프와는 다른 장소에 억류되어 있었다.〔2015.9.22 싱까왕에서의 인터뷰〕

당국에 협력하는 신분이었던 덕에 벙까양에 머물러 있었던 여성(인터뷰 당시 79세)의 경우는 형제나 친척은 대부분 싱까왕으로 피난했다고 한다. 숲으로 달아나는 이는 죽음을 당했고, 해안으로 가는 이는 안전했지만, '붉은 주발 mangkok merah'이 마을에 돌고 나서는 다약족에게 쫓겨났고 토지도 모두 몰수당했다고 한다.〔2015.9.21 벙까양에서의 인터뷰〕

싱까왕은 인구 20만 명 가운데 60%가 화인들이어서 전통적인 절들이 많았고, 교외의 언덕에는 광대한 공동묘지

싱까왕 시 교외 언덕에 조성된 중국인들의 묘지

가 조성되어 있는데 묘비가 한자로 새겨진 묘석들이 시야를 가득 메우고 있었다. 지금은 이렇다 할 만한 산업이 없지만 화인들의 생활 형편은 그리 나쁜 편은 아니었다. 왜냐하면 타이완·말레이시아·싱가포르·홍콩 등지의 독신 남성에게 시집가는 여성이 많아서 친정에 송금을 하거나 집을 지어주는 가정이 많았기 때문이었다. 화인 추방 사건으로 인해 부모와 친척을 잃은 여성들이 많았고, 그 결과 해외로 시집가서 생활을 꾸려가려는 의도가 있었다. 특히 타이완의 경우에는 싱까왕에서 시집 온 여성들이 많

아서 홍콩 등지와 합치면 1971년 이후로 3만 명 이상을 상회한다고 한다.〔리李 ①90~91〕

　본래 다도국多島國인 인도네시아 안에 살면서도 서 깔리만딴의 화인들은 그 광대한 땅덩이와 인적미답의 원시림으로 인해 개발의 혜택을 입지 못했고, 수도 자카르타로부터 멀리 떨어져서 조용하고 얌전하게 작은 농원의 커뮤니티 내지는 연해 도시 지역의 소규모 소비 상권 안에서 살아왔다. 9·30사건 이후 '빨갱이 사냥'이 인도네시아 전역을 뒤흔들었을 시기에도 추적의 손길이 뻗쳐오는 일은 없었다. 오히려 조국 중국으로부터의 정치 선전, 사라왁의 유격 전사들과 반말레이시아 연합과의 연계 속에서 공산주의에 대한 일정한 유대감을 느끼고 있었다.

　그러나 우연히도 그곳이 게릴라 활동의 거점이 되는 바람에 그때까지 우호적 관계를 맺어 왔던 다약족 사람들의 공격 표적이 되고 말았다. 게다가 그들의 배후에서 조종을 하는 인도네시아 국군에 의해 연고지에서 쫓겨나고, 정들었던 토지를 몰수당하고, 얼마 안 되는 재산마저도 포기하고서 연해 지역의 변변찮은 수용소에 갇히고 말았다. 어떤 이들은 의식주가 열악한 환경 속에서 굶거나 병들어 죽었고, 가족과도 뿔뿔이 헤어지고 일자리도 잃고 말았다. 정치와는 무관계하게 살아 왔던 사람들이 어느 날 갑자기 어쩔 수 없이 정치에 농락당하는 비참한 운명으로의 전락을 강요당하였던 것이다.

일종의 '원거리 혁명'으로서

여기서 9·30쿠데타와 그 실패, 이윽고 2년 뒤의 서 깔리만딴의 무장 봉기에까지 이르는 동향을 혁명이라는 시점에서 되돌아보기로 하자.

인도네시아의 경우는 수카르노 대통령과 마오쩌둥·저우언라이·류사오치·천이 등과의 수뇌 회담을 통해, 또는 인도네시아공산당과 중국공산당과의 국제공산주의운동 통일전선의 틀에 근거한 공산당끼리의 교류를 통해서 수뇌·당黨·국가 간의 밀월 관계가 건국 이래로 꾸준히 유지되어 왔다. 인도네시아공산당의 정치 노선과 혁명 운동에 있어서, 또는 9·30쿠데타의 시나리오에 있어서는 중국공산당에게서 교사·지도 및 물질적 및 정신적 원조를 받으면서 인도네시아라는 지역에서 혁명적 실천을 기도하였다.

양자 사이를 갈라놓은 물리적 거리는 멀지만 쌍방의 관계는 훨씬 직접적이다. 그것은 양자가 동일하게 제3세력에 속하고, 서방의 자본주의 세력 및 식민지 세력과 투쟁하며 민족 해방을 지향한다는 동지적 결합 관계에 있기 때문이다. 그런 의미에서 인도네시아 혁명은 말하자면 '원거리 혁명Long distance revolution'이라고 부를 수 있는 유형이다. 여기서 '원거리long distance'라는 용어는 본국으로부터 멀리 떨어져 있으면서도 정치·경제·사회 체제에 있어서 일정한 연속성을 확보하고 있고, 본국 이상으로 순수하고도 과격한 혁명이 연출되었다는 사실을 의미한다. 베네딕트 앤더슨Benedict Anderson이 말하는 '원거리 민족주의 long-distance nationalism'[262][앤더슨Anderson 126~127]의 개념을 본떠서 만든 표현이다. 본국으로부터 발신하고서 멀리 떨어진 원격지에서 일어나는, 본국과 꼭 같으면서도, 때로는 본국보다도 훨씬 격렬한 혁명이 일어나는 것이다.

당시까지 나사콤 체제 하에서 최대 정당인 인도네시아 국민당과 협력 관계에 있었고, 이슬람 정당과 나란히 세력을 삼분하고 있던 인도네시아공산당은 이윽고 의회주의를 포기하고서 단번에 정권을 탈취하려는 야망을 품고서 육군을 동원한 쿠데타라는 방법을 채택하였다. 그러나 마찬가지로 육군에서 우위를 점하고 있던 반공 세력에 의해 쿠데타는 진압되고, 수카르노는 실권을 상실했으며, 도리어 반대 세력인 수하르토에게 정권을 빼앗기고 마는 결과를 초래하고 말았다.

마오쩌둥은 이것을 무장 투쟁에 의한 혁명 노선에서 보자면 불철저한 혁명이었다고 비판하였다. 그는 제4장에서 논의했듯이 9·30운동 실패의 교훈을 되살려서 그로부터 1년 후에 발동하였던 문화대혁명에서는 권력 내부의 투쟁이 아니라, 밑으로부터의 대중 동원 방식이라는 새로운 방법을 채택하였다. 그렇게 함으로써 류사오치를 비롯한 실권파에게서 권력을 쟁취하는 투쟁, 곧 궁정 쿠데타를 성공으로 이끌었다.

서 깔리만딴의 무장 봉기는 더욱 과격한 형태를 띠게 되었다. 인민이 근거지에 기반을 두고서 무장 세력을 조직하고, 무기를 탈취해서 유격전에 착수하였다. 그러나 인도네시아 국군의 소탕 작전에 의해 진압 당하고, 공산주의자 이외의 화교와 화인까지도 또한 희생을 당하였다. 중국은 무장 봉기를 지지하고 국제 여론전에서 그 위업을 찬양하였다. 그러나 9·30사건 실패 후와 마찬가지로 인도네시아공산당의 해체, 현지 화교들에 대한 박해와 배척이라는 최악의 결말을 야기하고 말았다.

이렇듯 마오쩌둥이 국제 사회를 향해 주창하였던 세계 혁명의 망상은 혁명이 수출되었던 지역에는 사회 질서의 동요, 전통적 가치관과 도덕 관념의 부정, 폭력을 용인하는 기풍을 조성하고, 결과적으로 파국catastrophe과 혼란 chaos만을 초래했을 뿐이었다.

혁명이 꿈꾸었던 사회주의의 이상은
남김없이 시들어 버리고 말았다
고도로 발달한 자본주의가
세계를 뒤덮고 있지만
밝은 미래 사회는 보이지 않는다

제8장 참담한 혁명
——유토피아의 종언

인도네시아 군의 소탕 작전으로 진압되다

서 깔리만딴에서 일어난 무장 봉기는 단기간 내에 끝나버리고 말았다.

인도네시아 군의 정예 부대가 사태 진압을 위해 현지에 파견되었기 때문이다.

1967년 7월 게릴라 세력의 기습 공격을 받았고, 8월 이후로는 서 깔리만딴의 무장 세력에 대해 인도네시아 군은 쟈바·수마트라에서 9천 명 정도의 병력을 파송해서 진압에 임하도록 하였다. 게다가 사바·사라왁 지역의 말레이시아 편입에 반대하는 세력을 억제하려는 말레이시아 군과도 연계하여 합동 군사 소탕 작전을 전개하였다.〔인민일보 1968.6.11, 7.25〕

이러한 합동 작전이 채택되었던 배경에는 우선 인도네시아공산당이 '말라야 공산당MCP'[263]과의 우당 관계에 있다는 사실이 있고, 국지적으로는 북 깔리만딴 공산당과 인도네시아공산당이 군사 협력 관계를 맺고 있는데, 게다가 이들의 배후에 혁명 외교를 전개했던 중국공산당의 존재가 있었기 때문이었다.

한편으로 사라왁 인민유격대와 인도네시아공산당 부대

의 연합부대인 화염산부대의 경우는 기습 작전은 성공하였지만, 여타 세력과의 연계는 제대로 이루어지지 않았고 국군의 토벌 작전에 의해 서 깔리만딴의 무장 세력은 심대한 타격을 입었다. 9·30사건 이후의 수하르토 정권의 배화 정책으로 인해 화인계 학교 역시 대부분 폐쇄되고 말았다.

수많은 화인 청년들은 불만과 격정에 사로잡혀 혁명 사업과 게릴라 부대에 투신하였다. 산속에서 굳게 버티는 게릴라 전사들에게 지역의 화인들이 은밀히 제공해 주는 음식은 생명줄이나 다름없었다. 그러나 이윽고 '화인 추방 사건'에 의해 현지의 화인들은 죽음을 당하거나 내쫓기고 말았다. 근거지의 물고기들은 인민이라는 바다를 잃어버리고 만 것이다. 게릴라 부대는 연해변 일대로 활동 거점을 옮기고서 수하르토에 반대하는 삐라를 뿌리는 등의 지하 활동에 돌입하였다. 그것이 도리어 당국의 감시망에 걸려들어, 체포를 당해 고문을 받고, 자백 등을 통해 조직은 와해되고 말았다.

서 깔리만딴 출신으로 화염산부대의 리더였던 소피안 Sofyan은 1974년 1월 토벌군에게 포위되어 죽음을 당했다. 이로써 게릴라 전사들의 9년에 걸친 항쟁은 실패로 끝나고 말았다.

실패의 원인에 대해서 유격대 전사들 쪽의 기록에서는 다음과 같이 총괄하고 있다.

"주관 원인 : 혁명 이론에 대한 인식이 얕고, 정치적으로는 좌경 기회주의로, 명확한 투쟁 강령을 내세우지 못했고, 총을 들기만 하면 정권을 세울 수 있을 거라고 안이하게 믿어 버렸다.

객관 원인 : 수하르토 정권의 강대한 힘에 의해 조직 내부에 수많은 변절자가 생겼고, 붙잡혀서 변절자로 전향하였고, 간단히 체포·살해당하여 혁명 분자가 사라지고 말았다."〔린스팡林世芳 외 213〕

사라왁의 게릴라는 북쪽 국경을 넘어서 사라왁으로 되돌아가 버렸다. 잔존하던 인도네시아공산당 게릴라 조직은 1973년에 괴멸하였다.〔하라原 160~172〕

수카르노의 만년

그런데 수도 자카르타의 상황은 어떠했을까?

9·30사건 이후는 여전히 정계와 군부에 수카르노의 잔존 세력이 은연히 영향력을 유지하고 있었다.

10월 14일에는 육군상 겸 육군참모장이 되었던 수하르토가 서서히 수카르노의 절대 권력을 허물면서, 인도네시아 사회 각계에 포진했던 공산주의 세력을 인사와 검거를 통해 제거해 나갔다.

인도네시아에 대한 경제 지원책을 추진했던 일본 쪽도 또한, 일찍부터 가와지마 쇼지로 자민당 부총재나 사이토 시즈오 주 인도네시아 대사 등은 '건국의 아버지'[264]인 수카르노에 대한 개인적인 친근감에서 인도네시아의 정치적 안정을 위해서 그가 일정한 역할을 맡아주기를 기대하였다. 그와 동시에 수하르토의 반공주의 정책 또한 지지하였다.

수하르토는 1966년 3월 11일 복심인 육군 장성들[265]을 시켜 수카르노에게 압력을 가해서, 필요로 하는 모든 조치를 취하게끔 대통령 권한을 수하르토에게 이양하는, 이른바 '3·11명령서', 곧 '수쁘르스마르Supersemar'를 작성해서 수카르노의 서명을 받아 내었다. 곧바로 3월 12일에 수하르토는 인도네시아공산당을 불법화하여 금지시키고, 내각 안의 용공파 각료들을 체포·구금하고[266], 수하르토 자신을 지지하는 육군 최정예 사단인 반둥의 실리왕이 사단을 자카르타로 진주케 하여 수카르노 대통령궁의 친위대를 해산시켜 버렸다.

그런데 이 '수쁘르스마르' 명령서는 그 진위 여부조차도 확실하지 않은 것이다. 원본 문서는 아직도 발견되지 않고 있고, 남아 있는 것은 몇몇 앞뒤가 안 맞는 형식의 복제품뿐이다.〔구라사와倉沢 ③85~104〕

일본 언론은 이 날에 벌어진 사건을 「일종의 무혈 쿠데타」라고 기사 제목을 달고서, '9·30사건 이래로 인도네시아 국내 정치 역학 관계의 변화가, 이제는 결정적인 단계에 도달했다는 사실을 말해주고 있다'고 논평하였다.〔아사히 (석) 1966.3.12〕 더욱이 전문가 대담에서는 「붕괴해 버린 수카르노 체제——경제에 대한 무책이 탈이 되다 민심도 대통령에게서 떠나버렸다」라는 제목이 달려 있었다.〔요미우리 1966.3.13〕

반수카르노 공세가 강화되는 가운데 수카르노는 군부 내

의 지지자를 모아서 반격을 시도하려는 움직임을 보였다.

다음해인 1967년 1월 중순부터 육군 수뇌부와 아담 말리크 외상은 수카르노 스스로 수하르토에게 정권을 이양하고, 공산당을 비난하는 성명을 발표하며, 인도네시아에서 자진 출국하는 것을 승낙한다는 식으로 수카르노의 심리를 동요시키는 작전을 펼쳤다.

이러한 요청에 부응하여 수카르노에 대한 설득의 임무를 맡았던 인물이, 앞서 여러 차례 언급했던 바 있는 수카르노의 특사 쩌우쯔머였다. 이미 수카르노의 정치 생명은 끝나가고 있으며, 민심도 이반해 버렸다는 사실을 깨달았던 쩌우쯔머는 수카르노가 죽음을 당해 내전이 벌어지는 상태를 피하고, 수카르노 개인의 생명을 지키기 위해서는 그의 전적인 신임을 얻고 있는 자신이 나서서 임무를 완수하는 수밖에 없다고 생각했었을 것이다.

수카르노와 두 사람만의 회담은 2주 동안에 걸쳐서 13회나 이루어졌다. 그러는 사이에 수카르노가 머물고 있던 독립궁은 육군 헌병대가 완전히 에워싸고 있었는데, 사실상 연금 상태에 놓여 있다는 사실을 당사자인 수카르노는 전혀 눈치 채지 못하고 있었다. 2월 22일 수카르노는 결국 승복하고서 수하르토에게 공식적으로 권력을 이양하는 식전이 거행되었다.[267] 수카르노는 국외 추방은 면하게 되었지만 4월말에 자카르타의 독립궁에서 쫓겨났고, 반년 후에는 보고르의 독립궁에서도 쫓겨나고 말았다.

1970년 6월 21일 수카르노는 유폐된 채로 여생을 보내던 자카르타 시내 데비 부인의 사저인 야소Yaso 궁[268]에서 69세로 생애를 마쳤다. 그의 유골은 모친의 고향인 동부 쟈바의 블리따르시 교외에 있는 모친의 무덤 옆에 나란히 안장되었다. 이슬람식으로 작은 돌을 나란히 깔고서, 표지석만을 설치한 소박한 무덤이었다.〔쩌우鄒 ②31~82〕

수카르노의 사망 소식을 접한 저우언라이는 수카르노의 둘째 부인 하르티니Hartini와 셋째인 데비 부인 앞으로 다음과 같은 내용의 조전을 보냈다.

"수카르노 박사[269]의 서거에 즈음하여, 삼가 깊은 애도와 진심으로 위문의 뜻을 표합니다. 부디 슬픔을 자제하시기 바라옵고, 나라를 위해 애도 드리는 바입니다. 수카르노 박사는 인도네시아 인민이 민족 독립을 쟁취하는 것을 이끌었던 대통령입니다. 고인은 반둥 회의를 개최하여 아시아·아프리카 인민의 단결과 반제국주의 과업을 촉진하는 일에 공헌해 왔습니다. 고인은 인도네시아의 국제연합 탈퇴를 선포하며, 국제연합이 소수의 강대국이 농간을 일삼는 장소가 되었음을 분명히 밝히셨습니다. 이것들은 모두 인도네시아 인민과 아시아·아프리카 각국 인민에게 있어 잊을 수 없는 일입니다. 인도네시아 반동 세력은 일시적인 현상에 불과합니다. 우리는 인도네시아 인민이 마침내 미제국주의와 그 주구인 파시스트의 지배를 타도하고서 진정한 독립과 해방을 획득할 날이 오리라는 것을 믿어 의심치 않습니다. 저우언라이가 1970년 6월 27일 베이징에서."〔인민일보 1970. 6. 28〕

9·30사건에 관해서는 '인도네시아 수하르토 파시스트 군인 집단이 CIA의 책동을 받아 일으킨 반혁명 쿠데타이며, 수카르노 대통령에게서 권력을 찬탈하고서, 연금 상태로 가두었다'고만 언급하고 있다.〔위와 같음〕

인도네시아의 짧은 봄날

이쯤에 이르러서 9·30사건이 야기했던 세계사적 영향에 대해서 여러 관련되는 사항들을 두루 살펴보기로 하자.

인도네시아는 건국·독립 이래로 중국과 정식으로 국교 관계를 수립·유지해 왔으며, 중국은 수카르노 대통령과의 친밀한 관계를 공고히 하면서, 인도네시아공산당을 물심양면으로 지원해 왔다. 공산주의자에 의해 시도된, 정권 탈취를 위한 쿠데타의 실패는 비공산권 국가 중에서 최대 당원 규모를 자랑하는 인도네시아공산당의 해체, 중국과의 외교 관계 동결, 전역에 불어 닥쳤던 공산주의자에 대한 학살과 사회적 폭력, 국내의 화교와 화인들에 대한 박해 등등, 동란과 파괴를 야기하였다.

공산당원이 죄다 죽음을 당하고 검거·구속되는 와중에 발생했던 서 깔리만딴의 무장 봉기는 민족 분쟁이라는 형태를 띠었지만, 실제로는 국군에 의해 단기간 내에 진압되었고, 그로 인해 공산주의 세력이 인도네시아에서 일소됨으로써, 인민 봉기에 의한 혁명의 달성이라는 꿈은 악몽으로 바뀌어 버렸다.

수카르노가 추진했던 용공적이고 반제국주의적 정책

은, 수하르토 정권 하에서 반공적인 개발 독재 정책으로 방향을 바꾸었다. 9·30사건 그 자체는 인도네시아 국내에서 일어난 쿠데타였지만, 사건은 당시까지의 세계의 조류를 거대하고도 불가역적으로 바꾸어 놓은 경계점이 되었다. 문자 그대로 수카르노로부터 수하르토에게로의 체제 전환regime change[270]이었으며, 그런 수하르토 정권의 국시는 '신질서Orde Baru'였다.

9·30운동의 실패는 제2회 AA 회의의 유회가 상징하듯이 반제국주의·반식민주의를 위해 비동맹의 신흥 독립국들이 연합한다는 '반둥 정신'이 와해되었음을 의미하는 것이었다. 1955년 반둥 회의의 다음해에 현재화顯在化했던 중소 대립에 의해 사회주의권 내부의 결속이 허물어져 통일 전선이 헝클어졌고, 중국과 인도의 밀월 관계는 대립·분쟁의 국면으로 전화되었다. 이 무렵부터 이미 '반둥 정신'이란 것은 무너지기 시작하였다.

또한 사건의 결과로 중국은 인도네시아 화교 난민들을 받아들였고, 국내 여론 매체를 동원해 수하르토 정권을 파시스트 정권이라고 비난하였다. 타이완을 거점으로 일본과 미국이 가세하는 방식의, 대 인도네시아 경제 지원의 움직임에 대해서는 미제국주의·타이완 반동 세력의 음모라고 비판을 되뇌는 수밖에 없었다. 베이징에서 재건되었던 인도네시아공산당으로는 인도네시아 국내의 혁명 운동에 대해 직접적으로 지원하는 효과는 거의 거두지 못했다. 중국의 국제적 고립은 결정적이 되어 버리고 말았다.

그러나 체제 전환에 성공했던 수하르토 정권도 또한 장기 집권으로 체제를 유지하기는 했지만 안정된 상태를 지속하지는 못했다.

1997년 7월에 태국 밧baht[271]의 하락이 발단이 되어 이내 아시아 제국에 연쇄적인 금융 위기가 발생하였다. 이러한 금융 위기는 인도네시아 화폐 루피아의 급락을 불러왔고, 금융 위기와 신용 불안이 초래되었다. 인도네시아 사회는 인플레와 실업에 허덕이게 되었다.

1998년 3월 7선[272]에 성공했던 수하르토 대통령의 정권은 국제통화기금IMF에 400억 불에 달하는 긴급 차관 지원을 요청할 수밖에 없었던 것이다. 수하르토의 권위는 추락하였고, 독직과 부패로 얼룩진 이른바 '수하르토 패밀리'의 타락상[273]에 대한 국민들의 원성은 하늘을 찌를 지경이었다.

5월 12일 자카르타의 뜨리싹띠Trisakti 대학에서 일어난 학생 데모가 발단이 되어, 대학생들은 수하르토 타도를 외치면서 정부 기관에 대한 항의의 목소리를 높였다. 그러나 이러한 학생 운동이 다음날부터는 수도 자카르타를 중심으로 하여 화인들을 대상으로 삼는 폭동 사태로 양상을 변질시켜 나갔다. 폭도들은 수마트라 섬과 쟈바 섬 각지에서 화인들의 상점과 농원 및 주택을 습격하고, 재산을 약탈하고 부녀자들을 폭행하였다. 어떤 통계에 의하면 자카르타 한 지역에서만 1,190명이 불에 타죽었고, 27명이 총격 및 기타 이유로 피살되었으며, 91명이 중상을 입었다고 되어 있다. 파괴된 건물만 1만 채 가까이 되었고, 물질적 피해는 2.5조 루피아에 이르렀다.〔황黃 282~289〕

이러한 1998년의 민주화 물결이 수하르토 체제를 무너뜨리고, 인도네시아의 정치에 봄이 왔음을 알렸다. 이윽고 화인 문화는 존중 받게 되었고, 정부 당국의 이유 없는 규제와 명백한 괴롭힘도 사라졌으며, 화인 정책의 방향은 호전되었다.

그렇지만 현재의 조코 위도도Joko Widodo[274] 정권에 이르러서도 9·30사건은 여전히 공산주의자들의 음모였다는,

수하르토 이래의 고정된 인식의 틀 자체는 변함이 없다. 반공의 국시 또한 흔들림 없이 여전히 굳건한 상황이다.

그렇지만 사건이 일어난 시점에서 반세기가 지나서, 이제 점차로 사건 자체와 그 이후 대규모 학살로 이어졌던 역사적 비극에 겹겹이 덧씌워진 터부가 벗겨지고 있다고 하겠다. 인도네시아 정부는 2016년 4월 18일 정부 관계 각 부서 책임자와 피해를 입었던 생존자들을 소집하여 대규모의 심포지엄을 주최한 바 있었다.[275]

그렇지만 이러한 행사가 사건의 진상 규명을 위한 조사의 기폭제가 될 수 있을는지의 여부는 향후 추이를 지켜보아야만 할 것이다. 현 시점에서는 국민들 사이에 공산주의에 대한 증오와 공포심이 여전히 가시지 않은 형편이고, 국민 화해와 통합으로 나아가는 길은 여전히 요원하다고 할 수 밖에 없는 상황이다.

수하르토 정권이 무너지고, 민주화의 물결이 인도네시아에 봄이 왔음을 예감케 한다고 해도, 수카르노 시대 말기부터 이미 퇴적되어 왔던 '반둥 정신'이라는 폐허의 잔해는 여전히 청소되지 않고 있다 하겠다.

홍위병 운동의 격화

그런데 문혁 발동 이후의 본고장 중국의 상황은 어떠했을까?

문혁에 대해서는 이때까지 연구서·통사·개설서의 종류는 중국뿐만 아니라 일본과 미국에서도 허다하게 출판되고 있다. 체험자 특히 고초를 당한 수난자들의 기록과 문혁을 제재로 다룬 소설류의 작품들도 매우 많은 편이다. 그러한 업적이나 작품들을 근거로 해서 다시금 여기서 문혁 10년의 역사를 되풀이하여 채록하는 일은 지면의 여유도 없거니와 번거롭기 그지없는 일이라 하겠다. 그런 류의 작업은 또한 결국에는 문혁의 발생에서 국내의 혼란을 거쳐서 4인방의 체포에 이르기까지, 중국이라는 한 국가의 내부적 사건으로서만 그 과정을 추적해 보는 식의, 기존의 문혁 10년사의 이야기를 되풀이하는 것으로 끝나기 십상이다. 말하자면 문혁이란 중국공산당 수뇌부의 노선 대립에 수반되는 권력 투쟁을 내적 요인으로 해서 발동되었고, 국가 지도층부터 말단 조직에 이르기까지 권력 투쟁이 격화되고, 확대되어 갔다는 식의 스토리텔링인 것이다.

세계사의 시점에서 문혁을 다시금 파악해 보려는 이 책

의 입장에서는 본국에서의 문혁의 동향을 추적하면서도 동시에 국외의 정세나 동향 등도 두루두루 살펴왔다. 문혁의 전개를 글로벌한 국제 정세의 관점에서 새의 눈처럼 조감해 보고, 동시에 문혁을 발동·추동해 왔던 마오쩌둥의 시점에서 곤충의 겹눈 같은 복안적 접근법을 여기서도 시도해 보고자 하였다.

홍위병 운동은 순식간에 전국으로 확산되었고, '4구四舊 (구사상·구문화·구풍속·구관습)를 타파하자'고 외치면서 오랜 건물과 문화재를 파괴하고, 사람들을 집단으로 린치하거나 폭행을 가하는 등의 소동을 부려, 각지에서 혼란과 폭력의 풍조가 격화되어 갔다. 학생뿐만이 아니라 노동자와 심지어 군대 내에서까지 '조반파'를 자처하는 집단들이 도당을 결성해서, 적대하는 세력이나 평소 고깝게 생각했던 사람들을 '보수파'니 '주자파走資派(자본주의 노선을 추구하는 실권파를 지칭)' 따위로 지목하여서 무장 투쟁을 되풀이하였다.

우한에서 1967년 7월 노동자와 군대 내의 과격화한 조반 조직인 '삼신이사三新二司'[276] 및 '삼사三司'[277]와, 이들의 과격한 행동을 억제하려 들었던 우한 군구軍區의 보수파 조직 '백만웅사百萬雄師'[278]가 서로 무장하여 충돌하였던 '대중 항쟁抗爭' 사태가 벌어졌다. 그러자 마오쩌둥 스스로가 우한으로 가서 사태를 진정시키고자 노력했지만, 도리어 베이징에서 파견되어 왔던 왕리王力 등[279]이 '백만웅사' 조직에 감금당하는 등 사태가 더욱 긴박해지고 말았다. 이윽고 위험이 닥치자 마오쩌둥은 어쩔 수 없이 우한을 탈출하여 상하이로 피신하였다. 린뱌오는 중앙문혁소조를 개최하여 우한의 항쟁을 '7·20사건'[280]이라고 일컫고, 이것은 '반혁명 폭란'이라고 규정하여 군대를 출동시켜서 '백만웅사' 조직을 해산시켜 버렸다.〔연보6, 101~105/1967.7.18~7.24〕 문혁의 파벌 항쟁이 내전 상태로까지 격화되었던 것이라 하겠다.

무투武鬪[281]와 비판의 연쇄적 악순환이 멈추지 않고서 당·학교·직장으로까지 범위가 확산되었고, 중앙으로부터 지방·주변부로까지 퍼져 나가고, 투쟁의 수단과 방법이 점차 과격화되는 양상을 띠었다. 계급투쟁에 의해 '주자파'들을 도려내고서, 자기비판을 촉구하여 숙청해 간다는 행위가 도리어 파벌의 균열을 낳고 분파 항쟁의 양상을 드러내고 있었기 때문이다.

그런데 중국은 외국과의 관계가 단절되어서, 일종의 쇄

국 상태에 놓여 있었기 때문에 애초부터 자본가나 부르주아지가 암약할 여지는 없었다. 자본주의·제국주의 세력과의 투쟁을 아무리 외쳐도 중국 국내에서는 전개해 볼 도리가 없었던 것이다. 그래서 투쟁과 타도의 대상으로 인민 내부에 적들을 찾아내어, 이들은 '주자파'이므로 인민의 적이라고 지목함으로써 자기 정당화의 증거로 삼는 동시에, 숙청에 가담함으로써 혁명에의 자신의 충성심을 행동으로 보이고자 했다.

그렇다면 타도해야 할 적은 도대체 누구인 것인가? 그것은 결국 각자의 출신이 무엇인가, 출신 계급이 무엇인가로 결정되어 버린다. 출신 계급을 증명하는 일은 개인의 신분증명서로 평생토록 삭제할 길 없이 문서로 항상 따라다니게 마련인 '당안檔案'인 것이다. 당안에 기재된 계급 구분은 문혁기에 사람들에 의해서 혁명적 계급으로 규정된 노동자[282]·빈하중농貧下中農[283]·혁명간부[284]·혁명군인[285]·혁명열사[286] 출신의 '홍오류紅五類'[287]와, 비혁명적 계급으로 규정되는 지주·부농·반혁명분자·악질분자·우파분자 출신의 '흑오류黑五類'로 나뉘어졌다. 그리고 '흑오류'는 타도·차별·학대의 대상이 되었고, 이러한 출신 혈통주의

가 문혁의 폭력을 정당화하는 근거가 되었다. [288]

이와 같은 출신 계급 일변도 주장의 잘못을 고발하는 문장을 발표했던 위뤄커遇羅克[289]는 결국 반혁명 분자로서 처형당하였다. [290] 그와 동시에 혈통주의를 비판하는 일파가 분파 투쟁의 와중에 세력을 얻으면서, 한층 더 분파 간에 항쟁이 격화되어 가는 양상을 보이게 되었다. 〔가가미加々美 49~102〕

홍위병의 하방·혁명 위원회·병영 국가화

혼란스러워지는 사태를 진정시키기 위해 중공중앙은 1967년 3월 「전국의 경험 대교류를 정지하는 통지」, 9월에는 「인민 해방군의 무기 장비·각종 군용 물자를 약탈해서는 안 된다」라는 지령, 같은 달에 「지방에서 경험 교류를 위해 베이징에 와있는 학생 및 관계자를 즉시 귀환시키는 일에 관한 긴급 통지」를 발표하였다. 다음 해 7월 노동자와 해방군이 칭화 대학에 들어가 홍위병 조직을 제압하였다. [291]

마오쩌둥은 베이징 대학의 녜위안즈와 칭화 대학의 콰

이다푸删大富[292] 등 조반파 리더들을 불러서 베이징 대학들에서의 홍위병의 무투와 분파 항쟁에 따른 파괴적 행동을 중지할 것을 설득하였다.[293] 12월 마오쩌둥은 '지식청년[294]은 농촌으로 가서, 빈하중농貧下中農에게서 재교육을 받는 일이 필요하다. 도시의 간부들은 초중고 및 대학의 학생들을 시골로 보내도록 하라. 각지의 농촌은 그들을 환영하지 않으면 안 된다'고 지시하여, 전국에 하방下放[295] 운동을 일으켰고, 거리에서 홍위병들은 일제히 자취를 감추었다.〔연보6, 223/1968.12.22〕

'대민주大民主'[296]라는 구호 하에 홍위병들은 자유롭게 논쟁하고, 대자보를 통해 자신의 주장을 밝히면서 당에 대한 대담한 비판까지도 허용되는 자유를 누렸지만, 이윽고 하방 운동에 의해서 1,700만 명에 달하는 '지청知靑'들은 농촌으로 밀려 났다.

이렇듯 홍위병 조직을 대신하여 문혁의 탈권奪權[297] 투쟁을 추동했던 것은 기존의 공산당 조직을 부수고 새로이 전국의 각 성과 도시에 조직되기 시작한 이른바 '혁명 위원회'였다. 그 계기가 되었던 사건은 1967년 1월 5일 상하이의 노동자 혁명조반파들이 상하이 시정부와 시당위원회로부터 권력을 탈취해서 수립했던 상하이 코뮌이었다.[298] 마오쩌둥은 상하이 코뮌을 절찬하였다.[299]

1월 말부터 헤이룽장黑龍江 성을 시초로 하여 다음해인 1968년 8월까지의 시기에 걸쳐 전국 각지에서 혁명위원회가 수립되었다.[300] 마오쩌둥은 혁명위원회의 조직은 '혁명대중·해방군·혁명간부 대표의 삼자 결합', 곧 혁명세력의 대연합에 의해 임시권력기구로 설립되어야 한다고 주장하면서,『인민일보』·『제팡解放 군보』(특히 3월 30일자)와 잡지『홍치紅旗』(67년 5기) 등에 사설을 게재하면서 혁명위원회의 조직화 방침을 제시하였던 것이다. 특히 중요한 점은 군을 조직에 끌어넣음으로써 인민해방군을 통치의 전면에 내세워, 홍위병을 중심으로 한 권력탈취 투쟁으로 야기되었던 사회의 파괴와 혼란을 억제하려고 한 것이었다.

마오쩌둥은 1월에 린뱌오에게 해방군을 파견하여 광범한 좌파 대중을 지원하는 동시에 반혁명 분자를 진압할 것을 지시하였고, 3월에 중앙군사위원회는 인민해방군으로 하여금 좌파·농민·노동자를 지원하고, 군사 관할과 군사훈련을 시행토록 하라[301]는 결정을 통달하였다. 마침내 병영兵營 국가의 길로 나아가기 시작했다.[302]

온 나라를 대동란의 혼란 속으로 몰아넣었던 홍위병들이 사라진 뒤에, 인민해방군이 혼란을 통제하기 위해 전면에 나섰지만 사태가 진정화되었다고는 할 수 없었다. 왜냐하면 이러한 국가 병영화 노선으로 인해 문혁의 희생자는 더욱 증가 일로를 걷게 되었다.

현대중국 연구자인 앤드류 월더Andrew Walder 스탠포드 대학 교수의 제자로 공동연구팀의 일원으로 활동했던 다니카와 신이치谷川真一 고베神戸 대학 교수에 의하면, 월더 교수의 문혁 연구팀은 문혁 이후에 중국 지방 정부들이 실태 조사를 행하고서 정리했던 2,213권의 현지縣誌·시지市誌를 수집해 데이터로 정리한 적이 있었다고 한다. 그를 근거로 추계한 결과에 따르면 문혁이 원인이 되어 사망한 사람은 110만에서 160만 명 정도이고, 어떤 형태로든 박해를 받았던 사람은 2,200만에서 3,000만 명 정도에 이른다는 것이다. 더욱이 사망자 가운데 74%는 정부에 의한 탄압의 희생자이며, 대중 조직 간의 무투에 의한 희생자는 21%에 불과하다는 것이다. 이 가운데 태반의 희생자는 68년 이후 군이 주도하여 혁명위원회가 설치되고, 군이 솔선하여 무력으로 탄압했거나 숙청 운동이 이루어지

는 과정에서 기인한 것으로 추정된다.〔다니카와谷川〕

게다가 혁명위원회가 성립되고 난 이후에 숙청은 중국의 주변 지역으로까지 확산되어, 내몽고·티베트 등지에서는 처참한 폭력 및 학살 사건이 민족 탄압, 또는 민족 정화의 형태를 띠면서 전개되어 갔다. 이 무렵의 사정에 대해서는 내몽고 출신인 시즈오카静岡 대학 양하이잉楊海英[303] 교수의 일련의 연구에 상세히 기술되어 있다.〔『묘표 없는 초원—내몽고에 있어서 문화대혁명·학살의 기록 (상·하)』 이와나미서점, 2009년, 『속 묘표 없는 초원』 이와나미서점, 2011년 등〕 문혁 발발 50주년을 기념하여 잡지 『사상』에서 특집으로 다뤘던 「이미 지나간 일이 아닌 문화대혁명—50년 후의 성찰」에서도 후난湖南 성·티베트·내몽고 등지의 사례를 포함한, 글로벌하면서도 로컬한 시점에 입각한 연구 성과를 보여주고 있다.

이리하여 조반파·혁명파·실권파·공작대工作隊 등 여러 파벌과 도당들이 뒤엉킨 골육상쟁의 항쟁이 각 지역에서 잇달아 벌어졌다. 언뜻 보기에 그것은 이념을 둘러싼 대립처럼 보였지만, 실은 '먼저 치지 않으면 우리가 당한다'는 식의 공포의 연쇄가 폭력을 격화시키고, 사태를 확산·

증폭케 하였다는 쪽으로 보는 편이 진실에 가깝다고 해야 할 것이다.

그것은 흡사 9·30사건 이후 인도네시아 전역에서 '빨갱이 사냥'이 벌어졌을 때의 상황과 흡사하다 하겠다. 어느 날 경찰 아니면 군대에 의해서, 은밀하게 또는 공공연하게 그 어느 쪽인지는 아직도 판명되지 않았지만, 공산주의자 명단이 나돌았고, 이어서 어느 집이 공산주의자 집안이라는 식으로 낙인이 찍히면, 이웃이든 친척이든 불문곡직하고 공공연한 살육이 벌어졌다. 문자 그대로 사회적 폭력에 의한 집단 학살이었다. 이 같은 상황 하에서 사용되는 공통의 언어는 가해자 측이나 피해자 측이나 모두 '죽이지 않으면 내가 죽는다'라는 말이었다.

이리하여 드디어 공포와 숙청의 연쇄가 시작되었다.

류사오치의 비명횡사

문혁의 본질은 권력 투쟁이었고, 그 최대 목적은 류사오치를 타도하고 그 실권을 박탈하는 일이었다고 이야기해 왔다. 그렇다면 장칭 등 문혁소조가 앞잡이가 되어서 류사오치를 '중국의 흐루쇼프'라는 식으로 덩샤오핑과 묶어서 격렬하게 비난하고, 홍위병 조직이 그를 몇 차례나 공개적으로 집중 비판하고, 시내로 끌고 다니며 본때를 보이고, 고문·감금하는 정도에서 모든 일은 이미 결말이 지어졌다.

1968년 10월 중국공산당은 8기 12중전회에서 류사오치에 대해 당적 박탈·직무 해임의 처분을 내렸다.[304] 그 해임 사유의 하나가 63년 4월 12~20일에 걸쳐 천이 외상과 함께 갔던 인도네시아 방문과 관련이 있었다. 그곳에서 류사오치는 마오쩌둥의 '모든 권력은 총구에서 나온다', 린뱌오의 '정권을 탈취하는 것은 펜과 검에 의거한다'는 원칙을 저버리고, 평화주의를 이야기하고, 계급투쟁 소멸론·합법투쟁·의회노선을 고취했다고 지적하고 있다. 그리고 기록 영화 『인도네시아 방문』을 그 증거품으로 다음과 같이 제시하고 있다.

"이 영화를 통해서 중국의 흐루쇼프 류사오치는 출국 방문하는 기회를 활용하여 '의회의 길'을 필사적으로 고취시키고, 흐루쇼프 수정주의의 밀수품을 대대적으로 팔아넘기고, 광분하여 반당·반사회주의·반마오쩌둥 사상의 죄악스러운 활동을 강행하였다. 영화 속의 수많은 사실들은 류사오치라는 당내 최고의 주사파가 미제국주의·소련의 현대수정주의의 주구이며 반동파의 공범임을 보여주고 있는 것이다."〔인민일보 1968. 11. 27〕

　"대 반도叛徒·대 배신자·대 악인인 류사오치는 스스로 전장에 나아가 반동 영화『인도네시아 방문』을 제작하고, 뻔뻔스럽게도 인도네시아 부르주아의 대표적 인물을 미화하고, 게다가 미제국주의·소련수정주의가 길렀던 반혁명 무장·실리왕이 사단을 크게 찬양하였다. 이 인도네시아 부르주아 우파의 '총구'에 대해서 류사오치는 찬사를 아끼지 않았고, 영화의 자막에서 '인도네시아 인민의 이상을 실현하는' '혁명의 도구'라는 식으로 치켜세웠다. 인도네시아 혁명 인민 대중에 대하여 류사오치는 순 거짓만을 일삼는 선교사와 같은 상판대기를 하고서, 인민이 총을 들고서 반동 정권을 타도하는 것을 인정하지 않고서, '합법 투쟁'과 '의회의 길'을 고취시키면서 무장투쟁에 반대하였다."〔인민일보 1968. 12. 12〕

건국 이래로 서방 국가 중에 유일 최대의 우호국으로서 밀월의 수뇌 외교와 공산당끼리의 당 대 당 외교를 계속 유지해 왔던 인도네시아와의 관계는 9·30사건의 실패로 말미암아 단번에 암전 상태로 바뀌어, 외교 중단 사태를 불러왔고, 인도네시아 현지 화교·화인에 대한 박해, 인도네시아 공산당의 불법화, 공산당원의 숙청과 공산당의 해체를 초래하였다.

　마오쩌둥은 쿠데타 실패는 준비 부족과 방법의 오류 때문이라고 불만을 터뜨렸다. 인도네시아 공산당은 베이징에서 반소련·무장 투쟁 노선을 내세우는 한편 그때까지의 의회주의 노선을 부정하고서 자기비판을 행하였다. 그러한 실책과 실패들을 인도네시아에 대한 그릇된 방향의 혁명 노선 지도에 기인한 것으로 규정하는 동시에 바로 인도네시아를 공식 방문했던 류사오치에게 모든 책임을 떠넘겨 버렸던 것이다. 그렇게 함으로써 15년간에 걸쳤던 인도네시아와의 밀월 관계도 파탄이 나고 말았다.

　감호 대상자가 되었던 류사오치는 허난성 카이펑開封으로 거처가 옮겨졌다가[305], 그곳에서 다음해인 1969년 11월 12일 중환자의 몸으로 적절한 치료나 간호도 받지 못한 채 숨을 거두고 말았다.

문혁의 소기의 목적은 이렇게 하여 달성되었다고 볼 수 있다.

그러나 문혁의 혼란이 이것으로 종식되었던 것은 결코 아니라 하겠다.

중국공산당에 의해 류사오치의 명예가 회복되었던 것은 문혁이 종결되고 개혁개방으로 정책 전환이 이루어지고 난 뒤였던 1980년 2월의 시점에 이르러서였다. 같은 해 5월에 그에 대한 추도 대회가 베이징에서 개최되었다. 그의 유골은 생전에 고인이 행한 유언에 따라 왕광메이王光美[306] 부인 등 친지에 의해 바다에 뿌려졌다.

중소 분쟁과 제9회 당대회

1968년에 접어들어 동구권의 사회주의 국가들에 여러 변화가 일어났다. 체코슬로바키아Czechoslovakia에서는 둡체크Dubček가 공산당 제1서기에 취임하여 '인간의 얼굴을 한 사회주의Socialism with a human face'를 주창하자, 학생들이 민주화를 요구하며 궐기하였고, 하벨Havel 등의 지식인들은 일당독재 타도와 같은 주장을 공공연히 하기에 이르렀다. 결국 8월 21일 수도 프라하에 소련군을 위주로 한 바르샤바 조약Warsaw Pact 동맹군의 탱크가 침공하였고, 50만의 외국 군대가 국토 전역에 걸쳐 진주하였다.[307] 저우언라이는 '소련 수정주의 배신자 집단은 오랜 옛날부터 사회제국주의와 사회파시즘이 되어 가고 있었다'고 소련을 '사회제국주의[308]'라고 지목하며 비난하는 한편 체코슬로바키아 인민의 투쟁을 지지하였다.〔베이징 주보 1968, 34호〕 마오쩌둥은 이러한 소련의 체코슬로바키아 출병 사태에 관하여 간부 수뇌부 앞에서 다음과 같이 발언하고 있다.

"체코슬로바키아에 출병하는 것은 구주의 평화 유지를 위해서이며, 소련이 출병하지 않으면 평화는 사라지게 될 것이고, 동구의 평화가 보전되지 않으면 위협은 더 커질 것이리라. 미국과 소련이 구주를 둘러싸고 쟁탈전을 벌이면, 양쪽이 쟁탈하는 것에 반해서 우리는 인민을 획득해야 한다. 우리는 인민을 생각하고 인민의 편에 서야 한다. 학생은 본래 다리를 놓는 매개자의 역할이니 (1919년의)5.4운동이나 (1935년의)12.9운동[309]도 모두 그러했다. 진정한 마르크스·레닌주의 정당은 당원의 많고 적음에 의한 것이 아니다. 마르크스·레닌주의 정당이기만 하다면 반드시 승리하는 것이다."〔연보6, 185/1968.8.22〕

1969년 3월 2일 중소 국경 우수리Ussuri 강 전바오다오珍寶島(다만스키[Damanski] 섬)에서 중소 양국 군대가 무력 충돌을 빚어 중국 측에 많은 사상자가 발생하였다. 미제국주의와 소련수정주의라는 두 강대국을 적으로 상대하고 있는 중국은 소련의 핵무기를 포함한 군사적 위협에 직면해 있었다. 그럼에도 마오쩌둥은 이때에도 여전히 '우리 목전의 전도는 두 가지가 있다. 하나는 세계 혁명을 촉구하는 운동이 고조되어 직접 혁명의 형세로 나아가고 있다. 또 다른 하나는 제국주의와 수정주의가 제3차 세계대전을 발동하는 것이다. 우리는 세계혁명운동을 지지하고 더욱 중요한 것은 전쟁에 대비하는 일이다'〔연보6, 234/1969.3.15〕라고 의기충천해 있었다.

전바오다오 사건 직후인 4월 1일 중국공산당 제9회 대회, 곧 9전대회가 개최되었다. 린뱌오 부주석이 정치 보고를 행하면서, 혁명위원회의 승리, 인민해방군의 공헌, 마오쩌둥 사상의 보급 등 문혁의 성과를 강조하였다. 나아가 세계전쟁의 가능성에 대해서, '미제국주의와 소련수정주의가 대규모 침략 전쟁을 발동할 위험성을 결코 경시해서는 안 된다', '우리는 충분한 준비를 해두지 않으면 안 되거니와, 그들이 도발해 올 대규모 전쟁, 조기의 전쟁, 재래식 병기에 의한 전쟁, 핵무기에 의한 전쟁에 대비해야만 한다'고 주장하였다.[310] 대회에서 채택된 새로운 당 규약(당장[黨章])에는 '린뱌오 동지는 마오쩌둥 동지의 친밀한 전우이며 후계자이다'라고 명기를 하였다.

8월 말부터 전국의 각 성과 시에 인민 방공防空 지도 소조가 결성되었고, 지하 방공호를 파는 대중 운동이 전개되었다. 10월에 중공중앙 정치국회의는 소련의 군사적 공격에 대비하여 베이징의 당정의 지도자들에게 소개疏開하라는 통지[311]를 내렸다. 린뱌오는 비서를 통하여 마오쩌둥의 비준 없이, 베이징의 총참모장 황융성黃永勝[312]에게 '전비를 증강하고, 적의 급습을 막는 긴급 지시'를 전화로 전달하였는데, 이윽고 전군이 긴급 전쟁 준비 태세에 돌입하였다. 마오쩌둥은 나중에 저우언라이를 통해서 건네받은

린뱌오의 전화 메모를 보고 난 뒤에 몸소 태워 없애 버렸다.〔연보6, 271/1969. 10. 18〕

세계 전쟁에 대비한 임전 태세에 중국은 막 돌입한 상태였지만[313], 중국을 둘러싼 세계정세는 커다랗게 변화하기 시작하였다.

미국이 개입한 베트남 전쟁은 여전히 진창에 빠진 듯한 곤란한 양상을 나타내고 있었다. 전황은 1968년에 들어서부터 크게 변화하였다. 1월 말 음력설인 구정에 남베트남 민족해방전선[314]과 북베트남 군대가 남부 베트남의 사이공Saigon을 비롯한 주요 도시에 전면적인 공세를 퍼부었던 것이다.[315] 미국은 3월 말부터 북부 베트남에 대한 북폭北爆을 중지하였다. 당시 미국의 존슨Johnson 대통령은 병력을 증강시켜 67년에는 참전 미군이 50만 명을 상회할 정도로 전쟁을 확대시켜 갔지만, 다가올 대통령 선거에는 출마하지 않겠다고 선언하고서 북베트남과 화평 교섭에 착수하는 길을 모색하였다. 69년 말엽부터 새로이 당선된 닉슨 대통령은 이른바 '파키스탄 루트'나 '폴란드 루트'를 통하여 중국과의 접촉을 시도하고 있다는 동향이 감지되고 있었다.

한편으로 린뱌오는 마오쩌둥에 대한 개인숭배와 마오쩌둥 사상의 교조화를 시도하고자, 1970년 8월의 제8기 2중전회의 연설에서 '우리는 마오 주석을 천재라고 말한다'고 치켜세웠으나, 당사자인 마오쩌둥은 오히려 역정을 내었다.[316]

게다가 천보다는 한술 더 떠서 '엥겔스·마르크스·마오쩌둥의 천재에 관한 어록」을 정리하였다. 이 두 사람의 의도는 어떻게든 헌법을 수정하여 국가주석직을 다시 설치함으로써 언젠가 린뱌오가 국가주석에 오르고자 하는 것이었다.

마오쩌둥은 국가주석직을 설치하지 않는다는 방침을 다시 한번 분명히 하고서 「나의 약간의 의견」이라는 회시回示[317]를 내어 린뱌오와 천보다의 '천재론'을 비판하였다. 마오쩌둥은 저우언라이를 통해서 린뱌오 일파의 권력탈취의 저의를 간파하고서, 그들의 야망을 꺾기 위해 직접 나서서 천보다 정풍운동을 전당전군 차원에서 전개하였다. 린뱌오와 천보다를 타도하는 데에는 캉성·장칭 등 4인방 일파도 적극 가세하였다.

미국과 중국의 화해

마오쩌둥은 미국의 변화 조짐을 감지하고서 소련수정주의에 대한 비판을 강조하는 한편으로 미제국주의에 대한 비판의 강도는 누그러뜨렸다. 또한 그때까지 목청 높여 외쳐대던 세계혁명론을 강조하는 일도 점차 주저하게 되었다. 10월에 댜오위타이釣魚臺에서 북한의 김일성을 맞이하여 린뱌오·저우언라이·캉성·황융성·리셴녠李先念 등이 동석한 가운데 회견하였을 적에 당시의 국제 정세에 대해 다음과 같이 의견을 밝히고 있다.

"미국이라는 나라는 관리하는 데가 너무도 넓어서 아시아·구주·중동·아메리카·라틴아메리카도, 그리고 본국인도 관리하지 않으면 안 된다. 지금 세계대전의 가능성이 약간 낮아진 것은 이유가 있다고 생각한다. 요컨대 제국주의가 세계대전을 도발할 자신이 부족한 것이다. 미국의 힘은 막강하지만 억눌러야 할 곳이 너무도 많고 힘을 한 곳에 집중할 수 없으므로 문제를 해결할 수 없는 것이다. 전쟁을 하려고 들면 미국에 의지해야 한다. 전쟁을 하면 기회를 틈타서 혁명을 할 수 있는 공간이

나오게 마련이다. 제1차 대전에서는 소련이 나타났거니와 제2차 대전에서는 우리나라가 출현했다. 지금 전쟁을 도발치 않을 거라고 단정할 수는 없다. 전체적으로 말하면 미국인은 진퇴양난의 처지에 놓인 것이다. 물러나려 해도 물러날 수도 없고, 전쟁을 하려 해도 할 수 없는 것이다."〔연보6, 344/1970.10.8〕

베트남 전쟁에 있어서의 당시의 미국의 처지를 염두에 둔 발언이었다.

마오쩌둥도 미국에 접근하기 위해 움직였다.

그러한 움직임의 시그널로 1970년 12월 에드거 스노를 중난하이中南海의 사저로 초청하였던 것이다. 앞서 언급했듯이 스노는 1936년 옌안에서 마오쩌둥을 만나서 장시간 인터뷰를 하였고, 그것을 바탕으로 유명한 『중국의 붉은 별Red Star Over China』을 썼던 미국인 언론인이었다. 두 사람의 회견 뉴스는 『인민일보』를 통해서 보도되었고, 톈안먼 망루에서의 두 사람이 찍힌 투 샷 사진도 나란히 실려 있었다. 그렇지만 스노는 중국이 기대할 정도로 미국 정계에 영향력을 지닌 인물은 아니었고, 그러한 보도는 별다른 효과를 거두지 못하였다.

그러나 중국의 직접적 의사는 뜻밖의 형태로 미국 측에
전달되었다.

1971년 3월 일본 나고야에서 제31회 세계탁구선수권
대회가 개최되었다. 그 대회에 중국이 선수단을 파견하기
로 결정하였다. 중국 측에 있어서 이러한 선수단 파견은
'엄숙한 국제 경쟁이며, 일본 반동파를 향해서 최초로 일
본의 대중을 동원하여 중일 우호의 발전을 과시하는 최초
의 기회다'라는 일종의 정치적 이벤트로서 자리 매김하였
다. '우호가 첫째고 시합은 둘째다'라는 표어는 그러한 사
실을 여실히 보여준다고 하겠다. 마오쩌둥은 '선수단을
파견해라, 몇 사람은 죽을 수도 있다는 각오까지 하여라.
죽지 않는다면 그것으로 됐다. 고난을 두려워하지 말고,
죽음을 겁내지 말라'고 보고서에 메모를 하였다.[연보6,
373/1971.3.15] 만에 하나 일본인에게 테러를 당해서 선
수단에 희생자가 생길지도 모른다는 불안과 두려움을 떨
쳐버리고서, 결사의 각오로 상황에 임하라는 것이었다.

대회 기간 중 미국 선수단이 중국을 방문하고 싶다는 의
향을 중국 측에 전달하였다. 4월 6일에 저우언라이는 미

국 측의 그러한 의향을 마오쩌둥에게 보고했고, 아직은 시기상조이므로 무리라고 하면서도 그의 대답을 듣고자 하였다. 마오는 일단 저우언라이의 생각에 동의하면서도 그 날 밤 심야에 자신을 돌보는 간호장[318]에게는 미국 선수단을 즉각 초청하고 싶다고 이야기했다는 것이다. 복용했던 수면제 탓인지 마오의 말소리가 분명치 않았으므로 그녀가 다시 확인하려 했을 적에는 이미 깊은 잠에 들었으므로 어디까지가 마오의 본마음이었는지는 아무도 알 길이 없었다. 어쨌든 훗날 저우언라이가 회고하듯이, 이러한 일의 결과는 '작은 공이 커다란 지구라는 공을 뒤흔드는' 사태를 초래하였다.[리李 (하) ②377]

말 그대로 탁구공 하나가 지구 전체를 뒤흔들어 놓았던 것이라 하겠다.

7월 9일 미국대통령 보좌관 키신저 박사가 파키스탄을 거쳐서 비밀리에 중국을 방문하였다. 저우언라이와 회담을 가진 결과 미국의 닉슨 대통령이 72년 5월 이전까지는 중국을 방문하겠다는 내용의 전격적인 발표가 이루어졌다.

린뱌오 사건의 충격

한편으로 천보다 비판 등의 사태로 자신의 세력권의 바깥이 허물어지고 있다는 것을 깨달은 린뱌오는 권력탈취라는 최종 목적을 달성할 요량으로, 자신이 궁정 쿠데타로 먼저 치고나감으로써 역습을 꾀하고자 하였다. 이윽고 도당을 규합해서 책략을 꾸미는 실행 부대의 우두머리가 되었던 인물은 그의 장남인 린리궈林立果[319]였으며, 린뱌오 일파에 은연한 영향력을 발휘하며 암약했던 인물이 그의 처 예췬葉群[320]이었다. 린리궈는 일본 전쟁영화의 영향을 받아서였는지, 1970년 10월에 마오쩌둥 암살을 위한 '연합함대' 그룹을 결성[321]하고서, 71년 3월에 상하이에서 비밀리에 무력 쿠데타의 시나리오인 「571공정工程 기요紀要」 작성을 마무리하였다.[322] '571'이란 일종의 암호로 '무장 봉기'를 뜻하는 '무기의武起義'[323]라는 말에서 따왔다고 한다. 쿠데타의 표적인 마오쩌둥은 'B-52'라는 암호 표시로 불렸다.

키신저 박사가 비밀리에 방중한 후인 9월에 린뱌오의 마오쩌둥 암살 계획은 실행에 옮겨졌는데, 사전에 린뱌오의 딸인 린리헝林立衡의 부주의로 정보가 누설되는 바람에 계획은 파탄이 나고 말았다. 그러자 린뱌오·예췬·린리궈

등 계획의 주모자이자 가족인 이들은 중형 제트기 트라이
던트기를 타고서 국외 탈출을 시도하였다. 연료가 바닥이
났는지의 여부는 아직도 진상을 알 길이 없지만, 9월 13일
몽골의 초원에 추락하여 비행기에 타고 있던 전원이 사망
하였던 것이다. 이른바 '9·13사건' 내지 '린뱌오 사건'으로
불리는 사태의 결말이었다.

　마오쩌둥의 암살 계획은 린뱌오의 직접 부하인 저우언
라이조차도 직전까지 알지 못했거니와, 마오 자신도 그의
권력탈취 음모에 대해서는 어느 정도 감지하고 있었지만
암살까지는 예상치 못한 일이었다. 1954년부터 사망에 이
르기까지 마오쩌둥의 주치의로 최측근에서 일했던 리즈
수이李志綏조차도 암살 계획에 대해서는 전혀 알지 못했을
뿐만 아니라, 사건이 발각될 때까지도 공포심조차 느끼지
못했다고 회상하고 있다. 린뱌오 사건은 눈에 띄게 쇠퇴
하기 시작했던 마오쩌둥의 건강 상태를 더욱 악화시키고
말았다.〔리李 (하) ②349~350〕

　9월 18일 중공중앙은 「린뱌오가 국가에 반역하고 출국
하여 스스로 멸망을 초래한 일에 관한 통지」를 내었고, 린
뱌오 사건은 '부르주아지 계급의 야심가·음모가의 폭로이

며 파탄이다'라고 규정하며, 성·시·자치구의 당 상임위원 이상의 당조직에 통지하고, 단계적으로 통지의 범위를 확대해 갔다.〔문고13, 269~270〕

이후 중국에서는 린뱌오 비판 캠페인이 벌어져 그의 악랄한 이미지가 대대적으로 선전되었고, 11월 14일 반혁명 쿠데타의 증거물로서 「571공정 기요」의 내용이 폭로되었다. 거기에는 당시 정국에 대한 통렬한 비판적 내용들이 다음과 같이 피력되어 있었다.

"우리나라의 사회주의 제도는 심각한 위협에 직면하고 있다. 문인文人 트로츠키주의[324] 집단은 마르크스·레닌주의를 제멋대로 개찬·왜곡하였고, 사리사욕을 위해 이용하고 있다. 그들은 거짓 혁명의 언어로 마르크스·레닌주의를 대체하고, 중국 인민의 사상을 기만하고 몽매하게 만들고 있다."

"목하 그들의 계속혁명론은 곧 트로츠키의 영구혁명론[325]이다. 그들의 혁명의 대상은 실제로는 중국 인민이며 첫째 목표는 군대이며 자신들과 의견을 달리하는 사람들이다."

"그들의 사회주의는 실제로 사회파시즘이다."

"그들은 중국의 국가 기구를 서로 죽이고, 서로 짓밟는 분쇄기로 변화시키고 있다."

"당과 국가의 정치 생활을 봉건적 전제 독재식의 가부장제 방식으로 바꾸고 있다."

요컨대 그들은 린뱌오 일파를 포기하고서 4인방 일파로 대체하려는 마오쩌둥의 속내를 꿰뚫어 보고서, 바야흐로 당하기 전에 먼저 쳐라, 내가 먼저 치지 않으면 상대에게 당한다는 듯이, 기선 제압을 위해 행동에 나선 것이라고 하겠다. 따지고 보면 이것이 린뱌오 일파의 무력 쿠데타의 논리였다.[326]

"중국에서는 지금 바야흐로 점진적으로 화평 전환식의 쿠데타가 진행되고 있다."

"표적은 교체된 후계자이다."

"쿠데타는 문인파文人派에게 유리하고 무인파武人派에게 불리한 방향으로 나아가고 있다."

"속수무책으로 생포당하기보다는 퇴로를 차단하고서

결사의 각오로 임하는 것이다."327

이윽고 마오쩌둥의 인간됨에 대해서도 가차 없이 신랄한 비판을 늘어놓고 있다.

"지금 그는 중국 인민이 부여한 신임과 지위를 남용하여 역사에 역행하고 있다."

"그는 현대의 진시황이 되어 중국 인민에게 부채를 짊어지우고, 중국의 역사에 부채를 짊어지우고 있으니, 인내심은 한계에 도달해 있다! 그는 진정한 마르크스·레닌주의자가 아니고, 공맹孔孟의 도를 실천하는, 마르크스·레닌주의의 가면을 뒤집어 쓴, 진시황처럼 법을 좌지우지하는 중국역사상 최대의 봉건 폭군이다."

"우매하고 무능해서 대중은 이반하고, 친지도 떠나갈 것이다."328

그리고 마지막으로 문혁에 대해서도 격렬한 비판을 가하고 있다.

"당내의 장기간에 걸친 투쟁과 문화대혁명 기간 동안 배척당한 고급간부들은 화가 치밀어 오르지만 입 밖에 꺼내지를 못하고 있는 것이다."

"지식청년들은 하방되었지만 '노동개조'329와 다를 바가 없다."

"홍위병은 최초에는 속아서 이용당하고……무익한 투쟁의 희생이 되었고, 끝내 속죄양이 되었던 것이다."

"현대의 진시황 B-52를 타도하고, 사회주의 기치를 내걸고 있는 왕조를 전복하여 진정한 프롤레타리아와 노동 인민을 위한 사회 국가를 수립하자."〔옌嚴·가오高 (중) 212~262, 쉬徐 210, 인印 348~355〕

'마오쩌둥 동지의 친밀한 전우이며 후계자'로 공인된 린뱌오의 자식에게서, 마오쩌둥과 문혁에 대해서 이 정도로까지 대담하고도 통렬한 비판이 가해지고 있었고, 그에 대한 암살과 4인방을 타도하는 정도까지 계획이 수립되어 있었던 것이다.

린뱌오 일파가 기도했던 마오쩌둥 암살 미수 사건. 그 사건은 여전히 관련자들의 진술이 엇갈려 진상이 무엇인지 알 수 없는 상황이다. 쿠데타 계획 발각에서부터 추락사에 이르기까지, 사건 자체의 진상도 수수께끼투성이지만 더욱 불가해한 것은 암살 계획의 의도에 관한 것이다. 계획 자체는 린뱌오가 관여치 않았고, 린리궈·예췬 등이 꾸민 단독범행이라는 설도 있지만, 가령 린뱌오가 직접 관여치 않았다 하더라도 어째서 그와 같이 대담한 행동 계획을 결행할 수밖에 없었는가 하는 점이다. 설령 린뱌오가 '마오쩌둥 천재론'을 내세웠다가 도리어 마오의 역정을 샀고, 권력 탈취의 야망에 대해 의심을 샀다고 하더라도 암살이라는 것은 너무나도 생뚱맞은 발상이라 하지 않을 수 없다.

여기에 이르기까지 이 책에서는 중국과 인도네시아라는 두 나라를 무대로 혁명과 연관되어 갖가지로 폭주했던 권력 투쟁의 드라마와 해당 지역에서의 대중 운동이나 사건들을 마치 이원 생중계 스타일로 정리·수록해 보았다. 그런 과정에서 베이징에서 일어났던 이 '9·13사건'의 경우가 6년 전 자카르타에서의 '9·30사건'과 너무나도 맞아떨어진다는 사실에 생각이 미치게 되었다. 일국의 영수(마오쩌둥과 수카르노)에게 충성을 맹세한 심복 부하(린뱌오와 아이디트)가, 자신이 모시는 수령의 건강과 앞날에 불안을 느끼고서, 스스로의 권력 기반을 공고히 하기 위해(아이디트가 이끄는 인도네시아공산당), 또는 권력을 탈취하기 위해(린뱌오 일파), 군대를 봉기의 발화점으로 삼아서(린뱌오는 국방부장, 9·30 사건은 육군 내부의 쿠데타), 궁정 내에서 무장 봉기를 꾀했던 것이다. 그리고 계획은 미수로 그치거나 진압을 당하여 무참히도 실패하고 말았고, 주모자는 반당반혁명(린뱌오 일파) 내지 공산주의자(인도네시아 공산당)라는 죄명으로 인민의 적으로 단죄되었다.

아시아에서 혁명의 성패를 가름하는 척도는 군대라는 사실('모든 권력은 총구에서 나온다'), 혁명의 최종 목적은 바로 그 황제의 목을 비틀어 죽이려 했던 것이 언제나 혁명의 상도였다고 하겠다. 요컨대 아시아의 혁명은 대부분 궁정 쿠데타라는 형태를 띠게 된다는 사실이다. 마오쩌둥의 혁명·문화대혁명 또한 황제의 권좌에서 밀려났던 마오쩌둥이 다시 왕좌를 차지하려고 기도하였던, 궁정 내부의 쿠데타였다.

개인의식과 사상 해방의 각성

이러한 린뱌오 사건의 진상이 세상에 알려지고, 쿠데타 음모가 만천하에 폭로되자 하방되어 있던 지식청년들 사이에서 그때까지 마오쩌둥 사상에 대해 지녔던 강고한 신념에 동요가 일어나기 시작했다. 그리고 「571공정 기요」에 쓰여 있는 그대로, 사실은 마오쩌둥 자신이 민중을 배반하고 인민을 기만한 파시스트가 아니었는가 하는 의구심이 높아져 갔다.

홍위병 세대인 쉬유위徐友漁 전 중국사회과학원 연구원과 인훙뱌오印紅標 베이징 대학 교수가 당시의 '지청' 세대에 관해 썼던 문혁 관계 연구서들이 있다. 홍위병의 발생·하방·문혁 후의 동향에 대해서 정신사적 관점에서 그 행동동기를 개인의 내면의 주체적 심리와 논리에 착목하여 밝히고자 했던 저작들이었다. 그 책에 따르면 린뱌오 사건을 계기로 해서 지식청년들 사이에서 중국공산당의 권위의 실추와 신뢰감의 동요가 두드러지게 나타나고 있었다.

2006년 말엽에 일본 NHK 위성방송에서 『민중이 말하는 중국·격동의 시대…문화대혁명을 넘어서』라는 프로그램이 방송되었던 적이 있다.

홍위병 세대는 이제는 중년에서 노년에 접어든 기업가·작가·자영업자 등 다양한 민중의 모습을 하고 있는데, 그들과의 인터뷰를 통해서 문혁을 다양한 시각에서 회상했던 이야기를 편집한 내용으로 귀중한 육성 기록이었다. 그 제3회분 방송 「하방·젊은이 대이동」(12월 27일 방송)에서 린뱌오 사건이 소재로 다루어졌다. 그 방송에서도 「571 공정 기요」가 야기했던 충격에 언급하면서, '중반친리衆叛親離'라는, 민심을 잃고서 고립무원의 처지에 놓인 상태를 나타내는 말이 인용되는데, 그들은 참으로 문혁기의 마오쩌둥의 처지가 이러했음을 실감했다고 입을 모아 이야기하고 있다. 아이러니하게도 이 '중반친리'라는 말은 실은 마오가 자신의 저작 속에서 자주 사용하였던 성어였다.

한 사람 한 사람 문혁을 겪었던 지식청년 또는 홍위병 세대에 내재하는 심정 논리에 밀착해서 보자면 문혁이란 사태는 형이상적으로는 사상의 해방을 구가했지만, 실제로는 집단적·사회적 폭력이라는 형태로 발현하였고, 지극히 엄혹한 사상적 통제가 작동하고 있었다. 그것이 1968년 후반 무렵부터 홍위병들이 지방으로 하방되었고, 이윽고 71년의 린뱌오 사건을 계기로 해서 차츰 그때까지의 집단적 사고로부터 개인 본위적 사유의 방향으로 전환하게 되었다.

문혁은 자유로운 사고가 허용되지 않았던 시대로 수많은 외국문학이나 사회과학 문헌이 '독초'로 취급되어 금서처분을 당했고, 홍위병이 벌이는 '사구四舊를 타파하는' 운동의 와중에 불태워져 버렸다. 그러나 다행히 이러한 재난을 면한 서적들이 각지의 도서관에 남아 있었고, 문혁중에는 도서관 관리가 엉망이었기 때문에 제 맘대로 닥치는 대로 책을 읽거나, 집에 들고 가거나 했기 때문에 도리어 책에 쓰인 내용이나 정보가 널리 유포되기도 하였다는 것이다.〔쉬徐 50〕폐품 고물상의 창고에 쌓여있는 서적들을 못 쓰는 파지로 사오는 일도 흔히 있었다. 또는 수정주의로 비판 받는 소련과 동구권의 번역서, 일부 공산당 간부들만이 열람할 수 있던 내부 발행의 서적들도 시장에 나돌았다.〔인印 218~230〕

내부 발행의 금서로 지정되어 있던, 유고슬라비아의 체제 비판적 정치가·학자이자 헝가리의 사회주의 운동에도 영향을 끼쳤던, 그리고 중국에서도 1957년 백가쟁명百家爭鳴 시기에 흔히 읽히고 있던 밀로반 질라스Milovan Đilas[330]

의 저서 등을 읽음으로써 사회주의의 문맥 안에서 체제를 개혁하는 지혜를 얻기도 하였다. 57년도 당시와 70년대에 중국의 사회와 제도에는 아무런 변화도 일어나지 않았다는 사실이, 동일한 사회에 대한 비판적 사상·이론으로서 유효한 무기로 작동할 수 있었다.〔인印 522~526〕

1976년 1월 8일 저우언라이가 사망하였다.

4월 4일 죽은 이에게 제사를 지내는 청명절에 톈안먼 광장의 인민 영웅 기념탑 주변에 속속 인파가 모여들어, 어느새 수십 만 군중이 광장을 가득 메울 정도로 늘어나게 되었다. 군중들은 저우언라이를 애도하며 조화를 바치거나 묵도하거나 애도시를 낭송하거나 표어를 내걸기도 하였다. 그곳에서는 '4인방'에 대한 비판이 공공연하게 이루어졌다. 마찬가지의 사태가 지방 도시에서도 벌어졌다. 다음날 당중앙은 건국 이래 처음으로 민중이 공개적인 장소에서 마오쩌둥을 직접 공격하거나, '반혁명적 연설'을 발표했다는 죄목으로 일부 민중을 체포하고서 화환과 표어들을 모두 철거해 버렸다. 그로 인해 더욱 많은 군중이 톈안먼 광장으로 모여들게 되었다. 당국은 '반혁명 파괴활동'으로 규정해 민병·공안·군대를 파견하였고, 군중들을

체포하기도 하였다. 〔연보6, 644~645/1976. 4. 5〕

이 사태가 1989년의 톈안먼 사건에 앞서 일어났던 까닭에 제1차 톈안먼 사건이라고 불리는, 이른바 '4·5운동'이었다.[331]

문혁이 한창이던 시기에 어째서 저토록 대규모의, 잘 조직된 형태의 군중이 톈안먼 광장에 갑자기 나타났던 것일까? 집단행동에 익숙하고, 이제 막 개인의식에 눈뜨기 시작했던 홍위병 세대의 에토스의 폭발이라고밖에 생각할 수 없는 노릇이다. 그들이 홍위병 시대에 나이나 지위도 자기들보다 훨씬 높았던 당 간부들을 대담하면서도 분명한 형태로 비판하게 됨으로써 중국공산당의 권위는 땅에 떨어져 버렸다. 게다가 린뱌오 사건을 계기로 야기된 사상의 해방과 개인의식에 대한 각성이 그들로 하여금 새로운 인생을 향한 발걸음을 내딛게 하였다. 〔맥파커MacFarquhar 138~305〕

요컨대 린뱌오 사건이 문혁의 가면을 벗겨버렸다. 린뱌오 사건은 중국의 지식청년들로 하여금 마오쩌둥에 대한 무조건적 충성이라는 주박呪縛에서 풀려나게끔 해주었다. 그것은 자신의 눈으로 보고, 자신의 머리로 생각하며, 자신의 매체를 통해 발표케 함으로써 그들로 하여금 집단적 조반이라는 광란 상태에서 개인의 차분한 이성적 사고로 전환토록 하는 기폭제가 되었다. 그들의 주체성 회복과 개인의식의 각성이 독재에 반대하고 민주화와 언론·표현의 자유를 갈구하는 언론 및 예술 활동을 위한 싹을 틔우게 하였다.

이후 '베이징의 봄'이라고 일컬어지는 중국의 민주화의 싹은 문혁 말기에 이미 배태되어 있었다.

홍위병 세대의 당사자들에 있어서 문혁은 사상 통제로부터 사상 해방으로 나아가는 10년의 긴 터널이었다고 볼 수도 있겠다.

달아오르지 않는 비림비공(批林批孔) 운동

1972년 2월 21일 미국 대통령 닉슨이 베이징 서우두首都 공항에 도착해서 전용기의 트랩을 내려와 저우언라이와 굳은 악수를 나누었다.

중국이 건국 이래 일관하여 주적으로 비판해 왔던 미국과 화해를 시도하고, 최대의 적의 수괴와 악수를 나누었던 것이다. 28일 상하이에서 미중 공동 성명을 발표하였다.

미중 화해의 움직임에 맨 먼저 반응을 보인 쪽은 일본이었다. 7월 7일에 다나카 가쿠에이田中角栄 내각이 출범하였고, 일중 국교 정상화를 서두르겠다는 방침을 언명한 것에 호응하여, 25일에 다케이리 요시카쓰竹入義勝 일본 공명당公明黨 위원장이 방중하여 저우언라이와의 회담에서 국교 정상화에 대한 중국 측의 의사와 조건을 확인하고서, 귀국 후에 회담의 메모를 오히라 마사요시大平正芳 외상에게 건네주었던 바, 다나카 수상은 이내 방중을 결심하였다.

9월 25일 이번에는 일본의 다나카 수상이 베이징 서우두 공항에 와서 저우언라이와 굳은 악수를 나누었다. 29일 일중 공동성명에 조인함으로써 미국에 앞서서 일본과 중국은 국교를 회복하였다. 일본 정부는 같은 날에 타이완의 중화민국 정부와 단교 조치를 취하였다.

나라밖 국제 정세가 호전됨에 따라 문혁의 종식과 마오쩌둥 이후를 가늠해 보면서 중국의 국내 정세 또한 완만하지만 변화의 조짐을 나타내기 시작하였다. 그러나 마오쩌둥은 여전히 경계심을 늦추지 않았다. 다음해 73년에 80세가 된 마오는 신년사에서 '깊게 굴을 파고, 널리 식량을

420

비축하고, 패권을 주장하지 말라'[332]는 지시를 내고 있다. 이에 호응하여 전국에서 지하 방공호를 파는 운동이 전개되었다. 3월경부터 하방되어 있던 지식청년들이 도시부로 되돌아오기 시작했고, 그동안 폐쇄되어 있던 대학과 연구 기관에서는 수업과 연구가 조금씩 재개되었다.[333]

7월에 접어들어 마오쩌둥은 궈모루의 『십비판서十批判書』를 언급하며 공자를 존숭하고 법가法家에 반대하고, 진시황을 비판하는 책 내용에 대해 불만을 표명하기에 이르렀다.[334] 중국 고대의 유법儒法(유가와 법가) 투쟁을 빌려와 학술 논쟁의 형태를 취했던 이른바 '비공批孔(공자 비판) 운동'이 8월부터 전국의 각 언론 매체를 통해 전개되기 시작하였다.[335] 여기서 비판 대상이 되었던 공자는 암암리에 저우언라이를 가리키는 것이다. 문혁이 처음 발동되었던 시기와 마찬가지로 문예 또는 학술 논쟁의 형식을 빌려서, 또는 그것을 도화선으로 삼아 정치 투쟁을 시작하는 방식이었다.

11월 21일부터 시작한 중공중앙 정치국 회의에서는 며칠 전에 있었던 저우언라이와 키신저의 회담[336]이 일종의 투항주의로 국가를 망신시켰으며, 그가 마오쩌둥의 지위를 대신 차지하려 한다는 문제가 제기되어, 저우언라이는 집요한 공격을 받아야 했다. 공격을 시작했던 쪽은 장칭·야오원위안 등 4인방이었다. '4인방'이라는 명칭은 74년 말에 마오쩌둥이 처음으로 사용했던 용어이다. [337]

다음해인 1974년 1월부터 전국에 '비림비공批林批孔(린뱌오 비판 공자 비판) 운동'의 열기가 고조되어 갔다. [338] 그러나 이 시기의 운동이 초기 문혁의 경우와 크게 다른 것은, 중공중앙의 통달에 의해, 전투대戰鬪隊와 같은 대중조직을 만들어서도 안 되고, 업계나 지구를 넘어서 경험 교류를 해서는 안 된다는 점이었다.〔연보6, 529/1974. 4. 10〕 그로 인해 어느 정도 통제는 이루어졌지만 밑으로부터 고조되는 열기가 결여된 운동이 되고 말았다. 장칭 등 4인방이 저우언라이와 덩샤오핑를 제거할 요량으로 격렬하게 매도하고, 마오쩌둥에게 밀고를 거듭하였지만, 마오쩌둥은 4인방이라면 질색을 하고서 명백히 멀리하려고 하였다.

마오쩌둥은 자신의 뒤를 이어 권력을 장악하려는 어떤 움직임에 대해서도 류사오치·덩샤오핑·린뱌오·저우언라이, 그리고 4인방 순으로 죄다 그들의 야심을 사전에 감지하고 의심증이 생겨서 그러한 움직임을 아예 봉쇄하거나 캠페인을 벌여 대중을 동원하는 방식으로 정적으로 몰아 타도하려고 했다. 요컨대 국가의 최고 지도자의 후계 자리를 놓고서 후계자를 정하고 그 선정하는 방식에 있어 민주적인 룰이 확립되어 있지 않다는 것이 이 정도로 막심한 사회적 혼란과 시행착오를 불러왔던 것이다.

2월에 잠비아 대통령 케네스 카운다Kenneth Kaunda를 접견했을 적에 마오쩌둥은 최초로 자신의 '제3세계론'[339]을 피력하였다. 곧 미국과 소련은 제1세계로 패권주의를 취하고, 일본·유럽·오스트레일리아·캐나다 등의 중간파는 제2세계이며, 일본을 제외한 아시아와 아프리카·라틴아메리카의 발전도상국들은 제3세계라는 식의 발상이었다.〔연보6, 520~521/1974. 2. 22〕

더욱이 같은 달 알제리아 혁명위원회 주석 부메디엔Boumediène과의 회견에서 행한 발언에 따르면, 마오쩌둥은 이전의 중간지대론을 계승하면서, 소련 사회제국주의의 출현에 의해 사회주의권이 사라져 버렸고, 미중 접근에 의해 소련과의 전면 대결이 닥쳐오고 있는 시점에서도, 여전히 제국주의가 존재하는 한 세계전쟁은 불가피하며 진정한 영구 평화는 있을 수 없다는 확신을 계속 견지하고

있었다.〔연보6, 521~522/1974. 2. 25〕

덩샤오핑은 4월에 중국 정부를 대표하여 참가한 UN 자원특별총회에서, 사전에 미리 마오쩌둥의 검열을 받은 「삼개 세계론」의 연설을 공식적으로 행하였다. 중국은 제3세계에 속하며, 불평등한 국제경제 관계 속에서 피억압 국민과 민족의 정의를 위해서 투쟁한다는 국제주의 노선을 강조하였다.〔문고13, 386~387〕

일찍이 주장했던 동서 대립에 근거한 중간지대론에서, 새로이 남북 대립에 입각한 제3세계론으로의 전환이라 할 수 있다. 그렇다고는 하나 반제국주의·민족해방 투쟁이라는 원리 자체는 흔들림이 없었고, 반소련사회제국주의·반패권주의를 제창하면서 그 창끝을 오로지 소련을 향해 집중시켰다.

마오쩌둥의 죽음과 문혁의 종식

마오의 쇠약한 육체는 더 이상 숨길 수가 없었으니, 특히 다리로 버티고 서는 것이 안 되어서 서있는 것도 힘들 지경이 되어 버렸다. 74년 12월 실내 수영장에서의 수영하는 모습이 마지막이 되어 버렸다.

1976년은 마오쩌둥 최후의 해가 되었고, 중국이 격동하던 한 해가 되었다.

1월 8일에 저우언라이가 사망, 그의 부음을 접한 마오는 양미간을 찌푸리고 눈물만 흘리면서 한 마디의 말도 하지 않았다. 거동을 할 수 없어서 저우언라이의 추도 대회에도 끝내 출석할 수가 없었다.[340]

3월 또다시 덩샤오핑은 비판을 받았고, 공개적인 장소에서 모습을 감추었다. 마오가 저우언라이의 뒤를 이어 후임 자리를 맡긴 인물은 화궈펑이었다.

4월 4일 청명절을 맞아서 톈안먼 광장에 저우언라이 총리를 추도하기 위해 200만 명에 가까운 민중이 모였는데, 이들은 4인방 반대를 외치면서 조화와 추도시를 바쳤다. 화환과 표어를 철거하려는 민병·경찰과 민중이 충돌하여 유혈 사태까지 빚어졌다.

6월 25일 화궈펑에게 '국내 문제에 유의하라'는 메모를 써주었다. 이것이 마오가 생전에 썼던 마지막 문서가 되었다.

7월 28일 허베이河北 탕산唐山에서 진도 7.8의 대지진이 발생했다. 24만여 명 정도의 사망자가 발생했다는 참상의 소식을 듣고서 마오는 소리 높이 울었다고 한다.

9월 7일 자료를 보고 싶다는 의사 표시에, 측근의 비서가 무슨 자료가 필요한 것인지 몰라서 머뭇거리자 마오는 종이에 석 줄을 긋고서 나무 침상을 두드렸다. 그래서 한창 총선거가 치러지고 있는 일본의 미키 다케오三木武夫 수상에 관한 자료를 가리키나 생각하는 사이에 마오는 그대로 혼절하고 말았다.〔연보6, 651/1976.9.7〕 9월 9일에 마오쩌둥은 숨을 거두었다. 향년 83세였다.

9월 18일 톈안먼 광장에서 100만 명의 군중이 참가한 가운데 마오쩌둥 추도 대회가 열렸다. 화궈펑이 다음과 같은 조사를 낭독하였다.

"요 수일 동안 전당 전군 전국 각 민족인민은 모두 마오쩌둥 주석의 서거에 한없는 비통함을 느끼고 있습니다. 위대한 영수 마오 주석의 필생의 사업은 광대한 인민 대중과 친혈육처럼 연결되어 있습니다. 오랜 동안 억압과 착취를 받아 왔던 중국 인민은 마오 주석의 지도하에 변신하여 주인이 되었습니다. 심각한 재난에 시달렸던 중화민족은 마오 주석의 지도하에 떨쳐 일어났습니다. 중국 인민은 충심으로 마오 주석을 경애·지지하고, 마오 주석을 신뢰하고, 마오 주석을 숭경崇敬했습니다. 세계의 무산계급과 진보적 인류는 모두 마오 주석의 서거를 매우 애도합니다.……중국 인민의 모든 승리는 남김없이 마오쩌둥 사상의 위대한 승리입니다. 마오쩌둥 사상의 휘황찬란한 빛은 중국 인민이 나아갈 길을 영원히 밝게 비쳐줄 것입니다."〔연보6, 652/1976.9.18〕

10월 7일에 화궈펑이 공산당 중앙위원회 주석 및 중앙군사위원회 주석의 자리에 임명되었다. 9일에 4인방이 체포되었다.

그러나 화궈펑의 권력 기반은 취약하였고, 다음해인 77년 5월에 덩샤오핑이 부활하였고[341], 그 다음해인 78년 11월에 화궈펑이 자기비판을 행하였다.

모든 실권은 개혁 개방의 기수인 덩샤오핑에게로 넘어가고 있었다.

길고 길었던 문혁이 마침내 종언을 고하였던 것이다.

린뱌오 사건·아사마 산장사건·뮌헨 올림픽 테러 사건

문혁의 종식을, 문혁의 충격에 휘둘렸던 서방 세계는 어떻게 받아들였을까?

일본에서는 1969년 말부터 70년 초에 걸쳐 학원 분쟁의 광란이 몰아치고 난 뒤에 흡사 학생 운동 따위는 아예 없었던 것처럼 단번에 침체기에 접어들어 대학 캠퍼스는 분쟁의 온상에서 놀자판 유원지로 변해버렸고, 사회 전체가 대중소비사회 분위기로 바뀌어 버렸다. 70년 3월에 오사카에서 세계 박람회[342]가 개최되었다.

한창 그러던 와중에서 터져버린 1971년 9월의 린뱌오 사건은 느닷없이 허를 찔린 듯이 도저히 이해가 되지 않는 경천동지할 사건이었다. 그렇다 하더라도 중국이 사건의 통지를 당중앙에서 하부 말단 기관까지 단계적으로 행하면서 해외 미디어에 대해 철저한 정보 통제를 시행했던 탓으로 일본에서의 사건 보도는 극히 혼란스러웠다. 아사히신문의 아키오카 이에시게秋岡家栄[343] 베이징 특파원의 경우처럼 중국공산당이 공식적으로 린뱌오 사건을 인정했던 72년 여름까지 사건 진상에 관한 보도를 주저하며 질질 시간을 끌었던 매체마저 있었을 정도였다.〔후쿠오카福

岡 ①131~132〕

마오쩌둥의 후계자로 정식 절차를 밟아서 공인까지 받았던 린뱌오가 하필이면 마오의 암살을 시도하다 수수께끼투성이의 죽음을 맞이하였다는 것은 도대체 무슨 영문인지 알 길이 없는 노릇이었다. 게다가 불가사의한 일은 일본에서는 이러한 린뱌오 사건에 대해서 허허실실의 보도가 이루어지던 것과는 달리 사건 당시의 논단의 잡지나 학회지 등에서 이 문제를 논했던 사례가 거의 보이지 않는다는 점이다. 아마도 논평할 방법이 없었다는 것이 실정이었을 것이다. 특히 문혁을 열렬히 지지하고 문혁에 과도한 기대를 투영했던 연구자들에게는 사건의 진상이 점차 밝혀짐에 따라 사태를 설명할 내재적 논리도 마땅치 않았고, 갈팡질팡한 나머지 전의를 아예 상실한 상태에 빠졌던 것으로 보인다.

미중 접근을 계기로 하여 일중 간의 국교 회복의 기운이 무르익고, 린뱌오 실각에 의해 문혁의 열기가 급속히 식어가는 와중인 1972년 2월 닉슨 대통령의 방중이 한창 진행되던 시점에 연합적군連合赤軍의 멤버 사카구치 히로시坂口弘 등 5명이 무기를 소지하고 인질을 잡은 채로 아사마 산장에서 농성하며, 총격전까지 벌인 끝에 모두 체포되었다. 곧 이어 14명의 동지들을 린치 끝에 살해한 음험한 사건의 진상이 발각되었다.

연합적군은 마오이스트 집단으로 문혁의 영향을 받았던 ML파의 흐름을 잇는 혁명좌파와, 관서계関西係의 공산주의자 동맹의 적군파赤軍派가 연합하여 결성하였다. 혁명좌파의 리더 나가타 히로코水田洋子는 유격전의 혁명 근거지를 마련하느라 묘기妙義 산에 아지트를 만들었고, 적군파의 리더 모리 쓰네오森恒夫는 '모든 권력은 총구에서 나온다'는 말 그대로 '총에 의한 섬멸전'을 주창하였다. 연합적군은 무장봉기, 군에 의한 유격 전쟁, 농촌에 의한 도시의 포위 등을 주장하는 마오이스트 집단이었다.

사카구치 히로시 등은 아사마 산장의 텔레비전에서 닉슨 대통령이 베이징 공항에 도착해서, 저우언라이와 악수를 나누는 광경을 보고 있었다. 사카구치에게 있어 그와 같은 광경은 그들의 무장 투쟁을 뿌리 채 뒤흔드는 충격적인 영상이었다. 문자 그대로 사카구치는 '(시대에)너무 뒤늦게 온 청년'이었다.

전율스런 아사마 산장 사건[344]의 진상이 밝혀지자 문혁의 도취감은 싸늘하게 식으면서 악몽으로 변해버렸고, 일본의 신좌익 운동은 침체되어 조용해지고, 일본에 있어서 세계혁명 이론으로서의 마오쩌둥 사상, 혁명 운동으로서의 문혁의 불꽃은 완전히 꺼져 버리고 말았다. 문혁의 불씨뿐만이 아니라 일본에서도 언젠가 혁명이 일어난다는, 혁명에 대한 꿈 자체가 덧없이 사라져 버렸다.

린뱌오 사건 이후 1973년 후반부터 벌어진 비림비공 운동에 대해서는, 일본 논단의 반응은 상당히 냉랭한 편이었으며, 문혁의 연장선상에서 파악하려는 논자는 극히 드물었다. 린뱌오 사건을 거치면서 중국은 탈문혁과 비非 마오쩌둥 화를 향해 국면 전환이 이루어지고 있다는 사실의 낌새를 알아차렸던 것이다.

어쨌든 린뱌오 사건 이후의 일본 논단에 있어서 문혁에 대한 공감이나 흥분으로 인해 올라갔던 체온은 급격히 떨어지고 있었다. 혁명 중국의 렌즈를 통해 현실의 중국을 바라보면 마치 피리를 불어도 춤추지 않듯이[345], 민중의 열기나 고조된 분위기는 전해지지 않으며 카메라의 초점이 흔들려 버리고 마는 것이다.

세계혁명의 사상이나 이론으로서의 마오이즘의 불꽃은

꺼져버렸고, 일본에 있어서 하나의 자기 변혁의 창조적 계기가 되었다. 이상으로서의 중국혁명 상은 불가역적으로 모두의 시계로부터 사라져 버렸다. 중국에 대해서는 과대한 기대나 환상을 품어서는 안 되고, 적절한 거리를 유지하면서 외부로부터 냉정하고도 객관적으로 관찰하는 동시에 과학적으로 분석하려는 자세가, 이 무렵부터 중국 연구자나 저널리스트 사이에 보이게 되었다.

일본에 있어서의 중국은 스스로의 자화상을 투영하고 자기 개혁의 희망을 의탁하는 대상으로서의 '내재하는 중국'으로부터, 분석 및 해석의 대상으로서의 '외재하는 중국'으로서 변모해 가고 있었다. 그러한 경향은 지금도 여전히 지속되고 있다고 하겠다.〔바바馬場 ①306~308, 바바 ②36~42〕

파리 5월 혁명 이후의 프랑스는 그 후에 어떻게 변했을까? 1967년 6월 이스라엘이 팔레스타인 전역을 장악하는 계기가 되었던 제3차 중동 전쟁으로 말미암아, 마오이스트들이 주도하여 프랑스 내에 '팔레스타인 해방기구'PLO(Palestine Liberation Organization)' 연대위원회[346]가 결성되었다. 이들 마오이스트는 프랑스에 많이 거주하는 아랍계 이민 커뮤니티에 대한 지원을 호소하였다. 그러던 와중에 1972년 독일 뮌헨München에서 개최된 하계 올림픽에서 이스라엘 선수단을 인질로 붙잡고서 살해해 버린, 팔레스타인 지원자들이 일으킨 테러 사건[347]으로 말미암아 이러한 영웅적인 도시의 게릴라상이 땅에 추락해 버렸다.〔윌린Wolin 365〕

한편으로 미국에서는 후쿠오카 아이코福岡愛子 씨에 의하면 1968년부터 73년에 걸쳐서 제3세계를 향한 마르크스주의가 차별적 분단의 해소를 지향하며, 아프리카계 미국인의 블랙팬더당과 아시아계 미국인이 전위적 무장집단을 결성하고서, '새로운 공산주의 운동NCM(New Communist Movement)'이 마오이즘 쪽으로 방향을 전환하고서, 세력의 급성장을 이루었다. 그러한 운동의 강점은 국제주의·반제국주의·반인종주의anti-racism의 기치를 내걸고서, 노동자나 피억압 대중을 동원하는 데에 있었다. 그러나 미중 화해와 개혁개방으로 돌아선 중국이 서방에 접근하며 노선 전환을 행함에 따라서, 문혁 중국과의 연속성은 단절되고 말았다.〔후쿠오카福岡 ②64~67〕

냉전 시대에 최대 규모 그리고 최장 기간의 전쟁이었던

베트남 전쟁은 일본·프랑스·미국 등지에 반전 및 반체제 운동의 거대한 물결을 일으켰고, 중국과 소련의 양대 사회주의 국가는 각각 베트남 해방전선을 지지·지원함으로써 반미의 대리전쟁과 같은 양상까지도 보여 주었다. 이렇듯 1960년대를 통하여 베트남 전쟁의 전황은 진창에서 헤어날 수 없는 곤란한 지경까지 격화되고 있었다.

베트남 전쟁을 둘러싼 격동의 현대사는 70년대에 접어들어 미중 화해와 닉슨 대통령의 방중을 계기로 수습되는 방향으로 접어들어서, 73년 1월의 '파리 평화협정Paris Peace Accords'에 의해서 정전이 발효되었고, 이윽고 3월에 미군은 베트남으로부터 모두 철수하였다.

문혁으로 혼란에 빠져있던 당사자 격인 중국에서도, 문혁의 충격을 고스란히 받아야 했던 해외 국가들에 있어서도 결국 문혁이라는, 반자본주의라는 장대한 실험의 결과로 초래된 것은 참담한 실패뿐이었다.

문혁이여! 다시금 우리에게 혁명의 꿈을! 이라는 소리는 더 이상 들을 길이 없게 되었다.

문혁은 인류에게 있어 '최후의 혁명'이 되었던 것일까?

냉전이 종결되고, 소련이 해체되었으며
'수용소 군도'와 '킬링필드'의
실상이 낱낱이 밝혀졌다
문혁은 인류 최후의 혁명이었던 것일까!

제9장 혁명의 여운
──꿈이 사라지고 난 뒤에

1981년 「역사 결의」로 문혁을 전면 부정하다

'세계사 속의 문화대혁명(본서 원제)'이라는 책의 제목을 정하고서, 1965년의 9·30사건 전날 밤의 시점부터 집필을 시작하여, 뒤이어 문화대혁명의 발발, 미중 화해와 일중 국교 정상화, 마오쩌둥의 사망, 문혁의 종식까지라는 식으로 '혁명'을 둘러싼 세계의 움직임을 다원 실황 중계방송과 같은 편성 방식으로 추적해 보았다.

혁명의 '동풍'은 주변의 아시아뿐만 아니라 전 세계에 몰아쳤고, 수많은 사람들이 혁명의 열기와 광란으로 인한 역풍의 소용돌이에 휘말려, 막대한 희생을 치렀고 치유하기 어려운 상처를 입었다.

마오쩌둥이 말하듯이 '한 점의 불꽃이 요원의 불길로 타오르다'(성성지화 가이요원[星星之火可以燎原])[348]와 같은 형세였다. 1966년 5월에 착화되었던 불꽃이 순식간에 최고조에 달하여 사방으로 확산되었다. 분명히 불이 타는 기세는 맹렬했지만 불길이 진정되는 것 또한 빨랐다고 하겠다. 68년 말에는 혈기 왕성한 혁명전사와 홍위병들이 벽지의 농촌으로 하방되었고, 71년의 린뱌오 사건으로 말미암아 대중을 동원하는 힘이 눈에 띄게 약화되기 시작했다. 인도네시아에서는 공산당이 일으킨 쿠데타가 하루 만에 진압되었고, 불씨는 서 깔리만딴에서 2년 후에 다시 발화하였다. 그러나 그것 역시 순식간에 진화되어 불씨는 완전히 꺼져버렸다.

서구 여러 나라에서는 파리의 '카르티에-라탱 해방구'에서 보듯이, 1968년에 대학과 거리에 혁명의 축제 공간이 출현하였다. 그러나 70년대에 접어들자 대량소비 사회의 안락함에 젖어 들어 혁명에의 꿈은 덧없이 사라져 버렸다.

한편 본가 중국에서는 1981년 6월의 제11기 6중전회의 「역사 결의」에서 문혁은 10년에 걸친 커다란 재난이었다고 규정하고서 전면 부정되었다. 더욱이 88년에 중공중앙과 국무원의 연명으로 본격적인 문혁 연구와 문혁을 제재로 하는 문예작품의 제작을 일절 금하는 통지가 내려졌다. '당의 집중적이고 통일적인 지도성'을 해치고, 혼란을 야기하는 요인이 되기 때문이라는 이유에서였다.〔가가미 加々美 10~13〕 역사적 사실을 발굴하는 것도 희생자들에 대해 사죄하고 보상하는 일도 입도 뻥긋 못하게 단단히 봉쇄해 놓은 상태 그대로이다.

문혁이 발발하고 50주년이 되는 2016년, 중국에서는 문혁 관련의 기념행사는 어떤 것도 열리지 않았다. 문혁에 관련된 자유롭고도 개방된 언론을, 억압하고 봉쇄하는 풍조는 한층 더 강도를 더해가고 있다.

중국은 지금도 여전히 사회주의의 기치를 국가의 이념으로서 내걸고 있다. 2017년 가을의 당대회로 시진핑 정권은 2기째 집권기로 접어들었고, 권력 기반을 굳건히 다진 것처럼 보인다. 부패 박멸이라는 대의명분을 내세우며 정적을 타도하고, '권력 핵심'으로 권력 집중을 강화하며 당규약에 '시진핑 사상'을 명시하기까지에 이르고 있다. 그 맹렬한 권력 투쟁의 수법은 문혁기의 마오쩌둥과 그다지 달라진 것이 없는 듯이 보인다. 또한 공산당의 일당 독재, 공산당의 지도 체제에 관해서는 문혁 이후에도 아무런 변화 없이 거의 그대로 유지되고 있다. 후계자를 민주적으로 선출하는 방법과 제도는 지금도 확립되어 있지 않은 형편이다.

한편으로 눈부신 발전을 보여주고 있는 중국 경제와 풍요한 물자와 소비자 본위의 서비스를 누리고 있는 중국인의 생활상을 감안하면 지금의 중국은 서방의 어느 자본주

의 국가보다도 고도의 자본주의와 고도 정보사회의 풍요
함과 안락함을 누리고 있는 것처럼 느껴진다. 예전 문혁
기의, 가난까지도 서로 나누어 가졌던 극도로 평균화된 평
등주의 사회와는 격세지감이 있다 하겠다.

그렇지만 마오쩌둥이 '3대 차별'의 철폐를 구호로 내걸
고서 문혁을 발동했던, 공업과 농업·도시와 농촌·정신노
동과 육체노동 사이의 격차와 차별에 있어서는 해소되기
는커녕 더욱 확대되고 있다고 하겠다.

혁명의 불씨는 꺼졌어도 혁명의 해골은 아직 냉동된 상
태 그대로 잠들어 있는 듯한 느낌이다.

20세기 최후의 혁명

스기야마 이치헤杉山市平 씨는 1965년 인도네시아 9·30
사건과 다음해 일어났던 중국의 문혁을 두 사건 모두 현장
에서 체험했던 보기 드문 저널리스트였다.

1940년 도쿄 대학 재학 중에 군대에 입대해 중국 전선
에 종군했던 경험을 했고, 1943년에 제대한 후 도메同盟
통신에 입사, 전후에는 교도共同 통신의 기자로 일하였다.

그 후에 교도통신을 그만두고서 64년에 아시아·아프리카 저널리스트 협회AAJA 서기국 직원으로 자카르타에 부임했다가, 65년 한 해의 맨 마지막 날에 베이징으로 전근하였다가 85년에 일본으로 돌아왔다. 96년에 사망하였다. 인도네시아의 9·30사건과 중국의 문화대혁명이라는, 아시아의 두 혁명을 발발로부터 종료 시점에 이르기까지 동시대의 현장에서 체험하였다.

스기야마 씨의 따님인 스기야마 마리코杉山まり子 씨와의 인연으로 2013년 3월 사이타마현 가와고에川越 시의 자택을 방문해서 고인의 생전의 사진들과 자카르타에서의 일기 등을 볼 기회가 있었다. 마리코 씨도 모친과 함께 65년 4월경에 부친이 있는 자카르타로 가서 9·30사건을 초등학생으로서 체험하게 되었다. 그 후에 부친의 전근을 따라서 옮겨갔던 베이징에서는 본래 베이징 주재 인도네시아 대사로 근무하다가 9·30사건이 터지자 망명하여 그대로 베이징에서 AAJA 대표를 지내고 있던 쟈와또Djawato의 가족과도 교류를 계속하였다. 그 밖에도 베이징에서 활동하다 베이징에서 생을 마친 일본공산당의 도쿠다 규이치德田球一의 부인, 민간 대사로서 1958년부터 일가가

모두 베이징으로 이주했던 사이온지 긴카즈西園寺公一 일가, 그리고 일본 신문사의 주재 기자들 등등, 베이징에 거주하던 여러 일본인들과도 교유가 있었다고 한다.

마리코 씨는 부친의 사후에 그 유고들을 정리해서 부친의 학생 시대의 종군 기록『전쟁기행——자세히 뜯어보는 어느 병사가 보았던 일중 전쟁의 실체』(2007년)라는 사가판私家版 책을 개인적으로 출판하였다.

빌려 왔던 대학 노트 3권 분량의 일기를 살펴보니 단순한 일기가 아니라 인도네시아 현대사의 갖가지 사건과 데이터가 필록의 형태로 기록되어 있었다. 고인은 아마도 언젠가는 격동의 전 과정 내내 한 복판에 있었던 자신의 시점에 서서, 실록 풍으로 현대사를 정리해 보려고 했던 것은 아니었을까 추측해 본다.

그 일기에는 이렇게 기록되어 있었다.

"20세기 : 혁명(사회주의, 식민지) 그 좌절, 전환의 세기
혁명의 내부에 있는 전환의 요인(소련, 중국, 인도네시아)
최후에 등장하였던 인도네시아 혁명 ——그 좌절
세계적 좌절의 aftermath(여파)로서의 문화대혁명"

자카르타와 베이징에서 20세기 아시아의 두 '혁명'을 직접 목격했던 스기야마에게 있어서 9·30사건은 최후의 혁명이며, 좌절한 혁명으로서, 문혁은 그 9·30사건의 '세계적 좌절의 여파'에 불과하였다.

문혁을 발동했던 마오쩌둥의 '혁명적 실천'에서 보자면, 9·30운동은 평화주의와 의회주의를 극복하지 못한 가짜 혁명이며, 문혁은 무력 투쟁에 의해 반제국·반수정주의의 기치를 선명히 밝혔던 진정한 혁명이라는 것이다. 그렇기 때문에 문혁의 성과는 휘황찬란했고, 사람들의 영혼에 와닿은 것이며, 혁명의 진수를 수출할 수 있게 되었다고 자랑하였다. 문혁은 일본의 학원 분쟁이나 신좌익 운동뿐만 아니라 세계 각지의 학생 운동이나 사회 운동에 자극을 주었고, 무장 투쟁을 고취하였다.

그렇지만 그러한 세계 혁명의 시도는 혁명이 수출되었던 지역에는 사회 질서의 동요, 전통적 가치관과 도덕관념의 부정, 폭력을 용인하는 기풍을 조성하고, 결과적으로 파괴와 혼란만을 가져다주었을 뿐이었다.

전쟁과 혁명으로 얼룩진 20세기는 종결되었다. 21세기에는 혁명이 일어날 기미는 더 이상은 없는 듯하다.

결과적으로 문혁은 20세기 최후를 장식하는 혁명이 되었고, 9·30운동과 함께 실패 또는 유산된 혁명이라는 평가가 적어도 공론의 장에서는 내려졌다고 하겠다.

스기야마 이치헤 씨의 메모는 '혁명이여, 잘 가거라' 하고 혁명에 대해 작별의 말을 남기려 했던 것일는지도 모를 일이라 하겠다.

사건의 세계사적 의의

더욱이 스기야마 이치헤 씨는 사가판 『인도네시아 견문기』에서 1963년 4월에 열렸던 아시아 아프리카 저널리스트 회의 개막식에서 행한 수카르노의 연설을 언급하면서, 다음과 같은 감상을 적어 두고 있다.

"「반둥」(1955년 반둥에서 개최된 아시아·아프리카 회의를 가리킨다)

은 강대국에 의한 식민지 지배의 시대가 끝났다는 것을 선언하고, 강대국이 중소中小 국가들을 제 맘대로 움직인다는 사고방식은 시대에 뒤떨어진 것이라고 규정했다.

그러나 그로부터 8년 뒤에, 「반둥」을 키워주었던 신흥

독립제국의 단결과 연대는 더 이상 존재치 않는다. 이상
을 논하는 시대는 반둥 회의의 폐막과 동시에 지나가버
린 듯하다."〔스기야마杉山 49〕

9·30사건이란 형해화한 '반둥 정신'이 붕괴하여 폐허가
되었던 상태 위에서 다시금 시도되었던, 애초부터 좌절되
리라는 운명이 지워졌던 혁명이었는지도 모른다. 그리고
수카르노의 '구질서'로부터 수하르토의 '신질서'로의 이행
역시 어수선하게 쌓인 '반둥 정신'이라는 폐허의 잔해 위
에서 이루어졌던 것이라고 해야 할 것이다.
마찬가지로 인도네시아 현대사 연구자로서 9·30사건을
주시하고, 사건 발생 당시로부터 연구 대상으로 삼아 왔던
마스다 아토 교수는 이 사건의 세계사적 의의에 대해서 이
렇게 이야기하고 있다.

"이 인도네시아에서 일어난 1965년 9월 30일 사건은
1966년 9월부터의 중국의 프롤레타리아 문혁 이후의 정
치 변동에 직간접적인 영향을 끼치게 되는 것이다. 나아
가서는 1989년 이후의 베를린 장벽의 붕괴에서 시작되

는 동구권의 정치적 변동과, 1991년에 시작하는 소비에 트 연방과 소련 공산당의 붕괴라는 세계 정치의 변화에 도 영향을 계속 미치게 되는 것이다.

9월 30일 사건은 인도네시아 일국의 규모를 넘어서서 아시아와 세계사의 흐름에 커다란 영향을 지속적으로 미치고 있는 것이다."〔쩌우鄒 ②91 (편역자[349] 후기)〕

9·30사건이 그 이후의 중국의 문화대혁명에 어떤 영향을 미쳤다는 것일까?

이 책은 마스다 아토 교수의 그 질문을 이어받아서, 생각해 낼 수 있는 하나의 대답을 해보려는 내 나름의 시도이기도 하다.

그리고 9·30사건과 문혁이, 더 나아가 1989년 이후의 동구권 사회주의 국가들의 체제 전환과 91년의 소련의 해체에 이르기까지 어떤 영향을 주었는가에 관해서는, 향후의 과제로 남겨 놓지 않을 수 없는 것이다.

다만 9·30사건 전날 밤부터 사건의 발발과 실패, 그것을 이어 받은 문혁의 계기와 그 종식까지를 추적해 보고, 나아가 냉전의 종결로부터 현재까지의 시기를 전체적으로 통관洞觀해 보면서 생각이 미치는 것은 두 혁명과 연관된 폭력의 문제라고 하겠다.

두 혁명에 공통하는 바는 권력을 잡기 위해서는 평화적 이행 또는 평화 공존이라는 방식을 거부하고, 무력으로 적을 제압·타도하여 이론을 봉쇄해야 한다는 식의 방법이며, 거기에는 국시國是를 위해서라면 개인의 자유나 소수자의 의견은 희생이 되어도 어쩔 수 없다고 생각하는 전체주의적 사고가 도사리고 있다. 그러한 사고방식 위에서 대량 사망이라는 사태가 발생하였다. 요컨대 자유·인권·민주·평화라는 관념이, 폭력에 의한 통제라는 관념의 우위에 있는 보편적 가치로서 모두에게 공유되지 않았다는 것이 실제로 일어났던 혁명의 현실적 모습이었다.

야마구치현의 마오이스트

'혁명이여, 잘 가거라'라고 했지만, 9·30운동, 문화대혁명, 서 깔리만딴 무장 봉기 등에서 지향하였던, 제국주의적 수탈과 계급사회의 억압, 자본주의 세력에 의한 프롤레타리아 계급에의 착취, 권력의 남용과 부패, 절대적 빈곤층의 확대 등과 같은 문제에 대한 해결의 시도는 지금도 여전히 제대로 이루어지지 않고 있다.

그렇다고 해서 이런 문제들을 해결하기 위해 혁명이라는 수단은 허용될 수 있는 것인가? 무기를 사용하는 투쟁, 집단적 폭력은 정당화될 수 있는가? 옴진리교 사건[350] 이후, 또는 9.11테러 사건 이후로 테러 행위는 더욱 확대·과격화하고 있으며, 폭력의 연쇄, 권력자가 아닌 무고한 시민들까지 연루되는 무차별적 테러 행위가 세계 각지에서 되풀이되고 있고, 심각한 피해를 일으키고 있는 실정이다. 그런 상황에서 혁명이라는 말에는 한층 더 파괴적인 뉘앙스와 부정적인 연관 이미지가 증폭되고 있다.

일본에서 문혁을 지지했던 사람들과 조직 단체들은 현재에는 대체로 침묵을 지키면서 문혁에 대해서는 많은 언급을 하지 않는다. 그 시대의 일본을 알지 못하는 세대에게는 동시대에 어떠한 논의가 있었는가 하는 사실조차도 확인할 수 있는 기회가 점차 사라지고 있다. 일본의 문혁 관련 논의 가운데 뚜렷이 드러나는 조직의 균열과 사상적 분단에 의해 일본의 논단이나 좌익 운동이 입었던 상처는 아직도 치유되지 않고 있는 형편이다.

그러한 상황에서도 일찍이 문혁을 지지하였고, 지금도 여전히 문혁에 대한 자기비판을 거부하면서 조직 활동을 계속하는 일군의 무리가 있다.

앞서 제4장에서 언급한 바 있는 야마구치현을 거점으로 활동하는, 일본공산당 좌파에서 유래하는『조슈長周 신문』의 언론 활동이 그것이다.

일본공산당 야마구치현 위원회는 1966년 9월 문혁이 한창이던 시기에 친중국 노선으로 분파 활동을 했다는 이유로 일본공산당에서 제명당한 후쿠다 마사요시福田正義 등이 결성하였다. 그 당칙黨則에는 '일본의 노동자 계급과 인민의 해방을 위해, 미제국주의와 일본 독점부르주아 계급의 지배를 쳐부수는' 일, '마르크스주의·레닌주의·마오쩌둥 사상을 자신의 사상을 이끄는 이론적 기초로 하고 행동 지침으로 삼는다'고 명기되어 있다.

후쿠다 마사요시는 1955년, 야마구치 지역에서『조슈신문』을 창간했다. 조슈신문사 병설의 후쿠다 마사요시 기념관에 따르면 그가 행한 사업들을 다음과 같이 소개하고 있다.

"전후에는 만주에서 일본인 귀국 운동에 진력하였고, 시모노세키下関에 되돌아오고 나서는 전국 최초로 점령자 노동자[351] 파업을 조직하는 등 노동 운동의 기초를 만들었다. '예전의 전쟁에 있어서 일본 인민이 가장 곤란에 처해 있을 적에 공산당이 괴멸하여 인민을 이끌고 갈 수가 없었다. 그러나 중국에서는 곧바로 전 중국을 해방시켰다. 그것은 어째서인가'라는 문제의식에서 출발하여, 원폭 피해를 당했던 히로시마広島 시민의 목소리를 대변하여 전후 아메리카 점령군 하에서 최초로 원폭 투하의 범죄에 대해서 항의했던 1950년 8.6 평화투쟁을 조직. 인민에 봉사하는 사상에 투철하여, 인민의 고난을 조사하고, 그들을 도와주면 반드시 승리한다는 신념을 얻고서, 1955년 어떠한 권위에도 굴하는 법이 없는 인민의 언론 기관으로서 조슈 신문을 창간하였다."

문혁 시기 중국에서는 일본에서 발행되는 신문으로 이 『조슈신문』만이 구독이 허용되어서, 중국의 각 지역의 호텔 로비에 『조슈신문』을 볼 수 있도록 비치되어 있었다고 한다. 지금도 여전히 주 3회씩 발행되는 4면으로 이루어진 지방 신문이다. 사원은 10여 명이 있는데, 취재에서 배달·수금까지 이들이 모두 해낸다고 한다. 참고로 덧붙이면 2018년 1월 1일 신문의 제1면은 「최종 단계에 접어든 자본주의 이후의 사회를 어떻게 만들 것인가」라는 연두 인사말 기사가 실려 있었다.

야마구치현이라고 하면 요시다 쇼인吉田松陰[352]이라든가, 샷쵸薩長 동맹[353] 등과 같이 일본의 메이지 유신에 있어 존왕도막尊王倒幕[354] 운동을 통해 오늘날 일본이라는 국가 체제의 기초를 만들었고, 수많은 정치·군사 지도자를 배출하였고, 기시 노부스케·사토 에이사쿠·아베 신조安倍晋三 수상 등의 출신지이기도 하다는 사실 등으로 인해 '우익' 보수의 이미지가 강한 편이다. 그렇지만 일본공산당 좌파와 『조슈신문』과 같이 기개가 있는 '좌파'을 배출해 내는 현민성縣民性[355]도 엄연히 병존하고 있다. 그래서 『조슈신문』은 메이지 유신과 관련해서는 다카스기 신사쿠高杉晋作[356]를 높이 평가하였고, '초망굴기草莽崛起'[357]라는 요시다 쇼인의 말을 신문에서 제자題字로까지 사용하고 있기도 하다.

후쿠다는 마사요시는 1966년 메이지 유신 100주년이 되던 해에『조슈신문』에「다카스기 신사쿠에게서 배워야 할 것」이라는 글을 연재하고 있다. 다카스기는 광범한 인민 대중을 동원하여 기병대라는 무장 부대를 조직하고, '존황양이尊皇攘夷'를 내걸어 결집시키고, 도쿠가와 막부라는 봉건적 전제 정권을 무너뜨리고, 유신 혁명 투쟁을 주도하였기 때문이라고 하는 것이다. 당시의 이러한 연재는 '미야모토 수정주의 노선'에 반대하는 '반 수정주의 결기反修決起'의 구호가 되었던 것이다.

후쿠다는 또한 문화 운동의 일환으로 1952년에 인민 극단으로 '하구루마자はぐるま座'358의 결성을 이끌었다. 문혁이 일어난 다음해인 1967년에 중국에서 최초로 공연을 하였다. 이 밖에도 야마구치현에서 중국과 교류하는 여러 문화 공연을 추진하고 있다.

'톈안먼의 학생 운동은 국제적인 거대한 음모'

2018년 2월 혼슈本州의 서쪽 끝에 자리 잡은 시모노세키역에서 내려 택시로 10분 정도 거리의 시가지에 있는 조슈신문사를 찾았다. 문혁 당시로부터 해당 신문사에 근무하였다는 다케시타 하지메竹下一 기자와 이미 퇴사한 사와다 쓰토무沢田勉 기자가 내 인터뷰에 응해 주었다.

인터뷰 내용에 따르면 신문의 창간인 후쿠다 마사요시는 전전 시기로부터 공산주의 운동에 참가하여, 만주로 건너가『만주滿洲 일보』에 근무하다가 종전을 맞았다는 것이다. 그곳에서 중국공산당이 당의 건설 과정에서 확립한 '인민에게 봉사하는' 중국혁명의 정신을 배웠고, 일본공산당에는 대중 멸시의 경향이 있어 대중과 결합하지 못했다는 점을 반성하였다.

1947년 일본에 귀국한 뒤에 시모노세키 현지에서 세포細胞 활동을 하는 외에 미국의 강제 징용을 문제 삼아서 진주군 노동조합의 파업을 이끌었고, 훗날 젠가쿠렌全学連[359] 위원장이 되었던 다케이 데루오武井昭夫와 함께 언론 활동을 펼쳤다. 1949년에 히로시마에 거점을 둔 일본 공산당 주고쿠中国[360] 지방 위원회 위원으로서 히로시마 지역에서 활동하면서, 미국의 원폭 투하를 격렬하게 비판하고, 한국전쟁의 와중에도 원폭을 결코 사용해서는 안 된다는 논진을 활발하게 펼쳤다. 시인 도게 산키치峠三吉[361]와도 친분이 있었는데, 미군 점령 하에서 신문 보도 지침의 제약이 있었지만 도게 산키치의 원폭 반대를 외치는 시 작품을 공표하기도 하였다.

시모노세키로 돌아온 후쿠다는 야마구치 현민을 위한 신문으로 『조슈신문』을 창간하였다. 창간 당시의 편집진은 후쿠다 편집장과 기자 한 명으로 단 두 사람뿐이었고, '수천 만 대중과 함께'라는 대중 노선을 표방하였다.

신문 창간 무렵에는 중국인 포로 유골 문제를 보도하였고, 야마구치현 차원에서 유골 송환 운동을 전개하였는데, 그에 대한 답례로서 1958년에 리더취안李德全 중국적십자회장이 시모노세키를 방문하기도 하였다. 또한 당시는 한국의 이승만 라인[362]이 선포되었던 시대라 일본 어선들이 중국의 연해까지 가서 저인망 어업을 행하고 있었다. 그 결과 조업의 안전을 위해서 중국과 민간어업 협정을 맺는 운동을 전개하기도 하였다.

1966년에 야마구치현 위원회 좌파가 결성되었고, 이어 미야모토 서기장이 이끄는 당중앙은 마르크스주의 원칙을 벗어난 수정주의라고 비판하면서, 전국에서 미야모토 서기장에 반대하는 세력들을 결집하였다. 여기에서 69년에 전국적 조직으로 일본공산당 좌파[363]가 결성되었다. 야마구치현에서는 수많은 기업 노조에 기반을 두고 있고, 대중노선을 채택하고 있다. 친중국·반 미야모토였지만 무장투쟁 노선을 취하는 ML파에 대해서는 반대하는 입장으로 선을 긋고 있었다. 저우언라이는 그러한 자세는 분파주의라고 하면서, 일공좌파日共左派에 대해서 무투파武鬪派를 거느린 반체제 집단을 포섭하는, 파리 코뮌과 같은 대연합을 결성하도록 하라고 설득도 하였다고 한다.

문혁을 지지하는 입장을 선명히 하였는데, 1969년 제9회 당대회에서는 (중소 분쟁이 일어난)전바오다오 사건을 중심에 두고서 소련 주적론이 생겨나고, 그때까지의 반제국·반수정주의 노선이 친미반소 노선으로 전환하는 계기를 제공하는 한편 미중 접근으로 연결되었다는 사실에 대해, 이것을 문혁의 지도적 사상을 포기하는 것으로 비판하였다. 1979년의 중월中越 전쟁에 대해서 비판적 입장을 분명히 보였다. 개혁개방의 신자유주의 노선과 대외적인 패권 행동에 대해서도 비판적인 입장을 취하고 있다.

1966년 문혁 당시 『조슈신문』에는 「연소連蘇·반중국을 분쇄하자」라는 사설(8월 21일자)이 실려 있다. 국제공산주의 운동으로서의 사상적 입장과 투쟁 노선이 전형적으로 드러나 있는 문장으로 일부를 인용해 보기로 하자.

　"일본이 미제국주의의 지배하에 놓이고 민족주권을 침탈당하고 있는 상황 하에서, 외국제국주의의 장년에 걸친 침략과 맞서 싸워서 모든 외국제국주의를 쫓아버렸고, 이들에 추종하며 자국 인민을 지배하고 있는 국내 반동세력을 타도하였던 중국 인민의 경험은 일본 인민을 진심으로 격려해 주고 있다. 특히 오늘날 미제국주의자와 그 추종자들에 반대하는 투쟁에서, 중국 인민이 자국의 사회주의 건설을 단호히 추진하여 위대한 성과를 이룩하는 동시에 미제국주의에 정면으로 반대하고, 미제국주의자의 공범자로 타락해 버린 소련 지도부를 필두로 한 현대수정주의의 기만을 철저히 폭로하고, 세계의 모든 피억압 인민과 피억압 민족의 투쟁을 아낌없이 지지하면서 반미 국제통일 전선의 선두에 서서 싸우고 있다는 사실은, 일본 인민에게 깊은 감동과 든든한 격려가 되고 있다."

　노동조합의 조직률이 점차 저하하는 가운데 현재의 『조

슈신문』의 주요 테마는 아이들 교육, 공해, 비정규직 고용, 가미노세키相関 핵발전소 건설 반대 등 자본주의 모순을 공격하는 논평을 전개하고 있다.

　다케시타 기자와 사와다 전 기자 두 사람은 1989년 6월 4일의 톈안먼 사건에 관해서는 다음과 같은 견해를 밝히고 있다. 그런데 그 내용이 너무나도 뜻밖이어서 내 심사를 답답하고도 복잡하게 만들었다.

　"톈안먼 광장에서의 학생 운동은 제국주의 열강이 치밀하게 계획했던 국제적인 거대한 음모다. 『조슈신문』은 프롤레타리아 독재를 견지하기 위해 그들을 진압했던 일을 지지합니다. 그 당시에 진압을 지지하는 입장을 선명히 밝혔던 일본의 미디어는 『조슈신문』 정도뿐이었습니다(톈안먼 사건 직후의 1989년 6월 20일자 『조슈신문』은 「중국의 정권 전복을 노린 미일구[美日歐] 제국주의의 실패」라는 제목의 사설을 싣고 있다). 그 당시 중국공산당 원로의 판단은 수천 만 명 인명의 희생 위에 쌓아올린 이 공화국을 제국주의자의 손에 넘겨서는 안 된다는 것이었다. 그러므로 베이징 시민의 태반은 인민해방군을 지원하고, 학생들의 폭행으로 상처를 입은 병사들을 간호해 주었던 것이다.

미국은 베트남 전쟁의 교훈으로부터 무력을 통해서는 사회주의를 전복할 수 없다고 판단해서, 1969년에 기사회생의 묘책으로 닉슨 독트린을 내놓았던 것이다. 요컨대 이데올로기의 측면에서 사회주의를 전복한다는, '화평연변和平演變[364]'을 시도했던 것이다. 그 핵심은 중국을 어떻게 자기 손아귀에 넣을 것인가 하는 것이다. 그 연장선상에서 고르바초프Gorbachev도 또한 페레스트로이카Perestroika[365]를 이용하여 모략을 교묘히 추진하였던 것이다. 동구권의 체제 전환은 고르바초프가 추진했던 것이다. 그 끝맺음이 89년 5월의 중국 방문이었다.[366] 그것은 중국의 민주화를 지지한다는 시그널이었다.

그런데 1991년 소련 연방이 해체되자, 그 다음해에 덩샤오핑은 남순강화南巡講話를 행하고서[367], 자본주의냐 사회주의냐 하는 것이 문제가 아니고 종합적인 국력이 향상되기만 하면 좋은 것이라 하면서 '선부론先富論'[368]을 제기하면서, 개혁개방·시장경제 노선[369]에 박차를 가하고 있는 것이다. 그것은 자본주의화로의 변질인 것이다.

지금 중국의 농촌에서 일어나는 폭동 등을 보면 계급

모순이 존재하는 것이다. 대중이 요구하는 진정한 사회주의를 추구하지 않으면 안 되는 것이다."

인민에 봉사하는 중국공산당의 당 건설을 지지하고, 문화대혁명을 지지하고, 반면에 중국의 학생들에 의한 민주화 운동에는 반대하고, 톈안먼 사건에서의 무력 진압은 지지하고, 덩샤오핑의 개혁개방 노선은 비판한다. 그들의 이러한 사상적 입장에 대해서는 수긍하기 어렵다고 하겠다.

지금까지 보아왔듯이 문혁에는 초기 무렵부터 마구잡이식 폭력을 방임하는 경향이 나타났었고, 그것이 점차 확산되어 폭력이 더욱 조직화·계획화되어 가면서, 희생을 증폭시켰다. 학생들의 민주화 운동을 미국과 소련의 공동음모로 간주하고, 그것을 봉쇄하지 않으면 중국의 레종데트르raison d'être[370]는 상실·붕괴되어 버린다는 사고방식은 흡사 중국공산당이 6월 4일[371] 당시에 (학생들의 민주화 운동을) 진압하기 위해 공식적으로 내세웠던 논리를 그대로 용인하는 것이었다.

현재의 중국에는 민주화는 필요하고, 정치 개혁은 급선무의 과제라 하겠다. 그렇지만 오늘날 중국에서 물질적인 풍요함을 누리며 살고 있는 중간층 이상의 도시 주민이, 농촌이나 지방의 빈곤층을 망라한 전 인민을 대상으로 하는 정치적 평등과 보통선거의 실시와 같은 상황을 한결같이 요구하고 있다고는 도저히 생각할 수 없는 노릇이다. 덩샤오핑의 개혁개방 노선은 지금의 중국이 누리는 번영을 가져왔던 원동력이었음은 틀림없는 사실이다. 그러나 한편으로 불평등과 격차와 환경파괴 등과 같은 심각한 사회문제는 지금도 여전히 중국 사회를 괴롭히고 있는 것이다.『조슈신문』의 논조에는 분명 납득하기 힘든 부분이 있음은 사실이지만, 한편으로 온갖 착잡한 생각들이 뇌리를 스쳐 가는 것이다.

그렇기는 하지만 미제국주의를 비판하고, 인민에 근거한 대중 노선 위에서 사회주의 실현을 꾀한다는 일관된 자세가 있다. 언론 활동의 원점으로서 히로시마의 평화 운동을 전국적으로 전개하였고, 미국의 점령 체제를 비판하고, 강제 연행되었던 중국인의 유골 송환 운동을 추진하고, 일공좌파로서 지역의 노동 운동을 조직·견인해 왔던 공적은 분명 명기해 두고자 한다.

반세기 전에 세계를 휩쓸었던
변혁을 갈구했던 저 욕동(欲動)[372]은
사회가 온통 꽉 막혀 있는 듯한
지금 이 순간 어디를 서성거리고 있는가?

종장
사라지지 않는 「혁명의 망령」

산산이 부서진 혁명의 꿈

이제껏 인도네시아에서, 중국에서, 그리고 전 세계에서 혁명을 둘러싸고 일어났던 갖가지 드라마를 그 시간적 추이를 좇아서 동시대의 시선으로 따라가 보았다. 그것은 필자의 기억 속의 문혁을 떠올리면서 한편으로 시야에 비치는 혁명의 배후에 도대체 무엇이 일어났던 것일까 하고, 내 자신의 지난날을 되돌아보는 작업이기도 하였다.

필자는 고교생 시절에 '영혼에 와닿는 혁명'이라는 말에 일종의 도취감euphoria마저 느꼈었다. 그래서 마오쩌둥의 「실천론」·「모순론」·「지구전론持久戰論」 등의 문장을 읽거나, 「조반유리」와 같은 말에 고무되어, 부모나 학교 교사에 대한 주체할 길 없는 반항심을 불태우기도 하였다.

그와 같은 소박한 도취감이 산산이 부서져 버린 것은 1974년 동아시아 무장전선[373] '오카미狼'라는 테러 조직이 시한폭탄을 이용해 미쓰비시三菱 중공업·하자마구미間組·다이세大成 건설[374] 등을 비롯한 기업 연쇄 폭발사건을 일으켰을 때였다. 백주 대낮 도쿄의 중심 오피스가인 마루노우치가 노상에서 미쓰비시 중공업 빌딩의 유리창 파편들이 사방으로 튀어 있었고, 양복이 온통 피투성이인 회사원들이 들것에 실려 가는 뉴스 영상[375]을, 고교생 시절에 보고서는 흡사 차디찬 얼음물을 뒤집어 쓴 듯한 기분이 들었다. 앙금과 같이 가슴 밑바닥에 들러붙어 있던 조반造反에의 환상이 한 순간에 산산이 부서져 버린 듯한, 심드렁한 기분이 되어 버렸다.

일본 사회 전체로 보자면 혁명의 꿈이 악몽으로 바뀌어 버린 것은 그보다 2년 전에 일어난 아사마 산장 사건 때였다. 아직 중학생이었던 필자는 한겨울의 산장에서 혁명가들과 기동대가 벌이는 공방전을 텔레비전 앞에서 못 박힌 듯 꼼짝 않고 보면서도 그저 어안이 벙벙할 뿐이었다. 이윽고 산장 건물이 빌딩 해체에 사용되는 레킹볼[376]에 의해 부서지고, 줄줄이 수갑을 찬 혁명가들이 경찰에게 끌려가는 광경은 아직도 생생한 잔상으로 뇌리에 남아 있다.

그런데 그로부터 2년 후 동아시아 반일무장전선의 테러 사건에서는 피해자들의 처참한 모습만이 영상에 비칠 뿐, 정체를 꽁꽁 숨긴 음험한 테러리스트의 소행은, 꿈도 희망도 없는, 어둡고도 음울하며 으스스한 기분만을 느끼게 할 뿐이었다. 그들 테러리스트는 일반 시민이나 회사 동료와의 접촉도 극력 피하고서, 시한폭탄을 설치해 놓고서는,

무차별한 대량 살상을 저지름으로써 온 사회를 전율케 만들었다. 말 그대로 '궁지에 몰린 쥐가 도리어 고양이를 무는' 격이라 하겠다. 그렇듯이 궁지에 몰려서 갈 곳이 없는 테러리스트의 슬픈 그림자가 눈앞에 선했던 것이다.

이 사회에 두 번 다시 혁명은 오지 않을 것이다. 그런 확신이 일기 시작했고, 혁명은 멀어져 갔으며, 마침내 나의 시야에서 사라져 버렸다.

잡지 『론자論座』 2007년 1월호에 당시 31살이었던 프리터[377] 아카기 도모히로赤木智弘가 썼던 「『마루야마 마사오丸山眞男』를 후려갈기고 싶다」라는 논문이 실렸다.[378] 그리고 글의 부제로는 '내 희망은 전쟁'이라는 말이 쓰여 있었다. 이른바 격차 사회에서 희망이 없는 니트족[379]이 그나마 쥐꼬리만한 활로라도 찾아서 사회에 유동성流動性을 찾고자 한다면 전쟁 외에는 달리 방법이 없다는 것이다.[380] 저 도쿄대 출신의 초엘리트인 마루야마 마사오가 (군대에서 가장 말단인)이등병으로 징집되어 당시 식민지 조선의 평양에서 복무할 적에 고참인 일등병에게 따귀를 얻어맞았다. 그와 같은 일은 전쟁이 아니면 절대 일어나지 않을 것이다, 나도 그 고참 일등병처럼 (나보다 훨씬 잘난)마루야마 마사오의 따귀를 후려갈기고 싶다. 이를테면 그와 같은 심정을 나타내는 것이다.

그런데 여기서 '전쟁'이란 단어를 '혁명'으로 바꾸어 놓으면 그와 같은 분위기가 현대 일본에 만연하고 있다는 기미를 알아차릴 수 있겠다. 이러한 분위기는 이 책의 서장에서 언급했던, 백 년 전의 「아Q정전」에 나오는 주인공 아Q가 '반란 만세謀叛萬歲'를 외치는 감각과 서로 통하는 바가 있다고 볼 수 있다.

양자에 공통하는 바가 무엇일까?

그것은 이 시대에 사방이 온통 막혀 있다는 폐색감閉塞感[381]과 같은 것이라고 해야 할 것이다. 일본의 '희망격차 시대'라든가 니트족이나 '워킹푸어working poor'[382]와 같이, 실업이나 빈곤이 고정화되어 버린 것 같은 시대 상황에 처한 젊은이들이, 헤어날 길이 없는 막다른 골목에서 이리저리 헤매고 있다. 단번에 이런 상황을 바꾸어 버렸으면 너무 좋을 텐데, 라는 식의 파괴 원망이 그로부터 온몸에 스며들고 있는 것이다. 말 그대로 혁명의 망령이 주변을 서성거리고 있는 것이다.

그렇다고는 하나 그로부터 혁명의 실현에 이르기까지

의 거리는 엄청나게 머나먼 길이다. 요컨대 혁명을 위해 사람들을 일으켜 세우려면, 우선 혁명을 갈망하는 인민의 공통된 생각, 그러한 생각을 행동으로 연결하는 리더의 지도력, 결사의 조직력과 정치력, 지식인들의 열렬한 지지, 선전 선동을 위한 유효한 매체, 그리고 다른 무엇보다도 보다 나은 미래에 대한 희망, 새로운 신세계에 대한 원대한 구상 따위를 종합적이면서도 상승적으로 잘 엮어가야 하는 일이 필수불가결하다고 하겠다. 이상에서 말한 것들이 존재하지 않는다면 광범위한 인민들이 궐기하는 일은 일어나지 않는다. 무엇보다도 노도 같은 기세로 자기 증식해 가는 신자유주의적 자본주의에 저항하는, 또는 그것을 대체할 수 있는 실행 가능한 구상과 원리를 우리는 아직 발견하지 못하고 있다 하겠다.

'동풍은 서풍을 압도한다' 다시금

사회학자 하시모토 겐이치橋本健一에 의하면 지금 일본은 소득 수입 내지 취직과 결혼에 있어서의 생활 격차가 점차 벌어지고 고정화되고 있다고 한다. 그러한 실태를

466

근거로 해서 일본은 이미 새로운 계급사회가 되었다고까지 말할 수 있다는 것이다.〔하시모토橋本〕 복지·노동·교육 등 각 분야에서 지금이야말로 자본주의의 모순을 시정하기 위해 사회주의적인 시책이 현실성을 띠고서 구상되어야 할 시기가 아닐는지도 모르겠다.

앞으로의 인구 동태의 추세로는 일본은 점차 인구가 감소하여, 2050년 무렵에는 9,000만 명 이하로 떨어질 것이라고 한다. 게다가 저출산에 의해 고령화가 진행되는, 이른바 축소縮小 사회가 되는 것은 피할 수 없는 현실이 되었다. 그와는 반대로 세계 인구는 증가 일로에 있어서 2050년에는 100억 인구에 육박할 것이라고 한다. 특히 아시아와 아프리카의 여러 나라에서는 인구가 증가하고, 게다가 젊은 노동력을 풍부히 보유하고 있고, 높은 경제성장률을 보일 것으로 전망되고 있다. 지금껏 제3세계라고 여겨져 왔던 지역이 앞으로는 세계의 중심으로 변모해 가고 있다. 일본은 외국으로부터 이민을 수용하는 정책으로 방향을 틀지 않으면 국가의 산업과 생활이 유지되지 않는 사회가 될 가능성이 목전에 닥치고 있다. 외국인 특히 아시아·아프리카 출신의 사람들과 공생하는 길을 모색하는 일이야말로 향후 피할 수 없는 과제라고 하겠다.

실제로 아시아·아프리카의 발전도상국의 경우에는 발전하는 중국 경제의 영향력이 차츰 커지고 있다. 중국의 '일대일로一帶一路' 정책에 연계해서 중국으로부터의 막대한 경제적 지원의 혜택에 크게 의존하고 있는 형편이라 하겠다. 중국은 서방과는 달리 현 체제의 변화나 민주화를 강요하지 않고, 서구적인 민주·인권과 같은 가치관을 강요하지도 않는다. 오히려 '차이나 스탠다드'(중국모식[中國模式])[383]를 환영하고 자신들의 발전 전략으로 채택하려는 움직임조차 있다고 한다.[아사히 2008. 5. 1] 그렇게 되면 아시아·아프리카에서 반서구의 독립해방 전쟁, 민족자결주의, 중국과 쿠바의 혁명 경험 등이 다시금 각광을 받게 될는지도 모를 일이다.

이럴 때에 다시금 되묻지 않을 수 없는 것은 '야마구치현의 마오이스트'로서 다루었던 『조슈신문』에 대한 취재에서도 화제가 되었던, 1989년 6월 4일 톈안먼 사건에 있어서, 민주화 운동을 진압했던 쪽의 중국 권력자들이 가진 세계 인식의 문제이다. 그들은 당시 소련의 고르바초프의 개혁과 동구 사회주의권의 체제 전환(소동파[蘇東波]=소련[蘇聯]과 동구[東歐]로부터의 풍파[風波])[384]을, 미국을 중심으로 한 자본주의 세력에 의한 평화적인 체제 전환(화평연변[和平演變])의 음모라고 여기고서, 이를 방비하여 막아내기로 결단을 내렸다. 그래서 무력에 의해 자국의 민주화 운동을 억눌러서, 자본주의 세계로부터 불어오는 서풍을 제지하였던 것이다. 당시의 아시아는 압도적으로 가난했었다. 그럼에도 불구하고 서풍은 동풍을 압도할 수 없었던 것이다. 이제 물질적으로 풍요로워지고 있는 아시아에 있어서 동풍은 오히려 서구 세계의 서풍을 압도하려는 추세를 보이고 있다. 그렇게 되면 문화대혁명과 6.4 톈안먼 사건의 역사적 기억은 사람들에게 어떤 식으로 되살려질 것인가?

자본주의의 폭주를 막기 위한 구상을 수립하는 일. 그리고 학대 받고, 차별 당하고, 사회의 주변부로 내몰린 사람들과 여타의 민족들과 공생·공존의 길을 모색하는 일. 그런 과제에 정면으로 대처하지 않는 한 시대의 폐색감 속에서 파괴에 대한 갈망이 움트게 되고, 조반을 향해서 마그마는 분출되어 가는 것이다.

혁명은 일과성에 그치는 것으로 결코 재현되거나 재귀하는 법은 없다. 혁명은 홍역에 걸리는 것과 마찬가지로 한 번 걸리고 나면 면역이 생겨서 다시 감염되는 일은 없다고 생각하는 견해도 있을 것이다.

그러나 혁명은 전염병과 같이 풍토에 따라 조금씩 유형은 다르지만, 어떤 일정한 조건 하에서는 동일한 병리로 다시 감염되는 일도 있을 수 있다 하겠다. '혁명의 망령'이 서성거리고 있다는 것은 이와 같은 발병 이전의 상태를 가리킨다.

그러나 이러한 전염병은 바이러스만으로는 발병하지 않는다. 가령 지금 바이러스의 정체를 알았다고 하더라도, 예를 들어 그것이 마오쩌둥이라는 혁명가의 '능동적 혁명 실천'의 결과라는 사실이 밝혀졌다고 하더라도 그것은 혁명의 일면의 진실에 지나지 않을 뿐이다. 혁명을 갈구하는 객체로서의 인민 측이 처해있는 현실에 육박하지 않으면 안 되는 것이라 하겠다,

'혁명의 망령'은 아직도 사라지지 않고 있다.

후기

문화대혁명을 둘러싼 길고도, 파란곡절 많은 이야기를 교직交織해 보았다. 썩 모양새가 좋은 갈무리라고 할 수는 없겠다. 혁명의 꿈은 사라졌다고 하지만 혁명은 여전히 여운을 드리우고 있고, 망령은 아직도 서성거리고 있다. 그렇지만 슬슬 막을 내려야만 할 시간이 다가왔다.

문혁을 중국이라는 한 나라의 국내에서 일어난 비극으로만 치부하고 싶지는 않았다. 아울러 현대 중국 연구자의 전유물인양 내버려 두어서는 안 된다고 여겼다. 세계사라는 큰 무대로 이끌어 내어 국제적 요인과 국제적 영향까지 고려한, 새로운 이야기로 탈바꿈시켜 보고 싶었다. 그런저런 생각에서 전에 쓴 책인『전후 일본인의 중국 형상』에서는 두 장章 분량을 할애하여, 일본의 동시대자료에 근거해서 문혁이 일본에 주었던 충격과 여파 등에 대해 논해 본 적이 있다. 그 책의 두 장 분량의 내용을 요약·정리해서 중국에서 나오는 잡지에 중국어로 번역·게재했을 적에는 제목을 「일본에 있어서의 '문화대혁명'(1966~1972)——중국 혁명의 일본에 대한 충격과 영향 '文化大革命'在日本(1966~1972)——中國革命對日本的衝擊和影響」이라고 달았다. 이 책은 그러한 구상을 더욱 확장시켜, 「세계 속의 문화대혁명文化大革命在世界」이라는 식으로 과제를 설정해 놓고서 새롭게 쓴 내용이라고 할 수 있다.

그렇다면 어떻게 하면 문혁은 세계사가 될 수 있는 것인가?

일본에서의 문혁 관련 연구 사례를 꼼꼼하게 수집해 보았고, 최근의 '1968년' 붐에 편승하여 미국·프랑스·독일·영국 등 구미 여러 나라에 있어 문혁이 끼쳤던 영향으로까지 서술의 범위를 확장시켜 보았다. 그러면 분명히 문혁의 영향이 당시 전 세계에 미쳤다는 사실을 증명할 수 있으리라고 여겼다. 또한 그렇게 하면 문혁의 스토리는 이제까지와는 면모를 달리하는, 다채로운 모양새를 갖추리라고 생각했다. 그렇지만 그러한 식의 스토리는 문혁의 진정한 역사라고 말할 수 있겠는가? 문혁이라는 한 바탕 태풍은 분명히 온 세계를 휩쓸고 지나갔다. 그렇지만 서쪽 방향으로 바람이 불어서 거리가 멀어질수록 여러 바람이 뒤섞이게 되어, 태풍으로서의 본래 성질은 흐릿해지고 말았던 것은 아니었을까?

이 책에서는 '세계사 속의 문화대혁명'이라는 문제의식에 입각하면서도, 가능한 한 애초 태풍이 불어왔던 동쪽을 향해서, 거센 바람을 견뎌가면서 그 발원지 쪽으로 시선을 돌려 보았고, 중국 대륙 주변의 (태풍 피해를 입은)이재지의 상황까지도 현장에 가서 직접 답사를 해보았다.

그러던 와중에 태풍이 불어왔던 쪽 저 너머로 인도네시아라는, 또 다른 태풍의 발원지를 발견했던 일이 세계사로서의 문혁이라는 현상에 새삼 눈을 뜨게 된 귀중한 계기로 다가왔던 것이다. 그리고 애초에 그러한 질풍을 불러일으켰던 풍신風神이라고 해야 할 마오쩌둥이라는 인물의 행적을 자세히 살핌으로써 '세계사 속의 문혁'이라는 역사 서술에 스토리텔링풍의 입김을 불어넣을 수 있게 되었다.

인도네시아와의 만남은 우연한 기회에 찾아왔다. 2011년 4월에 고토 겐이치後藤乾一 교수에게서 「인도네시아 1965년 9월 30일 사건의 종합적 연구(와세다 대학 아시아태평양 연구센터 하라구치[原口] 기념 아시아 연구기금 조성)」에 참가해 달라는 권유를 받게 되었다. 그리고 4년 후에 있을 9·30사건

50주년에 대비한 연구 성과를 정리하기 위해 발족된 공동 연구회에 참가하게 되었다. 연구회는 고토 겐이치, 구라사와 아이코 교수를 비롯해 현대 인도네시아 연구의 쟁쟁한 연구자들이 참가하는, 보기 드물게 호화로운 조직이었다. 참가 연구자 가운데 중국을 연구 대상으로 하는 연구자는 나 한 사람뿐이었다. 그 당시의 나는 인도네시아에 대해서 이렇다 할 특별한 지식도 없었던 터라, 최초의 연구발표회에서 빈번히 등장하는 '아이디트'라는 이름이 도대체 누구를 가리키는 것인지조차도 알지 못하는 형편이었다.

연구회에서 내가 행한 최초의 발표는 9·30사건 당시 베이징의 『인민일보』에 실린 관련 보도 내용에 관한 분석이었다. 당시 중국에서도 사건의 충격이 매우 컸다는 점, 중국뿐만 아니라 타이완에서도 매우 큰 사건이었음에도 전혀 반대되는 반응을 보였다는 점, 사건이 종식되어 갈 무렵에 인도네시아 서 깔리만딴에서 대규모 게릴라전이 벌어졌다는 사실 등등을 보고하였다. 인도네시아 연구자들은 서 깔리만딴에서 벌어진 사건에 대한 (중국의 반응 따위의) 여파에 대해서는 처음 알게 되었다고 논평을 해주었다. 나 역시 이러한 사건은 그 직후에 발발한 문혁과 어떤 측면에서든 연동되어 있는 것이 아닌가 하는 내 자신의 견해를 밝혔다.

그로부터 9·30사건 연구회를 거점으로 해서 9·30사건이 화교·화인 사회에 주었던 영향, 사건에 있어서 인도네시아 공산당의 역할, 중국 공산당의 관여 여부 등등의 과제를 설정해서 문헌 조사와 현지 조사에 착수하였다. 그런 조사에는 언제나 구라사와 교수와 뒤늦게 연구회에 참가한 마쓰무라 도시오 강사가 동행해 주었으므로, 그들에게 조언을 구해서, 중국 광둥성, 홍콩, 자카르타, 서 깔리만딴 등지에서 공동 조사를 벌였다. 타이베이에는 혼자서 조사에 임했다. 조사를 행하면서도 나의 관심은 항상 9·30사건과 문혁 사이의 '미싱 링크missing link(잃어버린 사슬)'를 연결하기 위한 단서를 찾는 일에 쏠려 있었다. 인도네시아와 중국 두 나라의 현대사 영역에 연구자 내지 활동가로서 깊이 관여했던 마스다 아토와 스기야마 이치헤 두 사람에 관해서는 그들을 직접 만나지는 못했어도 '미싱 링크'의 틈새를 메워줄 귀중한 역할을 맡은 선인들이었다. 연구회로 나를 이끌어 준 고토 겐이치 교수는 마스다 아토의 학통을 직접적으로 이어받은 제자이다. 이 책에서 참조했던 동시대 자료들 가운데에는 두 사람의 기증 문고를 열람해서 얻은 것이 적지 않았다 하겠다.

이 책의 초고에 대해서는 고토 겐이치와 구라사와 아이코 두 분 교수, 그리고 박사논문 이래로 여러 가지 지도를 받았던 호리 마키요堀真清 교수로부터 기탄없는 의견과 질정을 받았다.

문화대혁명 그 자체에 대해서는 가가미 미쓰유키加々美光行와 고쿠분 료세 두 교수의 저작에서 많은 가르침을 받았고, 아울러 자상한 지도를 받을 수 있었다. 왕쉐핑王雪萍 씨에게는 이 책을 집필할 적에 참고 가치가 높은 자료를 소개 받았다. 양하이잉楊海英 교수에게는 두 차례에 걸친 문혁 관련 국제 심포지엄에 발표자로 초대를 받게 되어서, 여러 분야의 연구자들과 교류를 심화할 수 있는 기회를 가질 수 있었다. 아울러 이 분들로부터 기획 제안을 받아서 잡지『사상思想』(이와나미서점 발행) 2016년 1월 특집호「사라지지 않은 문화대혁명」의 편집에 관여하였다. 양하이잉 교수 이외에도 가가미 미쓰유키와 고쿠분 료세 두 교수에게 옥고를 의뢰하여, 힘들여 쓴 노작을 받을 수 있었다.

같은 해 7월에 중국사회문화학회의 초청을 받아서 연차

대회「문화대혁명으로부터 50년」이라는 주제를 내건 심포지엄의 라운드테이블 회의에서「문화대혁명이라는 망령」이라는 기조 보고를 맡게 되었다. 이 심포지엄의 기획을 맡았던 분이 가와시마 신川島真 교수이고, 사회를 맡았던 분이 무라타 유지로村田雄二郎 교수이며, 오자키 후미아키 尾崎文昭 교수와 사카모토 히로코坂元ひろ子 교수가 논평을 해주었다.

풍신風神, 곧 마오쩌둥을 묘사하는 일에 있어서는 무엇보다도『마오쩌둥 연보』를 볼 수 있었다는 것이 커다란 힘이 되었다. 간행된 지 얼마 되지 않았기 때문에 아직 연구자들 사이에서도 본격적으로 활용되고 있지 않은듯하다. 문혁을 발동하고 실연했던 마오쩌둥의 내면적 논리를 파악하는 데 있어서, 물론 편집된 문헌이라는 점을 감안하더라도 매우 유용한 기본 문헌이었다.

이러한 귀중한『마오쩌둥 연보』를 셋트로 한꺼번에 기증해 주었던 중국의 친구를 비롯해 수많은 중국의 연구자·식자들과의 토의를 통하여, 이 책을 집필하는 데 있어 더할 나위 없이 많은 시사와 계발을 받았다. 그들의 이름을 여기에 일일이 기재할 수는 없으나, 내 마음 속에 또렷이 그들의 그 당시의 표정과 발언을 명기해 두고자 한다. 무엇보다도 그들이 이 책을 읽고서 솔직한 감상과 기탄없는 비평과 시정을 해주었으면 하는 바람이다.

이 책의 출판에 즈음해서는 헤본샤平凡社 신서의 가나자와 토모유키 편집장에게, 기획의 상담부터 간행에 이르기까지, 이만저만이 아니게 많은 신세를 지게 되었다.

아내인 나오미는 어떤 역경에 처해 있을 적에도 나의 입장과 신념을 이해해 주었고, 항상 변함없이 웃는 얼굴로 나를 지원해 주었다. 그 덕분에 이 책의 원고와 마주하고 있을 적에는 잡념이 없이 집중력이 끊어지는 일도 없었다.

감사의 인사말을 이상 언급한 분들로 끝낼 수는 없겠으나 나머지 모든 분들에게도 심심한 감사를 드리는 바이다.

2018년 8월

요코하마의 집에서

바바 기미히코

역자 후기

세계사 속의 '문화대혁명'과 '9.30사건'

중국 대륙 발 코로나19 바이러스가 온 세상에 맹위를 떨치고 있다. 이와 마찬가지로 지금부터 반세기 전쯤 중국을 발원지로 한 '문화대혁명'이라는 열병이 전 세계를 뒤흔들었던 적이 있었다. 그러나 '프롤레타리아 문화대혁명'이라고 불렸던, 이 '아름다운' 이름을 지닌 열병의 정체와 실상에 대해서는 오늘날까지도 여전히 아는 것보다는 모르는 부분이 더 많은 형편이다. 이번에 '세계사 속의 중국 문화대혁명'이라는 이름으로 출판되는 이 번역서는 바로 그러한 문화대혁명이라는, 아직도 정체를 알 수 없는 역사상의 '팬데믹pandemic' 현상에 대한 일종의 역학 보고서라고 보아도 무방할 것이다.

그런데 이번의 역학보고서가 기존의 수많은 유서에 비해 뚜렷하게 구별되는 것은 바로 서명이 말해주듯이 문화대혁명을 중국이라는 일국에 한정된 처참한 권력 투쟁사의 관점이 아닌, 글로벌한 세계사적 맥락에서 벌어진 혁명 운동의 일환으로 보고자 했다는 점이다. 흔히 파괴와 창조가 뒤얽힌 1960년대에 일어났던 일련의 역사적 사건들, 곧 베트남 반전운동, 프랑스의 5월 혁명, 프라하의 봄으로 불렸던 동유럽 민주화 등으로 상징되는 '세계사에 있어서 1968년'과 문학이 일정한 영향 관계에 있었다는 사실은 익히 잘 알려져 있다. 그런데 이 책에서는 그러한 기존의 영향 관계의 목록에 이제껏 그다지 중시되지 않던 인도네시아와 일본에서의 관련 양상을 추가함으로써 '세계사 속의 문화대혁명'이라는 저자의 새로운 입론의 근거를 더욱 보강하는 동시에 여타의 문혁론에서는 보기 힘든 차별화된 특색을 보여 주는 것이다.

게다가 중국의 문화대혁명이 당시의 일본의 학생 및 좌익 운동과 일정한 연관을 맺었으리라는 사정은 역사에 눈 밝은 호사가라면 족히 예상할 만하지만 그 영향 관계의 범위가 '인도네시아의 9.30사건'에까지 미쳤다는 저자의 입론은 시각의 참신함에서 뿐만이 아니라 책을 읽는 재미를 쏠쏠히 더한다는 점에서 높이 평가할 만한 일이다. 1966년의 문화대혁명보다 한 해 앞서 1965년에 일어났던 '9.30

사건'은 그와 연루되어 학살당한 희생자만 100만 명을 헤아린다는 인도네시아 현대사 최대의 비극으로 이 사건의 진상 또한 문혁에 못잖을 정도로 현재까지 오리무중인 상태라고 하겠다. 이렇게 보면 이 책은 1966년부터 약 10년 동안 중국의 현대사를, 1965년부터 수하르토 대통령이 권좌에서 물러나는 1998년까지 수십 년 동안 인도네시아 현대사를 광란의 비극과 질곡 속에 몰아넣었던 '문화대혁명' 과 '9.30사건'이라는, 두 차례 일어난 세계사적 열병의 관련 양상에 대한 종합적이고도 치밀한 역학 보고서로 보는 것이 더욱 타당할 것이다.

이렇듯 원서의 내용이 현대 중국과 인도네시아 역사를 넘나드는 버겁고도 만만찮은 것임에도 불구하고 옮긴이가 이 책의 번역에 기꺼이 응했던 것은 개인적인 묘한 인연이 작용했던 결과라고 할 수 있다. 옮긴이는 최근 몇 년 동안 기존의 연구와 관심의 범위를 점차 넓혀서 베트남과 인도네시아에 대한 공부를 꾸준히 진행하고 있던 중이었다. 그런데 출판사로부터 책의 번역을 의뢰하는 이메일을 받은 것이 때마침 베트남 하노이에서 한창 답사 여행을 진행하고 있을 즈음이었다. 하노이에 이어 조만간 인도네시아 자카르타나 요그야카르타에 대한 답사를 계획하던 차에 인도네시아 역사와 관련된 책을 번역하는 작업은 옮긴이에게는 샘솟는 흥미와 묘한 인연을 느끼게 하는 계기가 되었던 것이다. 기존에 공부해 왔던 중국의 경우와는 달리 인도네시아와 관련해서 아직은 깜냥이 부족한 자신의 처지를 돌아보지 않고서 번역에 선뜻 응했던 데에는 이러한 옮긴이 나름의 사정이 있었음을 이 책을 읽는 독자들은 너그럽게 해량해 주시기를 바라는 마음이다.

아울러 이 책의 도처에서 문화대혁명을 단순한 과거 역사에 대한 회고적 취미로 접근하는 것이 아니라, 그러한 사건의 배경으로 작용했던 사회의 빈곤과 불평등, 시대의 폐색감閉塞感 등이 더욱 확대·고착화되는 한편으로 세상에 불만의 용암이 가득 쌓이면 어떠한 형태로든 '문화대혁명'과 같은 파국적 사태가 다시 일어날 것이라고 예언(?)하는 저자의 불길한(?) 결론과 절실한 경고에 옮긴이는 전적으로 동감하는 바이다. 요사이 온 세상에 창궐하는 코로나19 바이러스는 정치·사회 그리고 경제 어느 쪽으로도 희망에 찬 앞날을 좀처럼 기약할 수 없는, 폐색되어 한발 한발 막다른 골목으로 내몰리는 우리 시대의 종말적 상황을 경고하는, 마치 저자의 말마따나 아직도 세상을 배회하고 있는 문화대혁명의 망령의 아바타적 존재와 같은 역병이 아닐까 하고 느끼는 것은 옮긴이만의 지나친 상상만은 아니라고 해야 할 것이다.

2020년 2월

코로나19 바이러스가 한창인 즈음
타이완의 타이베이에서
옮긴이 장원철

역자 주석

1_ 정식 명칭은 '프롤레타리아(무산계급) 문화대혁명'이나, 이 책에서는 문맥에 따라 '문화대혁명' 또는 '문혁'으로 적절히 표기한다. 영어로는 'Great Proletarian Cultural Revolution'으로 번역한다. 일반적으로 문화대혁명은 1966년 5월부터 1976년 10월까지 중국 전역에서 전개되었던 것으로 알려져 있다.

2_ 중국의 최고지도자는 일반적으로 국가 주석 외에도 공산당 총서기와 중앙군사위원회 주석을 겸임하게 되어 있다. 이 중에 국가 주석의 직책만 임기가 정해져 있어서 이제껏 임기 5년에 한 차례 연임하는 것으로 제한되어 있다. 시진핑 정권 제1기는 2012년 11월에 출범하여 2017년까지였고, 제2기는 2017년 11월부터 2023년까지 집권하는 것으로 예정되어 있다.

3_ 정식 명칭은 '중국공산당 전국대표대회'로 보통 '전대(全代)'로 불린다. 중국공산당의 최고 의사결정기관으로 5년에 1번 개최되고 있다.

4_ 이른바 4인방은 마오쩌둥의 부인이자 정치국 위원이었던 장칭(江靑), 정치국 상임위원이자 국무원 부총리 장춘차오(張春橋), 중국공산당 중앙위원회 부주석 왕홍원(王洪文), 그리고 문학평론가 겸 정치국 위원 야오원위안(姚文元) 등 네 사람을 가리키는데, 이하 '4인방'으로 표기한다. 이들이 정식으로 '4인방'을 결성하는 시기는 1973년 8월경으로 알려져 있다.

5_ (1921~2008) 산시(山西) 성 출신. 38년 공산당에 입당. 마오의

고향인 후난성에서 실적을 올려 후난성 위원회 서기로 고속 승진. 69년 중앙위원. 71년의 이른바 린뱌오(林彪) 사건으로 중앙으로 진출, 76년 당주석·당중앙군사위 주석·국무원 총리에 임명. 마오의 후계자로까지 지명 받았으나, 1981년 「역사 결의」에서 비판 받고서, 덩샤오핑에게 밀려나 실각, 당주석 및 당중앙군사위 주석에서 해임되었다.

6_ 정식 명칭은 '關于建國以來黨的若干歷史問題的決議'이나, 보통 '역사결의(歷史決議)'로 불린다. 1981년 6월 공산당 제11기 제6차 중앙위원회 전원회의, 이른바 '6중전회(六中全會)'에서 심의·통과시켰던 결의로, 1949년 중국 정권이 수립되고 나서 1981년 당 제11기 6중전회에 이르기까지의 당의 주요 정책과 사건에 대해 체계적 평가를 내린 것이다. 이 결의에서 문혁은 '지도자가 잘못 발동하고, 반혁명집단에 의해 이용되어서, 당과 국가와 각 민족 인민에게 커다란 재난을 초래하였던 내란이다. 사실에 근거하면 완전한 오류로서, 어떠한 의미에 있어서도 혁명과 사회적 진보는 아니었다'고 판정하고 있다. 그러나 이러한 결의의 요점은 마오쩌둥의 역사적 공로와 과오를 비판한 것으로, 마오쩌둥의 과오를 인정하고 그의 우상화를 부정한 것으로 평가하는데, 이러한 결의 이후로 문혁은 중국 본토에서는 철저히 부정되었던 것으로 알려져 있다.

7_ 중국공산당의 최고권력 기관으로 임기 5년의 위원과 후보위원으로 구성되며, 전국대표대회 폐회 기간 중 대표대회의 결의사항을 집행하고, 당의 모든 활동을 지도하며, 대외적으로 중국공산당을 대표하는 기능을 수행한다. 흔히 약칭으로 '중공중앙(中共中央)' 또는 '당중앙(党中央)'으로 불린다.

8_ (1885년~1967) 중국의 저명한 문학자로 작가 루쉰의 동생이다.

9_ 베이징·상하이(上海)·톈진(天津)·충칭 네 도시를 가리킨다.

10_ 일본 명으로는 센카쿠(尖閣) 열도라고 한다.

11_ 보시라이는 이른바 혁명 원로의 자제들로 구성된 이른바 '태자 당(太子黨)' 파벌의 일원으로, 부친은 중국공산당 8대 원로의 한 사람인 보이보(薄一波)이다. 그는 일찍이 중국 다롄 시 시장, 랴오닝 성 성장, 상무부 부장을 역임하고서 2012년 3월부터 충칭 시 당 서기를 맡고 있었다.

12_ 혁명과 조국을 찬양하는 노래를 일컫는다.

13_ 암흑가 범죄를 단속하고 부패를 척결한다는 뜻이다.

14_ 원어로는 '노호창승일기타(老虎蒼蠅一起打)', 또는 줄여서 '타호박 승(打虎拍蠅)'이라 하는데, 호랑이(老虎)는 고급관료를, 파리(蒼蠅)는 하급관료를 각각 가리키는 것으로 공직자의 부패를 뿌리 뽑겠다 는 의미로 쓰인다.

15_ (1898~1969) 후난(湖南) 성 출신. 1921년 소련에 유학, 공산당 에 가입. 22년 귀국하여 노동운동을 지도하였다. 43년 당중앙 서 기처 서기 및 중앙 혁명군사위원회 부주석. 49년 정치협상회의 상 무위원 및 중앙정부 부주석. 59년 제2기 전대에서 마오쩌둥에 이 어 국가주석이 되지만, 50년대로부터 존재해 왔던 마오쩌둥과의 정치 노선의 차이로 인해 문혁 과정에서 '당내 주자파(走資派)이자 실권파의 수령'으로 격렬한 비판을 받고 제9기 전대에서 실각되 었다. 온갖 핍박을 받던 끝에 69년 11월에 사망하였으나 80년에 명예 회복되었다.

16_ 1967년 1월 13일에 류사오치는 주석 직을 사임하였다.

17_ (1907~1971) 후난 성 출신. 25년에 황푸(黃埔) 군관 학교에 입 학하고 같은 해에 공산당 입당. 27년 난창(南昌) 봉기에 참여. 해방 전쟁 당시 제4 야전군 사령관. 59년 국방부장. 69년 당부주석이 되고 '마오쩌둥의 후계자'로 당 규약에 명기되었다. 70년 루산(盧 山) 회의에서 국가주석직의 재설치를 제안하였으나 마오쩌둥에게 거부당했다. 1971년 9월 8일 쿠데타를 일으켜 마오쩌둥을 제거

하려다 실패하였다. 이어 9월 13일 탈출을 시도하다 몽고에서 가족과 함께 비행기 추락사하였다. 1973년 사후에 당적이 말소되었고, 1981년 최고인민법원은 그를 이른바 '린뱌오 반란사건'의 주모자로 확정하였다.

18_ 제1차 톈안먼 사건은 1976년 4월 4월 청명절을 계기로 일어난 대중의 소요 사태이다. 같은 해 1월에 사망한 저우언라이 총리를 추도하기 위해 톈안먼 광장에 모인 군중이 당국을 비판하고 4인방을 비난하는 등 소요 사태를 일으키자, 당시 집권세력은 군을 동원해 반혁명 사건으로 이들을 철저히 탄압하였다. 이로 인해 덩샤오핑은 사태에 책임을 지고 모든 직무에서 해임·실각되었고, 이어서 화궈펑이 후임으로 국무원 총리에 임명되었다.

19_ 마오쩌둥은 1976년 9월 9일에 사망하였다.

20_ 1976년 10월 6일 화궈펑은 마오쩌둥의 경호를 맡았던 왕둥싱(汪東興)이 지휘하던 중앙경호부대를 동원하여 4인방을 체포하였다.

21_ 중국에서 흔히 문화대혁명을 언급할 적에 쓰는 대표적 표현의 하나가 '촉급영혼적혁명(觸及靈魂的革命)'이라는 말이다.

22_ '조반(造反)'은 '반란을 일으키다'는 뜻으로, '조반유리(造反有理)'는 '항거에는 이유가 있다'는 뜻이다. 문혁 기간 동안 홍위병들이 '혁명무죄(革命無罪), 조반유리(造反有理)'라는 구호를 사용하였다. 이로부터 문혁 시기에 당시 집권 세력을 반대하여 반란을 일으킨 집단을 '조반파(造反派)'라고 일컬었다.

23_ '우귀사신(牛鬼蛇神)'은 '쇠귀신·뱀귀신 따위의 온갖 잡귀신'을 가리킨다. 사회적으로 온갖 잡배와 온갖 악인을 비유적으로 이르는 말이다. 문혁 당시에는 고위 관료나 이름 있는 학자·예술가들이 홍위병들에게 '우귀사신'으로 비난 받으며 온갖 고초를 겪어야 했다.

24_ '사구(四舊)'는 '구사상(舊思想)·구문화(舊文化)·구풍속(舊風俗)·구

관습(舊習慣)'을 가리키고, '사신(四新)'은 '신사상·신문화·신풍속·신관습'을 일컫는다.

25_ 1921년 12월 4일부터 1922년 2월 12월에 걸쳐 『천바오 부간 (晨報副刊)』이라는 잡지에 연재되었다.

26_ 행복감·도취감 또는 병적인 쾌감을 가리킨다.

27_ 영향이 국경을 넘어서 이웃 나라에까지 미치는 것을 가리킨다.

28_ 1968년 프랑스 파리에서 시작되어 프랑스 전역의 대학생 시위와 노동자 파업 등으로 확산된, 전례 없는 반체제·반문화 운동으로, 이후 냉전과 베트남전 등의 문제와 결부되면서 미국·독일·체코·스페인·일본 등 전 세계의 젊은이들의 저항 운동으로 확산되어갔다.

29_ 상업성을 무시한 전위 내지 실험 예술의 풍조로 1960년대에 유행하였다.

30_ 『하이스쿨 1968』(2004년), 요모타 이누히코·히라사와 고우(平沢剛) 편저, 『1968년 문화론』(2010년), 그리고 『1968(1) 문화』·『1968(2) 문학』·『1968(3) 만화』(2018년), 치쿠마쇼보(筑摩書房) 간행 등이 있다.

31_ 일본의 베트남 전쟁 반전 및 반미 운동 단체로 정식 명칭은 '베트남에 평화를! 시민 연합'(ベトナムに平和を!市民連合)이다. 운동 단체로서 정해진 규약이나 회원 명부는 없었으며, 어떤 형태로든 운동에 참가했던 사람들이나 단체를 통틀어 베헤렌(ベ平連)이라고 불렀다.

32_ 깔리만딴은 인도네시아에 속한 보르네오 섬의 남쪽 부분을 일컫는 말이다. 보르네오 섬 북부에 브루나이(Brunei)와 말레이시아 영토인 사라왁(Sarawak)이 있지만, 인도네시아에서는 보르네오 섬 전체를 깔리만딴 섬이라고 부른다. 반면에 말레이시아에서는 섬 전체를 보르네오라고 부르고 있다. 섬 전체 면적의 73%, 인구의 70%가 인도네시아 쪽에 속한다.

33_ 인도네시아 국기인 홍백기는 1945년 8월에 제정되었는데, 인도네시아 어로는 '번데라 메라 푸티(Bendera Merah Putih)라고 불린다. 빨간 색은 용기를, 하얀 색은 순결을 의미한다.

34_ 한국 전쟁의 휴전 협정은 1953년 7월 27일에 체결되었다.

35_ 신민주주의는 1940년부터 마오쩌둥이 창시한 중국 혁명의 지도 원리이자 공산당의 정치 이념. 그는 「신민주주의론(新民主主義論)」이라는 논문에서 반(半) 식민지 내지 반(半) 봉건적 국가에서의 혁명은 낡은 형태의 부르주아 민주주의 혁명이 아니라, 노동자 계급의 지도하에 농민 등의 제 계급을 연합하여 진행되는 새로운 민주주의 혁명이 되어야 한다고 주장하였다. 이러한 신민주주의는 1945년부터 1952년 무렵까지 중국공산당의 노선으로 지속되었다.

36_ 1954년 4월 28일에서 5월 2일에 걸쳐 스리랑카의 콜롬보에서 인도네시아 · 인도 · 파키스탄 · 스리랑카 · 미얀마 5개국 정상이 만나서 아시아 · 아프리카 회의의 필요성을 주장하였고, 이후 이들 5개국과 이집트 · 중국이 중심이 되어 아시아 · 아프리카 회의를 성사시켰다. 이들 5개국이 만난 회의를 콜롬보 회의라 하고, 이들 5개국을 콜롬보 그룹이라고 하였다.

37_ (1898~1976) 장쑤(江蘇) 성 출신. 17년 일본 유학. 20년 프랑스로 건너감. 21년 공산당 가입. 사회주의청년단 구주지부 서기. 24년 귀국. 24~26년 황푸 군관학교 정치부 주임. 34년 장정(長征) 참가. 35년 쭌이(遵義) 회의에서 마오쩌둥을 지지함. 49년 정협 부주석. 정무원 부총리. 외교부장(~58년). 당 제8~10기 중앙정치국 상무위원. 국무원 총리로서 내정과 외교에 수완을 발휘함. 문혁기에는 마오쩌둥을 보좌하면서도, 고참 간부들을 옹호하였다 하여 린뱌오 · 장칭 등과 대립함. 76년 1월에 사망. 그의 추도식을 둘러싸고 제1차 톈안먼 사건이 발생함.

38_ 서(西) 이리안 지역은 현재 오스트레일리아 북쪽에 있는, 세계

에서 두 번째로 큰 섬인 뉴기니 섬의 서부 지역을 가리키는 명칭
이다. 서뉴기니 또는 서파푸아라고 하며 과거에는 '네덜란드령
뉴기니(1895~1962)'·'서이리안(1963~1973)'·'이리안 자야(Iriyan Jaya)
(1973~2001)' 등으로 불렸다. 이후 파푸아(Papua) 주로 바뀌었다가
2003년 이후에는 서파푸아(Papua Barat) 주가 신설되었다. 뉴기니
섬의 동부는 파푸아뉴기니의 영토이다.

39_ 1952년에 네덜란드가 이리안의 장래에 대해서 원주민인 파푸
아 인의 자치권을 우선하여, 인도네시아로부터 분리해서 독립 국
가를 만들고자 하였다. 인도네시아는 이에 대항하여 이리안 지방
자치성을 설립, 이 지역이 자국의 영토임을 주장하였으나, 이윽고
1961년 네덜란드가 네덜란드령 뉴기니의 독립을 정식으로 승인
하고, 무력 개입을 시작하면서 '이리안 해방투쟁'을 주창한 인도
네시아와 무력 분쟁을 빚게 되었다. 당시 미국의 케네디 대통령의
중재로 양국은 합의를 이루었고, 이러한 합의에 근거해 일단 이
지역은 UN의 통치하에 놓였다가, 1963년 5월에 인도네시아로 통
치권이 이양되었다.

40_ 본래 '말라야 연방(Persekutuan Tanah Melayu)'은 말레이 반도의
아홉 주와 페낭·블라카 두 영국령 식민지로 구성되어 1948년 1
월에 수립, 1957년 완전 독립을 쟁취하고서, 이후 1963년 9월까
지 존속하였던 연방 국가이다. 1963년에 국명을 말레이시아로 개
명하였다.

41_ '보르네오'라는 지명은 서양 사람들이 '브루나이'라는 지명을
바꾸어 불렀던 데서 유래한다.

42_ 1963년 9월 말라야 연방의 라만 수상의 제창으로 국가 확대를
꾀해서, 말레이시아(Malaysia)로 국명을 바꾸고, 기존의 말라야 연
방을 종식시키고, 싱가포르·사라왁(영국령 북부 보르네오)·사바(Sabah)
를 포함시킨 말레이시아 연방을 형성하였다. 이후 1965년에 싱가

포르가 탈퇴함으로써 현재의 '말레이시아'로 존속하고 있다.

43_ 원문에서는 '분쇄'라는 용어를 사용하고 있으나 여기에서는 '대결'로 번역하기로 한다. 이러한 '말레이시아 대결 정책'은 달리 인도네시아-말레이시아 분쟁 또는 보르네오 분쟁이라고도 한다. 이 사태는 1963년부터 1966년 사이에 인도네시아가 말레이시아 연방의 확장에 반대하면서 벌어진 군사적 갈등이라고 정의할 수 있다.

44_ 민족주의를 표방하는 정당인 인도네시아 국민당(PNI/Partai Nasional Indonesia), 이슬람 종교 세력을 대표하는 '나흐다뚤 올라마(Nahdatul Ulama)', 그리고 인도네시아공산당(PKI)의 3대 세력으로 성립되는 체제였다.

45_ (1923~1965) 인도네시아의 정치가로 본명은 디파 누산따라 아이디트(Dipa Nusantara Aidit)이다. 1959년 공산당 당수가 되어, 1962년 수카르노 내각에 입각하였다. 그 후 수카르노의 급진민족주의에 동조하였으나, 1965년 '9·30사건' 실패 후 11월 공산당을 소탕할 적에 군부에 의해 처형되었다.

46_ (1920~1965) 인도네시아의 정치가로 본명은 무함마드 하타 루크만(Muhammad Hatta Lukman)이다. 공산당 지도자로서 의회 부의장을 역임했고, 1962년 수카르노 내각에 입각하였다가, 1965년 '9·30사건' 이후 재판을 받고 처형되었다.

47_ (1925~1965) 인도네시아 정치가. 공산당 지도자로 1964년 8월 내각에 입각하였다가 1965년 '9·30사건' 이후 재판을 받고 처형되었다.

48_ 1920년 5월 동인도 공산주의자 연합(Perserikatan Komunis di India)로 창설되었다가, 1924년 인도네시아공산당(Partai Komunis Indonesia)으로 개명하였다.

49_ 인도네시아공산당은 1926년 11월 쟈바 지역에서, 1927년 1월 수마트라 지역에서 폭동을 일으켰으나 이내 진압되었고, 이로 인

해 이후 20년 동안 회생하지 못할 정도로 심각한 타격을 입었다.

50_ (1889~1964) 인도네시아 독립운동가 · 정치가. 본명은 알리민 빈 쁘라위로디르죠(Alimin bin Prawirodirdjo)이다. 공산주의자로 제 헌의회 시절부터 활동하였으며, PKI의 의장을 역임하였다.

51_ (1894~1971) 러시아의 혁명가 · 노동운동가 · 정치가. 본명은 니키타 세르게예비치 후루쇼프(Nikita Sergeyevich Khrushchev)이다. 1953년부터 1964년까지 소련의 국가원수 겸 공산당 서기장을, 1958년부터는 총리 겸 국가평의회 의장을 역임했다.

52_ 정식 명칭은 '신흥국 세력 회의(Conference of New Emerging Forc-es)'이다. 수카르노는 일찍이 1963년에 대안적 올림픽을 표방하는 새로운 국제 스포츠 대회인 '신흥국 경기 대회(GANEFO:Games of New Emerging Forces)'를 창설한 바 있는데, 신흥국 회의 창설 역시 이러한 일련의 정책의 연장선상에 있던 것으로 볼 수 있다. 1961년 1월 인도네시아 · 중국 · 북한 · 베트남 민주공화국 등 4개국을 회원국으로 창설하였으나, 1966년 수하르토에 의해 해체되었다.

53_ (1914~2004) 인도네시아 정치가. 수카르노 대통령 시절 1957~1965년까지 외상과 부총리를 역임했으나, 1965년 '9·30사건' 이후 재판에서 종신형을 선고 받고 1995년까지 장기 복역하였다.

54_ 이와 같은 일종의 노농(勞農) 인민군 성격의 군대의 선례로는 북한이 59년에 창설하였던 노농적위군을 들 수 있다.

55_ (1918~2000) 인도네시아의 군인 · 독립 영웅. 1962년 이후 수카르노 내각에서 국방상을 맡았다. 9·30사건에서 유일하게 난을 피했으며, 이후 수카르노로부터 수하르토에게로 정권이 이양되던 시점에서는 '잠정 최고 국민 협의회(MPRS)의 의장을 맡기도 하였다.

56_ 제1차 타이완 해협 위기(1954~1955)와 제2차 타이완 해협 위기(1958)를 가리킨다.

57_ (1901~1972) 쓰촨성 출신. 23년 공산당 가입. 장정에 참가. 49

년 제3야전군 사령관. 상하이 시장. 58년 외교부장. 65년 정협 전 국위 부주석. 국무원 부총리. 66년 중앙정치국 위원. 68년 중앙군 사위원회 부주석. 69년 중앙위원으로 강격(降格)됨.

58_ 이를 줄여서 'AA 회의'라고도 하였다.

59_ 상대방에 끼친 손해를 금전이나 물품으로 갚지 않고 역무로 배상한다는 뜻임.

60_ 가루다는 인도 신화에 나오는 상상의 신조(神鳥)로 인간의 몸에 독수리의 머리와 날개를 가진 모습인데, 인도네시아와 태국이 가루다의 형상을 국가 문장으로 사용하고 있다. 여기에서는 인도네시아에서 활약하는 상인을 가리키는 뜻이다.

61_ 1963년부터 1966년 사이에 인도네시아가 말레이시아 연방의 확장을 반대하면서 벌어진 군사적 갈등으로서 달리 인도네시아-말레이시아 분쟁 또는 보르네오 분쟁이라고 불린다.

62_ (1903~1990) 말레이시아 정치가. 말레이시아 독립의 아버지로 불리며 말레이시아 초대 총리를 역임했다.

63_ 달리 머르데까(merdeka) 궁으로도 불렸다. 자카르타와 보고르에 각각 독립궁이 있었다.

64_ (1907~1974) 파키스탄의 군인·정치가로 제2대 대통령을 역임했다.

65_ 농사를 짓는 농민이 농지를 소유해야 한다는 원칙.

66_ 인도네시아에서는 이 사건은 공식적으로 'G30S'(Gerakan 30 September)/PKI(Partai Komunis Indonesia), 곧 '인도네시아공산당이 일으킨 9월 30일 운동'으로 불린다. 그밖에도 군부 쪽에서는 '게스따뿌'(Gestapu)'(Gerakan September Tiga Puluh)라는 신조어를 사용하기도 한다.

67_ 인도네시아 화폐 단위로 기호는 Rp로 표시한다.

68_ 당시 직책은 육군상이자 육군 참모장.

69_ 당시 직책은 육군 참모총장 겸 국방치안조정상.

70_ 인도네시아어로 '악어굴'이라는 뜻이다.

71_ (1921~2008) 인도네시아의 군인·정치가. 초대 대통령인 수카르노에게서 정권을 이양 받아 1966년부터 1998년까지 장기간 독재 정치를 펼쳤다.

72_ 디뽀네고로는 1825~1830년 사이에 네덜란드 식민 통치 시기에 반란을 일으켜 이른바 '자바 전쟁'을 지휘했던 인물로 인도네시아의 영웅이다.

73_ 실질적으로 수카르노 대통령이 수하르토 장군에게 대통령의 모든 권한을 이양한다는 내용의 명령서로, 일명 '수쁘르스마르(Supersemar)'(Surat Perintah Sebelas Maret/3월 11일 명령서)로 불린다.

74_ 인도네시아 여성운동 연합을 가리킨다.

75_ 인도네시아의 건국 5원칙으로 신앙의 자유, 민족주의, 인도주의, 민주주의, 사회 정의라는 다섯 가지 원리를 가리킨다.

76_ 여러 소품들로 적절한 배경과 함께 하나의 상황이나 장면을 구성해 내는 실사모형을 가리킨다.

77_ 당시 외교부 제1 아시아과 직원이었다.

78_ (1898~1975) 산둥성 출신. 25년 공산당 입당. 31년 중앙조직부장. 42년 정풍운동 지도. 49년 중앙인민정부 위원. 66년 중앙문혁소조 고문. 69년 당정치국 상무위원. 73년 당부주석. 75년 병사함. 80년 문혁에 있어서 '반혁명 음모 활동'의 죄명으로 당적 박탈.

79_ '5·7 지시'는 마오쩌둥이 린뱌오에게 보냈던 편지의 약칭으로 문화대혁명의 기본 사상을 담은 문장으로 알려져 있다.

80_ (1908~2007) 일본의 정치가. 1958년부터 1977년까지 일본공산당의 당수를 역임하였다. 그의 지도 하에 일본 공산당은 프롤레타리아계급 독재노선을 포기하였으며, 1966년 중국을 방문했을 적에는 문화대혁명을 비판하기도 하였다.

81_ 1962년 6월에 개최하기로 예정되어 있던 제2회 AA 회의를 가리킨다.

82_ '공산주의자 및 그 동조자를 체포·탄압하는 일'을 가리키는데, 이 책에서는 '빨갱이 사냥'이라는 말과 함께 문맥에 따라 선택적으로 사용한다.

83_ 중국계 화교 상인을 가리킨다.

84_ 인도네시아에서 활동하는 인도네시아 국적을 가진 중국계 화교 상인들의 단체로 '국적협상회(國籍協商會)'로 불렸으며, 회장은 샤오위찬(蕭玉燦)이라는 인물이었다.

85_ 1926년에 설립된 이슬람교 사회 조직이다.

86_ 9·30사건 이후에 벌어진 대학살 상황을 소재로 미국의 조슈아 오펜하이머(Joshua Oppenheimer) 감독이 제작한 역사 다큐멘터리 작품으로 한국에서도 상영된 바 있다. 2014년에는 전작에 이어서 동일한 사건을 피해자의 입장에서 바라본 내용의 『침묵의 시선(The Look of Silence)』를 연속으로 제작하였다.

87_ 1936년 2월 26일 일본 육군의 황도파 청년 장교들이 군국주의를 부르짖으며 일으킨 반란 사건을 가리킨다.

88_ 권력자나 지배 계급이 반정부 세력이나 혁명 운동에 대하여 행하는 탄압을 말한다.

89_ 1947년 2월 28일 국민당 정권의 전횡에 항거하여 대만인들이 일으킨 폭동을 말하는데, 폭동을 진압하는 과정에서 30,000명이 살해되었다고 알려져 있다.

90_ 1966년 말에 중국은 문화혁명에 비협조적이라는 이유로 해외 주재 대사들을 소환하였고, 그로 말미암아 주 인도네시아 대사였던 야오중밍(姚仲明)은 중국으로 소환 당하고, 야오덩산이 임시대리대사로 있었다.

91_ (1905~1989) 푸젠 성 출신. 27년 공산당 입당. 49년 당중앙선

전부 부부장. 58년 『홍치(紅旗)』 편집장. 66년 중앙문혁소조 조장 및 중앙정치국 상무위원. 73년 린뱌오와 함께 음모를 꾸몄다는 이유로 당적 박탈. 81년 징역 18년의 판결 받았으나 88년 형기 만료되어 석방되었다.

92_ (1906~1992) 인도네시아 언론인·외교관. 1964년부터 중국과 몽고 인도네시아 대사를 맡고 있었다.

93_ 미제국주의와 소련 수정주의를 가리킨다.

94_ PP는 'Peraturan Pemerintah'의 약어로 일종의 정부 조례에 해당한다.

95_ 이로 인해 1959년 말부터 주로 육군에 의해 화교들을 강제로 지방에서 도시로 이주시켰고, 이 와중에 11만 9,000명 정도의 화교 상인들이 중국에 송환되었다고 한다.

96_ 중부 쟈바주의 중심 도시로 담배·설탕·커피 등이 이 곳에 집산해 거래됨으로써 번영하였다. '쟈바의 베네치아', '리틀 네덜란드', '쟈바의 항구' 등의 별명을 가졌으며, 명나라 시대 무관이자 탐험가였던 정화(鄭和)와 인연이 깊은 곳으로도 알려져 있다.

97_ '공산도당'이라는 뜻으로 중국 공산주의자를 낮잡아 부르는 말이다.

98_ 인도네시아에서는 '9·30사건'을 달리 '10·1운동'(Gestok[Gerakan Satu Oktober])이라고도 하는데, 이에 근거해 '10·1정변'이라는 용어가 쓰이기도 한다.

99_ 일반적으로 중국 대륙의 남부 지방을 가리킨다.

100_ '개혁 개방'이란 중국이 덩샤오핑 집권 이후 1978년 12월에 개최된 중국공산당 제11기 중앙위원회 제3회 전체 회의에서 제안되어, 이후로 시작된 중국 국내 체제의 개혁 및 대외 개방 정책을 통틀어 일컫는 말이다.

101_ '농업간식(農業墾殖)'의 준말로 농업의 개간·경작을 가리킨다.

102_ 일반적으로 4세기 초, 서진(西晉) 말년과 12세기 초, 북송 말년
에 황하 유역에서 점차 남방으로 이동한 한족을 가리킨다. '하카
(Hakka)'로 불리기도 한다.

103_ '번(番)'은 '외국'을 뜻하는 말로 본래 서양 사람을 멸시해서
'양놈' 정도의 의미로 쓰였으나, 여기서는 '외국에서 온 사람들'이
라는 뜻으로 쓰인다.

104_ '농업공인(農業工人)'의 준말로 '농업 노동자'라는 뜻이다.

105_ 히브리어로 동쪽을 뜻하는 '미즈라흐(Mizrach)'에서 '미즈라흐
유대인'(동방의 유대인)은 중동에 기원을 둔 유대인 집단을 가리킨다.
이들은 독일계 유대인 집단인 아슈케나짐(Aschkenasim)과 스페인
에 유래하는 유대인 집단인 스파라딤(Sefardi)과 구별되어 불린다.

106_ 직업과 주거를 제공하여 안정된 생활을 할 수 있도록 배려하
는 일을 가리킨다.

107_ 구술 자료 조사에 있어서 자료를 제공하는 피조사자를 가리킨
다.

108_ 베이징 어음을 표준음으로 하는 표준어를 가리킨다.

109_ 문화 대혁명 시기 간부나 지식인이 사상 교육을 위해 공장·농
촌·광산 등지로 일하러 가는 것을 일컫는 말이다.

110_ 이사회를 가리킨다.

111_ 인종 차별이나 종교상의 분쟁으로 인한 집단 학살을 가리킨다.

112_ 2차 세계 대전 당시 독일의 나치 정권에 의해 600만 명의 유
대인에게 가해진 국가 차원의 탄압과 대량 학살을 가리킨다.

113_ 양쪽으로 활을 당겨 화살을 쏜다는 뜻이다.

114_ (1883~1971) 일본의 정당 정치가로 이차 대전 전후로 활동
하였다. 일본과 중국의 국교 회복과 우호 관계 확립에 노력하였다.

115_ (1884~1973) 일본의 정치가·언론인. 제55대 수상. 이차 대
전 이전부터 일본의 식민지 정책을 비판했으며, 전후에는 1955년

'중일수출입조합'을 결성하여 중국과의 무역 증진에 노력하였고, 중국과의 국교 회복에 노력하여 중국을 방문해서 저우언라이 총리와 회담을 한 바 있다. '중·일·미·소 평화 동맹'을 일관되게 주장하였다.

116_ (1885~1964) 일본의 정치가·실업가. 초대 경제기획청 장관을 역임하는 등 경제통으로 1962년 중국을 방문하여 랴오청즈와 '중일 종합무역'(두 사람 이름의 머리글자를 따서 LT 무역이라고 함)에 관한 각서에 조인하였다.

117_ (1899~1965) 일본의 관료·정치가. 경제통 관료로 출발하여 58·59·60대 수상을 역임했다. 그는 요시다 시게루(吉田茂)의 최측근으로 냉전 하의 미·일 관계 구축과 전후 일본 경제 재편성을 주도한 인물로 알려져 있다.

118_ (1937~1960) 학생 운동가. 일본 공산당에 가입했으며, 1960년 안보투쟁에 참가해 데모를 하는 도중 경찰과의 충돌로 22세에 요절하였다.

119_ (1904~1997) 쓰촨성 출신. 20년에 프랑스로 건너가 22년 프랑스에서 중국사회주의 청년단 여구(旅歐) 지부에 참가함. 24년 공산당 가입. 26년 모스크바를 거쳐 귀국. 27~29년 당중앙 비서. 중국 노농홍군(勞農紅軍) 제7·8군 정치위원. 중공 루이진(瑞今) 현위원회 서기. 장시성 위원회 선전부장. 33년 '좌경' 지도자로 해임됨. 34년 장정 참가. 중공중앙 비서장. 35년 쭌이 회의에 참가. 항일전쟁 시기에는 팔로군(八路軍) 총정치부 부주임. 50년 당중앙국 서남국(西南局) 제1서기. 54년 국무원 부총리. 중공중앙 비서장. 국방위원회 부주석. 중앙정치국 위원을 역임. 56년 정치국 상무위원 겸 총서기. 66년 문혁으로 실각함. 73년 부총리로 복권. 같은해 중공 10전대회에서 중앙위원. 중앙군사위원회 부주석. 해방군총참모장. 75년 중공중앙 정치국 위원 및 부주석. 76년 제1차 톈안먼 사

건으로 인해 직무 해임. 77년에 직무 회복함. 81년 중앙군사위 주석. 82년 당중앙고문위원회 주임. 87년 중앙군사위 주석. 89년 사임 후에도 '최고지도자'로서 권력을 장악하였음.

120_ 마오쩌둥의 고향은 샤오산 디수이동(滴水洞)이다.

121_ (1931~2005) 저장성 출신. 48년 공산당 입당. 문혁 전까지 상하이 작가협회 이사. 65년 우한의 희곡『해서 파직당하다』를 비판함으로써 문혁의 발단이 되었다. 66년 중앙문혁소조원. 76년 4인방의 일원으로서 체포됨. 81년 징역 20년 판결. 96년 석방됨.

122_ 역사학자·작가인 우한은 이 작품을 본래 1961년 베이징 경극단이 공연할 희곡 극본으로 썼다. 그 내용은 16세기 명나라 가정황제 시절 청렴결백하고 직간으로 유명한 관리 해서가 악정을 비판하며 탐관오리를 처벌하라고 황제에게 거침없이 간언하다가 쫓겨나는 이야기이다. 해서는 천하의 강직한 선비라는 명성을 얻었고 후대에는 송대의 유명한 판관 포청천(包靑天)에 빗대어 해청천(海靑天)으로 불렸다.

123_ (1909~1969) 저장성 출신. 역사학자. 칭화 대학 교수 역임. 43년 민주동맹 가입. 52년 베이징시 인민정부 부시장. 57년 공산당 가입. 희곡『해서 파직당하다』문제로 문혁의 초기에 집중 공격을 받았다. 69년에 옥사함. 79년에 명예 회복됨.

124_ (1898~1974) 후난성 출신. 28년 공산당 가입. 장정에 참가. 45년 중앙정치국 위원. 49년 중앙인민정부 위원. 인민혁명군사위원회 부주석. 54년 국무원 부총리. 국방부장. 59년 루산 회의에서 대약진 운동을 비판하여 실각함. 74년 박해를 받아 사망함. 78년 명예회복.

125_ (1902~1997) 산시(山西) 성 출신. 23년 공산당 입당. 29년 국민당 정부에 체포되어 36년까지 투옥됨. 그 후에 중공중앙 북방국(北方局) 서기 겸 조직부장. 45년 당중앙 조직부장. 49년 정무원 정

치법률위원회 부주임. 51년 베이징 시장. 54년 전인대 상무위원회 부위원장. 56년 베이징 시당위원회 제1서기. 문혁 초기에 비판을 받아, 66년 베이징 시당위원회 제1서기 해임. 79년 명예회복.

126_ (1913~1991) 산둥성 출신. 본명 리진(李進). 상하이에서 영화배우로 활약하다 33년 공산당 가입. 37년 옌안에 가다. 38년 마오쩌둥과 결혼. 이름을 '장칭'으로 개명. 49년 정무원 문화부 영화사업 지도위원회 위원. 63년 경극(京劇) 개혁을 시작으로 '문예 혁명'에 착수함. 65년 우한의 희곡『해서 파직당하다』를 비판하면서 문혁의 단서를 만들었다. 66년 중공중앙 문혁소조 제1부조장. 69년 중앙정치국 위원. 76년 4인방의 일원으로 체포되어 81년 사형 선고 받았으나 82년 무기징역으로 감형. 91년 옥중에서 자살함.

127_ (1901~1989) 일본의 정치가·공산주의 운동가. 1964년 '소련에 맹종하는 반당적 태도'를 취했다는 이유로 일본공산당에서 제명당했다.

128_ 시인으로서 필명은 '누야마 히로시'라는 에스페란토 명을 썼다.

129_ 저승에서 지옥을 관장하는 염라대왕이 사는 궁전을 가리킨다.

130_ '반란을 일으킨다'는 뜻이나 여기서는 혁명을 가리킨다.

131_ (1892~1978) 쓰촨성 출신. 1914년 일본 유학. 25년 중산(中山) 대학 문학원장. 27년 공산당 입당. 국공 분열 이후 일본에 망명. 49년 정협 부주석 및 정무원 부총리, 중국과학원 원장. 64년 전인대 쓰촨성 대표. 문혁 초기인 66년에 자기비판을 행하였다.

132_ (1893~1969) 저장성 출신. 궈모루와 함께 마르크스주의 역사학을 대표하는 인물의 하나임.

133_ 달리 '파구입신(破舊立新, 낡은 것을 타파하고 새로운 것을 세운다)'라는 말이 쓰이기도 한다.

134_ 당파를 대표하는 이론적 지도자를 가리킨다.

135_ 정치·경제·조직·사상의 네 가지 방면을 청산(정화)하는 사회

주의 교육 운동을 가리킨다.

136_ (1914~2002) 지린(吉林) 성 출신. 33년 공산당 입당. 60년 베이징 대학 학장. 문혁기에 교육 방침이 엘리트 교육을 추구하는 류사오치 노선이라고 비판 받아 해임. 문혁 이후 복권됨.

137_ 사상·문화·풍속·관습의 4분야를 가리킨다.

138_ '홍위병'은 바로 이러한 학생들 조직의 이름으로 처음 등장하였다.

139_ 이와나미 신서로 1992년 간행되었다. 장청즈는 학생 시절 '홍위사(紅衛士)'라는 필명을 썼는데, '홍위병'은 여기에서 유래된 것으로 알려져 있다.

140_ 사물의 운동·발전에 있어 대립면의 분열은 불가피하다는 뜻임.

141_ 소설 『수호전』에 나오는 호걸들의 근거지인 양산박(梁山泊)을 빗대어 한 말이다.

142_ 자기가 스스로 만들고 스스로 연출한다는 뜻이다.

143_ (1887~1975) 저장성 출신. 1907년 바오딩(保定) 군관학교 졸업 후 일본육군사관학교 유학. 중국혁명동맹회에 참가. 24년 쑨원의 신임을 얻어 황푸 군관학교 교장. 쑨원의 사후 후계자로서 국민혁명을 지휘함. 27년 상하이에서 '4.12쿠데타'를 일으켜 공산당을 탄압. 이어서 난징(南京) 국민정부 주석 겸 군사위원회 위원장. 48년 국민정부 총통. 49년 국공내전에서 패하여 타이완으로 옮기고 나서 이후 '대륙반공(大陸反攻)'을 주창함.

144_ (1922~1964) 산둥 성 출신. 62년 허난 성 란카오(蘭考) 현 당위원회 서기가 되어 자연 재해를 당해서도 마오쩌둥 노선을 견지하는 등 병든 몸을 이끌고서 분투하다 사망했다. 사후인 66년 모범적 지방 간부로 대대적인 찬양의 대상이 되었다.

145_ 본래 '첫째로 빈궁하고 둘째로 공백 상태다'라는 뜻으로 빈곤하고 낙후된 상태를 가리킨다.

146_ '루비 보석과 같이 소중한 책'이라는 뜻이다.

147_ (1908~1973) 칠레의 정치가. 라틴 아메리카에서 최초로 민주 선거를 통해 집권한 사회주의 정당의 대통령이었으나, 1973년 쿠데타로 실각하고 자살하였다.

148_ (1954~2013) 베네수엘라의 정치가·군인. 볼리바르 혁명의 지도자로 대통령이 되었으며 반미주의자로 유명하다.

149_ 1961년에 창립된 싱가포르의 좌익 정당의 이름이다. '진선(陣線)'은 '전선(戰線)'의 뜻이다.

150_ 낙살라이트(Naxalite)는 인도에 있어서 무력혁명 투쟁을 주장하는 집단의 총칭. 1960년대 후반 서 뱅골 주 낙살바리 지방에서 일어난 지주에 대한 농민들의 반란에서 시작되어, 이러한 투쟁을 계기로 인도공산당 마오이스트(CPI-Maoist)가 탄생하였다.

151_ '빛나는 길'이라는 뜻으로 페루의 마오쩌둥주의 계열의 공산당의 이름이다.

152_ '홍색(紅色)'은 '혁명적(인)', '낭자군(娘子軍)'은 '여군'을 뜻한다.

153_ '전학공투회의(全學共鬪會議)' 또는 '전국학생 공동투쟁회의'의 약자로, 1960년대 일본 학생운동 시기인 1968~69년에 걸쳐 각 대학에 결성된 공동 투쟁을 위한 학생 조직이나 운동체를 말한다. 전공투와 같은 1960년대 말 일련의 학생 운동은 통틀어 '전공투 운동'이라고 부른다.

154_ 옛날 전투에서 성이 함락된다는 뜻임.

155_ 파리 중앙부 한 지구의 이름으로 옛날부터 소르본 대학 등이 있던 관계로 많은 교육 기관들이 자리 잡았다. 1968년 발발한 프랑스 학생 운동인 '5월 혁명'이 시작된 곳으로도 유명하다.

156_ 문혁 당시 그의 직책은 전국문련(全國文聯)의 주석의 지위에 있었다.

157_ 미국의 인류학자 클리퍼드 기어츠(Clifford Geertz)가 제시한 개

념. 국가와 의례의 관계는 종래에 국가 권력의 장엄함을 연출하기 위한 목적과 수단으로 이해해 왔으나, 그는 인도네시아 발리 섬의 전통사회인 '느가라(Negara)'의 연구를 통해 국가는 의례 자체를 목적으로 하는 극장과도 같은 조직으로 보아야 한다고 주장했다. 이러한 극장국가론은 서구의 전통적 권력국가론을 상대화하는 중요한 시점을 제공해 주는 것으로 평가 받고 있다.

158_ 당시 난동하는 홍위병들의 핍박을 못 이겨 대표적인 문인·지식인 라오서(老舍)나 푸레이(傅雷) 등이 자살한 것은 유명한 일화이다.

159_ 일본공산당의 청년조직인 '일본 민주청년동맹'을 가리킨다.

160_ 1960년대 이후 일본 학생운동이 분열하여 일본공산당 계열을 '일공계(日共系)'라 하고, 그것에 대립하는 신좌익 운동을 '반일공계(反日共系)'라고 부르게 되었다.

161_ '조슈(長周)'란 '나가토(長門)'와 '슈보(周防)'에서 유래하는 지명으로, 야마구치 현에서 발행되는 지역 신문의 하나이다.

162_ 유혈 사태로까지 번졌던 이 사건은 훗날 '젠린 회관 사건' 내지 '일중 우호협회 본부 습격사건' 등으로 불렸다.

163_ 헨리 노먼 베순(Henry Norman Bethune)은 캐나다의 외과 의사로 중국의 전장을 누비며 인도주의적 의료 활동을 펼쳤던 일로 유명하다. 중국에서는 '바이추언(白求恩)'으로 불렸다.

164_ 어떠한 어려움도 두려워하지 않고 굳센 의지로 밀고 나가면 성공한다는 뜻임.

165_ 마오쩌둥 사상을 영어로는 Maoism, 곧 '마오주의'라고 불렀다.

166_ (1905~1972) 미국의 언론인. 서방 기자로는 최초로 중국공산당의 본부가 있던 산베이(陝北) 지구를 방문·취재하여 1937년 『중국의 붉은 별』을 출판, 서방 세계에 마오쩌둥이 알려지는 데 큰 역할을 하였다.

167_ 평론가 오야 소이치(大宅壯一)를 가리킨다.

168_ 1959년부터 1960년까지 일본에서 미국 주도의 냉전에 가담하는 미일상호방위조약 체결에 반대하여 일어난 노동자·학생 및 시민 주도의 대규모 시위운동을 말한다.

169_ 일반적으로 공산주의자 동맹 마르크스·레닌주의파를 말하는데, 그중에서도 1968년에 결성한 '일본 마르크스·레닌주의자 동맹(ML동맹)을 가리키며, 이들은 무장투쟁 노선을 견지했고, 마오 사상을 일본 혁명의 지도 이념으로 내걸었다.

170_ '베트남에 평화를! 시민 연합'을 가리킨다.

171_ 비공식적 신문을 두루 가리키는 말이다.

172_ 1871년 파리에서 일어난 민중 봉기로 생겨났다가 72일 동안 존속하면서 민주적 개혁을 시도했던 파리 코뮌의 경우와 같은 일종의 민중의 해방구를 가리킨다.

173_ '상하이 1월 혁명' 내지 '상해 코뮌'은 문혁이 점차 고조되던 67년 1월, 상하이 노동자들이 중국공산당의 지도를 거부하고 자체 코뮌을 선언한 사건을 가리킨다. 하지만 상하이 코뮌은 설립된 지 18일 만에 마오쩌둥의 지시에 의해 붕괴하고 만다.

174_ 본래 '논 섹트 라디칼(non sect radical)'의 준말로 기성 당파나 집단에 속하지 않은 학생이나 학원 투쟁을 가리킨다.

175_ 중국에서 '루거우차오 사건'으로 불리는 이 사건은 1937년 7월 7일에 베이징 서남쪽에 있는 루거우차오에서 일본군이 스스로 조작한 발포 사건으로, 이후 중일 전쟁의 발단이 되었다

176_ '아프리카·아시아 인민 연대 조직(Afro·Asian People's Solidarity Organisatio)'을 가리킨다.

177_ '진지전(war of position)'은 이탈리아 공산주의자 안토니오 그람시(Antonio Gramsci)가 제시한 개념으로, 선진 자본주의 국가에서는 폭력 혁명적 투쟁보다는 이데올로기적 헤게모니를 장악해야 한다고 하면서, 정치·문화·언론·교육·노동 등의 각 분야에서 점진

적이고 전면적인 진지를 구축하는 진지전을 펴야 한다고 주장하였다.

178_ 1953년경부터 구마모토 현 미나마타(水俣) 시의 해안 주변에서 집단 발생한 수은 중독성 신경질환으로 주변 공장 폐수가 원인이었다.

179_ 에도 시대에 최하층 천민이던 백정·사형리 등의 자손이, 법령상 신분은 해방되었으면서도, 여전히 사회적으로 차별·박해를 받아 집단적으로 살고 있는 곳을 가리킨다.

180_ 1968년 1월 30일에 시작된 이 군사 공세는 '구정 대공세' 또는 '뗏(Tet) 대공세'로 불리는데, 전 세계에 베트남 전쟁의 실상을 알리는 한편 반전 운동이 급속히 확산되는 계기가 되었다고 평가받는다.

181_ 흔히 '미 라이(My Lai) 학살 사건'으로 알려져 있으며, 베트남전 최대의 민간인 학살 사건으로 유명하다.

182_ 영어 원서의 본래 제목은 『동쪽에서 불어온 바람, 프랑스 지식인과 문화대혁명과 1960년대의 유산(THE WIND FROM THE EAST : French Intellectuals, The Cultural Revolution, and the Legacy of the 1960s)』인데, 여기서는 일본어판(후쿠오카 아이코[福岡愛子] 옮김)의 제목을 쓰기로 한다.

183_ 1960년 프랑스의 전위적 문예 계간지로 이와 관련을 맺으면서 문단 및 학계에서 활동한 일단의 후기구조주의자들을 일컬어 '텔켈 그룹'이라고 하는데, 대표적 인물로는 필립 솔레르스(Philippe Sollers)·쥘리아 크리스테바(Julia Kristeva)·롤랑 바르트(Roland Barthes) 등을 들 수 있다. 이들은 잡지 창간 당시에는 프랑스 공산당(PCF)를 지지하였으나, 이윽고 마오이즘과 중국 공산주의를 추종하였다. 그러나 1968년 5월 혁명이 실패로 끝난 뒤에는 서서히 방향 전환이 이루어져, 이후 마오이즘에 대한 서로의 견해 차

이 등으로 인해 『텔켈』지는 1980년대 초에 폐간되었고, 이후로는 공산주의를 반대하는 입장을 취하게 된다.

184_ 1974년에 간행된 이 작품은 그녀가 필립 솔레르스·롤랑 바르트 등과 함께 문혁이 벌어지는 당시의 중국을 직접 방문하고 나서 여행에 대한 일종의 보고서 형식으로 출간되었다.

185_ 인종·성·종교·계급 등 여러 기준으로 분화된 집단이 각 집단의 권리를 주장하는 데 주력하는 정치를 일컫는데, 1980년대에는 동성애자들의 활동이 두드러져 '정체성 정치'란 곧 그들의 정치를 의미하는 걸로 여겨졌다.

186_ '주자본주의도로적당권파(走資本主義道路的黨權派)'의 준말로, 중국공산당 내에서 자본주의 노선을 주장하는 실권파를 매도하기 위해 사용한 말이다.

187_ 일명 '이슬람 국가(Nation of Islam)'로 불리는 이 운동은 1930년대 미국에서 시작되었는데, 초기에는 흑인만을 받아들이는 인종주의를 고수하다가 1975년에는 인종주의를 배격하는 입장으로 바뀌었다. 1985년에 정통 이슬람교와의 통합을 위해 공식적으로는 해체되었다.

188_ 1960년대 '검은 표범'을 상징으로 하여 조직된 극좌파 흑인 무장 조직이다. 블랙 파워를 지원하며 흑인들의 자기 방어를 주장하였다.

189_ 1960년대 후반에 미국을 비롯한 서구 자본주의 여러 나라에서 일어난 여성의 자주성과 해방과 관련된 이론과 운동을 가리킨다.

190_ 예를 들어 1969년의 '스톤월 항쟁(Stonewall riots)' 사건을 계기로 미국에서는 동성애자 해방운동이 활기를 띠게 되었다.

191_ 한국어로는 '아시아 문제에 관심을 가진 학자들의 모임', '진지한 아시아 연구자의 모임' 등으로 이해할 수 있으나 여기서는

'참여하는 아시아 학자 위원회'로 번역한다.

192_ 1950년부터 54년까지 미국을 휩쓸었던 공산주의자 색출 열 풍을 가리키는데, 달리 '제2차 적색 공포(Red Scare)' 시대라고도 한 다. 이러한 선풍은 미국 공화당의 상원의원 조지프 매카시(Joseph McCarthy)에게서 유래되었던 관계로 '매카시즘'이란 용어가 생겨 났다.

193_ 2001년부터는 『비판 아시아 연구(Critical Asian Studies)』라는 이름으로 제호가 바뀌었다.

194_ 현대 아시아 연구에 관한 일본의 학회로서는 최대 규모의 학 회로 1953년에 설립되었다. 흔히 JASS(Japan Association for Asian Studies)로 불린다.

195_ (1910~1977) 일본의 문예평론가·중국문학자. 루쉰 연구로 출발하여 일중관계론 및 중국 근대화론 등의 연구로 이어졌는데, 1948년 「근대란 무엇인가」라는 글을 발표하여, 동아시아의 근대 와 중국 근대화 문제에 대한 다양한 시각의 필요성 등을 줄기차게 주장해 온 것으로 알려져 있다.

196_ 다케우치 요시미는 1987년 『내재하는 중국(內なる中国)』이라는 책을 출간하고 있다.

197_ 중국에서 인민공사가 해체된 후인 1985년 무렵부터 급증했 던 이른바 농촌 기업을 가리킨다. 중국 농촌에서 현(縣) 아래의 행 정 단위인 '향(鄉)'과 '진(鎭)'이 경영하는 집단 소유의 '향진(鄉鎭) 기업'은 중소 기업 형태로서 시장 경제화의 흐름 속에서 비약적으 로 발전한 것으로 평가 받고 있다.

198_ 1960년대 대항문화 운동의 정점이라 할 록페스티벌인 '우드 스턱 음악예술 축제(Woodstock Art and Music Fair)'는 1969년 8월 15~17일에 미국 뉴욕 근처에서 개최되었다.

199_ 세계를 하나의 사회 체제로 파악하여 중심부와 주변부의 비대

칭적 관계를 설명하는 이론이다.

200_ 수카르노는 인도네시아 독립을 '혁명'이라고 지칭하면서, 독립 이후에도 혁명의 방위를 강하게 주장하였다.

201_ 인도네시아 국민당(PNI/Partai Nasional Indonesia)으로 1928년 수카르노에 의해 창당되었다.

202_ '종교 학자들의 융성'이라는 의미를 지닌 '나흐다뚤 울라마 (NU)'는 동부 쟈바를 중심으로 1926년 창설된 정통 이슬람 종교 조직으로 대부분의 회원은 상인이나 무역업자였다. '무함마디야 (Muhammadiyah)'와 더불어 이슬람교 양대 세력으로 알려져 있다.

203_ 정권이 수하르토에게로 실질적으로 이양되고 난 이후에도 공식 문서에는 여전히 수카르노 체제에서 사용되던 이념적 용어를 계속 사용함으로써 체제의 원활한 이행을 도모하려고 노력하였다.

204_ 따라서 수카르노 시대까지를 '구질서(Orde Lama)'로 규정하였다.

205_ 1964년에 수하르토의 통치 조직으로 급조된 정당으로 '직능 집단(Golongan Karya)'라는 말에서 '골카르'로 불렸다. 골카르는 원래 인도네시아공산당의 다양한 전위 조직에 대항하기 위해 군부가 만든 군부 산하의 전위 조직에서 유래되었는데, 이후 인도네시아 군부도 직능 그룹의 일원으로 정치에 본격적으로 참여하게 되었다.

206_ 이후로 수하르토는 '국가 개발 대통령(bapak pembangunan nasional)', 그리고 그의 정부는 '개발 내각(kabinet pembangunan)'이라는 별명으로 불렸다.

207_ 동남아시아 국가연합ASEAN(Association of South-East Asian Nations)은 1967년 8월 8일 '방콕 선언(Bangkok Declaration)'에 의해 창설된 국제기구로서 현재 가입국은 10개국으로 'ASEAN 10'으

로 일컬어진다.

208_ 창설 당시 회원국은 '인도네시아 · 태국 · 필리핀 · 말레이시
아 · 싱가포르' 등 5개국이었다.

209_ 공산당 당수 디파 누산따라 아이디트를 가리킨다.

210_ '당안(檔案)'은 분류하여 보관하는 공문서를 말한다.

211_ 타이완의 중화민국 정부가 주장하는 국호는 당연히 '중화민
국'이지만 이 책에서는 모두 '타이완'으로 부르기로 한다.

212_ 화교에 관한 제반 업무를 가리킨다.

213_ 이 시기에 대략 11만 9,000명 정도의 화교들이 중국으로 송
환되었다고 한다.

214_ '대법령'은 '법률 대행 정령(法律代行政令, Peraturan Pemerintah
Pengganti Undang-undang)'이라고 하는데, 법률과 동등한 효력을 지
니는 정령을 가리킨다.

215_ (1917~1984) 인도네시아 정치인 · 언론인. 수카르노 정권 하
에서 통산성 대신과 외상 등을 지냈고, 이후 수하르토 정권에서도
외상과 부통령, 그리고 국민자문회의(MPR) 의장 등을 역임하였다.
1971년에는 유엔 총회 의장을 지내기도 하였다.

216_ 인도네시아의 민족 공산주의자들이 1948년 프롤레타리아 계
급을 위해 창당한 급진적 민족주의 정당으로 1960년대 이후로 공
산당과는 갈등 관계에 있었다.

217_ 인도네시아 최후의 세습 왕조라 할, 쟈바 지역의 마따람
(Mataram) 왕국의 요그야카르타(Yogyakarta) 술딴국의 9세 술딴으로
초기 수카르노 정권 하에서 부총리를 역임하였고, 이후 수하르토
정권에서도 1973~78년까지 부통령 자리에 있었는데, 개혁주의자
로서 높게 평가받고 있는 인물이다.

218_ 2차 대전 이전에 좌익 사상에 연루되어 일찍이 식민지 시대
의 인도네시아로 건너가서, 반둥에서 사업을 하였고, 전쟁 중에는

일본 해군의 촉탁을 하면서 수카르노와 핫타, 그리고 독립 후에 공화국 초대 외상을 지냈던 수바르죠(Subardjo) 등과 친교를 쌓으면서, 인도네시아의 독립 선언에도 관여했던 인물로 알려져 있다. 인도네시아 독립 후에는 북부 수마트라의 석유 유전 개발에 참여하면서 일본과 인도네시아의 경제 교섭 등에 막후에서 밀접하게 관여했다고 알려져 있다.

219_ 육군 참모본부에서 정보를 담당하는 제1국의 고급 참모.

220_ 참가한 나라들은 미국·오스트레일리아·벨기에·네덜란드·프랑스·서독·이탈리아·영국이었고, 옵서버 자격으로 참여한 나라로는 오스트리아·캐나다·뉴질랜드·노르웨이·스위스 등이 있었다.

221_ IMF 이외의 국제기구로는 '세계은행'·'아시아 개발은행'(ADB)·'유엔 개발 계획(UNDP)' 등이 참여하였다.

222_ '경제 단체 연합회'의 준말. 1946년에 설립된 각종 경제 단체의 연락 기관으로 재계 의견을 조정하여 정부·의회에 건의하는 일을 맡았다. 우리나라 전경련의 모델이 되었다.

223_ '충신과 간신'을 뜻하는 말로 여기서는 반공과 친공의 의미로 쓰인다.

224_ 말리크는 본래 언론인으로 1937년 현재 인도네시아 국영 통신사인 안따라(Antara) 통신사를 설립하기도 하였다.

225_ 루크미또는 원래 수하르토 휘하의 군인 출신으로 중장으로 예편한 뒤에 외교관으로 전신, 일본 이외에도 ASEAN·파키스탄·싱가포르 등지의 대사를 역임하였다.

226_ '공산 도당'이라는 뜻임.

227_ 수카르노가 1956년 중국을 방문했을 때 중국어 통역으로 활약했던 인물로 중국식 이름은 '司徒眉生'으로 표기하였다.

228_ 네덜란드 식민지 시기 자카르타의 이름이었다.

229_ 인도네시아는 1950년에 중국과 외교 관계를 수립했는데, 이는 말레이시아가 타이완과 외교 관계를 수립하고 중국과 대립해 온 사실 등과는 대조적이라 하겠다.

230_ 핫타는 1945~1956년까지 초대 부통령, 1948~1949년까지 총리, 그리고 1949~1950년까지는 외상을 겸임하였다.

231_ 대표적 인물로 위조요 니띠사스뜨로(Widjojo Nitisastro) · 모하마드 사들리(Mohammad Sadli) · 에밀 살림(Emil Salim) · 수브로또(Subroto) · 알리 와르다나(Ali Wardhana) 등이 있는데, 이들은 수하르토 신질서 정권 초기에 입각해서 그 후 30년간 인도네시아 경제 성장을 이끌어 온 것으로 평가 받는다.

232_ 섬유가 외부의 힘으로 변형되었다가 원래대로 되돌아가는 능력을 말한다.

233_ 경우에 따라 'Jusuf Adjitorop'로 표기되기도 한다.

234_ 1948년 공산주의자들의 의해 '마디운 사건'으로 불리는 무장 폭동 반란이 일어났던 곳이다.

235_ 인도네시아에는 약 17,000개의 섬이 있고, 사람이 사는 유인도는 6,000개 정도로 알려져 있다.

236_ 본래 서 깔리만딴 · 중앙 깔리만딴 · 남 깔리만딴 · 동 깔리만딴으로 4개의 주였으나, 2012년 동 깔리만딴에서 북 깔리만딴 주가 분리 · 신설되었다.

237_ 깔리만딴 섬을 말레이시아 쪽에서는 보르네오 섬이라고 부르고 있는데, 북부의 30% 지역에 브루나이(Brunei) 왕국과 말레이시아 영토인 사라왁(Sarawak)이 자리 잡고 있다. 섬 전체에 걸쳐 원주민으로는 최대 다수 종족인 다약(Dayak) 족이 사는데, 특히 중앙 깔리만딴에서는 이들 원주민과 이주민 사이에 많은 분쟁이 있었던 것으로 알려져 있다.

238_ 열대 지방에서 자본과 기술을 지닌 서구인이 현지인의 값싼

노동력을 이용해, 고무나 담배 등의 특정 농산물을 대량으로 생산하는 경영 형태로 우리말로는 '재식(栽植) 농업'으로 번역된다.

239_ '숲의 생긴 모습'을 뜻한다.

240_ '오랑우탄(orangutan)'은 본래 인도네시아어의 'orang(사람)'과 'hutan(사람)'의 합성어로 '숲속의 사람'이라는 뜻에서 나온 말이다. 우리말로는 '성성(猩猩)이'로 번역한다.

241_ '연기의 독으로 인해 생기는 피해'라는 뜻이다.

242_ 그 결과로 뽄띠아낙 인구의 31%, 싱까왕 인구의 42% 정도가 화인이라고 한다.

243_ 서 깔리만딴 지역은 까드리야 술딴국(Kesultanan Kadriyah Ponti-anak)이 1771~1808년까지 지배하였다.

244_ '동업공회(同業公會)'의 준말로 '동업조합'을 가리킨다.

245_ '북 깔리만딴 인민군'이라는 뜻이다.

246_ 인도네시아공산당 반역박물관(Museum of PKI Treason)을 가리킨다.

247_ 영어로는 문자 그대로 'Operation Clean Sweep'로 번역된다.

248_ 이 곳에는 수카르노의 묘소가 그의 모친의 무덤 옆에 안치되어 있다.

249_ 앞서 언급한 쌍가우 레도 공군 기지 습격 사건을 가리킨다.

250_ '인도네시아 대학생 행동전선(Kesatuan Aksi Mahasiswa Indonesi)'을 가리킨다.

251_ 정식 명칭은 '중국 인민해방군 군사학원'이나 약칭하여 '난징 군사학원(Nanjing Military Academy)'으로 불렸다.

252_ 깔리만딴 지역의 인구수 400만 정도의 최대 종족으로 하부 종족만 400여 종족이 있고, 수백 개의 언어를 지녔다고 알려져 있다. 그 결과 거주 지역에 따라서 역사 속에서 왕국까지 이룬 종족이 있는 반면에 여전히 밀림 속에서 원시적 삶을 영위하는 종족

도 있다고 한다. 깔리만딴 지역은 물론 브루나이와 말레이시아 영역까지도 널리 거주하고 있다. 조상신 숭배 등 다양한 토속 신앙과 전통을 지녔으나 현재는 상당수의 다약족이 기독교로 개종하였다. 그런데 다약족은 네팔의 구르카(Gurkha) 족에 비교될 정도로 용맹한 부족이며, 특히 싸움에서 살해한 적의 목을 자르고 간을 꺼내 먹는 등의 호전적인 전투 문화를 지닌 것으로도 유명하다.

253_ 다약족 언어로 '우두머리'를 뜻하는 '뚜멍궁(tumenggung)'으로 불렸다.

254_ 타이완에서는 베이징을 중화민국 시기의 명칭인 '베이핑'으로 불렸다.

255_ '사람을 죽여 목을 베는 부족'이라는 뜻으로 다약족을 가리킨다.

256_ 『까미 일보(Liputan KAMI)』를 가리킨다.

257_ 현재 한국 돈으로 3,800원 정도에 해당한다.

258_ 인도네시아 어로는 'Demonstrasi Dayak', 영어로는 'anti-Chinese Dayak Demonstration'라고 하는데 '다약족의 반중국 시위 사건' 정도로 번역할 수 있다.

259_ 영어로도 '붉은 주발(red bowl)'로 번역되는데, 이러한 주발을 다약족의 각 부락으로 돌리는 행위는 전쟁에 돌입하는 신호를 뜻하는 것으로 알려져 있다. '붉은 주발'에는 '즈라낭(jenarang)'이라는 붉은 염료, 이엉초(cucuran atap daun), 끝을 뾰족하게 깎은 대나무가 들어 있다고 한다. 붉은 염료는 '긴급한 상황'을, 이엉초는 '비'를 상징해서 '긴급히 출발하라'는 신호를 뜻한다. 대나무는 '마을 공동체에서 서로 협력해야 한다'라는 의미를 상징한다고 한다. 곧 '전쟁을 시작한다'라는 전체적인 의미를 지닌다고 한다.

260_ 뽄띠아낙으로부터 북쪽으로 약 60킬로미터 정도 떨어진 내륙부의 장소라고 한다.

261_ 여기에서 보듯이 굶주림과 질병으로 죽은 이가 300명 정도이고, 실제로 다약족에게 피살된 사람은 20명 내외였다고 한다.

262_ '상상의 공동체(Imagined Community)'로 유명한 베네디트 앤더슨이 『비교의 망령 : 민족주의·동남아시아·세계(The Spectre of Comparisons: Nationalism, Southeast Asia, and the World)』라는 책에서 언급한 개념이다. 그의 주장에 따르면 20세기 초기의 커뮤니케이션 기술 혁명 및 출생과 국적을 함께 묶어 제도화시킨 2가지 변화가 이른바 '원거리 민족주의'를 창출해 내었다는 것이다. 그리고 이를 실천하는 '원거리 민족주의자'들은 '제1세계 가운데 안전하고도 안락한 장소에 있으면서, 자금과 무기를 보내는 한편 프로파간다를 유포시키고, 컴퓨터 등을 활용하여 대륙 간의 정보 네트워크를 구축하게 되는데, 이런 제반 활동을 통해서 최종 목적지가 되는 지역에서는 예측 불가능한 결과가 일어날 수도 있다고 지적하는 것이다. 이렇듯 탈영토화된 '상상적 공동체'로서의 '원거리 민족주의'의 재구성에 관한 그의 주장은 최근의 민족주의 논의에 많은 영향을 끼치고 있는 것으로 평가 받고 있다.

263_ 'Malayan Communist Party'로 불리는 말라야 공산당은 말라야 연방과 말레이시아의 정당으로 1930년에 창당되었다. 항일 투쟁을 통해 성장했던 말라야 공산당은 화교를 주체 세력으로 하였는데, 1948년 공산당이 불법화된 이후 밀림으로 잠입하여 게릴라 활동을 펴면서 말레이시아 정부와 무력 충돌을 벌였다. 1989년에 이르러 활동을 정지하고 해체되었다.

264_ 1945년 8월 17일 수카르노가 독립 선언을 했던 일에 근거하여, 초대 대통령 수카르노는 '독립 선언의 아버지(Bapak Proklamator Kemerdekaan)'라는 별명으로 불렸으며 '종신 대통령(Presiden seumur hidup)'에 추대되었다.

265_ 수하르토를 지지하는 장성들로 아미르마흐뭇(Amirmachmud),

바수키 라흐맛(Basuki Rachmat), 무하마드 유스푸(Muhammad Jusuf) 등이 대표적이다.

266_ 3월 18일에 수반드리오 외상과 차이룰 살레(Chairul Saleh) 부총리 등을 비롯한 각료 14명을 보호한다는 명목으로 체포·구금하였다.

267_ 3월 12일에 열린 임시국민자문의회(MPRS)에서 대통령 수카르노에 대한 탄핵안이 결정되었다. 그의 탄핵 사유는 다음의 3가지였다. ① 9·30쿠데타를 방조하고 인도네시아공산당의 국제공산주의 의제를 지지함으로써 헌법을 위반함, ② 경제 문제를 도외시함, ③ 무분별한 여성 편력으로 국가적 '도덕성 타락'을 야기함.

268_ 현재는 자카르타의 군사 박물관(Museum Satriamandala)으로 쓰이고 있다.

269_ 수카르노는 생전에 전 세계 26군데 대학에서 명예박사 학위를 받았고, 인도네시아 정부도 공식적으로 그를 'Dr. Ir. Sukarno'로 호칭하고 있다. 여기서 'Dr'은 '박사(독또르[Doktor])'를 표시하고, 또한 'Ir'은 '공학사(인시뉴르[Insinyur])'로, 그가 반둥 공과대학교에서 건축학을 전공했음을 나타내고 있다.

270_ '정권 교체'의 의미로도 이해할 수 있다.

271_ 태국의 화폐 단위로 기호는 B로 표시한다.

272_ 수하르토는 1967년 3대 대통령(1968~1973)으로 정식 취임한 이래 4대(1973~1978)·5대(1978~1983)·6대(1983~1988)·7대(1988~1993)·8대(1993~1998)를 거쳐 1998년 3월 9대 대통령 선거에서 단독으로 입후보하여 7선 대통령이 되었으나 금융 위기로 인한 반정부 시위와 폭동 사태로 인해 1998년 5월 21일 사임하고 말았다. 32년 동안 장기간에 걸쳐 인도네시아를 철권 통치해 온 인물로 '20세기에 가장 부패한 정치인'으로 일컬어지기도 한다.

273_ 32년 동안 장기 집권의 그늘에서 엄청난 부를 축재했던 수하

르토 일가의 재산은 당시 인도네시아 국민 총생산의 절반에 해당하는 금액인 400억 불 정도에 달했다고 한다.

274_ (1959~) 인도네시아 정치가. 자카르타 주지사를 거쳐 2014년 제13대 대통령에 취임하였다. 군 경력이 없는 민간인 출신으로 정권 교체에 성공한 최초의 대통령으로 평가 받으며, 2019년 재선에 성공하여 제14대 대통령에 취임하였다.

275_ 퇴역 장성 아구스 위조조(Agus Widjojo)가 주도했다고 알려진 이 심포지엄에서 인도네시아 정부 당국자는 9·30사건 이후 대학살의 와중에 50만 명 정도의 사상자가 생겼다는 사실을 공식적으로 인정하는 한편 비극적인 과거사를 둘러싼 화해의 필요성을 적극 강조하였다. 그러나 정작 사건의 주요 당사자인 인도네시아 정부의 공식 사과의 가능성에 대해서는 강하게 부정하는 입장을 취하고 있다.

276_ '이사(二司)'는 '마오쩌둥 사상 홍위병 우한 지구 혁명조반 사령부'라는 군대 내 홍위병 조직을 가리키는데, 이러한 '이사'에 미처 참여하지 못한, '신화궁(新華工[華中工學院])'과 '신후다(新湖大[湖北大學])'와 '신화눙(新華農[華中農學院]) 3개 대학의 학생들로 구성된 마오쩌둥 사상 홍위병 조직을 한데 합쳐 '삼신이사(三新二司)'라고 부르게 되었다.

277_ '삼사(三司)'는 '동방(東方) 홍위병 우한 지구 사령부'라는 군대 내 홍위병 조직을 가리킨다. 이밖에도 노동자 홍위병 조직인 '공총(工總)', 곧 '마오쩌둥 사상 전투대 무한 지구 공인(工人) 총부(總部)'도 결성되었다.

278_ 당시 우한 군구 사령관 겸 후베이성 사령관 천짜이다오(陳再道)는 덩샤오핑과도 친했던 인물로 당정군과 일부 노동자들이 참여한 '백만웅사' 조직을 지원했는데, 후에 이 사태로 인해 실각하고 만다.

279_ 작가이자 문예평론가로 당시 중앙문혁소조의 조원인 왕리 이 외에도 베이징시 혁명위원회 주임이자 공안부장 셰푸즈(謝富治)도 감금을 당하였다. 이 두 사람은 모두 린뱌오와 장칭파에 속하였다.

280_ 린뱌오와 장칭은 이 사건을 일으킨 장본인으로 첸짜이다오를 '괴수'로 지목해 처형하려고 하였다.

281_ '무기를 갖고 싸우는 폭력 투쟁'을 가리킨다.

282_ 1949년 이전에 노동자였던 사람을 가리킨다.

283_ 빈농 및 하층 중농(中農)을 말하는데, '중농'이란 빈농과 부농 사이의 농민으로 일반적으로 남을 착취하지 않고 품팔이도 하지 않는 계층의 농민을 가리킨다.

284_ 1945년 이전에 혁명에 참가하여 출세한 사람을 가리킨다.

285_ 혁명 간부와 동일하지만, 기본적으로 출세하지 못한 사람을 가리킨다.

286_ 전사자와 그 유족을 가리킨다.

287_ 원칙적으로 출신 성분이 '홍오류'의 자녀가 아니면 홍위병이 될 수 없었다.

288_ 1967년 1월에 중공중앙·국무원은 '공안(公安) 6조'를 발표했는데, 제4조에서는 출신 혈통이 나쁜 '흑오류'의 경우는 외부로 나가 경험을 교류하거나, 혁명 대중 조직인 홍위병에 참가하는 것을 금지시키고 있다.

289_ (1942~1970) 베이징 출신. 60년 고교를 졸업하고 인민공사에 참가하여 노동하다가 64년에 베이징으로 돌아왔다. 66년 2월에 『원후이바오(文匯報)』에 야오원위안을 비판하는 논문을 썼고, 같은 해 9월에 '베이징 가정문제 연구 소조'에서 '출신 혈통주의'를 비판하는 논문을 발표하였다. 68년에 체포되어 27세의 나이로 처형되었다. 여류소설가로 유명한 위뤄진(遇羅錦)이 그의 여동생이다.

290_ 위러커는 70년 3월 5일 베이징 공인 체육관에서 10만 명이

모인 '공개 재판 대회'에서 공개 총살되었다.

291_ 7월 27일 노동자·해방군 약 3만 명으로 구성된 '수도 노동자 마오쩌둥 사상 선전대'가 칭화 대학에 진주하였고, 콰이다푸 등이 격렬히 저항했으나 제압당했다고 한다.

292_ (1945~) 장쑤(江蘇) 성 출신. 67년 당시 칭화 대학 학생으로 '징강산(井崗山) 병단'의 책임자였다. 67년에 베이징시 혁명위원회 상무위원이 되었으나, 68년에 극좌파의 일원으로 체포·실각당했다. 78년에 다시 체포되어 83년에 징역 17년 형을 받았다.

293_ 이때의 만남에는 이 두 사람 이외에 베이징 사범대학의 탄허우란(譚厚蘭), 베이징 항공학원의 한아이징(韓愛晶), 베이징 지질학원의 왕다빈(王大賓) 등도 참석했는데, 이들 5명은 당시 홍위병 운동의 '5대 영수'로 불렸던 인물들이다. 이윽고 8월말에 베이징에 있는 59군데 대학에 '수도 노동자 마오쩌둥 사상 선전대'가 진주하였는데, 홍위병 운동은 사실상 이 시점에서 종식된 것으로 여겨진다.

294_ 중국에서는 일반적으로 '중학교(初級中學)' 이상 '고등학교(高級中學)' 졸업까지의 교육을 받은 청년 남녀를 일컫는 말로서, 특히 1966~1970년대에 농촌으로 내려간 도시의 청년 남녀를 가리키는데, 흔히 '지청(知靑)'으로 불렸다.

295_ 본래 지식인이나 간부가 사상 교육을 위해 농촌이나 공장·광산 등으로 일하러 가는 것을 뜻한다. 여기서는 학생들이 지방과 농촌에 내려가 노동자·농민과 함께 노동하는 현장 학습을 가리킨다. '상산하향(上山下鄕)' 운동이라고도 하였다.

296_ 삼권분립·다수결 원리·언론자유와 같은 민주주의의 기본 요소를 마오쩌둥은 부르주아지가 권력을 유지하기 위한 기구인 '소민주(小民主)'라고 규정하고, 이에 대립해 '사대(四大)', 곧 '대명(大鳴[자유롭게 말할 권리])'·'대방(大放[대담하게 자신의 견해를 발표할 권리])'·'대변론(大辯論[자유롭게 논쟁할 수 있는 권리])'·'대자보(大字報[대자보를 쓸 수 있

는 권리)'로 대표되는 '대민주'를 제시함으로써 일반 민중이 정치에 직접 참가해야 한다고 주장하였다.

297_ 권력탈취를 뜻한다.

298_ 혁명조반파의 당정기관 권력탈취 사건의 효시가 되었던 이 사건은 훗날 상하이 발 '1월 폭풍'이라고 불렸는데, 상하이의 경우 왕훙원(王洪文)이 동원한 10만 명의 '상하이 노동자 혁명조반 총사령부'가 기존 시당위원회의 노동자 조직인 '상하이 노동자 적위대' 2만 명과 무력 충돌을 벌인 끝에 승리하여 시당위원회의 모든 권력을 탈취하였다.

299_ 1967년 2월 24일에 장춘차오(張春橋)를 주임으로 하는 상하이시 혁명위원회가 성립하였다.

300_ 이 시기에 신장(新疆) 위구르 자치구와 티베트 자치구에 혁명위원회가 수립됨으로써 29군데의 일급 행정구 전부에 걸쳐서 혁명위원회가 수립되었다고 할 수 있다.

301_ 이처럼 좌파·농민·노동자를 지원하고, 군사관할·군사훈련을 한다는 의미에서 '삼지양군(三支兩軍)'이라고 하였다. '삼지양군' 방침은 1972년 8월에 이르러 폐지되었다.

302_ 1967년 1월 23일에 중공중앙·국무원·중앙군사위·중앙문혁소조 등의 명의로 인민해방군이 문혁에 전면적으로 개입할 것을 명령한다.

303_ 원래는 내몽고 출신의 몽고인으로 오노 아키라(大野旭)라는 일본 이름을 사용한다.

304_ 10월 18일 중앙 특별심사 소조가 작성한 「배신자, 적의 첩자, 노동귀족 류사오치의 죄악 행위에 관한 심사 보고」를 거수로 채택하였다.

305_ 당시 같은 감호 대상자인 덩샤오핑 역시 강시성 남창으로 거처가 옮겨졌다.

306_ 류사오치의 부인인 왕광메이는 12년간 투옥되어 있다가 1978년 12월 22일에 석방되었다.

307_ 이러한 일련의 사태를 훗날 '프라하의 봄(Prague Spring)'이라고 일컫게 되었다.

308_ '사회제국주의(Social imperialism)'는 '사회파시즘(Social fascism)'과 나란히 중소 분쟁이 일어나자 중국이 소련을 비난하기 위해 사용한 용어이다. 사회제국주의는 공산주의 국가 간에 주권평등·내정불간섭 등의 원칙을 무시하고 무력으로 자기 의사를 타국에 강요하는 방식을 비판하는 것으로, 중국의 마오쩌둥은 반사회제국주의 입장을 견지하였다.

309_ 일본은 1931년 만주사변을 일으켜 둥베이(東北) 3성을 병탄하고, 이어 1932년 제1차 상하이 사변을 일으키는 동시에 만주국을 수립하였다, 이어 1933년에는 열하사변을 일으키는 등의 전략으로 화베이(華北) 지방을 분리하려 하였는데, 1935년 12월 9일, 베이징의 학생들이 중심이 되어 일본의 이러한 화북 분리공작에 저항하기 위해 일으킨 학생 운동을 가리킨다.

310_ 실제로 중국은 이 해 10월 23일과 29일에 첫 지하 핵실험과 수소폭탄 실험을 성공시키는 등, 임박한 세계 전쟁에 대비하려는 듯이 극도로 긴장된 비상사태에 처해 있었다.

311_ 린뱌오가 전쟁에 대비해 내렸던 이 명령은 나중에 '제1호 명령'이라고 불렸다.

312_ (1911~1983) 후베이성 출신. 27년 추수 봉기에 참여하고 공산당에 가입. 55년 광저우 군구 사령관. 68년 광둥성 혁명위원회 주임, 해방군 총참모장, 전군 문혁소조 조장으로 있으면서 린뱌오의 최측근으로 활약하였다. 71년에 린뱌오 쿠데타 사건에 연루되어 체포되어 73년에 당적이 박탈되었다. 81년 징역 18년의 판결을 받았다.

313_ 실제로 중국은 이 해 10월 23일과 29일에 첫 지하 핵실험과 수소폭탄 실험을 성공시키는 등, 다가올 세계 전쟁에 대비하려는 듯이 고도의 비상사태에 들어가고 있었다.

314_ '베트남 공산주의자'라는 뜻의 '베트콩(Vietcong)'이라는 호칭으로 더 잘 알려져 있다.

315_ 이 시기의 대공세는 후에 '뗏(Tet) 대공세'로 불렸는데 이에 대해서는 주석 180 참조.

316_ 이러한 '천재론'과 더불어 린뱌오는 마오의 개인숭배를 위해 '4가지 위대함(四箇偉大)', 곧 '위대한 스승·지도자·통솔자·조타수'로서의 위대함을 강조하였는데 정작 마오쩌둥은 이런 식의 개인숭배를 매우 혐오스러워 하고 불쾌하게 여겼다고 한다.

317_ '청원이나 신청에 대해 서면으로 자신의 의견을 표시하는 문장'을 가리킨다.

318_ 간호장은 우수쥔(吳旭君)으로 1953년부터 21년 동안 마오쩌둥의 신변을 보살핀 인물로 알려져 있다.

319_ (1945~1971) 산시(陝西) 성 출신. 린뱌오의 장남. 67년에 베이징 대학 물리학과를 졸업하고 공군에 입대, 이내 공군사령부 당위원회 사무소 부주임 겸 공군작전부 부부장. 70년 비밀조직 '연합함대'를 결성. 71년 마오쩌둥 암살 시도가 실패하고 나서 부모 등과 도피하다가 비행기 추락사.

320_ (1917~1971) 푸젠성 출신. 35년 12.9 학생운동에 참가. 36년 공산당 입당. 후에 옌안으로 가서 41년에 린뱌오와 결혼. 67년 군 문혁소조 부조장, 린뱌오 사무실 주임. 71년 린뱌오 사건에 가담했다가 가족과 함께 비행기 추락사.

321_ 훗날 밝혀진 바의 일화는 다음과 같다. 린리궈는 공군사령부 판공실 부주임 저우위츠(周宇馳), 부참모장 왕페이(王飛) 등을 규합하여 린뱌오에 충성하는 별동대로 '조사연구 소조'라는 조직을 만

들었다. 평소 이들은 일본 전쟁 영화를 좋아해 자주 보았는데, 태평양 전쟁 개전 당시 '연합함대'를 이끌고서 진주만을 공격했던 인물인 '야마모토 이소로쿠(山本五十六)'를 그린 영화를 보고 크게 감명을 받았고, 이에 린리궈가 '우리도 연합함대! 우리에게도 에타지마(江田島[일본 해군 군사학교가 있는 곳의 지명]) 정신이 필요하다'고 하면서 별동대 조직의 이름을 '연합함대'로 바꾸었다는 것이다. '연합함대'의 구성원은 지휘부를 제외하고서는 주로 30대의 청년 장교들로 구성되어 있었다고 한다.

322_ 린리궈는 「571공정 기요」의 지휘부 수립 계획에 대해 3월 31일 상하이에서 심야에 장텅자오(江騰蛟)·왕웨이궈(王維國)·천리원(陳勵耘)·저우젠핑(周建平) 등의 공군 간부들과 회동해서 이른바 '3국4방 회의'를 열었다고 한다. 이 회의에서 난징은 저우젠핑, 상하이는 왕웨이궈, 항저우는 천리원을 중심으로 해서 난징·상하이·항저우 거점을 설치하고, 장텅자오가 이 '3거점'을 연락하며 총괄 지휘하는 '협동작전'을 펴기로 하였다는 것이다. 이밖에도 왕리(王力), 저우위치, 왕페이, 리스잉(李世英) 등이 이 계획의 지휘부에 가담한 것으로 판명되었다. 이후 황융성, 우파셴(吳法憲), 리쭤펑(李作鵬), 추후이쭤(邱會作) 등도 쿠데타 음모에 연루된 인물로서 재판을 받고서 처벌 받았다.

323_ '571'라는 숫자나 '武起義'라는 말의 중국어 병음 발음이 '우치이'로 같은 소리이다.

324_ 트로츠키주의(Trotskyism)는 트로츠키가 주창한 마르크스주의의 한 갈래로, 본래는 소련 하의 마르크스-레닌주의 진영에서 비하적인 표현으로 쓰였으나, 이후 트로츠키를 지지하는 사람들이 생기자 생긴 정치 이념이다. 트로츠키가 생전에 볼셰비키-레닌주의자임을 자처하였으므로 볼셰비키-레닌주의로 불리기도한다.

325_ 트로츠키의 공산주의 혁명이론으로, '영구'는 '최후의 승리까

지 계속되는'이라는 뜻이다. 전통적 공산주의가 두 단계의 혁명 곧 첫 번째로 부르주아 계층의 조력을 받는 자유주의 혁명을 이룬 후에 사회주의 혁명을 이룬다는 단계적 공산주의 이론을 반대하는 입장이다.

326_ 쿠데타 계획서인 「571공정 기요」에는 '상대방의 목표는 후계자를 바꾸는 데 있다'고 하면서, '속수무책으로 생포되는 것보다 군사 행동으로 먼저 선수를 쳐서 상대의 기선을 제압한다'는 식의 '선발제인(先發制人)'의 표현으로 결의를 다지고 있다.

327_ 여기서 '파부침선(破斧沈船)', 곧 출전할 때 밥솥을 부수고 배를 침몰시키듯 결사의 각오로 출진한다는 각오를 강조하고 있다.

328_ '중반친리(衆叛親離)', 곧 '뭇사람들도 반대하고 친근한 사람들도 떠나버리다'는 성어를 사용하고 있다.

329_ '강제 노동에 의한 사상 개조'를 가리킨다.

330_ (1911~1995) 유고슬라비아 정치가·작가. 공산당 서기장 티토(Tito)와 함께 반나치스 빨치산 운동을 주도하였고, 제2차 대전 후에 부통령의 지위에까지 올랐으나, 이때부터 공산 체제를 비판하고 마르크스주의의 종말을 주장하는 등 반체제 인사로서 국제적 명성을 얻었다. 이후 오랜 세월 체포·투옥되는 생활을 반복하다가, 동구권이 붕괴하자 유고슬라비아의 평화를 위해 연방 공화국제를 주장하였으나 실패하고 말았다.

331_ 유혈 사태까지 빚은 이 사건의 여파로 4월 7일에 마오쩌둥과 중공중앙은 화귀평을 당 제1부주석 겸 국무원 총리에 임명하고, 사태의 책임을 물어 덩샤오핑을 일체의 직무에서 배제한다고 결의하였다.

332_ 원래는 명나라 주원장(朱元璋)과 관련된 고사에서 등장하는 말인 '고축장(高築墻), 광적량(廣積糧), 완칭왕(緩稱王)'에서 따온 말로 '성의 담장을 높이 쌓고, 식량을 많이 모으고, 왕을 선포하는 일을

늦추라'는 뜻이었다.

333_ 같은 해 3월에 중공중앙은 덩샤오핑의 당 조직활동과 국무원 부총리의 직무를 부활시켰다.

334_ 마오는 7월에 '궈모루는 공자를 존숭하고 법가에 반대하는 관점을 갖고 있다. 법가의 도리는 현재를 중시하고 옛것을 경시한다. 사회가 앞으로 발전하는 것을 주장하고 후퇴 노선을 반대한다. 전진하려 한다'고 발언하였고, 이어서 8월에 '역사에서 능력을 발휘하거나 성공한 정치가는 모두 법가다. 그들 모두 법치를 주장하는데 현재를 중시하고 옛것을 경시한다. 유가들은 온통 인의도덕을 말한다. 옛것을 중시하고 현재를 경시하는 주장을 해서 역사의 흐름에 역행한다'고 발언함으로써 '유법 투쟁'에 관한 문제를 제기한다.

335_ 공자 비판 운동의 신호탄을 쏘아 올리듯이 8월에 저명한 철학자 양룽궈(楊榮國)는 『인민일보』에 「완미한 노예제 옹호의 사상가 공자」라는 글을 게재하였다.

336_ 이 해 11월 10~14일에 키신저 박사가 6번째로 베이징을 방문해 저우언라이에게 소련에 대항하기 위해 미중 간의 군사협력을 제안하였다. 그러나 17일에 마오쩌둥은 이러한 제안에 불쾌감을 표시하였고, 그에 뒤이어 중앙정치국에서 '저우언라이와 예젠잉(葉劍英)의 수정주의 노선 문제를 비판'하는 회의가 개최되어, 21일부터 12월 초순까지 저우언라이에 대한 비판이 잇달아 계속되었다.

337_ 그러나 이 두 사람에 장춘차오·왕훙원이 가세해 이른바 '4인방'이 정식으로 결성된 시점은 1973년 8월경이라고 일컬어진다.

338_ 1월 1일에 『인민일보』와 『홍치(紅旗)』 등의 각종 매체에 공자 비판을 제기하는 사설이 일제히 실렸고, 1월 18일에 중공중앙이 장칭 등이 편집한 「린뱌오와 공맹(孔孟)의 도」를 마오쩌둥의 비준

을 거쳐 전국에 통지함으로써, 1월 24일부터 전국에서 본격적으로 비림비공 운동이 시작되었다. 그리고 1월 25일 베이징 수도체육관에서 당정이 주관하는 '비림비공' 동원대회가 정식으로 개최되었다.

339_ 학자에 따라 '삼개세계론'이라는 용어를 쓰기도 한다.

340_ 1월 15일 저우언라이의 추도 대회가 열렸고, 덩샤오핑이 추도사를 하였으나 이 이후로 덩샤오핑은 공개적인 장소에서 모습을 감추었다.

341_ 5월 6일에 덩샤오핑의 직무 복귀 결정이 내려졌다.

342_ 공식 명칭은 일본 만국 박람회로 흔히 줄여서 오사카 만박 또는 오사카 엑스포(Expo)라고 불렸다. 1964년 하계 올림픽과 함께 1960년대 일본의 고도성장을 상징하는 행사로 일본이 선진국 대열에 합류하였음을 과시하는 행사이기도 하였다.

343_ 문혁기에 중국 정부로부터 퇴거 명령을 받지 않고서 베이징에 남아 있던 9명의 외국 기자 가운데 유일한 일본인 기자. 시종 친중국의 입장에서 마오는 자애 넘치는 지도자이고, 문혁을 긍정적으로 찬양하는 식의 보도를 행했던 인물로 알려져 있다.

344_ 1972년 2월 19~28일에 일본 나가노현에 위치한 아사마 산장에서 연합적군이 벌인 인질극. 사카구치 히로시를 비롯한 연합적군 멤버 5명이 인질을 잡고서 10일 동안 농성하며 경찰과 대치하였고 총격전을 벌인 끝에 전원 체포되었는데, 사건의 상황은 텔레비전으로 모두 생중계되었다. 사건 진압 후 사건의 경위를 조사하던 중 이들 동일한 연합적군 멤버들이 사상 단결을 구실로 동료 적군파 대원들에게 린치를 가하여 살해했다는 또 다른 사실('산악 베이스 사건')이 밝혀져 일본 국민들에게 큰 충격을 주었다. 이로 인해 전국에서 활동하던 적군파 대다수가 운동에서 탈퇴함으로써, 이 사건은 훗날 일본 좌익 변혁 운동의 쇠퇴 내지 일본 좌익의 몰

락을 초래한 커다란 요인으로 꼽히고 있다.

345_ '아무리 권하거나 부추겨도 상대가 응하지 않음'을 비유하는 말이다.

346_ 영어로 PSC(Palestine Solidarity Committee)라고 한다.

347_ 뮌헨 올림픽에서 팔레스타인 테러 단체인 '검은 9월단(Black September Organization)'이 11명의 이스라엘 선수단 전원을 인질로 잡고서 경찰과 대치하다가 전원 사망케 한 사건이다.

348_ 본래 『서경』에 나오는 말로 마오쩌둥이 국공 내전이 벌어지던 1929년부터 쓰기 시작한 것으로 알려져 있다. 보통 줄여서 '맹렬한 기세로 타는 들판의 큰불'이라는 의미로 '요원지화(燎原之火)'로 쓰기도 한다.

349_ 이 책의 편역자가 마스다 아토 교수이다.

350_ 보통 '도쿄 지하철 사린 사건'으로 불리는 이 사건은 일본의 종교 단체 옴진리교가 1995년 3월에 도쿄의 지하철에서 사린가스를 살포하는 테러를 일으켰던 사건이다.

351_ 미군에게 고용되어 있는 노동자를 가리킨다.

352_ (1830~1859) 일본 에도(江戶) 시대 말기의 존왕파(尊王派) 유학자·교육자. 메이지유신의 정신적 지도자이자 이론가로 평가 받는다. 지금의 야마구치현 하기(萩) 시에 사숙인 쇼카손쥬쿠(松下村塾)를 열어 이곳에서 기도 다카요시(木戶孝允)·요시다 도시마로(吉田稔麿)·다카스기 신사쿠(高杉晋作)·구사카 겐즈이(久坂玄瑞)·이토 히로부미(伊藤博文) 등 메이지유신을 주도했던 수많은 인재들을 길러낸 것으로 유명하다.

353_ 지금의 가고시마현인 사쓰마(薩摩) 번과 야마구치현인 조슈(長州) 번이 1866년 3월에 에도 막부를 타도할 목적으로 맺은 정치적·군사적 동맹을 가리키는데, '삿초 맹약'·'삿초 연합'이라고도 한다.

354_ 말 그대로 '천황을 높이고 막부를 토벌하자'라는 뜻이다.

355_ '현민(縣民)의 특성이나 기질'이라는 뜻으로 '지역적 특성' 정도로 이해할 수 있다.

356_ (1839~1867) 에도 시대 말기의 조슈 번 출신 무사. 막부 말기 시대에 존왕양이의 지사로서 활약하였다.

357_ 요시다 쇼인은 변혁을 위해 재야의 지사들, 곧 초망(草莽)이 궐기할 것을 주장하면서 '초망굴기(草莽崛起)', 곧 "재야의 지사들이여, 모두 궐기하라"고 촉구하였다.

358_ '톱니바퀴 극단'이라는 뜻이다.

359_ 1950~60년대 일본 학생운동의 중심 조직이었던 '전일본 학생 자치회 총연합(全日本学生自治会総連合)'의 약칭임.

360_ 일본 중부의 산요(山陽)·산인(山陰) 지역을 가리키는 말이다.

361_ 일본공산당원으로 자신의 피폭 체험을 바탕으로 한 『원폭 시집』을 출간하였다.

362_ 1952년 당시 이승만 대통령이 발표한 해양 주권 선언에 의거해 한반도 주변의 바다에 설정한 해역선으로, 1965년 6월 한일 조약에 의해 철폐되었다.

363_ 일본공산당에서 제명당한 후쿠다 마사요시 등이 결성한 친중국계 좌익 조직. '일공좌파(日共左派)' 또는 '야마구치 좌파'로 불렸는데, 좌익 민족주의 색채가 강하며 '반미제·반매국의 애국 정의'를 주장하였다.

364_ '서방 국가들이 무력의 수단을 빌리지 않고서 공산 국가의 내부를 교란시켜서 평화적으로 정권을 전복한다'는 뜻으로 중국 지도부가 동구권 사회주의 국가들의 잇단 붕괴를 우려하면서 했던 말이다.

365_ '개혁'이라는 뜻으로, 고르바초프가 1985년 소련 공산당 서기장으로 취임한 후 실시한 정치·경제적 개혁 정책을 가리킨다.

동시에 '개방'이란 뜻을 가지며 '정보의 자유와 공개'를 추진하는 '글라스노스트(Glasnost)'라는 말과 흔히 병용되기도 한다.

366_ 고르바초프 서기장이 1989년 5월 15일에 소련 지도자로서는 30년 만에 처음으로 베이징을 공식 방문하여 덩샤오핑 등과 역사적인 중소 정상 회담을 가졌던 일을 가리킨다. 그런데 다음 달인 6월 4일에 문제의 제2차 톈안먼 사건이 일어나는 상황을 염두에 두고서 하는 발언이다.

367_ 1992년 1월 18일부터 2월 21일까지 덩샤오핑은 우창(武昌)·선전(深圳)·주하이(珠海)·상하이 등지의 주요지방 도시를 순시하면서, 이른바 '남순강화'를 발표하면서 개혁개방 정책을 재개할 것을 주장하였다.

368_ 덩샤오핑이 주창한 개혁개방의 기본 원칙. 그 내용은 '능력 있는 사람부터 먼저 부자가 되어라. 그리고 낙오된 사람을 도와주라'는 것이다.

369_ 1992년 10월에 열린 중공 14전대회에서 장쩌민(江澤民) 총서기는 '사회주의 시장경제론'을 제기하여, 이른바 사회주의 시장경제 정책을 공식적으로 선언하였다.

370_ 프랑스어로 '존재 이유'를 뜻한다.

371_ 1989년 6월 4일에 제2차 톈안먼 사건이 일어나고, 학생들의 민주화 요구 데모에 군이 무력을 동원·발포함으로써 유혈 사태가 벌어지게 되었다.

372_ 정신분석학 용어로 독일어 'Trieb'의 번역어다. 인간을 항상 행동으로 나아가게 하는 무의식의 충동을 가리킨다.

373_ 정식 명칭은 '동아시아 반일무장전선'으로 1970년대에 폭탄을 이용한 무장투쟁을 일삼은 무정부주의 계열의 좌익 테러단체다.

374_ '하자마구미'는 1889년에, '다이세 건설'은 1873년에 각각 창업한 일본 토목 건설 분야의 유명한 대기업이다.

375_ 예를 들어 1974년 8월 30일에 '오카미(狼)' 조직에 의해 저질러졌던 미쓰비시 중공업 빌딩에 대한 폭탄 테러 사건은 8명이 사망하고 385명이 중경상을 입을 정도로 규모가 커서 당시 일본 사회에 커다란 충격을 주었다고 한다.

376_ 철거할 건물을 부수기 위해 크레인에 매달고 휘두르는 쇳덩이인 'wrecking ball'을 가리킨다.

377_ '프리(free)+아르바이터(Arbeiter)'의 일본식 합성어로, 비정규직으로 생계를 유지하는 사람을 널리 가리키는 말이다. 비슷한 의미로 '워킹푸어'·'니트족'·'일용직' 등의 말이 쓰인다.

378_ 이 논문은 다시 2007년에 출판된 같은 저자의 『젊은이를 죽게 내버려 두는 나라―나를 전쟁으로 향하게 하는 것은 무엇인가』(소후샤[雙風舍] 간행)에 다시 수록되어 있다.

379_ 니트족은 의무 교육을 마친 뒤에 진학·취직을 하지 않으면서도, 직업훈련도 받지 않는 사람을 가리키는 말로, Not currently engaged in Education, Employment or Training의 머리글자를 따서 만든 말이다. 앞의 프리터와 동의어로 쓰이기도 한다.

380_ 논문의 저자 아카기 도모히로가 '일본이 전쟁을 하기를 희망한다'고 주장하는 것은 현대 사회는 일단 사회 경제적 지위가 고정되어 버리면 그것을 바꾸는 일이 거의 불가능하므로, 전쟁이라도 일어나야 그처럼 고착되어버린 지위가 유동화(流動化)할 수 있다고 보는 것이다. 요컨대 전쟁이 일어난다면 밑바닥에 있는 사람이라도 신분이 상승할 가능성이 조금은 생기지 않겠는가 하는 것이다. 그런 생각을 도쿄대 법학부 출신 초엘리트로 현대 일본을 대표하는 정치학자였던 마루야마 마사오를 비유적으로 빗대어 설명하고 있다. 마루야마 마사오는 도쿄 대학 재학 시절 군국주의로 치닫는 일본을 비판했다는 이유로 괘씸죄에 걸려 군대에 징집, 말단 이등병으로 식민지 조선에서 복무하게 된다. 그러던 차에 당시 중

학교도 제대로 못 나온 고참 일등병에게 괴롭힘을 당했다고 하는데, 그와 마찬가지로 자신과 같은 하층 계급의 인간도 전쟁이 나면 마루야마 마사오와 같이 '금수저·고학력' 출신의 잘난 졸병을 밑에 거느리고서 마음껏 괴롭히는 상황이 오지 않겠는가 하며 현대 격차 사회의 폐색성에 대해 자조적으로 비판하고 있는 것이다.

381_ 일본에서 '잃어버린 20년', 곧 1990년대 초 경제 불황이 시작되던 시점부터 널리 쓰이기 시작하던 말로 '사방이 온통 꽉 막힌 느낌' 정도의 의미로 이해할 수 있다.

382_ '노동 빈곤층' 또는 '근로 빈곤층' 정도의 의미로 '정규직과 비정규직에 상관없이 아무리 일을 해도 빈곤 상태를 벗어날 수 없는 개인이나 가족'을 가리킨다.

383_ 중국어로 '모식(模式)'은 '표준 양식'·'유형'·'모델' 등의 뜻을 나타낸다.

384_ 송대의 문인·학자로 중국인들에게 가장 인기가 있는 소동파(蘇東坡)에 빗대어 만든 이 말은 달리 '소동파(蘇東波) 사건'·'소동 극변(蘇東劇變)'·'동구(東歐) 혁명'·'동구 극변(東歐劇變)' 등의 말로 표현되기도 한다.

참고 문헌

영어문헌

- 베네딕트 R. 앤더슨·루스 T. 맥베이(Benedict R. Anderson and Ruth T. Mcvey)(with the assistance of Frederick P. Bunnell), *1965년 10월 1일 인도네시아 쿠데타의 예비적 분석*(A Preliminary Analysis of the October 1, 1965 Coup in Indonesia), Cornell University Press, Ithaca, New York, 1971.
- 데이빗 P. 모징고(David P. Mozingo), *1949~1967 시기의 중국의 대 인도네시아 정책* (Chinese Policy Toward Indonesia, 1949~1967), Cornell University Press, Ithaca and London, 1976.
- 제스 멜빈(Jess Melvin) 2013, "왜 제노사이드가 아닌가? : 1965~1966 시기 아쩨 지역에서의 반화인 폭력"("Why Not Genocide? : Anti-Chinese Violence in Ache, 1965~1966"), *Journal of Current Southeast Asian Affairs*, 32, 3, pp. 62~91.
- 누그로호 노또쑤싼또·이스마일 살레(Nugroho Notosusanto and Ismail Saleh), *인도네시아에서 9·30운동의 쿠데타 시도*(The Coup Attempt of the September 30. Movement in Indonesia), Djakarta:Pembimbing, 1968.
- 로버트 크립·찰스 A. 콥펠(Robert Cribb and Coppel, Charles A.), 2009, "존재하지 않았던 대량 학살 : 1965~66 시기 인도네시아에서의 반화인 대량학살 신화에 대한 설명"("A Genocide that never was : Explaining the myth of anti-Chinese massacres in Indonesia, 1965~66"), *Journal of Genocide Research*, 11, 4, pp. 447~65.
- 저우타오모(Taomo Zhou), 중국과 9·30운동(China and the Thirtieth of September Movement), *Indonesia98*, October 2014, pp. 29~58①
- 저우타오모(Taomo Zhou), 애증의 동맹 : 1960~1965 시기 중국의 대

인도네시아 정책(Ambivalent Alliance : Chinese Policy towards Indonesia, 1960~1965), *The China Quarterly*, March 2015, pp. 207~28②

중국어 문헌

- 천홍위(陳鴻瑜)·국립 편역관(編譯館) 편 『중화민국과 동남아시아 각국과의 외교 관계사 (1912~2000)』, 딩원서국(鼎文書局), 2004년
- 청잉훙(程映虹) 『마오주의 혁명(毛主義革命) : 20세기의 중국과 세계』, 홍콩 톈위안서옥(田園書屋), 2008년
- 황쿤장(黃昆章) 『인도네시아 화교(華僑)·화인(華人)의 역사(1950~2004)』, 광저우 광둥(廣東) 고등교육출판사, 2005년
- 리저후이(李卓輝) 편저 『봉헌(奉獻)·희생·분진(奮進)·굴기(崛起) : 서 깔리만딴 화인(華人) 아녀풍운록(兒女風雲錄)』, 자카르타 롄퉁(聯通) 화원서업(華文書業) 유한공사출판, 2012년①
- 린스팡(林世芳) 외 『서 깔리만딴 풍운(風雲)』, 사라왁 사동(砂隆) 인무공사(印務公司), 2010년
- 류이빈(劉一斌) 「인도네시아 '9·30사건 발생 이후」 『세계지식(世界知識)』, 2006년 제1기
- 펑쑤(彭蘇) 「국제 공산주의 운동사에 있어서 인도네시아 대학살 사건」 『염황춘추(炎黃春秋)』, 2009년 제1기
- 첸리췬(錢理群) 『마오쩌둥 시대와 포스트 마오쩌둥 시대(1949~2009) : 일종의 역사 서술』, 타이완 롄징(聯經) 출판, 2012①
- 쉬유위(徐友漁) 『가지각색의 조반(造反) : 홍위병의 정신적 자질의 형성과 변화 발전』, 홍콩 중문(中文) 대학 출판사, 1999년
- 양쿠이숭(楊奎松) 「마오쩌둥과 인도차이나 전쟁」 『마오쩌둥과 모스크바 사이의 은혜와 원한』, 장시(江西) 인민출판사, 1999년
- 인훙뱌오(印紅標) 『실종자의 발자취 : 문화대혁명 기간의 청년 사조』, 홍콩 중문 대학 출판사, 2009년

인도네시아어 문헌

- 구라사와 아이코·마쓰무라 도시오 편저 『9·30사건과 아시아 : 냉전의 그늘(G30S DAN ASIA : DALAM BAYANG-BAYANG PERANG DINGIN)』, 자카르타 꼼빠스(KOMPAS), 2016.

일본어 문헌
- 이이즈카 고지(飯塚浩二) 『이이즈카 고지 저작집 제4권 아시아 속의 일본』, 헤본샤, 1974년
- 이매뉴얼 월러스틴(Immanuel Wallerstein)/마루야마 마사루(丸山勝) 옮김 『포스트 아메리카─세계 시스템에 있어서 지정학과 지정 문화』, 후지와라서점, 1991년
- 오카모토 히로시(岡本宏) 편 『'1986년' 시대 전환의 기점』 호리쓰문화사, 1995년
- 오구마 에이지(小熊英二) 『1968 (상) 젊은이들의 반란과 그 배경』, 신요샤, 2009년
  ──『1968 (하) 반란의 종언과 그 유산』, 신요샤, 2009년
- 가가미 미쓰유키(加々美光行) 『역사 속의 중국 문화대혁명』, 이와나미 현대문고, 이와나미서점, 2001년
- 간 히데키(菅英輝) 『냉전과 '아메리카의 세기'─아시아에 있어서 '비공식 제국'의 질서 형성』, 이와나미서점, 2016년
- 구라사와 아이코(倉沢愛子) 『전후 일본과 인도네시아 관계사』, 소시샤, 2011년①
  ──「인도네시아 9·30사건과 사회적 폭력」 『이와나미 강좌 동아시아 근현대 통사8 베트남전쟁의 시대 1960~1975년』 이와나미서점, 2011년②
  ──『9·30 세계를 뒤흔든 날─인도네시아 정변의 진상과 파문』, 이와나미 현대전서, 2014년③
  ──「9·30사건과 인도네시아 화교·화인 사회─레스 뿌블리까 대학 습격 사건에서 볼 수 있는 것」 『아시아·아프리카 언어문화 연구』 93호, 도쿄 외국어대학 아시아·아프리카 언어문화 연구소, 2017년 3월④

- 엔쟈치(嚴家祺)·가오가오(高皐)/쓰지 고고(辻康吾) 옮김『문화대혁명 10년사(상·중·하)』, 이와나미 현대문고, 이와나미서점, 2002년
- 고쿠분 료세(国分良成)『중국의 사회주의와 문화대혁명』『이와나미 강좌 동아시아 근현대 통사8』이와나미서점, 2011년
- 고지마 마사루(小島優) 편『일중 양당 회담 시말기―공동 성명은 어째서 파기되었는가』, 신일본문고, 1989년
- 고토 겐이치(後藤乾一)『일본 점령기 인도네시아 연구』, 류케 서사, 1989년①
  ――「와세다 대학에 있어서 인도네시아 연구 반세기」 구도 모토오(工藤元男)·이성시(李成市) 편『아시아학의 권유 제3권 아시아 역사·사상론』고분도, 2010년②
- 곤도 구니야스(近藤邦康)『마오쩌둥 실천과 사상』이와나미서점, 2003년
- 차이이(蔡毅)「중국·인도네시아 관계 비사―마오쩌둥의 아이디트 추도시에 관하여』『난잔(南山)대학 아시아태평양 연구센터보』제5호, 2010년
- 주젠룽(朱建榮)『마오쩌둥의 베트남 전쟁―중국 외교의 대전환과 문화대혁명의 기원』도쿄대학출판회, 2001년
- 선즈화(沈志華)/주젠룽 옮김『최후의 '천조(天朝)'―마오쩌둥·김일성 시대의 중국과 북한 (상·하)』이와나미서점, 2016년
- 쩌우쯔머(鄒梓模)/마스다 아토(増田与) 편역『수카르노 대통령의 특사―쩌우쯔머 회상록』주코신서, 1981년①
  ――마스다 아토 편역「수카르노 대통령 시대의 마지막에」『사회과학 토구(討究)』제40권 제2호 117호, 1994년②
- 스가 히데미(絓秀実)『혁명적인 너무나 혁명적인』사쿠힌샤, 2003년
- 스가노 아쓰시(菅野敦志)『타이완의 국가와 문화―'탈일본화'·'중국화'·'본토화'』게소쇼보, 2011년
- 스기야마 이치헤(杉山市平)『인도네시아 견문기』사가판, 1999년
- 첸리췬(錢理群)/마루야마 노보루(丸山昇) 옮김「'망각'을 거절한다」『세카이(世界)』, 2001년 2월호②
  ――아베 미키오(阿部幹雄)·스즈키 마사히사(鈴木将久)·하네 지로(羽根

次郞)·마루카와 데쓰시(丸川哲史) 옮김 『마오쩌둥과 중국 (상·하)』 세도샤, 2012년③

- 다구치 미쓰오(田口三夫) 『아시아를 바꾼 쿠데타―인도네시아 9·30사건과 일본 대사』 지지 통신사, 1984년
- 다나카 교코(田中恭子) 『국가와 이민』 나고야 대학 출판회, 2002년
- 다니카와 신이치(谷川真一) 「중국 문화대혁명 50주년―그 '이상'과 현실」 『세카이』 2016년 8월호
- 치노 게이코(千野境子) 『인도네시아 9·30쿠데타의 수수께끼를 푼다』 소시샤, 2013년
- 데이빗 콘데(David Conde)/가사하라 요시오(笠原佳雄) 옮김 『인도네시아의 변모』 고분도, 1966년
- 나오미 클라인(Naomi Klein)/이쿠시마 사쓰코(幾島幸子)·무라카미 유미코(村上由見子) 옮김 『쇼크 독트린(Shock Doctrine)―참사 편승형 자본주의의 정체를 밝힌다 (상·하)』 이와나미서점, 2011년
- 니시카와 나가오(西川長夫) 『파리 5월혁명 사론(私論)―전환점으로서의 68년』 헤본샤 신서, 헤본샤, 2011년.
- 니시다 마코토(西田慎)·우메자키 도루(梅崎透) 편 『글로벌 히스토리로서의 '1968년'―세계가 요동쳤던 전환점』 미네르바쇼보, 2015년
- 일본공산당 중앙위원회 『일본공산당의 70년 1922~1992』 신일본출판사, 1994년①
  ――『일본공산당의 80년 1922~2002』 일본공산당 중앙위원회 출판국, 2003년②
- 하시모토 겐지(橋本健二) 『신일본의 계급 사회』 고단샤 현대신서, 2018년
- 마수리(馬樹禮) 편저/천펑런(陳鵬仁) 옮김 『인도네시아 독립운동사』 타이베이 즈량 출판사 유한공사, 2006년
- 바바 기미히코(馬場公彦) 『전후 일본인의 중국 형상―일본 패전으로부터 문화대혁명·일중 국교 회복까지』 신요샤, 2010년①
  ――「중국 문혁기 외정(外政)에 있어서의 인도네시아 요인―9·30사건의 영향」 『현대 중국』 86호 일본 현대중국학회, 2012년②

――「9・30사건 이후 대 인도네시아 관계를 둘러싼 중국·타이완의 공방」『아시아태평양 토구(討究)』 26호, 와세다 대학 아시아태평양 연구센터, 2016년③

――『현대 일본인의 중국 형상―일중 국교 정상화로부터 톈안먼 사건·천황 방중까지』 신요샤, 2014년④

――「고립된 국가의 세계 혁명―1960년대 후반 일본·중국·인도네시아의 연쇄 혁명」 양하이잉(楊海英) 편『프론티어와 국제 사회의 중국 문화대혁명―아직도 중국과 세계를 주박(呪縛)하는 50년 전의 역사』 슈코샤, 2016년⑤

• 바바 기미히코 외 「문화대혁명이라는 망령(라운드테이블)」『중국―사회와 문화』 32호, 2017년⑥

• 하라 후지오(原不二夫)『미완으로 끝난 국제 협력―말라야 공산당과 형제당』 후쿄샤, 2009년

• 후쿠오카 아이코(福岡愛子)『일본인의 문혁 의식―역사적 전환을 둘러싼 '번신(翻身)'』 신요샤, 2014년①

――「60년대 서방 제국에 있어서 문화대혁명―일·불·미 각각의 의미 부여」『사상(思想)』 2016년 1월호②

• 후쿠다 마사요시(福田正義)『수천 만 대중과 함께 후쿠다 마사요시 조슈 신문론』 조슈신문사, 2002년

• 베네딕트 앤더슨(Benedict Anderson)/가스야 게스케(糟谷啓介)·고치 가오루(高地薫) 외 옮김『비교의 망령 : 민족주의·동남아시아·세계』 사쿠힌샤, 2005년

• 마이클 리퍼(Michael Leifer)/슈토 모토코(首藤もと子) 옮김『인도네시아의 외교―변화와 연속성』 게소쇼보, 1985년

• 마스다 아토(増田与)『인도네시아』 이와나미 신서, 이와나미서점, 1966년①

――『인도네시아 현대사』 주오코론샤, 1971년②

• 마쓰무라 도시오(松村智雄)『인도네시아 국가와 서 깔리만딴 화인―'변경'으로부터의 민족주의 형성』 게이오기주쿠대학출판회, 2017년

• 헤르베르트 마르쿠제(Herbert Marcuse)『유토피아의 종언―과잉·억

압·폭력』주코 클래식스, 주오코론샤, 2016년
• 미야기 다이조(宮城大藏) 『반둥 회의와 일본의 아시아 복귀』 소시샤, 2001년①
    ──『'해양 국가' 일본의 전후사』 지쿠마 신서, 지쿠마쇼보, 2008년②
• 야부키 스스무(矢吹晋) 『문화대혁명』 고단샤 현대신서, 고단샤, 1989년
• 유이 다이자부로(油井大三郎) 『월경하는 1960년대─미국·일본·서구의 국제 비교』, 사이류샤, 2012년
• 융 창(Jung Chang)·존 할리데이(Jon Holiday)/쓰치야 교코(土屋京子) 옮김 『마오─누구도 몰랐던 마오쩌둥 (상·하)』 고단샤, 2005년
• 리즈수이(李志綏)/신조 데쓰오(新庄哲夫) 옮김 『마오쩌둥의 사생활 (상·하)』 분슌 문고, 분게슌쥬샤, 1996년②
• 리차드 월린(Richard Wolin)/후쿠오카 아이코 옮김 『1968 파리에 불었던 '동풍'─프랑스 지식인과 문화대혁명』, 이와나미서점, 2014년
• 로드릭 맥파커(Roderick MacFarquhar)·마이클 쉰할스(Michael Schoenhals)/아사쿠라 가즈코(朝倉和子) 옮김 『마오쩌둥 최후의 혁명』, 세토샤, 2010년

현대 중국에서 벌어졌던 사태의 추이에 관해서는 주로 이하의 연표·사전류를 참조하였다.

• 아마코 사토시(天兒慧)·이시하라 교이치(石原亨一)·주젠룽·쓰지 고고(辻康吾)·히시다 마사하루(菱田雅晴)·무라타 유지로(村田雄二郎) 『이와나미 현대중국 사전』, 이와나미서점, 1999년
• 안도 마사시(安藤正士) 『현대중국 연표 1941~2008』 이와나미서점, 2010년
• 현대 일중 관계사연표 편집위원회 『현대 일중 관계사연표 1950~1978』 이와나미서점, 2013년
• 왕유친(王友琴)·고바야시 가즈미(小林一美)·안도 마사시·안도 구미코(安藤久美子) 공편 『중국 문화대혁명 '수난자전(受難者傳)'과 '문혁 대연표'─숭고한 정치 슬로건과 잔인무도한 실태』, 슈코샤, 2017년

세계사 속의
중국 문화대혁명

초판 1쇄 인쇄 2020년 4월 10일
초판 1쇄 발행 2020년 4월 15일

저자 : 바바 기미히코
번역 : 장원철

펴낸이 : 이동섭
편집 : 이민규, 서찬웅, 탁승규
디자인 : 조세연, 김현승, 황효주, 김형주
영업 · 마케팅 : 송정환
e-BOOK : 홍인표, 김영빈, 유재학, 최정수
관리 : 이윤미

㈜에이케이커뮤니케이션즈
등록 1996년 7월 9일(제302-1996-00026호)
주소 : 04002 서울 마포구 동교로 17안길 28, 2층
TEL : 02-702-7963~5 FAX : 02-702-7988
http://www.amusementkorea.co.kr

ISBN 979-11-274-3231-7 04910
ISBN 979-11-7024-600-8 04080

SEKAISHI NO NAKA NO BUNKADAIKAKUMEI
by BABA Kimihiko
ⓒ BABA Kimihiko 2018
All rights reserved.
Originally published in Japan by HEIBONSHA LIMITED, PUBLISHERS, Tokyo
Korean translation rights arranged with
HEIBONSHA LIMITED, PUBLISHERS, Japan

이 책의 한국어판 저작권은 일본 HEIBONSHA와의 독점계약으로
㈜에이케이커뮤니케이션즈에 있습니다.
저작권법에 의해 한국 내에서 보호를 받는 저작물이므로 무단전재와 무단복제를 금합니다.

이 도서의 국립중앙도서관 출판예정도서목록(CIP)은 서지정보유통지원시스템 홈페이지
(http://seoji.nl.go.kr)와 국가자료공동목록시스템(http://www.nl.go.kr/kolisnet)에서 이용
하실 수 있습니다. (CIP제어번호: CIP2020012313)

*잘못된 책은 구입한 곳에서 무료로 바꿔드립니다.

일본의 지성과 양심

이와나미岩波 시리즈

001 이와나미 신서의 역사

가노 마사나오 지음 | 기미정 옮김 | 11,800원

일본 지성의 요람, 이와나미 신서!
1938년 창간되어 오늘날까지 일본 최고의 지식 교양서 시리즈로 사랑받고 있는 이와나미 신서. 이와나미 신서의 사상 · 학문적 성과의 발자취를 더듬어본다.

002 논문 잘 쓰는 법

시미즈 이쿠타로 지음 | 김수희 옮김 | 8,900원

이와나미서점의 시대의 명저!
저자의 오랜 집필 경험을 바탕으로 글의 시작과 전개, 마무리까지, 각 단계에서 염두에 두어야 할 필수사항에 대해 효과적이고 실천적인 조언이 담겨 있다.

003 자유와 규율 -영국의 사립학교 생활-

이케다 기요시 지음 | 김수희 옮김 | 8,900원

자유와 규율의 진정한 의미를 고찰!
학생 시절을 퍼블릭 스쿨에서 보낸 저자가 자신의 체험을 바탕으로, 엄격한 규율 속에서 자유의 정신을 훌륭하게 배양하는 영국의 교육에 대해 말한다.

004 외국어 잘 하는 법
지노 에이이치 지음 | 김수희 옮김 | 8,900원

외국어 습득을 위한 확실한 길을 제시!!
사전·학습서를 고르는 법, 발음·어휘·회화를 익히는 법, 문법의 재
미 등 학습을 위한 요령을 저자의 체험과 외국어 달인들의 지혜를 바
탕으로 이야기한다.

005 일본병 -장기 쇠퇴의 다이내믹스-
가네코 마사루, 고다마 다쓰히로 지음 | 김준 옮김 | 8,900원

일본의 사회·문화·정치적 쇠퇴, 일본병!
장기 불황, 실업자 증가, 연금제도 파탄, 저출산·고령화의 진행, 격
차와 빈곤의 가속화 등의 「일본병」에 대해 낱낱이 파헤친다.

006 강상중과 함께 읽는 나쓰메 소세키
강상중 지음 | 김수희 옮김 | 8,900원

나쓰메 소세키의 작품 세계를 통찰!
오랫동안 나쓰메 소세키 작품을 음미해온 강상중의 탁월한 해석을
통해 나쓰메 소세키의 대표작들 면면에 담긴 깊은 속뜻을 알기 쉽게
전해준다.

007 잉카의 세계를 알다
기무라 히데오, 다카노 준 지음 | 남지연 옮김 | 8,900원

위대한 「잉카 제국」의 흔적을 좇다!
잉카 문명의 탄생과 찬란했던 전성기의 역사, 그리고 신비에 싸여 있
는 유적 등 잉카의 매력을 풍부한 사진과 함께 소개한다.

008 수학 공부법
도야마 히라쿠 지음 | 박미정 옮김 | 8,900원

수학의 개념을 바로잡는 참신한 교육법!
수학의 토대라 할 수 있는 양·수·집합과 논리·공간 및 도형·변수
와 함수에 대해 그 근본 원리를 깨우칠 수 있도록 새로운 관점에서 접
근해본다.

009 우주론 입문 -탄생에서 미래로-
사토 가쓰히코 지음 | 김효진 옮김 | 8,900원

물리학과 천체 관측의 파란만장한 역사!
일본 우주론의 일인자가 치열한 우주 이론과 관측의 최전선을 전망하고 우주와 인류의 먼 미래를 고찰하며 인류의 기원과 미래상을 살펴본다.

010 우경화하는 일본 정치
나카노 고이치 지음 | 김수희 옮김 | 8,900원

일본 정치의 현주소를 읽는다!
일본 정치의 우경화가 어떻게 전개되어왔으며, 우경화를 통해 달성하려는 목적은 무엇인가. 일본 우경화의 전모를 낱낱이 밝힌다.

011 악이란 무엇인가
나카지마 요시미치 지음 | 박미정 옮김 | 8,900원

악에 대한 새로운 깨달음!
인간의 근본악을 추구하는 칸트 윤리학을 철저하게 파고든다. 선한 행위 속에 어떻게 악이 녹아들어 있는지 냉철한 철학적 고찰을 해본다.

012 포스트 자본주의 -과학 · 인간 · 사회의 미래-
히로이 요시노리 지음 | 박제이 옮김 | 8,900원

포스트 자본주의의 미래상을 고찰!
오늘날「성숙 · 정체화」라는 새로운 사회상이 부각되고 있다. 자본주의 · 사회주의 · 생태학이 교차하는 미래 사회상을 선명하게 그려본다.

013 인간 시황제
쓰루마 가즈유키 지음 | 김경호 옮김 | 8,900원

새롭게 밝혀지는 시황제의 50년 생애!
시황제의 출생과 꿈, 통일 과정, 제국의 종언에 이르기까지 그 일생을 생생하게 살펴본다. 기존의 폭군상이 아닌 한 인간으로서의 시황제를 조명해본다.

019 사이토 다카시의 교육력 -어떻게 가르칠 것인가-

사이토 다카시 지음 | 남지연 옮김 | 8,900원

창조적 교육의 원리와 요령!
배움의 장을 향상심 넘치는 분위기로 이끌기 위해 필요한 것은 가르치는 사람의 교육력이다. 그 교육력 단련을 위한 방법을 제시한다.

020 원전 프로파간다 -안전신화의 불편한 진실-

혼마 류 지음 | 박제이 옮김 | 8,900원

원전 확대를 위한 프로파간다!
언론과 광고대행사 등이 전개해온 원전 프로파간다의 구조와 역사를 파헤치며 높은 경각심을 일깨운다. 원전에 대해서, 어디까지 진실인가.

021 허블 -우주의 심연을 관측하다-

이에 마사노리 지음 | 김효진 옮김 | 8,900원

허블의 파란만장한 일대기!
아인슈타인을 비롯한 동시대 과학자들과 이루어낸 허블의 영광과 좌절의 생애를 조명한다! 허블의 연구 성과와 인간적인 면모를 살펴볼수 있다.

022 한자 -기원과 그 배경-

시라카와 시즈카 지음 | 심경호 옮김 | 9,800원

한자의 기원과 발달 과정!
중국 고대인의 생활이나 문화, 신화 및 문자학적 성과를 바탕으로, 한자의 성장과 그 의미를 생생하게 들여다본다.

023 지적 생산의 기술

우메사오 다다오 지음 | 김욱 옮김 | 8,900원

지적 생산을 위한 기술을 체계화!
지적인 정보 생산을 위해 저자가 연구자로서 스스로 고안하고 동료들과 교류하며 터득한 여러 연구 비법의 정수를 체계적으로 소개한다.

024 조세 피난처 -달아나는 세금-

시가 사쿠라 지음 | 김효진 옮김 | 8,900원

조세 피난처를 둘러싼 어둠의 내막!
시민의 눈이 닿지 않는 장소에서 세 부담의 공평성을 해치는 온갖 악행이 벌어진다. 그 조세 피난처의 실태를 철저하게 고발한다.

025 고사성어를 알면 중국사가 보인다

이나미 리쓰코 지음 | 이동철, 박은희 옮김 | 9,800원

고사성어에 담긴 장대한 중국사!
다양한 고사성어를 소개하며 그 탄생 배경인 중국사의 흐름을 더듬어본다. 중국사의 명장면 속에서 피어난 고사성어들이 깊은 울림을 전해준다.

026 수면장애와 우울증

시미즈 데쓰오 지음 | 김수회 옮김 | 8,900원

우울증의 신호인 수면장애!
우울증의 조짐이나 증상을 수면장애와 관련지어 밝혀낸다. 우울증을 예방하기 위한 수면 개선이나 숙면법 등을 상세히 소개한다.

027 아이의 사회력

가도와키 아쓰시 지음 | 김수회 옮김 | 8,900원

아이들의 행복한 성장을 위한 교육법!
아이들 사이에서 타인에 대한 관심이 사라져가고 있다. 이에 「사람과 사람이 이어지고, 사회를 만들어나가는 힘」으로 「사회력」을 제시한다.

028 쑨원 -근대화의 기로-

후카마치 히데오 지음 | 박제이 옮김 | 9,800원

독재 지향의 민주주의자 쑨원!
쑨원, 그 남자가 꿈꾸었던 것은 민주인가, 독재인가? 신해혁명으로 중화민국을 탄생시킨 희대의 트릭스터 쑨원의 못다 이룬 꿈을 알아본다.

029 중국사가 낳은 천재들

이나미 리쓰코 지음 | 이동철, 박은희 옮김 | 8,900원

중국 역사를 빛낸 56인의 천재들!
중국사를 빛낸 걸출한 재능과 독특한 캐릭터의 인물들을 연대순으로
살펴본다. 그들은 어떻게 중국사를 움직였는가?!

030 마르틴 루터 -성서에 생애를 바친 개혁자-

도쿠젠 요시카즈 지음 | 김진희 옮김 | 8,900원

성서의 '말'이 가리키는 진리를 추구하다!
성서의 '말'을 민중이 가슴으로 이해할 수 있도록 평생을 설파하며 종
교개혁을 주도한 루터의 감동적인 여정이 펼쳐진다.

031 고민의 정체

가야마 리카 지음 | 김수희 옮김 | 8,900원

현대인의 고민을 깊게 들여다본다!
우리 인생에 밀접하게 연관된 다양한 요즘 고민들의 실례를 들며, 그
심층을 살펴본다. 고민을 고민으로 만들지 않을 방법에 대한 힌트를
얻을 수 있을 것이다.

032 나쓰메 소세키 평전

도가와 신스케 지음 | 김수희 옮김 | 9,800원

일본의 대문호 나쓰메 소세키!
나쓰메 소세키의 작품들이 오늘날에도 여전히 사람들의 마음을 매료
시키는 이유는 무엇인가? 이 평전을 통해 나쓰메 소세키의 일생을 깊
이 이해하게 되면서 그 답을 찾을 수 있을 것이다.

033 이슬람문화

이즈쓰 도시히코 지음 | 조영렬 옮김 | 8,900원

이슬람학의 세계적 권위가 들려주는 이야기!
거대한 이슬람 세계 구조를 지탱하는 종교·문화적 밑바탕을 파고들
며, 이슬람 세계의 현실이 어떻게 움직이는지 이해한다.

034 아인슈타인의 생각

사토 후미타카 지음 | 김효진 옮김 | 8,900원

물리학계에 엄청난 파장을 몰고 왔던 인물!
아인슈타인의 일생과 생각을 따라가 보며 그가 개척한 우주의 새로운 지식에 대해 살펴본다.

035 음악의 기초

아쿠타가와 야스시 지음 | 김수희 옮김 | 9,800원

음악을 더욱 깊게 즐길 수 있다!
작곡가인 저자가 풍부한 경험을 바탕으로 음악의 기초에 대해 설명하는 특별한 음악 입문서이다.

036 우주와 별 이야기

하타나카 다케오 지음 | 김세원 옮김 | 9,800원

거대한 우주의 신비와 아름다움!
수많은 별들을 빛의 밝기, 거리, 구조 등 다양한 시점에서 해석하고 분류해 거대한 우주 진화의 비밀을 파헤쳐본다.

037 과학의 방법

나카야 우키치로 지음 | 김수희 옮김 | 9,800원

과학의 본질을 꿰뚫어본 과학론의 명저!
자연의 심오함과 과학의 한계를 명확히 짚어보며 과학이 오늘날의 모습으로 성장해온 궤도를 사유해본다.

038 교토

하야시야 다쓰사부로 지음 | 김효진 옮김

일본 역사학자의 진짜 교토 이야기!
천년 고도 교토의 발전사를 그 태동부터 지역을 중심으로 되돌아보며, 교토의 역사와 전통, 의의를 알아본다.

039 다윈의 생애
아스기 류이치 지음 | 박제이 옮김

다윈의 진솔한 모습을 담은 평전!
진화론을 향한 청년 다윈의 삶의 여정을 그려내며, 위대한 과학자가
걸어온 인간적인 발전을 보여준다.

040 일본 과학기술 총력전
야마모토 요시타카 지음 | 서의동 옮김

구로후네에서 후쿠시마 원전까지!
메이지 시대 이후「과학기술 총력전 체제」가 이끌어온 근대 일본 150
년. 그 역사의 명암을 되돌아본다.

041 밥 딜런
유아사 마나부 지음 | 김수희 옮김

시대를 노래했던 밥 딜런의 인생 이야기!
수많은 명곡으로 사람들을 매료시키면서도 항상 사람들의 이해를 초
월해버린 밥 딜런. 그 인생의 발자취와 작품들의 궤적을 하나하나 짚
어본다.

042 감자로 보는 세계사
야마모토 노리오 지음 | 김효진 옮김

인류 역사와 문명에 기여해온 감자!
감자가 걸어온 역사를 돌아보며, 미래에 감자가 어떤 역할을 할 수 있
는지, 그 가능성도 아울러 살펴본다.

043 중국 5대 소설 삼국지연의 · 서유기 편
이나미 리쓰코 지음 | 장원철 옮김

중국 고전소설의 매력을 재발견하다!
중국 5대 소설로 꼽히는 고전 명작『삼국지연의』와『서유기』를 중국
문학의 전문가가 흥미롭게 안내한다.

044 99세 하루 한마디
무노 다케지 지음 | 김진희 옮김

99세 저널리스트의 인생 통찰!
저자는 인생의 진리와 역사적 증언들을 짧은 문장들로 가슴 깊이 우리에게 전한다.

045 불교입문
사이구사 미쓰요시 지음 | 이동철 옮김

불교 사상의 전개와 그 진정한 의미!
붓다의 포교 활동과 사상의 변천을 서양 사상과의 비교로 알아보고, 나아가 불교 전개 양상을 그려본다.

046 중국 5대 소설 수호전 · 금병매 · 홍루몽 편
이나미 리쓰코 지음 | 장원철 옮김

중국 5대 소설의 방대한 세계를 안내하다!
「수호전」, 「금병매」, 「홍루몽」 이 세 작품이 지니는 상호 불가분의 인과관계에 주목하면서, 서사란 무엇인지에 대해서도 고찰해본다.

047 로마 산책
가와시마 히데아키 지음 | 김효진 옮김

'영원의 도시' 로마의 역사와 문화!
일본 이탈리아 문학 연구의 일인자가 로마의 거리마다 담긴 흥미롭고 오랜 이야기를 들려준다. 로마만의 색다른 낭만과 묘미를 좇는 특별한 로마 인문 여행.

048 카레로 보는 인도 문화
가라시마 노보루 지음 | 김진희 옮김

인도 요리를 테마로 풀어내는 인도 문화론!
인도 역사 연구의 일인자가 카레라이스의 기원을 찾으며, 각지의 특색 넘치는 요리를 맛보고, 역사와 문화 이야기를 들려준다. 인도 각 고장의 버라이어티한 아름다운 요리 사진도 다수 수록하였다.

049 애덤 스미스
다카시마 젠야 지음 | 김동환 옮김

우리가 몰랐던 애덤 스미스의 진짜 얼굴
애덤 스미스의 전모를 살펴보며 그가 추구한 사상의 본뜻을 이해하고, 근대화를 향한 투쟁의 여정을 들여다본다

050 프리덤, 어떻게 자유로 번역되었는가
야나부 아키라 지음 | 김옥희 옮김

근대 서양 개념어의 번역사
「사회」, 「개인」, 「근대」, 「미」, 「연애」, 「존재」, 「자연」, 「권리」, 「자유」, 「그, 그녀」 등 10가지의 번역어들에 대해 실증적인 자료를 토대로 성립 과정을 날카롭게 추적한다.